U0862699

本书为教育部中外语言交流合作中心『2021国家中文教育创新项目（21YH025CX5）』成果之一

俗话说：『十里不同风，百里不同俗。』中华大地疆域辽阔，民族众多，在悠悠五千年的历史进程中形成了丰富多彩的民风民俗，形成了『多民族的一国民俗学』（钟敬文语）。它流传在老人们的口中，存活在孩子们的童年游戏中，反映在人们日常平凡而普通的生活中，体现着一个民族的远古、今朝和明天……

新编中国民俗文化

王衍军 编著

暨南大学出版社
JINAN UNIVERSITY PRESS
中国·广州

图书在版编目（CIP）数据

新编中国民俗文化/王衍军编著．—广州：暨南大学出版社，2022.12
ISBN 978-7-5668-3578-9

Ⅰ．①新…　Ⅱ．①王…　Ⅲ．①风俗习惯—介绍—中国　Ⅳ．①K892

中国版本图书馆CIP数据核字（2022）第251074号

新编中国民俗文化
XINBIAN ZHONGGUO MINSU WENHUA
编著者：王衍军

出 版 人：张晋升
策划编辑：杜小陆
责任编辑：黄　颖　杜小陆
责任校对：苏　洁　黄晓佳　黄子聪
责任印制：周一丹　郑玉婷

出版发行：暨南大学出版社（511443）
电　　话：总编室（8620）37332601
营销部（8620）37332680　37332681　37332682　37332683
传　　真：（8620）37332660（办公室）　37332684（营销部）
网　　址：http://www.jnupress.com
排　　版：广州良弓广告有限公司
印　　刷：佛山市浩文彩色印刷有限公司
开　　本：787mm×960mm　1/16
印　　张：24.25
字　　数：436千
版　　次：2022年12月第1版
印　　次：2022年12月第1次
定　　价：59.80元

（暨大版图书如有印装质量问题，请与出版社总编室联系调换）

第一版序

人类的语言文字与民俗文化有着密切的联系。索绪尔曾指出："一个民族的风俗习惯常常会在它的语言中有所反映。"对外汉语教学是跨文化的语言教学活动，民俗文化的差异性是影响跨文化交际的重要因素。因此，在外国留学生中进行语言教学的同时，传播一定的民俗文化知识是十分必要的。

中国风俗的地区性差异很大，对人们的生活甚至语言产生了很大的影响。学习汉语，不可避免地要了解中国文化。作为中国文化的重要组成部分，中国民俗文化自然而然就成为外国留学生应该了解并学习的一门科目。但是，综观现在的对外汉语教材，中国民俗文化教材屈指可数。造成这一现象的原因有很多，其中之一是这一方面的理论建设有待加强。

王衍军博士编著的《中国民俗文化》是一部优秀的面向外国留学生的中国民俗文化教材。从对外汉语教材编写角度来看，我认为该教材体现了以下四个原则：

其一，系统性原则，即按照学科的逻辑顺序，系统连贯、循序渐进，对中国民俗能有一个比较全面、系统的介绍，内容安排有序，详略得当。

该书是一本面向汉语水平达到中、高级程度的外国留学生的教材。在内容上，本书共分十二章，第一章综述中国民俗的概念、分类及主要特征。后面十一个章节就中国民间交际礼仪习俗、人生礼仪习俗、服饰习俗、饮食习俗、建筑与居住习俗、交通行运习俗、商业习俗、信仰习俗、岁时节日习俗、姓氏习俗及艺术等十一个方面分别进行专题介绍，系统地讲述了中国民俗文化知识。各个章节编排比较有条理，内容上繁简得当。

同时，该书对每一种习俗进行总述之后，选取了汉族和部分少数民族的一些特色的民俗现象进行说明，更能说明中国是一个地大物博、多民族的国家，不仅各地风俗不同，各民族的习俗也迥异，体现了中国民俗的多元性，作为教材来说则具有系统性。

其二，针对性原则，即针对中国民俗课程学习的对象——外国留学生，教材编写应尽量站在他们的角度上从广泛的中国民俗文化中取材，教材要适合学习者的年龄、国别、母语、文化特点、学习目的、学习起点、学习时限等。

该书比较注重时代性和地域性，这是它的一大优点。不但纵向地展示了民俗事项的发展变化，而且侧重介绍了当代社会中的民俗，有详有略，体现出历史发展的背景。针对中国的地域特征，书中介绍了各地的不同习俗，从而能够使外国留学生更好地了解中国。例如“中国民间饮食习俗”中介绍“汉族饮食文化的南北差异”时，就提到了山西和广东的汉族饮食习俗的差异；在接下来的“中国各地民间饮食礼仪习俗”中不仅对部分少数民族的饮食礼仪习俗做了描述，而且也介绍了各地汉族的饮食礼仪习俗，如“吃寿面”一项，就列举了杭州、江苏北部、福建、湖北赤壁等地的特色，并通过汉代的一则传说来说明吃寿面习俗的来历。

其三，文化与语言相结合的原则，即在文化学习中融入相关的语言知识，使学生在生活中理解和学习语言，注意把学生的学习过程变为跨文化的交际过程，在掌握语言的同时，自然地汲取其中的文化营养。

该书在编写的过程中强调文化同语言的结合，力求将语言教学与风俗文化的讲授联系起来。几乎每章的最后一节都列举了与此章所涉及的民间习俗相关联的语言知识，如重点字词、俗语及其详细解释等，体现出教材“对外”的特点。例如第二章“中国民间交际礼仪习俗”第三节“交际礼仪习俗与语言”列举了各种称谓词语，并进行了分类。除此之外，还介绍了有关交际礼仪习俗的俗语，如“不看僧面看佛面”“不眠知夜长，久交知人心”“客随主便”等。书中都是先对重点字词作解释，然后介绍本字条意思，这样就容易引起外国留学生的共鸣，使得外国留学生更容易接受成语、习语的学习，在听说读写时体验这些寻常字眼所带有的民俗文化吸引力，使“教”与“学”变得简单、形象、具体。同时，该书还明确指出中国民俗文化课程的教学对象是具有一定汉语水平的中、高年级阶段的外国留学生，这一点建议是比较实际和可行的，因为对于一个汉语初学者来说，阅读涵盖了如此大量信息的教材，难度还是很大的。而对于中、高年级的外国留学生，通过对本书内容的学习，既有助于他们开阔文化视野、扩大词汇量，又有助于他们理解中国风俗文化的深刻性。

其四，趣味性原则，即教材在编写过程中以生动活泼的内容、幽默风趣的语言提高教材的生动性，以引起学生的兴趣。其中最需注意的是教材的内容必须是学生想要学的或想要了解的、与培养交际能力紧密相关的知识。

对外国留学生来说，学习一门外语是相当困难的，尤其是学习一门具有深厚文化底蕴的语言，就这个方面来说，教材的趣味性就成了保持学生学习的积极性、不断激发学生学习动力的重要一环，是编写教材时应该重点考虑的方面之一。该书从各种途径选用了大量的图片，图文并茂，妙趣横生，更能生动形象地体现中国民俗文化的特点，一定程度上增强了外国留学生学习的趣味性和积极性。例如“中国民间信仰习俗”一章中“人生保护神”首先介绍了“福、禄、寿”三神，并在解说下面辅以来源于熊猫办公网站的“福、禄、寿三星雕像”，通过图片的视觉感受，留学生就会很容易就了解中国的神像大都“龙绣玉带，手拿如意，脚穿朝靴，慈眉善目，给人以和颜悦色之感”的含义。如果在生活当中见到此类塑像，他们就不会感到惊奇和难以理解了。对于书中出现的各地的风土民情图片，外国留学生如果在旅游中见到真实的情况，也会联想到书中介绍的知识。

以上四个原则，也可以说是该教材的成绩。

王衍军博士为学勤勉，成绩斐然，该教材是其从事对外汉语教学研究的成果之一，销量很大，这又从另一个方面说明了该教材确实编写得好。

该教材即将再版，王衍军博士嘱我为序，却之不恭，姑作此序，希望相关研究日益深入，也祝愿王博士百尺竿头更进一步，推出更多的相关成果。

曾昭聪

2010 年 3 月 7 日于暨南大学中文系

前 言

本书是一部适合于中、高级汉语水平的外国留学生学习中国民俗文化的选修课教材。在内容的编排上，全书按由总述到专题介绍的组织方式，分中国民俗概述、交际礼仪习俗、人生礼仪习俗（包括诞生礼俗、成人礼俗、婚嫁习俗、丧葬习俗）、服饰习俗、饮食习俗、建筑与居住习俗、交通行运习俗、商业习俗、信仰习俗、岁时节日习俗、姓氏习俗、民间艺术十二个章节系统讲述中国民俗文化知识。

俗话说："十里不同风，百里不同俗。"中华大地疆域辽阔，民族众多，在悠悠五千年的历史进程中形成了丰富多彩的民风民俗，形成了"多民族的一国民俗学"（钟敬文语）。它流传在老人们的口中，存活在孩子们的童年游戏中，反映在人们日常而普通的生活中，体现着一个民族的远古、今朝和明天……在长期的历史发展中，各个民族都通过约定俗成的方式将流传于本民族的各种生活习惯固化下来，并世世代代绵延流传下去，体现为一个民族的精神生态。传承千载的民俗文化，像生生不息的一泓清泉，是民族文化之根。一些古老的民俗，经过岁月的淘洗，之所以能世世代代传袭下来，其根本原因就在于它能够适应各个时代的人们生活和思想的要求，从而成为一个民族共同的精神文化财富。

中国是个多民族的国家，不同民族在文化交往过程中，相互影响，彼此交融，从而在世世代代的延续与发展之中，建构成中国博大而精深、渊远而流长的民俗文化体系。特别是我们认为"中国民俗文化"不仅仅指的是汉族的民俗文化，应该也包含中国少数民族的一些生活习俗。当然，中国有56个民族，各民族的文化均有着独特的文化个性，本书也不可能面面俱到，我们只是选取了部分少数民族和汉族的一些有特色的民俗文化现象，分章节略作介绍，从而在读者面前打开一扇赏鉴中国民俗文化的小小窗口，而民俗文化又正是观察和了解一个国家、一个民族文化的最直接、最生动的窗口。

"我是来学习汉语的，为什么要学习中国的民俗文化呢?"在我们的授课过程中，不少外国留学生普遍有这种疑惑。那么，为什么要学习中国民俗文化呢？

这首先是因为语言和文化密不可分，语言本身不仅是文化，而且还是文化的载体，文化隐含于语言之中。所以只有掌握、理解了语言所负载、包蕴的深层的文化信息，才能说是掌握了一门语言的精髓。其次，中外风俗习惯上的差异也是影响跨文化交流的重要因素。“外国学生忽视中国日常风俗、一般的寒暄语、中国人对人与人关系的看法以及基本的文化背景知识”在交际中会产生“严重的文化上的不妥行为”①。

比如，编著者曾于 2006 年 1 月搬入新居，我的学生对我说：“王老师，我们到您的新房去看看吧。”在这里，学生不理解“新房”一词的含义，从而出现了跨文化交际偏误。为什么呢？因为“新房”一词有独特的文化蕴涵义，在汉语中专指“新婚夫妇的房子”。那么应该怎么说呢？其实很简单，说成“新房子”或“新家”就可以了。因此，第二语言学习的过程实际上也是一种异质文化不断适应的过程，语言载体背后文化蕴涵义的学习是第二语言学习必不可少的重要组成部分。

在对外汉语教学中，语言教学与文化教学关系的探讨方兴未艾，目前学者们多注意到在语言教学中如何进行文化的导入，我们认为文化依附于语音、词汇、语法等系统，隐含于语言中，在文化教学中同样也可以兼顾到语言教学。特别是“中国民俗文化”课的教学对象多是中、高年级阶段的学生，在文化教学中引导他们掌握语言知识、培养交际能力是可行的。

汉语中一些词语往往具有多个义项，而一些民俗事象的形成正与词语的多义性相关。如在婚礼仪式上，人们将半生不熟的食品，如饺子、糕、面条端给新娘吃，当新娘咬第一口时，问：“生不生？”新娘则必须回答“生”。这里的“生”具有两个义项：一是说面食没有煮熟，生；一是说生育，生儿育女。在这里是以“生熟”之“生”隐喻“生育”之“生”。在教学中，我们可以通过多义词的学习使学生理解民俗事象的隐含义，再引导他们掌握这种语义双关的修辞格。

同样，在民俗教学中还可以引导留学生扩大词汇量。比如在宗教信仰习俗中讲到“龙凤文化”时，可以引出“龙灯、龙舟、龙王、龙宫、龙眼、龙虾、车水马龙、望子成龙”等带“龙”字的词语以及“凤毛麟角”“宁做鸡头，不做凤尾”“落地凤凰不如鸡”“鸡窝里飞出了金凤凰”等带“凤”字的词语。这些词汇都是“龙凤文化”的直接反映，列出这些词汇，既有助于

① 黎天睦．中国对外汉语教学印象记．张占一，译．世界汉语教学，1987（1）：54－57.

学生理解中国民间龙凤崇拜的深刻性，又有助于他们扩大词汇量。

因此，本书在编写中，注重了民俗语言内容的编排，将民俗文化的传授与民俗语言的教学结合起来，力求把民俗语言研究成果与对外汉语文化教学内容有机融合起来。

再者，外国留学生尤其是一些非华裔的留学生对中国了解不多，对中国民俗文化更是缺乏身处其境的文化信息储备，因此，本书选用了丰富的图片，图文并茂、生动形象地讲解中国民俗文化知识，方便外国留学生较为轻松地学习中国传统的民俗文化，以便深刻感悟中国民俗文化的精髓和文化底蕴。本书初版于2008年，历经了多次修订，在十余年的教学过程中，该教材的教学效果颇为理想，特别是这部书注意到了社会交际方面中外风俗习惯上的差异，方便外国留学生的学习生活以及到中国各地旅游观光，很适合外国留学生的使用，因此，这门课程也深受学生们的喜爱和欢迎。

此外，在本书的编写过程中，编著者参阅了国内一些图书馆有关民俗文化的书籍、资料，同时也从网络上参考、借鉴了部分图片资料，限于条件，编著者不能一一通知原作者，在此编著者声明图片版权归原作者所有，同时也表示深深的谢意。因为本书的读者群主要定位于外国留学生，编写目的和教学目标是向留学生进行中国优秀传统文化的展示和传播。为便于留学生理解和学习，在书中配上大量的图片资源是必要的，既有助于留学生理解异族异域的民俗文化生活，也使得教材图文并茂，增强留学生的学习兴趣。因此，我们在此次修订中，专门购买了“熊猫办公”网站的企业用户权限（ID：47249666），下载了大量的图片资源，以充实本书的内容，在此也向“熊猫办公”网站的工作人员表示衷心的感谢。

最后，本书的出版得到了暨南大学华文学院的支持和资助，也得到了暨南大学出版社的厚爱，编著者表示深深的谢意。

由于编著者水平粗浅，书中的错误或欠妥之处，恳请读者匡正。

编著者谨识

2022年5月28日

目 录

第 一 章

中国民俗概述

第一节　民俗的概念和分类

一、民俗

民俗是指一个国家或民族中广大民众所创造、沿袭的生活文化，是人民群众在社会生活中世代传承、相沿习成的生活模式。它是一个社会群体在语言、行为和心理上的集体习惯。民俗的内容包括物质生活民俗、岁时节日民俗、人生仪礼、民间信仰、民间语言、民间艺术、民间游戏娱乐等。

民俗是一个从日语中借来的词语，在英语中被称为 folklore，直译即“人民的知识”“群众的智慧”，后来形成了一门研究人类文化的重要学科。从概念上来看，可将其概括为“某个地域内某一民族或某一国家一般民众生活方式的总称”，其基本特征是“超越世代、绵延不绝的社会与文化传承”。

每一个民族或者每一个国家都有自己独特的民俗风情，如果要了解和认识一个民族，最佳的途径就是先了解其民风民俗，看一看这个民族吃什么、住什么、穿什么、用什么；看一看这个民族如何种田、如何种树、如何饲养牲畜、如何做工、如何经商；看一看这个民族过些什么节日，信仰什么样的神明，等等。民俗向世界各民族展示着自己民族独特的文化和社会生活的风姿。也正是因为各民族的风俗民情不同，所以我们要“入乡随俗”，要“入国而问禁，入境而随俗”。

比如我们要到蒙古族聚居的地方去旅游，初次与蒙古族牧民相处或者进入蒙古包做客时，必须要了解、尊重他们的习俗。这些习俗大致可归纳如下：

蒙古包

（1）骑马或者坐车接近蒙古包时，为了不惊吓主人家的牛羊，一定要慢行，以表示对主人的尊敬。主人会躬身双手向客人敬献哈达。

（2）客人双手接过主人敬献的哈达，把马鞭放在蒙古包外，从右侧进入蒙古包；如果拿着马鞭进入，就是对主人的不尊敬。

（3）不能用鞭子打主人的狗。

（4）不能向灶火里扔不干净的东西，不能在火旁砍东西。

（5）蒙古包门外左侧如果挂着一条绳子，就说明主人不能待客，因为这表示蒙古包内有病人。

（6）进了蒙古包后，主人请年长者坐左侧上座，其余的人依次坐下；男主人一般在右侧上座处陪客，女主人呈上果子、奶豆腐、奶茶敬客。

（7）一般由主人家年轻人敬酒，客人接酒后，以无名指蘸酒向空中弹指，表示“敬天”，接着向锅灶弹一次，表示敬“火神”；最后向桌子下方的地上弹一次，表示敬“大地”、敬“祖先”，然后方能饮下。

二、中国民俗的主要内容

中国历史悠久，族群众多，文化灿烂，地域性的生活文化多有差异，在漫长的历史长河中积累了丰富的民俗文化。可以说，要学好汉语，就必须先学好中国文化；要学好中国文化，则必须先了解中国的民俗文化。中国民俗是中国各族人民几千年来所创造的生活文化，是中国各族人民世代沿袭的一种生活模式。其内容主要包括民间的风俗习惯、民间信仰和民间文艺三个大类。这些内容一代代传承下来，又随着生活的延续和社会的发展而不断变迁、丰富。

1. 民间的风俗习惯

民间的风俗习惯包括衣食住行、婚丧嫁娶、节日喜庆仪式、人生礼仪、社会组织模式、家庭宗族等方面。比如，在中原汉族有送“百家衣”、吃“百家饭”等生育习俗。

（1）送“百家衣”习俗。

“百家衣”是婴儿服的一种，由来自周边一百个家庭拿出的碎布片缝制而成，故名“百家衣”，此习俗在中国流行甚广。

幼儿穿的“百家衣”

由于社会上的乞丐生活贫困，大多穿着补丁摞补丁的衣服，这种“百家衣”极像乞丐所穿的这种衣服。人们认为，穿百家衣的孩子命硬，婴儿穿了“百家衣”就容易养育，所以每当婴儿出生后，当孩子的啼哭打破了家庭的沉寂，全家人为之惊喜万分之余，孩子的奶奶、爷爷就要向左邻右舍报告喜讯，并向百家近亲好友求要碎布片，特别是要向“刘”“程”等姓氏的人家求要碎布片，因为“刘”“程”谐音“留”“成”，寓意“留住”“长成”。这些谐音都是吉利之语，人们认为这对于保佑孩子成长有着重要的意义。也正因如此，这些人家的一小块布头或是一条旧布片，老人们都会郑重地保留下来。

布块的大小、花色一般不太讲究，但以蓝色为最好。因“蓝”谐音“拦”，寓意“拦住妖魔鬼怪”。人们认为，只要有蓝色的布块，妖魔鬼怪就收不走孩了。人们把百家的布片缝在一起，缝缀成一件衣服。这种衣服不能在胸前开口，要做成偏开口的大襟衫，也叫道袍衫，寓意孩子今后将多福多寿。这种衣服往往不能做完整，老人们常在底襟处留个口子，俗称“藏魂处”。待孩子满月后，由孩子的母亲将口子缝住，这就表明孩子的魂灵已留在了母亲的身边，再也不必为孩子的安全操心了。

（2）吃“百家饭”习俗。

也许穿衣吃饭是人类生存的根本，除穿“百家衣”之外，民间保佑婴儿成长的习俗还有给孩子吃“百家饭”。农历正月初一那天，爷爷就会抱着未满周岁的孙辈，装扮成乞丐模样，手拿破碗，沿街讨饭，所讨要的人家以100家为宜。然后将讨来的馒头、菜、米一起煮成稀饭，让孩子吃下。据说这样孩子就可以受到百家庇护，免除灾难。

吃过“百家饭”后，孩子的奶奶要蒸100个铜钱大小的馒头，用篮子装着，沿村庄或街道漫步，凡遇到小孩，就要送一个小馒头给他（她）；这100个小馒头要分给100个小孩。馒头发完，寓意着灾难让别人嚼完了，自己的孩子就会平安健康，长大成人，此俗称为“嚼灾”。这种习俗在民间有一定的广泛性，不管认识与否，凡遇上求饭的祖孙，人们都会慷慨相助；凡碰上老人发馒头，人们也乐意收下。

2. 民间信仰

中国民间信仰的对象纷繁复杂，涉及万事万物，不仅有自然物、动植物等具体可感的事物，还有完全属于人们想象中的事物，比如人们信仰的神。这些神，有的来自宗教，比如观音、如来佛祖、太上老君等；有的来自古代神话传说，比如传说中的“灶神”“门神”；有的来自古之圣贤，比如商家供奉的“财神”，有三国时的名将关羽和秦代的赵公明。

赵公明，民间又称为赵公元帅、赵玄坛，是当今道教宫观中的财神神像，也是道教尊奉的护法四帅之一。赵公明神像多为黑面浓须，骑黑虎，一手执银鞭，一手持元宝，全副戎装。大概因为赵公明曾经为道教张天师守护丹室，后来民间将其神像贴在门上，镇邪祈福。因其除了“镇邪祈福”之外，还能“解释公平，买卖求财，宜利合和，无不如意”，因此，大约在元明时期，赵公明又演变为民间所尊奉的“武财神”。

大门上贴门神（王衍军摄）

武财神赵公明（剪纸）

此外，人们所信仰的神灵还有自家祖先。祖先在中国人心目中是最受重视的。在很多地方，过春节时要把历代祖先请进家中一起过年，过完春节后还要恭恭敬敬地将祖先送走；在清明节时，人们一般去扫墓、祭拜祖先，很多地方都有隆重的祭祖习俗。人们认为自己是祖先的后代，因此祖先会尽最大的努力保护自己，于是把祖先看作最可靠、最有力的精神寄托，因此，在宗族祠堂里都会供奉自己家族历代祖先的牌位。

中国南方一带所沿袭的“鬼节”习俗，就直接体现了人们对祖先的敬仰和归属感。农历七月十四，是中国民间传统的中元节，俗称“鬼节”。这一天，在中国南方的许多地方，比如广西的南宁，大街小巷到处飘着糍粑、烧鸭、卤鸡等食品的香味。人们买好过节的用品，如糍粑、烧鸭、纸钱、香烛等，在七月十四中午，燃上香烛，摆上供品，祭拜祖先。祭过祖先后，一家人便围坐在一起，共享节日午餐。

“鬼节”是中国民间的一种文化现象，由佛教的盂兰盆节和道教的中元节融合而成，自汉武帝时就有。“鬼节”和佛教、道教有着密切的关系。佛教把七月十五定为盂兰盆节，认为盂兰盆节这天所有的鬼魂都出来寻找食物，于是老百姓摆出祭品，让自己的祖先享用。而道教则把七月十五定为中元节，这一天，道士日夜念经，超度亡灵。而在广西、广东等中国南方地区，过“鬼节”的时间提前了一天，定在七月十四，人们以过“鬼节”来寄托对亲人的哀思。

自农历七月初十开始，家家户户便要将厅堂打扫干净，在神龛前置香案和祖先牌位，备酒肴果品连日供奉，以迎先祖。到了七月十三，焚烧冥衣、冥钱，在灵屋祭奠新逝的长者；七月十四是“送祖日”，用写上祖先名讳的冥纸在户外焚烧以祭奠先祖。另外，烧纸钱不能只烧给自己的亡亲，也要给无后人的亡灵烧一点，以免他们在阴间为难自家先祖，于是这便有了七月十五晚为孤鬼“烧孤衣”的传统。

但是过“鬼节”祭奠祖先，为什么一定要用鸭子作为祭品呢？据说人死后都要过奈河，鸭子会游泳，祭拜祖先时所用的纸钱、衣物是要靠鸭子驮过奈河的，所以过“鬼节”时祭品一定要有鸭子。而据广西师范大学民俗史专家韦坚平教授介绍，“鬼节”其实是一种灵魂崇拜——在这一天，人们烧香祭祀祖先，祈求家人健康平安，家人也趁此机会团聚。而在这一天吃鸭子是因为在广西农村，种稻谷前每户人家都会买上几十只鸭子回来养；在割完稻谷后，鸭子可以以稻田里遗漏的谷子和蚯蚓为食，从而降低成本。在种第二季稻谷的时候，农民们为了犒劳自己，则宰鸭子过节。随着时间的推移，人们就习惯在这天吃鸭子了。①

人们信仰某种神灵，在潜意识中是希望敬奉的神能给自己带来帮助和利益。例如人们敬奉“财神”，是希望自己财源滚滚；敬奉“福、禄、寿”三神，是希望自己福运常在、升官发财、寿命长久。

---

① 黄念飞，蒋智群．壮乡“鬼节”鸭子走俏．中国新闻网·广西新闻，2007－08－26．

民间供奉的“福、禄、寿”三神

人们在潜意识中认为自己的命运是由众多神灵在暗中控制的，应该敬神、供神，如果不这样做，就会遭受某种意想不到的损失。久而久之，就产生了禁忌习俗。因此，民间信仰习俗的另一个层面是禁忌习俗，包括饮食禁忌、语言禁忌、服饰禁忌、居住禁忌、经商禁忌、节日禁忌等。禁忌习俗的本质是“告诫人们不要做什么，否则就会产生不良后果”。

某一禁忌习俗的形成与某一崇拜密切相关。例如在中国民间，人们敬奉“谷神”和“水神”，认为这二神可以保佑人们五谷丰登、风调雨顺，没有洪涝灾害。与此相应的，在人们的潜意识中甚至产生了对“粮食”和“水”的敬畏心理。民间禁忌糟蹋、撒泼粮食，污染水源。如在明末清初的小说《醒世姻缘传》第五十四回中，就记载了撒泼米面的尤厨子被“雷神”击死的故事，告诫人们要爱惜粮食，禁忌撒泼米面，糟蹋粮食。

3. 民间艺术

民间艺术是民间文化的重要组成部分，是大众的、生活的、民俗的艺术。民间艺术反映着劳动人民独特的生活情趣，包含着丰富深刻的社会历史信息，代表着民众的审美理想。民间艺术历史悠久、源远流长、种类繁复，是人民精神生活的重要内容，是民族文化的宝贵财富。中国民间艺术的形态和形式包容了各种艺术门类，如民间音乐、民间舞蹈、民间美术、民间说唱、民间戏曲、民间杂技与绝技、民间手艺等。下面我们以剪纸为例来加以说明。

福字

兔子

老鼠

剪纸是中国最为流行的民间艺术之一，根据考古发现，其历史可追溯到公元6世纪，但人们认为它的实际开始时间比这还要早几百年。剪纸常用于宗教仪式、装饰和造型艺术等方面。其大概因材料易得、成本低廉、效果立见、适应面广而受到普遍欢迎，而且适合农村妇女闲暇时制作；其既可用于宗教仪式，又可美化生活。中国各地都能见到剪纸，甚至形成了众多的地方风格流派。剪纸不仅表现了群众的审美爱好，蕴含着民族的深层社会心理，也是中国最具特色的民间艺术之一。现在，剪纸更多的是用于装饰。它可用于点缀墙壁、门窗、房柱、镜子、灯和灯笼等，也可为礼品作点缀，甚至剪纸本身也可作为礼物赠送他人。

第二节　中国民俗的主要特征

民俗文化是民众的生活文化，与民众所处的特定的自然、人文环境紧密相关。中国传统社会是以农耕生产为主的社会，因而围绕着农耕生活累积形成的中国民俗具有一种“大农业”的特点。从岁时节日到人生礼仪的众多民俗事象无不或隐或显地具有这一特点。

中国是一个多民族的国家，不仅历史上出现过多次民族文化的大交流、大融合，而且时至今日，境内共同生活着56个民族，这样中国民俗又具有了独特的民族气质。所以，从整体来看，中国民俗主要有以下特征：

一、多元性

中国是一个多民族的国家。中原夏族与东部夷人、南部的三苗、西北的羌戎成为华夏共同体的最早成员。此后，以中原政权为核心的民族国家不断地吸纳异民族的生命机体与文化成分，各民族杂居共处，逐步形成今天56个民族和平共处的统一国家。不同的民族有着不同的历史传统与文化习俗，在中华民族的不断融合中，民族习俗被吸纳到中华文化体系之中，但程度不一地保存着各自的民俗特性，形成了“多民族的一国民俗学”（钟敬文语），因此，中国民俗文化呈现出鲜明的多元性特点。

比如在婚礼习俗方面，汉族沿袭着“议婚—订婚—嫁娶”的婚俗模式，而一些少数民族的婚俗模式则各有特色，如土家族的“哭嫁”习俗、傣族的“抢婚”习俗、纳西族的“走婚”习俗等。这些少数民族的婚俗大多没有烦琐的礼节仪式，也很少有礼法限制，行歌坐月、对歌择偶，表现了他们异于汉族礼俗的民族特性。

华夏族的祖先在与异民族杂居共处、互相融合的过程中，不断吸收着其他民族的文化因子，使中国民俗文化体系内的多种成分在历史长河中不断交流与融汇。比如“我国的朝鲜、达斡尔、鄂伦春等24个民族既过本民族的节日，也过春节、清明、端午、中秋等节日。这么多民族过汉族的传统节日，这显然是民俗融合的结果”①。

此外，中国民俗文化还吸收其他异域文化的因素。比如佛教传入中国后，汉族改变了某些旧有的习俗，同时也产生了一些新的习俗。如汉族的“送灯”习俗，俗云此灯是送子观音送来的，盼望生子的家庭如果求到这盏灯，必定全家欣喜。

送子观音

“送灯”之习，是汉族的生育习俗，“灯”谐音“丁”（男丁），“送灯”谐音“送丁”，即“送子”。这一习俗本来是汉族所特有的，却融进了异域文化——佛教的内容。另外，在十二属相中，“老鼠”对应的是“子”，而“子”就是“男丁”，因此在中国民间“老鼠”与“灯”搭配在一起，寓意“送丁”，在剪纸图案中，这类图案颇受民间百姓的厚爱。

“送丁”图

又如汉族节日民俗中的“浴佛会”“佛诞日”，都是受佛教影响而新增的习俗。总之，中国民俗文化的多元复合性体现了中华文化的包容性特质。海纳百川，方显其浩荡；中国民俗将多元文化融为一体，方显其多姿多彩、博大精深。

① 李安民．论民俗的融合．民俗研究，1994（4）：20.

二、神秘性

“神草”——人参

中国传统民俗古朴原始而又神秘奇异。在民间传承着大量笼罩着神秘色彩的古老风俗，如巫术信仰、动物崇拜、图腾与祖先崇拜等，都有一种不可理解的神秘性。例如，长白山一带的挖参人在采挖人参的过程中形成了神秘的挖参习俗。人参是多年生草本植物，头足俱备，酷似人形，有很高的药用价值，食之可以延年益寿，人们自古就赋予它各种神奇的色彩，称之为“神草”“百草之王”。因为人参难得，挖参人进山采参时不仅组织严密，使采挖无疏漏之处，更有各种巫术信仰，试图用人的意念控制自然，给挖参行动蒙上了一层神秘的面纱。挖参时有许多山规戒律，例如不许多说一句话，不许多做一件事。

山规之一就是发现人参时应立即大声呼喊：“棒槌!”据说如此一喊，“棒槌”（即人参）就会被“定住”，不再逃跑。此时“把头”（即挖参小组的组织人）就要问：“什么货?”发现者要立即回答“五批叶”或“六批叶”。然后同伙人笑着说：“快当！快当!”像这样，前面发现者的报告称为“喊山”，后边应和者的问语、贺词则称为“接山”。这一喊一接，据说可以把人参吓住，当然同时也有报告、祝贺之意。这是一种典型的语言崇拜和语言禁忌习俗——相信语言具有某种神秘的超自然的魔力，可以控制自然。从中我们可以看到中华民族的祖先试图征服自然的民俗心理和奇特手段，它们经过漫长的岁月一直传承到今天。

中国民俗神秘性长期存在的根本原因是人们的生存环境没有明显改变，人们尚无足够能力保障自己的安全，以应对自然与社会的挑战。因此，人们信奉神秘力量，以此缓解精神压力，服务现实生活。直到现阶段，民众的经济文化生活条件仍有局限，原始神灵观念仍未消失，因此，中国民俗的神秘性虽较以前大为淡化，但在底层民众或偏远乡村仍能对其有深刻体会。

三、实用性

实用性是中国民俗最本质的特点。中国民俗门类繁多、形态各异，但其最基本的特性是实用。民俗服务于人们的生产与生活，人们依赖民俗结成相互关系，开展生产，繁衍后代，寻求精神愉悦。民众创造了民俗，民俗服务于民众。任何一种民俗事象的形成和出现，都以实用为其根本目的。

比如在民间信仰上，中国人所创造的神都是祈求对人的生产和生活有帮助的神，如“财神”、龙王、观音等。中国人在拜神方面也具有明显的实用性，比如想发财就去拜“财神”，想生儿子就去拜“送子神”，想长寿就去拜寿星，想求雨就去拜龙王，等等。也就是说，他们是因为自身有所求才去拜神的，在信仰上具有强烈的功利性色彩。

财神

寿星

四、地域性

中国有许多民俗具有全民性特征，为国人普遍沿袭，这是由中华民族的文化共性决定的。但是一般民俗在渗透到全国的过程中，往往因各种原因而出现地方变异。就过年习俗来说，农历年为广大汉族地区及南方、北方一些少数民族地区所普遍沿用，但各地过节的内容各不相同。比如湖北荆州、沙市一带，第一餐要吃鸡蛋，意谓“实实在在，吉祥如意”；闽南人春节第一餐吃面条，寓意“年年长久”；广西壮族人春节第一餐一定要吃甜食，表示新的一年生活美好，甜蜜如意。而山东一带过春节第一餐必定要吃饺子，而且要将其中的两个饺子分别包上硬币和麸皮。当新年钟声敲响之际，全家人一起吃饺子。吃到包硬币的，寓意新的一年能挣钱；吃到包麸皮的，寓意新的一年有福气。

又如端午节很早就成为全国通俗，其主旨是驱疫辟邪，但各地过节的具体内容各有不同。南方水乡吃粽子、插香艾、赛龙舟，北方一般是在大门、屋门上插香艾叶、佩五色丝、吃煮鸡蛋。但“十里不同风，百里不同俗”，北方各地过端午节的习俗仍略有差异。比如山东邹平市过端午，人们早晨起床后均需饮酒一杯，据说可以辟邪。山东日照过端午，大人会给儿童缠七色线，且一直要戴到节后第一次下雨才能解下来扔到雨水里。山东泗水一带过端午，还要吃用香艾叶水煮的鸡蛋。

香艾叶

粽子

民俗的地域差异在谐音和忌讳式民俗语义方面也表现得很明显。比如“梨”在普通话里与“离”同音，北方民俗情人、朋友和亲人之间不分梨吃，怕犯“分离”的忌讳。但在闽南话里，“梨”与“来”同音，人们与客人分享“梨”则意味着“友好”，有“希望下次再来”的民俗寓意。正是由于民俗地域性的存在，我们要“入境而问禁，入国而问俗，入门而问讳”（《礼记·曲礼上》）。

五、稳定性和变异性

民俗文化因其传承的特殊性，在日常生活中世代沿袭，具有相对稳定的特性。比如人生礼仪习俗、岁时节日习俗都具有一定的稳定性。但作为一种超越世代、绵延不绝的社会民众的生活方式和文化传承现象，民俗尽管与民众的生活息息相关，也不是一成不变的。相反，随着社会的发展变化，随着时间、空间的变化，它不断地发生变异，形成了与稳定性相联系的变异性特征，这种变异性强调的是民俗呈现在时间上的某些特征。

比如中国古代的婚俗讲究“父母之命，媒妁之言”，父母在儿女的婚姻大事上起着决定性作用，甚至包办婚姻。古人在婚俗礼仪上讲究“纳采、问名、纳吉、纳征、请期、亲迎”的“六礼”习俗。现代婚俗源于古代的“六礼”，但发生了很大的变化，从礼仪上来说渐趋简化，一般只经历“议婚、订婚、嫁娶、拜堂、送入洞房”等环节，很多人还采取集体婚礼的方式，父母一般不再包办儿女的婚姻。

六、规范性

规范性是民俗在社会功用上所呈现出来的一个重要特征，指民俗作为一种大众约定俗成的民间规约，对民间社会所有成员行为方式所具有的约束作用。深入研究民俗文化的存在态势、作用方式，我们感到它有一种类似“文化场”的效应。

这种“文化场”看不见、摸不着，但它像磁场、引力场一样又确实存在，弥散于全空间，对某一空间区域中的人们起着一种无形却又强有力的征服、约束的作用。这种作用无形无体，却极具穿透力，同时有着极其广泛、自然的影响力。它同化着生活于其间的人们，在不知不觉中给他们涂抹上同样基调的文化背景和相互类同的意识观念。

这种同化极具穿透力，可谓无孔不入，它渗入每个家庭、每个人的内心。人们的生活方式、价值观念、举止言谈、善恶标准、是非界限、美丑约定……凡此种种无不受这种文化场引力的作用，它以一种无形的力量把人们牢牢地吸纳入该文化场，并成为该文化场的组成部分。因此，可以说民俗文化的规约性体现为一种场效应，这种场效应表明了文化对人的强制约束作用，强调了人在文化面前的受动、依赖的一面。

“文化是综合体，其中包括知识、信仰、艺术、法律、道德、习俗，以及作为社会成员的人们掌握的其他能力和形成的习惯。”① 文化一旦形成便是“超个体”存在的，它在任何个体面前都是一种先天的、既定的、不可抵抗的力量。俄罗斯有句谚语：“在一个人的尿布上就留下了这个民族的痕迹。”意思是说一个人在出生之初即依附于该民族的物质生存空间，并在成长过程中逐渐习得该民族的民俗文化、价值观念、思维习惯、行为习俗，从而打上了该民族的印记。

作为传统文化的核心，民俗文化同样既不受分工造成的个体发展倾向的限制，又凭借交往形成的群体化沟通、维系、协调群体的心理，输入共识、趋同的价值观念。它是一股潜在的深流，默默地释放着巨大的能量，浸润濡染着该文化场中的每一个人，对每个人而言都难以抗拒和跨越，从而从内在

---

① 爱德华·泰勒. 原始文化：神话、哲学、宗教、语言、艺术和习俗发展之研究（重印本）. 连树声，译. 桂林：广西师范大学出版社，2005.

的思维到外在的行为都打上了该民族的烙印。正因为如此，历代社会都十分重视民俗的规范作用，称它为“不成文的习惯法”。

中国是一个有着悠久历史的文明古国，同时也是一个民族众多的大国；由于历史的与民族的原因，中国也是一个民俗大国，民俗资源异常丰富。社会是文化的载体，俗话说“俗随时变”，风俗的变迁总是和社会的变迁紧密联系在一起的。随着社会的转型，作为民众生活重要组成部分的风俗文化，适应社会的变迁，变得越来越五彩缤纷，越来越令人目不暇接。

综上所述，中国民俗具有多元性、神秘性、实用性、地域性、稳定性和变异性、规范性等特征，同时中国民俗文化深深地打上了中国农耕社会的烙印，是中国传统文化的一个重要组成部分。因此，要了解中国文化，应该学习中国民俗文化，而要理解中国民俗中的众多民俗事象，首先对中国民俗文化的特征有一个较为全面的认识是甚为必要的。

中国民俗是中国各族民众几千年来所创造的生活文化，是中国民间世代沿袭的一种生活模式，是中国传统文化的一个重要组成部分。其内容主要包括民间的风俗习惯、宗教信仰和民间艺术三个大类。风俗习惯类大致包括人生礼仪习俗、交际习俗、岁时节日习俗、饮食服饰习俗、语言习俗、称谓习俗等内容；宗教信仰大致包括民间信仰、禁忌习俗、宗嗣家族礼俗等内容；民间艺术的形态和形式包容了各种艺术门类，如民间音乐、民间舞蹈、民间美术、民间说唱、民间戏曲、民间杂技与绝技、民间手艺等。下面我们按照这三个大类分章节逐一介绍中国的民俗文化。

思考与练习

1. 什么是民俗？举例阐释民俗的主要内容。
2. 中国民俗文化的主要特征有哪些？请举例加以阐述。
3. 请举例论述一下你们国家民俗文化的主要特征。

第二章

中国民间交际礼仪习俗

中国历史悠久，中华文明光辉灿烂，自古以来，中国就是“礼仪之邦”“食礼之国”。中国懂礼、习礼、守礼、重礼的历史，源远流长。中国有句老话叫“入乡随俗”，外国朋友到中国来求学、旅游、进行商务活动等，自然要了解、学习、遵守中国的交际礼俗，以免产生不必要的误会。

中国还是一个多民族的国家，除汉族外还有55个少数民族。各民族都有着不同的生活方式和风俗习惯，具体到交际礼俗来说，少数民族与中原汉族有着诸多的相异之处，下面我们以藏族、维吾尔族、壮族等少数民族为例来加以说明。

第一节　中国少数民族的交际礼仪习俗

一、藏族

藏族是一个格外注重礼节的民族，在人与人的相互交往中，处处表现出对他人的敬重和深厚情谊，即使是对常客也要躬身微笑迎送，毫不马虎。最能代表藏族礼仪风貌的，还要属“献哈达”。献哈达是藏族最普遍的一种礼节，表示对客人热烈的欢迎和诚挚的敬意。婚丧节庆、拜会尊长、送别远行等，都有献哈达的习惯。

哈达是一种生丝织品，纺得稀松如网，也有用丝绸面料做的哈达。哈达长短不一，长的一两丈，短的三五尺。献的哈达越长越宽，所表示的礼节也越隆重。献哈达是对人表示诚心、忠诚的意思。

自古以来，藏族认为白色象征纯洁、吉利，所以日常生活中所使用的哈达一般是白色的，但有时也有五彩哈达，颜色为蓝、白、黄、绿、红。蓝色象征蓝天，白色象征白云，黄色象征大地，绿色象征江河水，红色象征空间护法神。五彩哈达是献给菩萨和近亲时做“阿西”（彩箭）用的，是最隆重的礼物。

敬献哈达

许多藏族人在骑马出门时也要带上多条哈达，以备不时之需。每逢婚丧嫁娶、节日庆典、拜会尊长、拜佛朝圣、远行送别、路遇致意以及其他各种庆贺场合，都要敬献哈达。在献、接哈达时，双方都要遵循一些传统的礼仪习惯，如对尊者、长辈，献哈达的时候要双手举过头，身体略向前倾，把哈达捧到座前；对平辈，只要把哈达送到对方手里或手腕上就行；对晚辈或下属，就系在他们脖子上。如果不鞠躬或用单手送，都是不礼貌的。

藏民在见面打招呼时，点头吐舌表示亲切问候，受礼者应微笑点头回礼。有客人来访时，藏民们等候在帐外迎接贵客光临。见到长者或尊敬的客人，要脱帽躬身45度，帽子拿在手上接近地面；见到平辈，头稍低就行，帽子拿在胸前，以示礼貌。男女分坐，并习惯男坐左、女坐右。

二、维吾尔族

“维吾尔”是维吾尔族的自称，意为“团结”或“联合”。维吾尔族主要聚居在新疆维吾尔自治区，信奉伊斯兰教。

维吾尔族人非常重视礼貌，接待客人时，习惯把手按在胸部中央，身体前倾30度或握手，并连声说：“您好！”客人席地而坐，忌讳双腿直伸，脚底朝人。维吾尔族人非常讲究卫生，经常冲洗手、脸，但洗后只能用手帕或布擦干，忌讳顺手甩水，因为他们认为那样不礼貌。

到维吾尔族家里做客，进门前和用餐前女主人要用水壶给客人冲洗双手，一般洗三次。当主人第一次给客人倒茶时，往往当着客人的面给茶杯消毒，之后再让客人使用。

吃饭时，客人不可随便拨弄盘中食物，不可随便到锅灶前去，一般不把食物剩在碗中，同时注意不让饭屑落地，如不慎落地，要拾起来放在自己跟前的餐布上。

馕（即维吾尔族日常食用的一种烤制而成的面饼）只准正放（即正面向上），吃馕或馒头时要将馕或馒头掰开，不可整吃。共盘吃抓饭时，不得将已抓起的饭粒再放进盘中。吃完饭后，由长者领作“都瓦”（即祈祷），禁止东张西望、嬉笑和起身走动。最后待主人收拾完食具后，客人才能离席。忌踩餐布或从餐布上跨过。如有事要离席，必须从他人身后走。

馕坑中的馕（王衍军摄）

烤好的馕（王衍军摄）

三、蒙古族

蒙古族主要居住在内蒙古自治区。蒙古族的传统礼节主要有献哈达、递鼻烟壶、装烟和请安等，现在也有鞠躬礼和握手礼。献哈达的礼节和藏族一样，是蒙古族的一项高贵礼节。献哈达时，献者躬身双手托着递给对方，受者亦应躬身双手接过，或躬身让献者将哈达挂在脖子上，并表示谢意。

蒙古族牧民十分热情好客、讲究礼仪。请客人进入蒙古包时，总是立在门外西侧，右手放在胸部微微躬身，左手指门，请客人先进。客人跪坐后，主人按浅茶满酒的礼俗热情敬献奶茶和美酒，并把哈达托着献给客人，表示对客人的真诚欢迎。如果客人不会喝酒，只要把酒杯恭敬地放在桌上就可以了。送客的时候，主人送客人到蒙古包外面或送至本地边界。

蒙古包

四、回族

约有 1/3 的回族人口聚居在宁夏回族自治区，其余散居在全国各地，信奉伊斯兰教。回族人尊敬长者，禁止在居室内放猪皮、猪毛等制品。回族人非常尊重别人，注意不伤害别人的自尊，顾全别人的面子，不喊外号。

“阿訇（hōng）”是清真寺教务主持，是对伊斯兰教学者或教师的尊称。阿訇是从波斯文音译而来的，在中国是伊斯兰教宗教职业者的统称。在接待工作中，如果他们正在祈祷，不能去打扰。回族禁忌用左手递送物品。凡供人饮用的水井、泉眼，一律不许牲畜饮水，也不许任何人在附近洗脸或洗衣服。取水前一定要洗手，盛水容器中的剩水不能倒回井里。回族的日常饮食很注意卫生，凡在有条件的地方，饭前、饭后都要用流动的水洗手。

回族人在饮食方面禁忌很多，比如禁食猪肉以及血液等。饮食方面的禁忌也体现在语言交际上，比如不能用禁忌的东西作比喻（如不能说某某东西像血一样红）等，甚至在谈话中也忌讳带“猪”字或与之同音的字，一些词往往采用隐语或避讳的方式来表达，如属猪一般说属“黑”或属“亥”。

回族在饮茶方面很讲究。当有客人来时，主人会先端上“盖碗茶”敬茶，然后再端上瓜果、油饼等。款待客人吃饭时，主人须为客人加菜、加饭，即使客人表示已经吃饱了，也要加少许，以示敬意；客人若不吃，便有失敬之嫌。主人给客人端饭、端菜时均用右手，客人要用双手接过，否则会被视为不礼貌。

盖碗茶

五、壮族

壮族在中国的55个少数民族中人口最多，主要分布在广西壮族自治区以及云南、广东、贵州等省份。壮族同胞热情好客，当客人来访时，由主人出面让座递烟，双手奉茶。有客人在家，不可以大声讲话，进出要从客人身后绕行。和客人共餐，要两腿落地，与肩同宽，不能跷二郎腿。

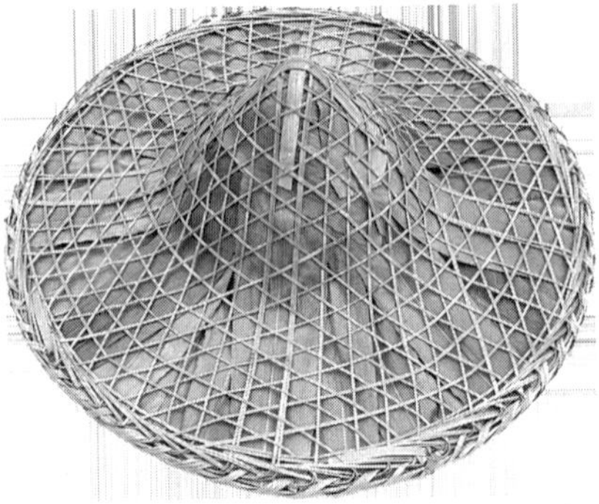

竹编斗笠

壮族的住房有干栏式竹楼和地居式平房两种。登上壮族人家的竹楼，一般都要脱鞋。另外，壮族同胞非常忌讳别人戴着斗笠、扛着锄头或其他农具进入自己家中，所以你如果进入壮族同胞家中，在门外一定要放下农具，脱掉斗笠、帽子，以免引起主人不快。

火塘、灶塘是壮族家庭最神圣的地方，禁止用脚踩踏火塘上的三脚架以及灶台。壮家在用餐时须等最年长的老人入席后才能开饭；长辈未动的菜，晚辈不得先吃。杀鸡时，鸡头必须敬给老人。给长辈和客人端茶、盛饭，必须双手奉上，而且不能从客人面前递送东西，也不能从长辈的背后把东西递给长辈；先吃完的要对长辈、客人逐个说“慢吃”再离席。

尊老爱幼是壮族的传统美德。路遇老人要主动打招呼并让路，在老人面前不跷二郎腿，不说污言秽语，不从老人面前跨来跨去。壮族青年结婚，忌讳怀孕妇女参加，尤其不能让怀孕妇女看新娘。怀孕妇女不能进入产妇家。家有产妇，要在门上悬挂柚子枝条或插一把刀，以示禁忌。不慎闯入产妇家者，必须给婴儿取一个名字，还要给婴儿送一套衣服、一只鸡或相应的礼物，做孩子的干爹、干妈。

六、满族

满族人大部分聚居在东北三省，以辽宁省最多。满族非常重礼节，平时见面都要行礼请安；如果遇到长辈，要请安后才能说话，以示尊敬；与长辈同行，要随从其后；进出门时，要先行几步为长辈开门，并请长辈先行；在屋中，要请长辈先坐；长辈说话，未经允许，不得插话。

另外，长辈外出远行，要送至大门外，归来时要至大门迎接；年轻人外出归来，要先向父母请安，然后才能回到自己房里；吃饭时，要让长辈先坐、先吃，之后自己才能坐，才能动筷子；吃完饭，长辈先放下筷子，晚辈才能离席。可以说，“尊老敬上”是满族人礼仪的中心内容。

康熙、乾隆皇帝曾数次举行“千叟宴”，身体力行提倡“尊老敬上”。因此，满族人无论是官宦士绅，还是平民百姓，都把尊老敬上视为美德，并以此作为家法族规的重要内容。

以前，满族最常见的礼仪形式有见面礼、请安礼、告别礼等几类，礼仪非常烦琐，仅见面礼就有叩头礼、打千礼、抱见礼、执手礼、鞠躬礼、擦肩大礼等多种，但现在有些烦琐的礼节已被简化。

比如，擦肩大礼原来是主人和客人之间常用的礼节。满族人家经常无偿地招待过往客人，客人临走时，与男主人用肩头互相摩擦几下即可，这就表示了客人对主人的感激之情；多日不见的朋友相见，也有行此礼的。但目前这一礼节已经很少见到。

打千礼是清代男子向人请安时的一种见面礼节，曾流行于全国各地。行礼时，左膝前屈，右腿后弯，上体稍向前俯，右手下垂，是一种介于作揖、下跪之间的礼节。这一礼节现在还能见到。目前满族比较隆重的礼节是抱见礼，也就是抱腰接面礼。一般亲友相见，不分男女都行这个礼，表示亲昵。

在接待客人时，满族女眷不需回避，家庭女性成员都可参加对客人敬酒等活动。给客人上菜必须成双成对，客人一旦接受妇女的敬酒，就必须喝完，否则会被认为是不礼貌的。满族人很守信用，答应朋友的事情，一定会千方百计去做。

满族以“西”为贵，祖宗匣要放在西炕上，西炕不许住人和放杂物，更不能有各种不敬的行为。满族最突出的禁忌是不准杀狗，禁吃狗肉，禁穿戴狗皮衣帽。据说这一习俗和清太祖努尔哈赤有关。相传当年努尔哈赤曾吩咐族人：“山中有的是野兽，尽可以打来吃，但是今后不准再吃狗肉、穿戴狗皮。狗死了要把它埋葬了，因为狗通人性，是义犬，能救主。”此后爱犬、敬犬便沿袭成俗。此外，满族人不食乌鸦之肉，还有饲喂乌鸦、祭祀乌鸦的习俗。

七、朝鲜族

朝鲜族在中国形成较晚，大概在清朝末年，朝鲜人大量进入中国，逐渐形成一个民族，主要分布在东北三省。目前吉林延边有朝鲜族自治州，朝鲜族人多聚居于此。

在社会交际中，朝鲜族人以尊老、爱老为荣。长辈在家庭和社会中处处受到尊敬，儿孙晚辈都以照顾体贴长辈为荣。晚辈不能在长辈面前喝酒、吸烟；吸烟时，年轻人不得向长者借火，否则便被认为是一种极为不敬的行为；与长者同路时，年轻人必须走在长者后面，若有急事非超前不可，须向长者恭敬地说明理由；途中遇有长者迎面走来，年轻人应恭敬地站立路旁问安并让路；晚辈对长辈说话必须用敬语，平辈之间初次相见也用敬语。

餐桌上，匙箸、饭汤的摆放都有固定的位置。匙箸摆在用餐者的右侧，饭摆在桌面的左侧，汤碗摆在右侧，带汤的菜肴摆在近处，不带汤的菜肴摆在其次的位置上，调味品摆在中心。

第二节　汉族的交际礼仪习俗

汉族人口众多，生活地域广阔，各地的交际礼仪习俗也略有不同。下面我们就从打招呼、拜访、迎送、谈话、宴请、送礼、称谓等方面简述一下汉族交际礼仪中一些带有普遍性的社会生活习俗。

一、打招呼

打招呼也称问候，是人们见面时最简便、最直接的礼节，主要表现为在公共场所相见时，彼此向对方问安问好，致以敬意或表达关切之意。主要适用于：自己主动迎向对方时；当对方向自己问好时；当对方来到自己生活或办公的环境时；自己主动与对方进行联络时。

（一）打招呼的基本要求

1. 得体

中国人见面比较喜欢互相问候，而且越是先问候别人，越显得热情、有教养、知礼、明礼。例如工作中最普遍的问候是：“你好！”“再见！”有时再加上一句恰当的称呼，如：“王师傅，您好！”“李老师，再见！”，就会显得更为亲切。当然随着社会的发展、人们观念的变化，打招呼、问候的语言愈加丰富，但最重要的不是说什么，而是主动的态度。

2. 适度

（1）与场合相符。选择打招呼的方式、语言要考虑环境、场合因素，在生活场合、关系密切的人之间可以运用轻松、随意的打招呼方式和言语，而在工作、社交乃至国际交往中就应该选用较正式的打招呼方式和言语。

（2）与自己的身份相符。通常问候之后，人们会很自然地行见面礼，以示友好。这时你要注意依照自己的身份来选择是否施礼或施哪一种礼节。

（二）打招呼的一般规则

（1）男性先向女性致意，年轻男女均应先向年长者致意，下级应先向上级致意。

（2）在大街上打招呼，三四步远是最好的距离，男子可欠身或点头，如果戴着帽子须摘去。与人打招呼时，忌叼着烟卷或把手插在衣兜里。

（3）对熟人不打招呼或不应答向你打招呼的人都是失礼的行为。

（4）同少数民族及信奉宗教的人打招呼应根据当地的宗教信仰及打招呼习惯。如与信奉伊斯兰教的人打招呼，首先应说“真主保佑”以示祝福，否则会引起不必要的麻烦及误解，从而影响双方的正常交往。

（5）中国人打招呼一般遵循“所见即所问”的原则，如见到对方在吃饭，会说“吃饭呢”；见到对方拿着包出门，会说“出去啊”。这种打招呼方式，多用于熟人之间，它给人一种没话找话，甚至说废话的感觉，在西方人看来，往往觉得不可理喻。但这并不是明知故问，也不是想干涉别人的私生活，而仅表示“我看见你了，跟你打招呼呢”。

（三）常见打招呼用语

最简洁明了、通用性最广泛的用语是“您好”，这既是一个问候语同时又有一种表示对他人祝福的含义。此外，根据碰面的时间，互相道一声“早上好”“下午好”“晚上好”，也是一种比较简单、实用、明了的打招呼用语。

另外，诸如“你早”“在哪儿发财”“吃了吗”“您到哪儿去”等，也是较常见的招呼语。与陌生人打招呼，要注意区别不同的场合。场合不同，打招呼的用语也有所不同。比如在车上踩到别人，一般要表示歉意，说：“对不起，踩到你了。”在饭店里想要点某道菜，一般要说：“服务员，请问有××吗?”在路上请人指路，要说：“请问到××路怎么走?”或者说：“对不起，打扰您一下，请您帮个忙，可以吗?”

当别人要帮助你时，宜说：“谢谢，不用了。”或者说：“谢谢，那我就不客气了。”忌说：“谢谢您的好意!”因为这是很不礼貌的，也是不太友好的说法。

下面是对几种常用的招呼用语的分析：

（1）吃了吗?

这是中国历史上沿用比较久也较为普遍的招呼语。“民以食为天”，在中国漫长的封建社会中，大多数劳动者求的就是能够吃饱饭。因此，问对方有没有吃饭便是对对方的一种关心。虽然现在中国人的生活水平逐渐提高，吃饭问题已经基本解决，然而，“吃了吗”这句问候语却一直沿用着。但是，现在的这句招呼语基本上没有了原来的意思，它只是一种打招呼的方式。朋友见面，问声“吃了吗”仅仅是一种招呼，表示“我看见你了，跟你打招呼呢”。至于对方真的吃饭没有，都无关紧要，当然更不是想要请你吃饭。

但使用这一招呼语，必须注意以下条件：首先是吃饭的前后时间，才能使用。半夜三更、上午十点多、下午三点多时，使用这一招呼语显然是不合适的。因为这一招呼语毕竟是从“吃没吃饭”演化来的，因此，多少还含有字面上的意思。而且，听话人在回答时也是用“吃了”或“没吃”之类的话来回答。其次，非正式场合才能使用。这类招呼语口语性很强，正式场合一般是不能使用的。即使是在某些非正式场合，像在洗手间、厕所或容易让人联想到这些场所的地方，也是不能使用的。最后，这类招呼语多用于熟人之间，跟陌生人或不熟悉的人是不用这类称呼的。

（2）干什么去？

这也是一种比较原始的招呼语，与对方擦身而过，为了表示自己看见了对方，以此语代替一切语言。至于对方干什么则是无关紧要的，只是表示一种问候、一句招呼。在西方发达国家，基本上没有这种招呼语，因为自己在干什么是属于私人的事情，他们不希望别人过多地干涉自己的私事。这句问候语出现在中国，也反映出中国人与西方国家的人不同的心态。现在随着经济的发展，这句话也将逐渐被新的招呼语所替代。

（3）在哪儿发财？

在中国漫长的封建社会中，“君子重义不重利”的观念在人们的头脑中早已根深蒂固，但随着中国改革开放政策的实施和深入，“利”越来越被人们看重，“允许一部分人先富起来”的政策促使全国人民奔富裕，并以“发财”相互祝福。所以，这句招呼语如实地反映了从上到下以经济建设为中心奔富裕的文化心理，折射出得到温饱后人们的更高追求，是一种历史的进步。

二、拜访

1. 是否预约

中国人一般不预约，但是正式场合（如商业洽谈、面试、采访）一般会预约。拜访有地位、有身份的人，一般要预约。如果担心主人不在家时也会预约。现代社会中，人们的生活节奏较快，工作也较繁重。一般来说，去做客前最好先打个招呼。当然，去比较熟悉的朋友家有时也不一定打招呼。遇到突然来访的客人，如果你有紧急的、重要的事，可以说："真对不起，今天很不巧，我有点儿急事，改天我一定去拜访您。"这时客人就明白自己来得不是时候，马上会告辞说："没关系，我也没什么事，改天再来吧。"但是如果你没有什么特别要紧的事，一般是要放下自己的事，去热情招待客人的。

2. 会客的地方

有客厅的，一般在客厅。在农村，一般在堂屋（房子居中的房间，也称为正屋）会见客人，这也是全家人吃饭的地方。见面时，主客双方都会说些客气话，例如，主人问："请问喝点什么？"客人一般回答"不渴""不用张罗了"之类的客气话。但是作为主人，千万不能信以为真，而不给客人准备茶水或饮料。因为客人那么说，只是一种客气而已，是怕给主人带来麻烦，有时可能并不是真的不渴。

有时候，客人也会说"随便，什么都行"。客人的想法是：我是客人，不应该提要求，主人怎么方便就怎么做。为什么这样说呢？还是怕让主人为难。如果我要的饮料主人家里没有，这岂不是让主人很难堪？因此，外国朋友对于这种客气、客套的做法，往往很难接受，因此也会常常出现一些"冲突"。中国人到外国朋友家里做客时，外国朋友常常把中国人的客套当成了真话，而不给客人准备饮料，结果渴得口干舌燥，但是出于传统礼节，也只能忍着。因为在中国人看来，向他人讨吃讨喝，也是一种不太礼貌或有失体面的行为。

3. 拜访时间

中国人访亲会友，在时间的选择上一般有下列原则：工作时间不拜访；吃饭时间不拜访；睡觉时间不拜访。这主要是考虑到不要影响主人正常的工作和生活。特别要注意的是，很多中国人有睡午觉的习惯，如果没有特别的事情，下午一点到两点半这段时间中国人一般不会去访亲会友。外国留学生也要了解中国人的这一生活习惯，尽量避免打扰主人的正常生活。

4. 告辞

告辞的时候，客人一般要先说："时间不早了，我该走了。"主人一般礼貌地挽留："忙什么，再坐一会儿吧。""还早呢，着什么急。"这时客人仍坚持："该走了。""不打扰了。"中国人比较好客，也非常热情，当客人告辞的时候，主人一般会挽留其在家吃饭（特别是告辞时临近饭点），以尽地主之谊。例如，主人会说："留下来吃顿便饭吧！"客人回答："谢谢！对不起，我还有别的事。"或者说："不麻烦您了，已经打扰您很长时间了！"如因事先没打招呼，主人没有准备，客人更要委婉地表示推辞："不了，我回去了，以后有机会我再打扰您。"如果主人已经有所准备，而且一再相请，也可以客随主便，以"那我就不客气了"或"给您添麻烦了，真过意不去"等表示接受邀请。

三、迎送

1. 迎接话语

主人迎接客人时一般会有一番客套话，例如：一路辛苦啦！对不起（很抱歉），有失远迎！请进！（客人突然来访，请客人进屋时应说）您来了，请坐，今天冷不冷（热不热）？走累了吧？（客人应邀前来时应说）您坐着（你们谈吧），我还有点事，失陪了。（有事无法陪客人时应说）

2. 招待客人

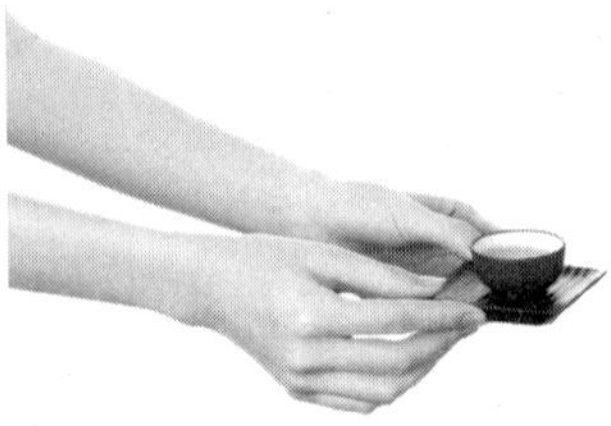

敬茶

中国人有"客来敬茶"的传统，主人倒茶时，茶壶嘴不能对着客人，而且茶杯无论大小都不得倒满，这叫"浅茶"，或叫"七分杯"。

关于"客来敬茶"，还有一个非常有意思的故事。相传苏东坡在杭州做官时喜欢游山玩水，有一次来到浙江莫干山的一座寺庙，这里的老和尚不认识他，看他打扮朴素，便态度冷淡地指着木椅说："坐！"然后又对童子说："茶！"交谈一阵后，发觉这位香客的谈吐不俗，便请东坡进入厢房，客气地说："请坐！"又吩咐童子："敬茶！"后来，当老和尚知道这位客人竟是大名鼎鼎的苏东坡时，连忙笑着把他请到客厅，恭恭敬敬地说："请上座！"又吩咐童子："敬香茶！"要离开时，老和尚请苏东坡写一副对联留在庙里作纪念，于是苏东坡大笔一挥，写下这么一副对联：坐请坐请上座，茶敬茶敬香茶。老和尚拿到这副对联，十分不好意思，也不便挂在墙上。不过，他们后来还是成了朋友。

3. 送别话语

主人："再坐会儿吧！""时间还早呢！"（主人挽留客人）"请慢走。""请走好。""不远送啦，慢走。""以后有时间来玩。"等等。

客人："请留步""不要送了""快请回吧""都请回吧"等等。

4. 折柳枝送行

中国汉代还有"折柳赠别"的风俗。李白有词云："年年柳色，灞陵伤别。"古代长安灞桥两岸，堤长十里，一步一柳，由长安东去的人多到此地惜别，折柳枝赠别亲人，因"柳"与"留"谐音，表示挽留之意。也就是说，用柳枝飘悠的样子来表示主人对客人恋恋不舍、不忍相别之情。

在春风中摇曳的柳枝，总是给人以欣欣向荣之感。"折柳赠别"也往往蕴含着"春常在"的祝愿。除此之外，柳枝易于成活，古人送行折柳相送，也寓意亲人远去他乡正如离枝的柳条，希望他到新的地方，能随遇而安，很快地生根发芽，好像柳枝一样随处可活。"折柳送别"代表着一种对亲友的美好祝愿，是古代的一种习俗，今天已不多见。

桥边的柳枝（王衍军摄）

四、见面

1. 不相识的人见面

（1）自我介绍。

不相识的人见面，双方首先要自我介绍姓名、学习或工作单位等，并询问：您贵姓？您怎么称呼？您是哪位？

（2）介绍旁人。

从地位高、年龄大的人开始。被介绍双方应握手或点头微笑致意或互相问候"您好"。如果有一方知名度（水平或地位）很高，另一方应说"久仰，久仰"或"久闻您的大名，今日幸会，幸会"等。

2. 抢先买单

中国人有抢先买单的习惯。例如：坐车抢先买票；吃饭抢先付钱（如果对方已买单，则会说："我再加点菜，咱们一起吃吧。"）。如果不这样，别人会认为你小气。不过现在中国很多年轻人，也喜欢 AA 制。

3. 尊老和忌老

中国人喜欢在他人面前称小，以表示尊敬对方。例如，自称小弟，称呼对方“大哥、老爷、您老人家”等。但现在一些城市的人不喜欢对方称自己“老”“大”，甚至“忌老”。因为在中国人心目中，“老”也意味着“无用”“体衰”“精力不济”。正因为这样，一般情况下，说到某人的相貌或年龄时，最忌讳说“老”字，尤其是对女士。

这种“忌老”的现象在汉语语汇中体现得非常明显。汉语中带有“老”字的语汇大多是贬义的。如“年老色衰”“人老珠黄”都是女性最怕听到的词语；“老气横秋”“老气”则是年轻人怕听到的词语；“老顽固”“老古董”“老不死的”，则是人们经常用来指责或辱骂上了年纪的人的口头语。

另外，汉语中还有大量的带有“老”字的贬义词语比如“老油子”“老油条”“老脸皮”“老于世故”“老奸巨猾”“老弱残兵”“老王卖瓜”“倚老卖老”等。

4. 见面礼节

握手礼

（1）握手礼。握手礼用于较为庄重的场合（初次见面、久别重逢、为亲朋送行等）。握手的历史源远流长。据说史前时期，世界对于人类来说充满了神秘和危险，当陌生人相遇的时候，如双方并无恶意，就伸出一只手来，手心向前，以表明手中没有石头或武器；在双方走近的时候，相互摸一摸右手，以示友好，这种习惯相沿成习，久而久之，便成为今天人们表示友好的握手了。今天，在许多国家，握手已经成为一种常用的表示亲热和友好的礼节。

但是，各国握手的习惯不大一样。法国人登门拜访或别离时都要与主人握手；而德国人只在进门时握一次手；有些非洲人在握手之后会用手指弄出清脆的响声，以表示自由；在美国，男人之间的握手是很用力的，这可能源于印第安人的角力竞赛；中国人一边讲“你好”一边握手，对此没有什么忌讳；俄罗斯人则不允许两人隔着一道门或跨着门槛握手，认为这样做是不吉利的。

一般来说，握手这一交际礼仪须遵循以下原则：①年少者等年长者先伸手。②男士等女士先伸手。③客人等主人先伸手。④职位低的等职位高的先伸手。⑤握手时间不宜过长，松紧要适度，眼睛正视对方。异性握手只是一种象征性姿态，男的不可太用力，更不要长时间地握住对方的手。⑥握手之前，如果握手双方戴手套，一般认为男的一定要脱掉，女的则不必。⑦在同一天中，如果多次见到同一个人，一般在第一次见面时握手，第二次见面只需微笑致意，打个招呼即可，或者说句客套话："又见到您了""很高兴再次见到您"等，不必每次都握手。握手时要遵循交际原则，并要做到入乡随俗，避免出现交际中的误会。

（2）拱手礼。拱手礼也叫作揖礼，是中华民族传统的见面礼节和表示感谢时常用的礼节，有着浓浓的中国特色和人情味。行礼时，双腿站直，上身直立或向下微弯，双手互握合于胸前。但两手互握的情况不同：一般是男子右手握拳在内，左手在外，女子则正好相反；若为丧事行拱手礼，则男子为左手握拳在内，右手在外，女子则正好相反。

男子拱手礼

有学者考证这种礼节始于上古，距今已有两三千年的历史了。其有模仿戴手枷奴隶的含义，表示愿做对方奴仆，后来拱手逐渐成了相见或表示感谢的礼节。中国人是讲究以人和人之间的距离来表现出"敬"的，而不像西方人那样喜欢肢体亲近。这种距离不仅散发着典雅气息，而且也比较符合现代卫生的要求。

因此，很多礼学专家都认为，拱手礼不仅是最能体现中国人文精神的见面礼节，而且是最恰当的一种交往礼仪。2020 年以来的新冠肺炎病毒肆虐，很多地方不提倡握手，而这种拱手礼不直接与对方接触，可有效避免交叉感染，因此又悄悄地流行起来。

（3）点头鞠躬礼。鞠躬礼是比较隆重的礼节，在现代中国人的生活中，主要用于喜庆、哀悼的仪式中，较少用于正式的社交场合。在追悼会上，向遗体告别要三鞠躬。鞠躬前应先脱帽，身体成立正姿势，目光正视，上体向前下方弯曲，约成 10 度。在结婚典礼上，新人要向家长、主婚人、来客等三鞠躬。一般的鞠躬，可以微微一弯，也可以成 45 度。弯曲度数越大，礼节越重。在行鞠躬礼时，应当表情适当，身体稳重，目光专注。

（4）跪拜礼。跪拜礼源于我国东汉时期。我国在东汉以前，还没有现在的桌椅，人们吃饭、议事、看书，是在地上铺上席子后席地而坐。通常是，坐时要两膝着地，再将臀部压于后脚跟上，脚掌向后向外。

《鸿门宴》中有一句"项羽按剑而跽"，就是跪坐时忽然"引身向上"

的样子。就其形式而言，古人的“坐”实际上就是我们现在的跪。在接待宾客的过程中，每当“坐”着向客人致谢时，为表示尊敬，往往要伸直上半身，即古书上所说的“引身而坐”，使“坐”变成真正意义上的“跪”，然后俯身向下，有时要前额触地。这些逐渐演变成了日常生活中的跪拜礼。

汉代以后，椅子、凳子等坐具逐渐用于生活中，人们不再“席地而坐”，因而使原来生活中的“跪坐”发生了很大变化。

跪拜礼虽仍然存在，却成为等级差别的标志，主要应用于官场之中，如臣子拜皇帝、小官拜大官、奴才拜主子等，有时都要行三叩九拜之礼。在中国漫长的封建社会时期，等级森严，礼节繁杂，其中最为流行的礼节就是跪拜礼。

1912 年孙中山先生宣布取消跪拜礼，改为握手，这无疑是社会文明的一大进步。但目前在民间祭祀、祝寿、拜师、拜年等风俗礼仪中，仍经常使用跪拜礼。

给长辈拜年

扫墓祭奠

五、谈话

语言是人们交际的重要工具，正确得体的言谈可以迅速有效地传递信息，塑造良好的社交形象，促进社交的成功。通常人们喜欢的言谈是语言高雅、传情、随和、幽默，声音抑扬顿挫，感情充沛自然。

在社交场合，谈话首先要看对象。交际对象是对谈话起限制作用的环境因素，谈话要以听话对象能够接受为前提，以他们的感情、知识为限度。例如，与长辈或年岁大的人谈话，要注意使用“您”“请”等敬语。又如，男女之间相处，要注意讲究分寸，才显得有礼貌和庄重文雅。

其次，谈话要注意姿势，站着谈话要面对面，眼睛看着对方的脸，东张西望是不愿意谈话的表示；高昂着头，会被认为看不起对方。坐着谈话时，身体要坐正，不能东倒西歪，不能跷二郎腿，更不能把脚底板朝着对方。民间俗语说：“站要有站相，坐要有坐相。”说的就是一个人应该懂得起码的礼貌。倘若在与他人相见时，高跷着二郎腿或不住地抖腿、摇头晃脑，不仅有损自身形象，也是对他人的不尊重。还有，中国人在交谈、特别是在辩论时，崇尚的是心平气和，有事好商量，特别忌讳对方指手画脚，尤其是冲着自己指指点点，这在中国人看来是一种非常不礼貌的行为。

再者，听对方说话，要不时地有所反应。交谈时缺乏回应，也是不愿意谈话或不太尊重对方的表示。而且，即使是在电话中交谈，也要不时回应。比如“嗯。”“啊？”“是这样吗？”“不对吧？”等等。

最后，就谈话的话题来说，中国人对于个人的工资、年龄、婚姻、孩子、家庭情况一般来说不太忌讳，但忌讳谈论对方的短处、痛处，即避讳“当着矮人说短话，哪壶不开提哪壶”。例如，鲁迅先生的《阿Q正传》中叙述过这么一段：

最恼人的是在他头皮上，颇有几处不知于何时的癞疮疤。这虽然也在他身上，而看阿Q的意思，倒也似乎以为不足贵的，因为他讳说“癞”以及一切近于“赖”的音，后来推而广之，“光”也讳，“亮”也讳，再后来，连“灯”“烛”都讳了。一犯讳，不问有心与无心，阿Q便全疤通红的发起怒来，估量了对手，口讷的他便骂，气力小的他便打；然而不知怎么一回事，总还是阿Q吃亏的时候多。于是他渐渐的变换了方针，大抵改为怒目而视了。谁知道阿Q采用怒目主义之后，未庄的闲人们便愈喜欢玩笑他。一见面，他们便假作吃惊的说：“哙，亮起来了。”阿Q照例的发了怒，他怒目而视了。“原来有保险灯在这里！”他们并不怕。

还有《孔乙己》中也描绘过一段：

掌柜仍然同平常一样，笑着对他说，“孔乙己，你又偷了东西了！”但他这回却不十分分辩，单说了一句“不要取笑！”“取笑？要是不偷，怎么会打断腿？”孔乙己低声说道，“跌断，跌，跌……”他的眼色，很像恳求掌柜，不要再提。此时已经聚集了几个人，便和掌柜都笑了。

小说《阿Q正传》和《孔乙己》中，人们为了取笑阿Q和孔乙己，分别拿他们最忌讳的话题来谈论，但是在现实生活中人们一般不这样做，俗话说得好，“打人不打脸，骂人不揭短”，要时时、处处给人留面子。最后，谈话要注意合作。听对方说话时，要不时有所反应，或点头或说“嗯”“是吗?”“好的”等，表示在听对方说话。同意对方意见时说“好的”“是的”等。受到对方夸奖时，应说“哪里，哪里”“不敢当”“过奖了”等。

六、宴请

1. 邀请

政府、单位的正式宴会或婚宴等要发请帖；一般宴请或私人家宴多用电话或口头通知。但不管哪种方式，邀请最晚应在宴请前一两天发出，当天“叫”是不礼貌的。

2. 出席宴会服饰

中国一般没有专门赴宴的礼服，只要穿得比平时稍好或整洁一些就可以了。

3. 宴会常识

（1）酒和饮料，由客人选择。

（2）宴会开始时一般要干杯，有时结束时还要干杯。

（3）同桌人无论认识与否，都有互相夹菜的习惯；只顾自己吃，被认为是不礼貌的。

（4）吸烟的人互相敬烟，以示亲热，只顾自己吸烟是不礼貌的。而且，有女士在座的场合，应首先征求女士的意见“可以吗?”，否则也是不礼貌的。向他人敬烟，礼貌而又卫生的做法是，原包打开后，由对方自取。

（5）敬烟后，应主动掏出打火机或火柴为对方点烟。要记住一次不要点两支以上的烟，点过两支后要重新打火，再为其他人点烟。另外，敬烟点烟都要先老者、女士，然后再其他客人，最后自己。

4. 家宴邀请习惯语

（1）×日到我家来玩吧（比较委婉地邀请对方）。

（2）到我家喝酒去（说话者非常豪爽地邀请对方）。

（3）到我家吃顿便饭吧（但是便饭实非便饭，体现出中国人比较谦虚的传统）。

（4）今天没什么好吃的（或者说今天没什么菜），请不要客气，随便吃吧（但实际上，主人一定是尽力地把饭菜安排得非常丰盛，拿出家里最好的酒菜招待客人)。

(5)一般来说，主人为表示热情好客，往往会为客人夹菜。比如“来，吃点鱼吧”(主人为客人夹鱼)。客人应递上碗或碟接菜，并说：“谢谢，我自己来吧。”

(6)再吃(添)一碗吧(主人一般会不停地劝客人多吃、多喝一点)。但一般忌讳说：“还要不要饭?”因为“要饭”是“乞讨饭菜”的意思，所以乞丐在很多地方又被称为“要饭的”。

5. 中外宴请礼俗差异

(1)在中国，人们宴请的时候往往注重饭菜的丰盛程度，菜多而且热情地劝酒、劝菜，而国外宴请的时候一般只备一两道菜，注重的是宴会上的交谈。

(2)在中国，主人宴请的时候，通常由主人付款；在国外可由主人付款，也可各负担一半，或者是主人邀请众人到来，费用均摊，因为他们认为主人为朋友创造了一次聚会的机会，尽了主人的义务，而朋友参加了聚会，也表示了对主人的尊重。

(3)在中国，即使饭菜非常丰盛，也往往要说些谦虚的话，例如“今天没什么好吃的”，或者说“今天没什么菜，请不要客气，随便吃吧”等。而在国外主人即使是仅准备一两道菜，也要说自己如何如何重视，并引以为豪。

(4)在中国，主人请客人点菜的时候，客人往往担心多花主人的钱，少点菜或不点名贵的菜，而在国外，客人会毫不客气地点菜，喜欢吃什么就点什么。

6. 宴饮主要礼节

(1)收到请柬应及时回复，如果不能出席，应说明原因并致歉意。

(2)宴席上当主人或主宾讲话或祝酒时，其他人员应暂停进餐或讲话，全神贯注地听，以示尊重。

(3)进餐的时候，不要以口就食，应该以食就口。当嘴里有食物时，不要和别人讲话。餐后剔牙的时候，要用手或餐巾把口遮住。

(4)主人一般要陪客人吃饭。若主人不能很快吃完，客人也不宜吃得太快。

(5)客人吃完时，应说：“对不起，我吃好(饱)了，你们慢慢吃。”

(6)客人一般不要把东西全部吃光，因为这样，主人会认为客人没吃饱。宴会结束时，客人要向主人道谢。

(7)在某些农村，如果家中没有能陪客人一起吃饭的人，往往会特意请来村中与客人身份、地位相当的人作陪。客人如果是贵客、稀客，则由家中长辈作陪，其他人（尤其是妇女、儿童）不许一起进餐。这主要是源于以前男女不平等的观念，而且旧时女人一般不能喝酒，更不能陪外客喝酒。而孩子上桌可能会影响客人吃饭。

七、礼尚往来

1. 什么场合需要送礼

需要送礼的场合往往有以下几种：长时间未见面的朋友相见时；受邀请吃饭时；朋友结婚时；节日或生日时，等等。

2. 送什么礼物

（1）送礼的基本原则：适合场合；适合对方（年龄、爱好等）。还有，一般来说，送礼要送双数，即一种东西要有两个，像两瓶酒、两盒点心、两条鱼等。而且礼物的种类也最好是双数，比如两样、四样、六样、八样、十样等。

（2）送什么礼物：鲜花、水果最常见，红包在正式的宴请中都适合。一般来说，送礼要考虑对方的喜好和需求，适宜特定的场合。

比如说看望朋友时，朋友的父亲喜欢喝酒，那么带上两瓶酒就很不错。而如果朋友的父母身体不太舒服，那么带上一些保健品、营养品等也很不错。

又如朋友过生日，一般送蛋糕、点心、寿面等。朋友结婚一般送床单、台灯、被罩、红包等。送给有知识、会欣赏的朋友也可以是字画、收藏品等。送给小孩可以是零食、玩具、文具等，而过年时一般送压岁钱。送给外国朋友一般是工艺品、纪念品等。看望病人一般送鲜花、水果、营养品等。

另外，送花也有讲究，不同的鲜花具有不同的象征意义，千万不要表错了情。比如康乃馨一般是送给妈妈的；红玫瑰是送给所爱的人的，男女之间尤其要注意不能乱送。百合代表的是“百年好合”，一般在结婚时用得最多，新娘的头花和捧花也多用百合作点缀。菊花，尤其是“白菊花”和“黄菊花”是祭奠时用的，如果送错了，别人会不高兴，甚至引发不必要的误会。

由于民俗有着鲜明的地域性，同时中国有着七大方言区，各地方言在语音上差异较大，因此各地都有一些与谐音相关的民俗事象，一些送礼禁忌也与谐音民俗相关。比如看望病人，北方人可以买些苹果，但是上海人却禁忌带苹果看望病人，因为“苹果”用上海话读起来音如“病故”。

在南方，“橘”谐音“吉”，因而成为吉祥物。在过春节时，很多广东人买一盆挂满果实的金橘摆在家中，而这也逐渐为北方人所接受，一到春节，南方金橘一盆盆地运到北方，黄澄澄的果实几十成百地簇满枝头，与碧绿常青的枝叶一起，令人赏心悦目，因而金橘也成为春节送礼之佳品。

象征吉祥的金橘树（王衍军摄）

3. 是否当场打开礼物

（1）送礼物时，一般不宜当着主人的面拆开礼物，除非一些字画、墨宝等。

（2）收礼物时，中国人一般都要推辞一番，表示不敢接受。这实际上是一种礼节，不能误以为主人真的不要或不喜欢。在中国人看来，别人赠送礼物，如果不客气一番就加以接受，则会有贪图客人礼物之嫌疑。

另外值得注意的是，主人接过客人礼物后，不能迫不及待地打开礼物，特别是不能当着客人的面打开礼物，应等客人走后再打开，否则就是不礼貌。礼物如果是食品，主人不能马上拿给客人吃，“来人吃来物”很不礼貌。同样，一般来说也不要喝客人带来的酒。不过，现在一些城市的年轻人并非如此。

八、交际媒体——书信的写法

1. 书信中的称呼

（1）同事、同学、朋友，与当面称呼相同，如“大李、老刘、小王”等。

（2）家人、亲戚，与平时称呼相同，如“大叔、二舅”等

（3）对方有头衔（或职称），关系亲密可不加头衔，如“一平、志国”等，否则，应写“王局长、张教授”等。

（4）姓名、头衔或称呼之后，再加上敬语，如“台鉴、大鉴、雅鉴”等。“鉴”的意思是“看”，“台、大、雅”是敬语。另外，给官员写信，多在姓名之后加上“阁下、足下”等。

2. 结束语

一般可以写：祝您长寿！学习进步！祝您工作顺利！对上级领导写：此致敬礼！致以崇高的敬礼！正文结束，一般写：此致（第一行空两格）敬礼（第二行顶格）。

3. 署名

(1) 收信人与自己关系密切，可不写姓。

(2) 对方是长辈，署姓名 + “上、敬上、拜上”，以示尊敬。

(3) 对方是长辈、亲属，署“儿子、弟弟、侄儿” + 姓名。

(4) 对方是自己的师长，署“学生、晚生” + 姓名。

(5) 对方是自己的晚辈，只写“父字、舅字”等。

4. 信封的写法

(1) 收信人地址（左上方）。

(2) 收信人姓名（中间）。姓名后可以加“启、亲启、台启”等，“启”的意思是拆信。

(3) 写信人地址（右下方）（字稍小）。

九、庆贺与吊唁

1. 庆贺的事情

庆贺的事情包括：结婚、生子、过生日、祝寿、搬进新居、新店开业等。

2. 参加庆典的穿着

参加庆典的穿着应美观、整齐、大方。婚礼应穿得鲜艳点，但不能比新娘穿得更漂亮。

3. 参加庆典的贺词

根据不同的场合，一般说：恭喜、恭喜！祝您健康长寿！祝小宝宝健康快乐！恭喜发财！祝生意兴隆、财源广进！祝新婚快乐！百年好合、早生贵子！

4. 参加吊唁的服饰

(1) 旧礼俗规定，男女老少皆穿白色孝服。有些农村至今仍是如此。

(2) 有些地方，尤其是城市，只忌穿彩色衣服，穿黑、灰、白等深色、浅色衣服都可以。

(3) 家人和亲戚在左臂戴一块黑纱，有的还在上面绣个白色的“孝”字，戴几天或几周不等。

5. 参加吊唁行礼及安慰语

(1) 亲朋好友告别遗体或参加追悼会时，每人胸前戴一朵小白花，待仪式结束立即摘掉。

(2) 凡参加者都要向亡者遗体或遗像鞠躬三次。

(3) 与家属一一握手，并安慰说“请节哀”或“望保重身体”。

十、社会交往方面的一些禁忌

中国各民族素以好客闻名，但在接客、待客、礼尚往来方面均有不少禁忌，同时客人做客时也要注意入乡随俗、入乡问禁，不要触犯了禁忌，以免出现尴尬的局面。

1. 待客及交往方面的禁忌

（1）年纪大的忌留住宿。俗语说："七十不留宿，八十不留饭。"这主要是担心对方年纪大了，恐怕有不测。

（2）忌与和尚、道士、尼姑等来往。俗语说："前门不进尼姑，后门不进和尚。"民间认为和尚、道士、尼姑等整天走街串巷，容易招惹是非。

（3）递烟、酒、茶都要用双手，忌单手。要主动给客人点烟，点烟时忌用一根火柴连点三支烟。因为中国人在祭祖、敬天或拜神时，要用一根火柴接连点燃三支香。有趣的是，英国人除了忌讳数字"13"之外，也忌讳"3"这个数字，同样忌讳用同一根火柴接连给三个人点烟。

（4）倒茶水时，壶嘴不要对着客人。因为"壶嘴"谐音"虎嘴"。

（5）待客菜忌单数，宜用双数，一则取意"好事成双"，二则祭神祭祖的菜为单数。

（6）山东、河北一带，客人进门的第一顿饭一般忌吃水饺，民间普遍有"滚蛋饺子迎客面"之说。因为水饺是送行的食品，俗称"滚蛋饺子"，第一顿饭吃水饺，意味着客人不受欢迎。

（7）汉族普遍习俗是客人进门要向主人尤其是主妇打招呼，忌不声不响就进门。湖北长阳一带，客人进门甚至高喊"送恭贺"。

（8）到别人家串门，忌入两房：账房和绣房。因为"账房"是银钱出入之地，"绣房"是女孩居住的房间。

（9）忌手提药包或香烛的人来串门。民间的说法是这些人有鬼跟在身后，会把鬼带进门来。

（10）服丧期间的人不得随意进别人家。

（11）山东、河北一带，在别人家做客吃饭时，忌把鱼翻过来，谓之"客不翻鱼"。

2. 馈赠礼物方面的禁忌

有些礼物含有一定的象征意义，所以赠送礼物也存在一些禁忌：

（1）忌以手巾送人，俗话说："送巾，断根；送巾，离根。"在丧俗中吊唁者给死者送手巾，以示与死者"断绝"往来。

手巾

扇子

年糕

（2）忌以扇子赠人。俗话说：“送扇，无相见。”

（3）忌以刀剪送人，以免有要伤害对方之嫌。

（4）忌送蒸的年糕、枣糕。民间过年时家家必蒸年糕、枣糕，平时只有丧家守孝才蒸，如果以此送人，则意味着别人家有丧事。

（5）看望病人，忌下午去。若能带上枣、栗、橘子，病人会很高兴。若是送人启程，送苹果、橘子，忌送生梨，因“梨、离”同音，“生梨”谐音“生离”，会让人联想到“生离死别”。

（6）忌讳送“钟”和“菊花”。“送钟”谐音“送终”，“送终”义为“为死者办理丧事，也指亲属临终时在身旁照料”，“送钟”显然不吉利；而“菊花”多用来拜祭先人，祭奠亡灵。

第三节　交际礼仪习俗与语言

中国有着 5 000 年悠久的历史，自古以来，中国就是“礼仪之邦”，“礼”在生活中占有相当重要的地位。语言反映着社会生活，同时又是人类最重要的交际工具，是文化的载体。任何民族语言都承载着该民族的文化内涵。

正如美国社会语言学家恩伯所说：“一个社会的语言能反映与其相对应的文化，其方式之一则表现在词汇内容或者词汇上。”① 中国人所重之“礼”更重要的是体现在人的言谈举止、社会交际之中，因此汉语的称谓词语、社交委婉语、避讳以及人们生活中有关交际礼仪习俗的俗语、谚语等深刻反映出交际礼仪习俗对语言的影响。

① 李安民．论民俗的融合．民俗研究，1994（4）：20.

一、称谓词语

在中国古代，对相识的人直呼其姓名是不礼貌的；成年男子有名还有字，称对方的字表示尊敬，称自己的名表示自谦。在现代，中国人一般没有字，但对长辈不能直呼姓名，要用适当的称谓词语来指称对方。

中国人最忌讳不称呼就开口说话，这一点与西方国家不一样，因此外国留学生不能把自己国家的习惯带到中国来。不用称呼就开口说话，在中国人看来是一种缺乏修养的不礼貌行为。中国人信奉“礼多人不怪”，开口说话之前，把称呼先说出来，不仅是一种礼貌的行为，而且也是促成交际成功的一种好的途径和方式。

那么，如何称呼对方呢？对于称谓词语，我们可以将之分为两大类：一类是亲属关系称谓词语，一类是社会交际称谓词语。

（一）亲属关系称谓词语

古代中国社会是一个典型的宗法等级社会，封建的宗法、家庭、伦理观念深刻地反映在汉民族的家庭、亲戚、夫妻之间的称谓关系上，因此汉语中有着丰富的称谓词语。中国的一部古书《尔雅》在《释亲》一章中较为完备地记录了以本人为核心的高祖父母、曾祖父母、祖父母、父母、兄弟姊妹、子女、孙子（孙女）、曾孙子（曾孙女）、玄孙子（玄孙女）九代直系亲属关系，而且列举了父族、母族旁系亲属的种种称谓。

汉语的亲属称谓又可分为背称和面称。背称是在正式场合或背后向人介绍时使用，如祖父、祖母、外祖父、外祖母、父亲、母亲等。面称是用于当面称呼的，如爷爷、奶奶、姥爷、姥娘、爸爸、妈妈、达达（北方一些地区面称爸爸）、娘等。汉语中的称谓系统非常复杂，这与中国文化非常重视家庭伦理观念以及长幼亲疏关系有着密切的关系。

汉语中的称谓系统与西方语言中亲属关系称谓词语有着明显的不同。西方语言不太注重长幼亲疏之分和家庭伦理观念，所以亲属关系的称谓较为粗略、笼统。例如英语中用 uncle 一词代表了汉语中的“伯父、叔叔、姑父、舅舅、姨父”；用 aunt 一词代表了汉语中的“伯母、婶子、姑姑、舅母、姨母”。

夫妻之间的称呼也深刻地体现了家庭伦理关系。除此之外，古代男尊女卑的思想观念也体现在夫妻之间的称谓上。以前妻子称呼丈夫为“相公、官人、老爷、外人、掌柜的”等，丈夫谦称妻子为“拙荆、贱内、娘子、内子、内人”等。现在妻子多称呼丈夫为“爱人、先生、当家的、孩子他爸、我家那口子"等，丈夫多称呼妻子为"爱人、太太、屋里的、我媳妇、我家那口子、孩子他妈"等。近年来年轻夫妻之间的称呼则出现了一些新潮词语。比如夫妻之间称呼"老公、老婆、亲爱的、冤家、小傻瓜"，甚至有人开玩笑似的称呼自己的老婆为"总裁、CEO、老板"等，体现出现代家庭中的主角多为妻子，所以有人感叹地说："现在的女孩结婚前要彩礼，结婚后要理财。"

总之，称呼也是一种民俗现象，不同地区、不同时期的称呼是不同的。比如改革开放之初，从台湾回大陆探亲的台胞听到大陆的老夫老妻互称"爱人"，感到好笑，甚至大惑不解。因为在台湾，只有恋爱中的男女或者是情人，才称为"爱人"，而在社交场所介绍自己的丈夫、妻子时，一般用"牵手"一词，如称呼别人的妻子，就称"你牵手"，这也是闽南一带的称谓。在社交场合下，一对台湾地区闽南人向北方人介绍自己的丈夫或太太时，常说："这位是我的牵手。"此处"牵手"义为"配偶"，与普通话里表示"拉着手"的意义大不相同。

（二）社会交际称谓词语

汉语的社会交际称谓可分为礼俗性称谓、职衔和职业称谓等。

1. 礼俗性称谓

礼俗性称谓是一种广泛的非亲属之间使用的亲属称谓。为了表示礼节和亲切，人们常借用亲属的称谓来称呼对方。比如邻里之间虽然没有亲属关系，但人们总是按照性别和年龄，按照一定的亲属称谓去称呼对方，如"王大爷、三奶奶、二大娘、张伯、李婶、赵叔"等。甚至对于不认识的人，为表示亲切和尊敬，也往往用亲属称谓去称呼对方。

（1）对长辈的称呼有：

男性长辈：老大爷、老爷爷、大伯、大叔等。其中文雅一些的有老人家、老伯、老公公等。对男性长辈中传授知识、技术者的称呼有师傅、先生、老师傅、老先生等。其中文雅一些的有老前辈、大师、恩师、师长等。

女性长辈：老奶奶、老大娘，或不用"老"字，称奶奶、大娘、大婶、大妈等。文雅一些的有老人家（也对男性使用）。

（2）对同辈间的称呼有：

男性同辈：对年岁比自己大者称大哥，文雅些的有仁兄、兄长、老兄等。对年岁比自己小者称老弟，文雅些的有贤弟等。女性同辈：大姐、大嫂（已婚），文雅些的有嫂夫人。但与山东人打交道，则宜称其为"二哥"，称"大哥”对方反而不高兴。这是为什么呢?

据说这是因为《水浒传》和《金瓶梅》故事的发生地主要在山东，其中大哥武大郎猥琐、软弱，二哥武松的正气、刚烈、疾恶如仇则令人称赞，堪称山东大汉的代表。

2. 职衔和职业称谓

（1）对有名望地位老者的称谓：

①姓 + 老：这种称呼带有非常尊敬的色彩，常常用于对一些德高望重的老知识分子或老艺术家等名人的称呼。如张老、王老、徐老、郭老；②姓 + 先生：如马先生、张先生、王先生、徐先生、郭先生等。

（2）一般社会交际的称谓语：

①姓 + 先生（男性、女性知识分子），如张先生、王先生、徐先生、郭先生等。②姓 + 职务或职称（当面称呼有时不加姓），如李部长、赵处长、孙科长、常经理、陈教授、王博士，博士、处长、教授等。③姓 + 师傅（用于称呼具有某种技能的人），如王师傅、徐师傅、郭师傅等。④姓 + 职业，称呼学校老师或艺术家，如张老师、王老师、徐老师等；称呼医院医生，如张医生、徐医生、王大夫等；称呼律师，如王律师、李律师。但这种称呼范围比较小，一般也就限于“老师”“大夫”“律师”等职业，像工人、农民就不能用这种方式称呼。⑤通称（在不知道其姓名的情况下打招呼）：同志、师傅、先生、叔叔、阿姨、大妈、大伯等。

二、称谓词语的特点

1. 称谓词语中称呼对方和自身有尊称与谦称之别

中国人知礼、守礼、重礼，在称呼中体现了礼仪的要求，称呼对方及对方的亲属一般用尊称、敬称，而称呼自己及自己的亲属一般很谦虚，总是使用谦称。

（1）敬称、尊称。

敬称对方亲属有：令尊（对方之父）、令堂（对方之母）、令弟（对方之弟）、令郎（对方之子）、令爱（对方之女）、令亲（对方亲戚）。当面称他人年幼的孩子有：宝宝、乖乖、宝贝儿、令郎、令千金等。

（2）谦称。

对人谦称自己：晚生、学生、徒弟、在下、小人、鄙人、老朽、老粗、兄弟、小弟、愚兄等。对人称自己的亲属：家父、家严（父亲）、家母、家慈（母亲）、家兄、舍弟、舍亲（亲戚）、舍侄、小儿、小女等。

2. 社交称谓词语的意义与特定社会背景有密切联系

比如“同志”与“师傅”这两个称谓词，中华人民共和国成立初期，“同志”是个统称。认识的人，在“同志”前加姓或姓名。而“文革”后，则用“师傅”代替了“同志”。称“师傅”表示对对方的尊重，这是无可争议的，但这一称呼用起来也得慎重。“师傅”一词侧重于称呼匠人等拥有一定技能的人士，对于单位领导或是一些知识分子，最好慎用这一称呼，否则，对方很可能不爱听。

三、有关交际礼仪习俗的俗语

俗语也叫“俗话”，它是一种通俗并广泛流行于人民群众中的定型的语句，是人民群众在生产劳动和社会生活实践中创造出来的，是人民群众成功经验、失败教训、科学知识、生活感受的总结①。

汉语中有很多生动形象的俗语反映了民间交际礼俗的内容。理解汉语俗语，对中国人来说并不太难，但是对于外国留学生来说，由于缺少中国文化背景和相应的知识文化储备，正确理解和运用俗语并不容易，因此我们在介绍中国相应的民俗文化时，也将反映民俗文化内容的俗语介绍给读者。

【东道主】比喻请客的主人。

【忘年交】即不拘年岁、行辈差异而结交的朋友。同“忘年之好”。

【打官腔】指说一些原则、规章等冠冕堂皇的话对人进行应付、推脱、责备。

【唱高调】说不切实际的漂亮话；说得好听而不去行动。

【唱主角】比喻担负主要任务或在某方面起主导作用。

【侃大山】吹牛，没有目的的聊天。

【恶作剧】捉弄人的、使人难堪的行为。

【假惺惺】不真心实意、假心假意的样子。

【拍马屁】向人巴结奉承。

【和稀泥】比喻无原则的调解或折中。

【打圆场】调解纠纷，缓和僵局。

【红眼病】羡慕别人有名或有利而心怀忌妒的毛病。

【窝里斗】指家庭或团体内部发生争斗和冲突。

---

① 徐宗才，应俊玲．常用俗语手册·前言．北京：北京语言学院出版社，1985：2.

【逐客令】秦始皇曾经下令驱逐从各国来的客卿，后来称赶走客人为下逐客令。

【碰钉子】比喻遇到阻力或遭到拒绝，目的没有达到，还受到为难。

【墙头草】比喻无主见、顺风倒的人。

【敲边鼓】比喻从旁帮腔，从旁助势。

【敲门砖】比喻借以求得名利的初步手段。

【敲竹杠】比喻利用别人的弱点或以某事为借口来讹诈。

【走后门】比喻用托情、行贿等不正当手段，通过内部关系达到某种目的。

【三不管】指几方面都不管，从而某个地方或某事没人管。

【耍花招】卖弄小聪明，玩弄技巧。

【踢皮球】比喻互相推脱，把应该自己解决的事情推给别人。

【万金油】比喻什么都不精通，但什么又都懂一点、什么都能应付一点的人。

【一窝蜂】形容许多人乱哄哄地同时说话或行动。

【一言堂】多指领导缺乏民主作风，不能听取群众的意见，特别不能听相反的意见。

【应声虫】比喻随声附和的人。

【抓破脸】比喻感情破裂，不顾彼此脸面，公开争吵。

【一面之交】谓只见过一面，了解不深。

【八字没一撇】比喻事情毫无眉目，未见端绪。

【板板六十四】宋朝造铜钱，每板六十四文，不得增减。比喻做事刻板，不知变通。

【不打不相识】是说通过交手，相互了解，能更好地结交相处。

【赶鸭子上架】比喻勉强别人做力所不及的事。

【空口说白话】形容光说话不做事，或光说而没有行动。

【先下手为强】先于别人行动，可以取得优势。

【一鼻孔出气】比喻态度和主张相同，含有贬义。

【八竿子打不着】比喻关系疏远或没有关系。

【七大姑八大姨】泛指各种各样的女性亲戚。

【临时抱佛脚】比喻平时没有联系，临时慌忙恳求，也引申指平时没有准备，临时慌忙应付。

【有眼不识泰山】比喻见识浅陋，认不出就在眼前的有地位或有本领的人。

【不识庐山真面目】比喻认不清事物的真相或本质。

【当面鼓对面锣】比喻面对面的谈判或交换意见。

【干打雷不下雨】比喻光说话不干实事。

【不管三七二十一】不顾一切，不问是非情由。

【此地无银三百两】比喻想要掩盖事实反而更加暴露。

【打开天窗说亮话】直率而又明白地说出来。

【打破砂锅问到底】比喻对事情的原委追问到底。

【各人自扫门前雪】比喻各人各自管自己的事。

【强龙不压地头蛇】比喻虽然强大，但也压不住盘踞在当地的势力。

【大水冲了龙王庙】比喻自家人损害自家人。

【横挑鼻子竖挑眼】比喻千方百计地挑剔别人的毛病。

【小不忍则乱大谋】是说小事情不肯忍耐就会打乱整个计划。

【清官难断家务事】指家庭内部的矛盾纠纷别人难于判处。

【八拜都拜了，就差一哆嗦了】拜：叩头。哆嗦：作揖。叩头作揖是古时候的一种礼节。本条意思是：八个头都磕过了，就差最后一个揖没作了。比喻做事情只差最后一步就完成了。多用来指经过很大努力，事情眼看就要成功，只差关键的一步了。

【不看僧面看佛面】僧：和尚。面：情面。佛：佛教徒信仰的对象。本条意思是：即使不看和尚的面子，也要看佛的面子。比喻请看第三者的情面帮助或原谅某一个人。

【不眠知夜长，久交知人心】不眠：睡不着觉。久交：相处的时间长。本条意思是：睡不着觉才知道黑夜太长；和人长时间相处才能了解人的内心。说明了解人要经过长时间的考察、考验。

【打人休打脸，骂人休揭短】揭短：揭发短处，揭露别人见不得人的事情。本条意思是：打人不要打他人的脸，骂人不要揭发他人的短处。在社会交往中，要注意给人留情面。

【客随主便】客人要听凭主人的安排，不要给主人添麻烦。多用来表示愿意听从主人的安排。

【客走主人安】安：安静、安稳。本条意思是：客人走了，主人才能安静下来。说明客人总是打扰主人。多用来形容客人走后，主人就轻松了。

【来而不往非礼也】来：指接受别人送来的东西。往：去，这里指回赠别人的东西。非礼：不合乎礼节。本条意思是：只接受他人送来的礼物而不回赠人家，这是不合乎礼节的。说明接受了他人的礼物应该报答他人。多用在表示相互关系方面，有时也用来表示要向对方作出针锋相对的反应，和对方进行斗争。

【千里送鹅毛，礼轻情义重】千里之外赶来送上鹅毛作为礼物，礼物虽轻，但表达的情意却很深重。比喻礼物虽轻而情意深厚。

【远亲不如近邻】指遇有急难，远道的亲戚就不如近旁的邻居那样能及时给予帮助。

【浇花浇根，交人交心】浇花要浇在花的根部；结交朋友，要真心实意。用来比喻交朋友要交知心朋友。

【七十不留宿，八十不留饭，九十不留坐】这是民间普遍流行的一种习俗。人们认为，老人七十岁以后，如果到了亲戚或朋友家，主家不应该强留其住宿；八十岁以后，便不要再强留其吃饭；九十岁以后，如果老人自己想走，便不要再留他多坐。如果违背这种俗信，人们认为可能会给老人家和自己家里带来不吉和灾难。

【得饶人处且饶人】谓对人应宽恕、容忍，事情不要做绝。《西游记》第八十一回："三藏扯住道：'徒弟，常言说得好：遇方便时行方便，得饶人处且饶人。操心怎似存心好，争气何如忍气高！'"

【恶语伤人六月寒】谓用恶毒的言语中伤别人，使人倍感寒心。

【当着矮人，别说短话】谓当着他人的面，不要说有关他短处的话，以避影射之嫌。

【一回生，二回熟】初见陌生，再见相熟。周立波《暴风骤雨》第一部："咱们是一回生，二回熟了，回头一定来串门吧。"

【老死不相往来】谓人们到老至死互相之间都不交往。形容彼此一直不联系。

【一死一生，乃知交情】谓于生死患难处方可显示交情深浅。

【交浅言深】交情浅而言事深切。谓言谈有失分寸。

【君子之交淡如水】亦作"君子之交淡若水"。谓贤者之交谊，平淡如水，不尚虚华。

思考与练习

1. 每个民族、每个国家由于语言、文化和思维方式的差异，在社会交往方面均有一些禁忌习俗，结合本章的学习以及你自身的文化背景，举例谈谈在跨文化交际方面需要注意的一些问题。

2. 有一位汉语志愿者教师曾叙述过这么一段经历：

在印度尼西亚时，有一次请学生到学校看中文电影。一位刚结婚的印度尼西亚本地学生把妻子也带来了。其妻子包着头巾，比较羞涩。老师见到后，主动与学生妻子握手，并且握得很紧，以示热烈欢迎。第二天上课时，学生满脸怒气，拒绝回答该老师的提问。

这一事例表明在跨文化交际中，人们应注意哪些问题？怎样才能避免交际的失败和交际中可能产生的误解？

3. 汉语中反映社会交际文化的语汇有很多，除了课本上所举的例子外，你还能再举出另外十条反映社会交际文化的语汇吗？

第三章 中国民间人生礼仪习俗

任何一个人都要经历从出生到死亡的过程，出生无从选择，死亡无法回避。当年秦始皇千方百计寻求长生不老的秘方，最后也只是留下了浩大的秦始皇陵。在人的出生、成长直至死亡的历程中，每个生活阶段都要通过一定的仪式表现出来，以便得到周围人的承认。每个仪式的举行都有固定的模式，中国民众世代沿袭着一些重要的人生礼俗，形成了一套完整的人生礼仪习俗。这些人生礼俗包括诞生礼俗、成人礼俗、婚嫁习俗、丧葬习俗，每种习俗都相当繁复隆重，其中婚嫁习俗和丧葬习俗尤为隆重。

第一节　中国民间诞生礼俗

新生儿呱呱坠地，迎接他（她）的就是一系列诞生礼俗。从孩子出生第一天到一周岁，中国民间有“报喜”“洗三”“送祝米”“过满月”“过百岁”“抓周”几次内容不同的庆贺活动，总称“诞生礼”。这形形色色的诞生礼俗，寄托着长辈们对新生儿的祝福和希望。

一、报喜

孩子出生第一天，各地都有不同的习俗。像山东南部济宁一带，孩子出生后，孩子的父亲须立即前往岳父家报喜。大多用“篼子”（篼，音 yuǎn，即用藤条或柳条编的一种类似筐子的器具，形似元宝，两头翘，中间凹，可背可挎）装一些染红的鸡蛋，俗称“红鸡蛋”，鸡蛋的数目因孩子的性别而定：生男孩一般是双数，如 10 或 12 个；生女孩一般是单数，如 9 或 11 个。

筦子

红鸡蛋

生男孩要在筦子里放一本书，希望其将来能读书做官；生女孩一般在筦子的边上插上一朵花，希望其将来能长得像花一样漂亮。岳父家的人一看筦子里的东西，便能明白女儿生的是男孩还是女孩。

有的地方报喜还要带上糕点、糖、菜肴和鸡。报喜时带什么鸡也很有讲究。如果送的是公鸡，就表示生了男孩；若是送母鸡，则表示生了女孩。

在古代，由于男孩代表着家族血脉的延续，女孩长大后则要外嫁别家，因此，在很多地方都存在着“重男轻女”的观念，所以生男孩又俗称“大喜”，生女孩则俗称“小喜”。

岳父家得知女儿生产的喜讯后，要在自家煮一些鸡蛋，染红后，分送给自家的亲友、邻居，向亲戚朋友报喜，并约定一个日期一起去女儿家“送祝米”。日期一般是男孩出生后第 8 天或第 10 天，女孩一般是第 9 天。女儿家要用酒席招待前来“送祝米”的客人。亲朋好友所送东西一般有大米、红糖、白面、鸡蛋等。招待前来的客人后，女儿家还要根据送礼的厚薄程度，再回送几个或十几个红鸡蛋，表示感谢。

在河南开封一带，报喜时也常带红鸡蛋。如果生的是男孩，要 6 个或 8 个，必须是双数，染红后还要在鸡蛋的一头用墨点一个黑点，表示“大喜”。如果是女孩，鸡蛋只染红色，不点黑点，数量是 5 个或 7 个，必须是单数，表示“小喜”。红鸡蛋送到姥姥家，姥姥一看就明白女儿已经生了，并能看出是男孩还是女孩。

以前，姥姥接到喜讯，还要烙一张饼让女婿或报喜的人带回去。报喜人在回去的路上遇到狗时，将饼扔给狗，这意味着狗替孩子咬了灾，婴儿就不会夭折了。婴儿出生后，近亲好友都要为产妇及孩子送一些礼品，一般是红糖、小米、挂面、鸡蛋四样礼，也有送衣物、玩具的。婴儿的姥姥一般要送上一百，甚至是几百个鸡蛋。

在浙江绍兴水乡，在孩子出生的第一天要敬“桥神”，家里人须立即捧着几斤面条走过三座桥，回家后把这种“过桥面”吃了，据说这样做可以使母子像长长的面条那样健康长寿。

多籽的石榴

在福建漳州花乡，孩子一出生，孩子的爷爷立即切开石榴放在盘子里，供在祖宗牌位前。石榴多籽，“籽”谐音“子”，即寓意“多子”。以石榴作为一种文化载体，一方面向祖先报告家族繁衍的喜讯；另一方面祝福孩子健康成长，同时希望家中继续添加人口，多子多福。

二、“洗三（三朝）”

婴儿降生后，各种人生礼仪便伴随在其身边，最初的三天，仅限在至亲的小范围内。在婴儿出生后的第三天，家中便要举行正式的庆贺仪式，这个仪式名叫“三朝”，有的地方如山东、北京一带也叫“洗三”。

“洗三”的习俗并非民间独有，宫廷大内也有此习俗，今雍和宫内就陈列着一只铜制的九龙浴盆，那是乾隆皇帝“洗三”时用过的。“洗三”首先是洗去婴儿身上的污秽，象征着洗去婴儿前生的污垢；其次是祈求长命百岁、吉祥如意等。

“洗三”所用的铜盆（王衍军摄）

那么，谁来主持这个“洗三”仪式呢？过去，在山东一带一般由接生婆主持。通常在午饭后于产妇的卧室内举行。首先，在产房外间正面设上香案，供奉碧霞元君、送子娘娘、豆疹娘娘等神像；在产妇卧室的炕头上还供着“床公”“床母”的神像。照例由婆婆上香磕头，接生婆也随之三拜。然后，本家将盛有以槐树枝、艾叶熬成汤的铜盆以及一切礼仪用品均摆在炕上。这时，接生婆把婴儿一抱，“洗三”的序幕就拉开了。

本家依尊卑长幼带头往盆里添一小勺清水，再放一些钱币，谓之“添盆”。如添的是金银锞子、硬币之类就放在盆里，如添的是纸币、银票之类则放在茶盘里。此外，还可以添些桂圆、荔枝、红枣、花生、栗子之类的喜果。亲戚朋友也按照这一礼俗往盆里添一勺清水，放一些钱币。接生婆有套固定的祝词，你添什么，她说什么。假如你添清水，她说“长流水，聪明伶俐”；你添些枣儿、桂圆、栗子之类的喜果，她便说：“早儿立子（‘枣’与‘早’谐音，‘栗’与‘立’谐音）；连生贵子（‘桂’与‘贵’谐音）；桂圆，桂圆，连中三元”以渲染喜悦的气氛。

“添盆”后，接生婆便拿起棒槌往盆里一搅，说道：“一搅两搅连三搅，哥哥领着弟弟跑。歪毛儿、淘气儿，稀里呼噜都来啦！”这才开始给婴儿洗澡。孩子受凉一哭，不但不犯忌讳，反认为吉祥，谓之“响盆”。接着一边洗，一边念叨祝词，说“先洗头，做王侯；后洗腰，一辈倒比一辈高”等。随后，用鸡蛋往婴儿脸上滚几下，说“鸡蛋滚滚脸，脸似鸡蛋皮儿，柳红似白的，真正是爱人儿”。

洗完，把孩子包裹好，用一棵大葱往身上轻轻打几下，说：“一打聪明（‘聪’与‘葱’谐音），二打伶俐。”随后叫人把葱扔在房顶上（有“祝愿小孩将来聪明绝顶”之意）。

接着，拿起秤砣比画几下，说：“秤砣虽小压千斤。”（有“祝愿小孩长大后在家庭、社会中有举足轻重的地位”之意）拿起锁头比画三下，说：“长大啦，头紧、脚紧、手紧。”（有“祝愿小孩长大后稳重、谨慎”之意）再把婴儿托在茶盘里，用本家事先准备好的金元宝、银元宝或首饰往婴儿身上一掖，说：“左掖金，右掖银，花不了，赏下人。”（“掖”读 yē，义为“塞、装”，有“祝愿小孩长大后福大、禄大、财命大”之意）。

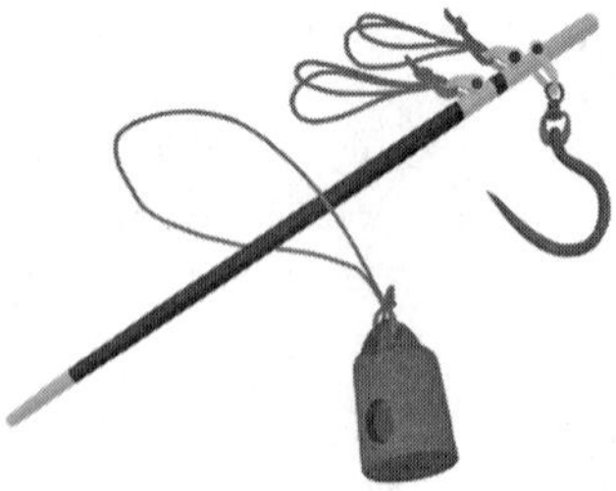

秤杆和秤砣

金元宝

最后用小镜子往婴儿屁股上一照，说：“用宝镜，照照腚，白天拉屎夜里净。”（有“祝愿小孩不拉肚子，洁身防病，健康成长”之意）

“洗三”之后，山东民间还有用父亲旧裤包裹的习俗，“裤”谐音

“苦”，取“经得起人生艰辛和磨难之苦”的意思。这一日，还要用红带将婴儿双手系上，以象征孩子将来必定乖巧，不会胡作非为。还有人家要用秤称量一下婴儿的体重，这一方面是了解婴儿的体重是多少，谐音为“称心称意”；另一方面是预祝婴儿将来是“上乘（秤）之人”，前途无量。

如今“洗三”活动在各地大都不举行了，往往都是将“送祝米”和“做满月”合在一起，亲朋好友提着鸡蛋、米面等前来贺喜，主家用酒席招待。现在讲究的人家一般在酒店招待客人。

三、“送祝米”

山东一带还有婴儿出生后“送祝米”的习俗。“送祝米”是指在婴儿出生（俗称“添喜”）之后，产妇的娘家和其他乡邻亲友拿鸡蛋、红糖之类的礼物前来贺喜。一般生子之家在大门上挑一块红布，“挑红”便是“添喜”的标志，有的生子之家还会在大门两侧各挂一个灯笼，“添灯”谐音为“添丁”。一般左邻右舍见到“挑红”就会拿鸡蛋、红糖之类的礼物来贺喜。娘家人接到喜讯后，有的立即就给主家“送祝米”，主家择日宴请。

生子之家大门口张灯结彩

山东临清一带，娘家人在接到报喜的鸡蛋后，就派人送挂面、鸡蛋、米、糖等物，称作“送汤米”。到孩子出生后第 12 天，姥姥、姨姨再亲自来探望，称作“做日子”。这天娘家人送鸡蛋，个数要与产妇岁数相同，此外再加两个，也有的送 100 个，取婴儿“长命百岁”之意。

山东聊城一带也是接到喜讯后即“送祝米”，一般是糯米、红糖、鸡蛋、挂面等四样礼物。主家用红鸡蛋答谢，男双女单，数目不拘。婴儿出生第 12 天时，称作“吃面”，同时宴请“送祝米”的亲戚。有些地方不是报喜后立即“送祝米”，而是在第 9 日或第 10 日（一般男孩是双数 10 日，女孩是单数 9 日），娘家人去看望产妇时才送，一般要用“篼子”送一些米面、红糖、鸡蛋等，有的关系亲近的还送一套婴儿服装或送银锁、银手镯之类。

送祝米时，主家特别忌讳用竹篮送米面、鸡蛋，因为民间有“竹篮打水一场空”的俗语。主家一般当日设酒席招待，酒席后产妇把婴儿抱出来给客人看看，亲戚们要给小孩见面礼，钱数不等，然后主家再拿出馒头、红鸡蛋给客人带回家去，以示谢意。如山东泗水一带是生男 10 天、生女 9 天后，娘家准备车马，召集各路亲戚，带上鸡蛋、米面、红糖等礼物去看闺女，谓之“送祝米”。

山东蒙阴一带“送祝米”也是娘家人集体前往，带着大大小小的篼子，内放鸡蛋、红糖、米面等，上蒙一块红布。主家必须把礼物全部留下，空篼子内撒一把豆子作为回敬，据说可免小孩生痘毒。

山东长岛一带的风俗是到家“看喜”的客人都必须吃糖果，忌讳“空口”。

四、过满月

孩子出生一个月一般要办满月酒席，祝贺婴儿母子平安，谓之“弥月之喜”。为孩子庆满月俗称“吃喜”。过去多为多胎生育，并非每生一孩必庆满月，一般第一胎无论男女都要“吃喜”贺满月；生了几个女子，偶得一男，或生了几个儿子，偶得一女，都是难得的大喜，必然大庆大贺。其他就不怎么隆重了。男孩庆祝满月一般提前一天，女孩庆祝满月一般如期庆贺。

在山东一带庆祝满月的活动大体有两项：一项是剃胎发；一项是喝满月酒。产妇的娘家人不仅要来祝贺，而且还要把母子接回去住几天，称作“搬满月”“叫满月”。比如，山东临朐一带是由小孩的舅舅来“叫满月”，同时主持为小孩剪头发的仪式。泰安是在第 29 天“搬满月”，姥姥家要给小孩做一身衣服穿上，称作“蜕毛衫”，表示小孩已经蜕去胎毛的意思。“蜕毛衫”必须是姨娘亲手做的，叫作“姑的布，姨的手，小孩活到九十九”。

满月礼中，最重要的仪俗是“剃满月头”，有的地方也称为“落胎发”。这是新生儿出生后第一次理发。新生儿的胎发受之于父母，因此，剃胎发各地均格外重视。

山东胶县一带，婴儿在“出满月”那天理发，从下到上剪三圈。胎毛剃下后，用一张面箩接住，再用红布包好，缝在小孩的枕头上。剃发时，小孩要怀抱一棵葱，意味着长大后聪明。

在浙江宁波，“落胎发”时，要请一位福寿双全的老太太来抱婴儿。但在很多地方，给婴儿剃胎发的礼仪一般由孩子的舅舅来主持，没有亲娘舅也要请姥姥门里近支的舅舅参加。如果舅舅不到场，要在小孩身旁放一个蒜臼（以“臼”谐音“舅”）来代替舅舅。比如山东临朐一带，小孩满月时剃头，请舅舅来看着，由族中或邻居家未婚的姑娘来象征性地剪三下。小孩怀中抱着一本书，预示着将来读书成绩好。

在浙江绍兴，剃发一般在堂屋举行，孩子由其舅舅抱着坐好，理发师先把嘴里嚼烂的茶叶抹在孩子头上。据说绿茶有消毒作用，日后孩子头上不会长疮，能长出像茶叶一样浓密的头发来。剃头时不能划破头皮，否则会给孩子带来不幸。头发不能全部剃光，要在额顶留下一块方方正正的“聪明发”；脑后要留下一缕“撑根发”（北方人叫“百岁毛”，也谐音为“八岁毛”），眉毛要全部剃光，据说这样日后男孩子能长成浓眉，女孩子能长出秀眉。

蒜臼（王衍军摄）

剃下来的胎发不能随便扔掉，要放在一起，用丝线缠好，由母亲挂在孩子床头，据说可以驱邪，保佑孩子平安成长。现在还有人将胎发制成胎毫毛笔，留作纪念。人的一生中，只有胎发的顶端呈尖针状，所以胎毫毛笔十分珍贵。

剃过“满月头”后，妈妈给孩子穿上新衣，戴上新帽，并把外婆送来的长命锁、关刀、梳子、圆镜等挂在孩子身上。这些小玩意各有不同的含义：圆镜能照妖，关刀可驱魔，梳子能辟邪，长命锁能保佑孩子长命百岁。这天，孩子的父母要设宴招待亲戚朋友。亲戚朋友一般要带上衣服、鞋袜、帽子、被单之类的礼物前来“吃喜”，手头阔绰的亲朋还会送上“长命富贵”的银牌、银锁。

广西梧州一带，称满月酒席为“姜宴”，因为要吃酸姜而得名，此俗至今未改。讲究的人家把酒席摆在酒店，主人在门口放一块写着“姜宴”的红纸板，人们一看便知此处有满月酒席。

在陕西等地，做满月有一个非常特殊的习俗，叫“挂红”。这一天中，谁都可以给婴儿的爷爷、奶奶脸上抹红，大家任意笑闹。而且做满月一定要吃红鸡蛋，酒席上要有红肉，卧室里要挂红门帘，表示喜庆、红火、兴旺，祝愿孩子一生都兴旺、发达，红红火火。

五、“过百岁”

“过百岁”是婴儿出生百日的庆贺仪式。举行这一仪式，是取百日之“百”的吉祥含义，祝福小儿长命百岁。这天姥姥等亲戚朋友再赠礼物，主家则设宴款待。小儿如体弱多病，或家长怕孩子将来不长寿，常要用银锁锁在婴儿的脖子上。铸银锁的银两还要聚百家钱来置办，故名“百家锁”。

富户可通过大宴宾朋，接受众人贺礼，来获得百家之钱；而一般人家只能在邻里中挨户讨要钱粮，表示给孩子吃“百家饭”，或到每家要一根线，佩戴在脖子上，曰“百家线”。民间认为孩子吃了“百家饭”或佩戴了“百家线”就可以长命百岁。

百家锁又称百家索、长命锁、百家链等，一般是银质打造的锁形，上有“长命百岁”“长命富贵”等字，用银链挂到小孩的脖子上，垂在胸前。百家锁通常是多家凑银后请人打造的，可算是集体送礼。聊城集百家锁时，必须有姓氏为“长、命、富、贵”（或者谐音）的四个人参加，以图吉利。

长命锁

百家锁的种类很多，临朐的所谓“长命锁子”就有“长寿仙锁”“八仙锁”“脖锁”“长命豆子锁”，以及辟邪用的“桃核锁”等。莱阳有一种百家锁则是用各家收集的制钱制成的，用红线把制钱编成长串，圈挂在小孩的脖子上。此外，为祈求孩子长命百岁，各地民间还有穿“百家衣”的习俗，即集百家之布头或布条做成衣服给婴儿穿。尽管邻家皆乐助“百家衣”之成，但一般紫色的布条是不肯轻易给人的，因为“紫”谐音“子”，谁也不愿意将“子”送给别人，所以，紫色的布条，通常只有到孤寡老人处去讨要。

在山东，过百日多在婴儿出生的第99天，一般由姥姥、妗子（山东一带称呼‘舅妈’为‘妗子’，读为jìnzi）、姨姨、姑姑等送礼庆祝，比较亲密的街坊邻居也有来送礼的，各地的礼俗大同小异。

斗

山东胶县一带亲朋来贺百日，必须给小孩买件衣服，举行穿衣服的仪式。当天上午，把别人送的衣服放在一个筛子里，端到场院的大柳树下，再找一个量粮食的斗（斗，一种称量粮食的器具，一斗米为15千克），靠柳树放好，让小孩坐在上面，这叫作“倚着柳，靠着斗，小孩活到九十九”。然后给小孩穿新衣服，穿衣服的人必须是小孩的姑姑和姨姨，这叫作“姑穿上，姨穿上，一活活到八十上”。最后再戴上缝着“长命百岁”字样的帽子，由姑姑或姨姨抱着，绕村庄走一圈。

山东临朐一带做百日，亲朋都送二尺花布，谓之“百岁裤袄”，一般是姑姑送裤，姨姨送袄，舅舅、妗子送鞋帽。所以俗话说：“姑送裤，姨送袄，妗子送鞋绕街跑。”

山东泰山附近，有的人家到碧霞祠购买献神红布，为小孩做衣服穿，他们认为这样可保佑小孩免灾。碧霞祠在泰山极顶南侧，供奉碧霞元君，又称“泰山玉女”，中国民间俗称为“泰山奶奶”，是中国道教所奉女仙尊神之一。

民间传说碧霞元君神通广大，能保佑农耕、经商、旅行、婚姻，能治病救人，特别是能使妇女生子、儿童无灾无恙。因此，不仅在泰山建有碧霞祠，在各地也建有许多“娘娘庙”。这种信仰至今仍很兴旺，人们仍不辞劳苦登上泰山绝顶，许愿还愿，向其祈祷，香火不断。

六、“抓周”

婴儿出生满一年，古称“周”，现称“周岁”。这天不仅要庆贺，而且还要举行“抓周”仪式。“抓周”，亦称“试儿”“试周”，是在小孩周岁之时预测其性情、志趣、前途与职业的民间庆祝仪式。“抓周”时亲戚朋友都要带着贺礼前来观看、祝福，主人家设宴招待。这种宴席必须配以长寿面，菜名多取“长命百岁”“富贵康宁”之意，要求吉庆、风光。周岁礼俗后，诞生礼结束。

“洗三”“满月”等仪式一般只在较小范围内举行，而“做周岁”一般是大摆筵席，宴请男女宾客。周岁时，亲友也要给小孩送贺礼。姥姥家除了赠送衣物、鞋帽外，还要赠以银首饰（长命锁、手圈、脚圈、项圈之类）。

山东菏泽一带多送花鞋，这天小孩要站到铺着红布的桌子上，试穿所有的花鞋。到一岁生日时，孩子就要学步走路了，所以送鞋、试鞋都有祝愿孩子顺利成行的意思。

“抓周”时，一般是将各种物件摆在孩子面前，男孩一般是“弓箭、笔墨、书本”，女孩一般是“剪子、尺子、针线”等，任之自取，以观其志。人们用这种方法测验小儿的性情、志趣和未来前途，充满了祝福与希望之情。这一习俗流传了很久，它最早见于南北朝时期，在宋代描写民俗的书中则有较多记载。

现在中国很多地方仍流行“抓周”习俗。比如在山东南部，当孩子周岁时，在中午吃完长寿面后，由孩子的母亲在床上或地上摆上“书、笔、算盘（或计算器）、首饰、玩具、印章、钱币、葱、芹菜、蒜、稻草、刀剑、听诊器、吃食”等；若是女孩，再放上“剪子、尺子、针线”等物。随后家人把孩子抱来，让孩子随意抓，用所抓东西来预测孩子未来的命运、职业。

中国各地民间“抓周”习俗中物品的蕴含寓意表

编号	所抓物品	蕴含寓意
1	书、文具	日后爱学习，会写文章，适合做学者、专家。
2	算盘	将来会做生意、会理财，适合从商。
3	葱	寓意聪明。
4	蒜	寓意善于计算。
5	芹菜	寓意勤劳。
6	稻草	寓意适合从事农事工作。
7	刀剑	寓意将来能当军官、警察。
8	听诊器	寓意将来当医生，从事医护工作。
9	印章	寓意将来适合于从政、当官。
10	钱币	寓意将来不缺钱，吃穿不愁。
11	剪子、尺子（女孩）	寓意女孩将来心灵手巧，会做家务。
12	吃食	寓意孩子将来生活好，有口福，一辈子吃食不愁。

这一习俗在小说中也多有描述，如在《红楼梦》第二回中就描述了贾宝玉周岁时的“抓周”活动：

那年周岁时，政老爹（即贾宝玉的父亲贾政）便要试他将来的志向，便将那世上所有之物摆了无数，与他抓取。谁知他一概不取，伸手只把些脂粉钗环抓来。政老爹便大怒了，说：“将来酒色之徒耳！”因此便大不喜悦。

现在尽管很多地方仍存在“抓周”的习俗，但随着时代的进步，人们一般把“抓周”活动仅仅看作一项娱乐活动，很少有人真正相信这种活动的预测功能了。

第二节　中国民间成人礼俗

一、成人礼概述

“成人礼”是人生习俗中的一种礼俗，经过某种独特仪式的洗礼，表明男孩、女孩已经成年，在人生旅途上步入了一个新的阶段——成年阶段，已成为社团的正式成员，可以成家立业了。世界上每个民族在其发展过程中都曾有过成人礼这种人生习俗，如汉族历史上的男子成人礼——“冠礼”，只不过具体内容与形式不同罢了。在漫长的历史发展过程中，有的民族已渐渐淡化了这一礼俗。

在漫长的历史长河中，中国各个民族也形成了自己独特的成人礼俗。“成人礼”在《仪礼》中被称为“士冠礼”，现在民间仍称“冠礼”，即通过某种仪式，使青年取得成人的资格，准备进入相应的社会阶层集团。这方面的礼俗，今天仍在饮食艺术和服饰艺术中保留和传递着。

二、中国部分少数民族的成人礼俗

1. 瑶族的成人礼俗

“度戒”是瑶族男人的成人仪式，是瑶族特有一种习俗，是瑶族男人成长过程中不可缺少的神圣的一课，比娶新嫁女还要隆重。

瑶族并不认为18岁是成人的年龄，在他们看来年龄无论大小，只要“度戒”过关，就是男子汉，就得到了神灵的保护，得到了社会的承认，可以担任全寨的公职，获得男性人生的社会价值。没有经历“度戒”或“度戒”没有过关的男人，不能算是真正有价值的男人，他们不但没有社会地位，而且也得不到姑娘的爱慕，甚至会找不到老婆。年长者如未举办“度戒”，必须找机会补办。可以说，“度戒”在瑶族社会生活中仍然占据着重要的地位。

云南西双版纳瑶族青年一般在十六七岁时举行“度戒”仪式。每个成年男子都要经过“度戒”，并且“度戒”成功者才可以参与一切村社活动，也才能获得神灵的庇护，死后方可列入“本家祖先”，并可接受香火供祭。过去，“度戒”要接受“上刀梯”“踩火砖”“跳云台”等多种考验，以培养男孩具有男子汉的勇气和力量。现在“度戒”仪式逐渐简化了，“跳云台”成了最重要的内容。

举行仪式前一个月，受戒者便每日净身素食，严守诸多禁忌，为“度戒”做好各项准备工作。“度戒”仪式由师公主持。举行仪式时，人们在村寨外的草坪上搭一个两丈多高、上窄下宽的方台，即“云台”。“云台”由四根木柱支起，一边用横木扎成木梯，云台下结一张藤网或铺以稻草、棉被。

“度戒”仪式以“跳云台”为主。受戒者在师公引领下沿木梯登上云台，等师公念完戒词，受戒者便发誓不杀人放火、不偷盗抢劫、不虐待父母、不陷害好人，等等。发誓完毕，师公掷火于水碗内，表示如有违犯，命运便如火入水而灭。然后，受戒者双手交叉抱膝，全身蜷曲，从云台上勇敢地一翻而下，滚落在台下铺设的藤网或稻草、棉被上。滚落下来后，如果男孩双手依然能紧抱双膝说明度戒成功，反之，则视为度戒失败。

这个颇为惊险的仪式象征了受戒者从天而降，其生命从此便被赋予了新的意义。“度戒”成功的男子，可以公开参与各种社交活动，自由择偶，成家立业。瑶族“度戒”仪式具有浓郁的民族特色，自始至终贯穿着本民族的传统道德和戒律条文训导，并借助这一形式给即将走向社会的男子灌输传统道德思想，使受戒者在人生转折关头受到教育和熏陶。

“度戒”虽然只是一个礼仪，但是里面却蕴藏着丰富的民族文化内涵。瑶族男子从度戒中接受的规矩、戒律影响着他们的一生，有着深刻的人文价值。这一成人仪式对瑶族人学习、继承和发展本民族的传统文化具有积极的促进作用。

2. 彝族少女的成人礼俗

彝族少女

彝族的成年礼主要是为女性举行的，以女孩的“换裙”仪式最具代表性。“换裙”，凉山彝语叫“沙拉洛”，意为脱去童年的裙子，换上成年的裙子。

彝族少女在“沙拉洛”（换裙）之前，穿的是红白两色的童裙，梳的是独辫，耳朵上挂的是穿耳线。

“换裙”时间是根据少女的发育情况而定的，一般选在 15 ~ 17 岁，多选择单岁。因为在当地彝族人看来，双岁“换裙”会多灾多难，终生都会不吉利。至于“换裙”的具体日期，则要请老人好好地择算，才能最后定下吉日佳期。

届时，女孩家要宴请亲朋近邻，请一位健康、多子的妇女为女孩换上成年女性穿的红、黑（或蓝）、白色三节相连的百褶裙，以换下女孩原先所穿的红白两色的两截童裙。随即要将女孩原先脑后的独辫从头顶中间分开，梳成双辫，戴上绣花头帕；再将女孩原先的穿耳线取下，换上银质耳坠。参加仪式的亲朋和近邻则说一些表示祝福的俏皮话。

举行“换裙”仪式后，意味着女子已经成年，少女就可以自由自在地逛街、赶场、看赛马、交朋友、谈恋爱了。如果与男性发生性关系，只要不违反等级和血亲的限制，一般不会受传统习俗或道德的谴责。若女子怀孕，男方赔礼或结婚即可。

反之，“换裙”前的少女则要受到严格保护，不准他人调戏、奸污，也不准与其非法同居；如发生此类事件，男方必将受到传统习俗或道德的谴责或惩罚。

3. 普米族的成人礼俗

普米族少年儿童与成年人的年龄界限为 13 岁。13 岁之前，男女儿童均穿长衫，腰系一条布带。到了 13 岁，举行完“穿裤子”“穿裙子”仪式，即成人礼后，才能改换装束，步入成年人的行列。从此以后，男孩的衣服是右襟短衫，下为长裤；少女上衣为右襟短衫，下为百褶裙，腰系彩带，头上缠牦牛尾编成的假发结。

普米族少女

普米族的成人礼多在春节时举行。仪式多由母亲或舅父主持，简朴而热烈。届时，全家人围坐在烈火熊熊的火塘周围，怀着喜悦的心情注视着这一场面：成年儿童走到火塘前的神柱旁，双脚踩在猪膘（当地少数民族制作的一种风干猪肉）和粮袋上。“猪膘”象征财富，“粮袋”象征丰收，意味着长大后有吃有穿，生活美满幸福。如果是男孩，还要右手握尖刀，左手拿银圆。“银圆”象征财富，“尖刀”象征勇敢。

如果是女孩，则要右手拿耳环、手镯等装饰品，左手拿麻纱、麻布等，象征着可享受的家庭权力和应承担的劳动义务。接着由巫师向灶神及祖先祈祷，由舅父或母亲换下他（她）的长衫，给他（她）穿上短上衣、长裤（百褶裙）。换装完毕，大家都要赠送给他（她）一点礼物，以示祝贺。小伙子（姑娘）也要向灶神和亲友们一一叩头、敬酒致谢，并希望在今后的人生旅途上继续得到他们的保护与帮助。此后，成年的小伙子或姑娘就可以参加集体的生产劳动和各种社交活动了。

4. 纳西族的成人礼俗

纳西族的成人礼一般称作“穿裤礼”与“穿裙礼”。而在这以前，男孩、女孩都只穿用麻织成的长布衫，而不穿裤子、裙子。

纳西族“穿裤礼”与“穿裙礼”都在正月初一举行。正月为岁首，之所以定在一年之始的正月初一早上举行，与神话传说中的“象征新生命开始”有关，也是为了更加隆重热烈，使受礼者终生难忘。

成年礼要在自家的“母房”里举行。纳西人一家一个大院子，“母房”其实就是大院子的正房，正房里立着两根柱子，左为“男柱”，右为“女柱”。这两根柱子其实是用同一棵树做成的，树的上节作男柱，树的下节作女柱。纳西人举行成年礼时，男孩必须站在男柱旁举行仪式，女孩必须站在女柱旁举行仪式。

女孩的成年礼——“穿裙礼”异常隆重，整个家族都要参加。仪式由母亲或属相相符的女性来主持。举行成年礼的女孩儿双脚踩在“猪膘肉”（象征财富）和盛满稻谷的“竹箩”（象征丰收）上，手里拿着“纺轮、梭子”（象征承担家务）和“项链、耳环”等（象征容貌美丽），以示女孩成年后吃穿无忧、手巧能织，生活幸福。

仪式首先从手捧裙子的祖母开始，她把裙子往女柱上挂一挂，表示家门又有了“顶梁柱”，再往房门上摔打几下，以示打掉了不洁和邪秽，并向孩子祝福。随后，母亲为女儿脱去旧的麻布长衫，为她穿上新上衣和美丽的裙子，系上绣有花卉图案的腰带。待女孩穿上新裙子后，纳西族的巫师——东巴要为她向祖先神灵祈福，并把一根吉祥的羊毛绳系在女孩的颈脖上。当仪式结束时，再将这根羊毛绳挂于神位旁的木棍上。

纳西人认为，羊毛绳能拴住即将成年的孩子们的性命。同时，羊毛绳是羊的象征，这是要她永远不忘以游牧、放羊为生的纳西人祖先。

纳西男孩的“穿裤礼”也很热闹，一开始也要脚踩稻谷和猪膘肉，只不过纳西男孩手中拿的是“钱币、布匹”（象征财富）和“尖刀、长矛”（象征勇敢威武），以示他从此吃穿不愁，善于聚财并英勇善战。仪式通常由舅舅来主持完成。

纳西男孩穿上象征成年的裤子后，长辈和亲友们要分别向他赠送礼物，而男孩也要分别向祖先牌位、灶神和父母长辈叩头致谢，然后就静听纳西巫师东巴念诵祖谱，最后还要跟着唱祝福歌。仪式结束后，青年男女通宵达旦举行舞会。

5. 藏族女孩的成人礼俗

藏族对子孙后代的成长非常重视，他们有着本民族独特的成人礼，其中藏族人为女儿举行的成人礼更是有着本民族的特色。

在西藏的一些地区，女孩子年满17岁，即被认为进入成年期。此时，父母要为女儿举行“上头”仪式。举行仪式的时间一般在藏历正月初二那天。举行仪式这天，父母为女儿准备好美丽的服装和各种装饰品，并邀请一位与女孩属相相配、家庭幸福美满并有化妆专长的已婚妇女来替女儿梳头打扮。

藏族女孩（油画）

女孩子小时候梳两条辫子，十三四岁梳三条辫子，十五六岁梳五六条辫子，到了17岁“上头”时，就要梳几十条辫子。一般是在左右两侧各梳20条小辫子，中间梳一个大的，并在发尾用蓝色哈达绑上，再把镶有白色海螺及珊瑚等的头饰系上去，这些都意为能给女孩一生带来吉祥幸福。这种装扮，也象征着女孩已经成熟，是男青年可以追求的一种标志。有了这种标志的女孩子，男青年就可以向她求爱了。

因此，举行“上头”仪式时，亲朋好友纷纷前来祝贺，向她献上洁白的哈达，并郑重地告诉姑娘，从“上头”这天以后她就是大人了，在日常生活中要像个大人的样子，无论做什么事都要稳重。从“上头”仪式以后，女孩就可以参加男女社交，寻找恋人，乃至谈婚论嫁。

三、汉族男女的成人礼俗

汉族古代就有成人加冠礼俗，男子称“冠礼”，女子称“笄礼”。《论语·先进》：“莫春者，春服既成，冠者五六人，童子六七人，浴乎沂，风乎舞雩，咏而归。”这里的“冠者”即成年男子。朱熹说：“男子年十六至二十皆可冠。”“冠”，即“帽子”，行“冠礼”，即束发戴帽；“笄”（读为jī）即“束发的簪子”，行“笄礼”，即束发，并戴上簪子。

笄——女子束发的簪子

在古代，男子、女子一般在十五六岁时举行“冠礼”“笄礼”，以这一仪式宣告男子、女子已为成人，可以成家立业了。这一礼俗至今已延续了两千多年。不过，在很多地方现在这一礼俗已经简化了许多。

比如，在泉州一带，泉州人就把男子之冠礼推移至结婚时与婚礼同时举行，男子和女子的冠礼、笄礼仅作为一道例行的小流程，保留在婚嫁礼仪中，而且十分简单，只要于结婚的当天早晨，双方各请一位福寿俱全的长者，分别用木梳在新郎、新娘的头上象征性地梳三下就行了，俗称“上头”。

尽管汉族各地“冠礼”“笄礼”已经逐渐简化，但是成人礼仪毕竟在中国有着两千多年的历史渊源，在全国各地有着广泛的社会和文化基础，所以现在许多城市如北京、上海、南京、武汉等都已完成成人节立法，比如浙江省已率先完成省级立法，其他如江西兴国、山东诸城等地和学校都设立了成人节或定期举行成人节仪式。在现代社会，“冠礼”一般在男子20岁的时候举行，标志着他已成人，不仅要担负起家中重担，也要担当起报效祖国的重任。“笄礼”一般在女子18岁的时候举行，标志着她已经成人了。

“冠礼”和“笄礼”的过程都是“三加三拜”。其中“三加”是“加深衣、加阑衫、加公服”，代表着子女业已成人，并要担当重担，为家庭增光。“三拜”是“拜父母、拜正宾、拜国旗”，代表着要感谢父母，感谢师长，报效祖国。

2007年4月，为弘扬中国的传统文化，让学生感受中国传统礼仪庄严肃穆的气氛，并一步步了解作为一个成年人进入社会所需要承担的社会责任，中山大学举办了“冠礼”表演。男子身穿前襟合围、衣袖宽大的汉服，接受长者“加冠”以示成人。这是中山大学第一届中国传统文化艺术节的重头戏，国粹表演点燃了大学生的怀古热忱。

“冠礼”是古代汉族男子的成年礼仪，这次表演严格按照传统礼仪进行复原，邀请德高望重的长者作为“加冠”嘉宾，对成年男子进行“三加冠”。

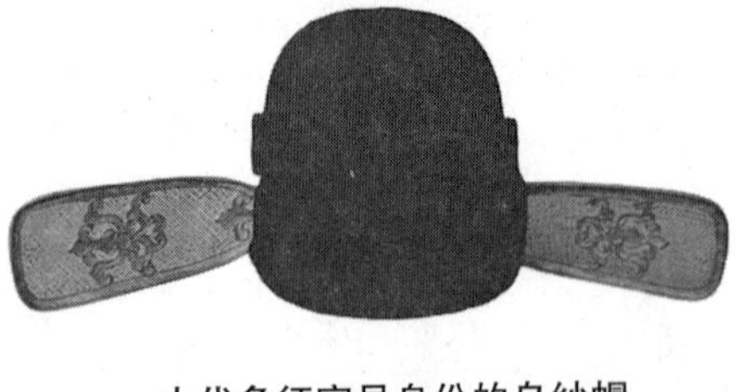

古代象征官员身份的乌纱帽

“冠礼”开始，首先是家长对长者行对拜之礼，邀请其就位。紧接着“成年男子”身着素衣，跪在长者面前接受长者的第一次加冠——“布冠”。加“布冠”之后，“成年男子”避席换衣，换上一身白色的汉服出来，再次跪在长者前接受第二次加冠——“武冠”。加“武冠”之后，“成年男子”避席更衣，而后身着一袭蓝色的汉服出来，接受第三次“加冠”——“爵冠”。“爵冠”比“武冠”

更正式，受冠者戴上“官帽”，给人以文质彬彬的感觉。

按照古代冠礼，“布冠”是要让受冠者具备衣食之能，“武冠”则寓意让受冠者具备基本武技，“爵冠”则希望受冠者具备知书达理之能；“三冠连加”的礼意在于激励受冠者由卑而尊，不断进取。

第三节　中国民间婚嫁习俗

古往今来，婚姻都是男女青年的终身大事。婚姻倾注着人们纯真的感情，寄托着人们的社会理想，表达着人们对自由美好生活的向往。中国地域广阔，又是一个多民族的国家，婚嫁习俗也以其多姿多彩的文化内涵，深深地扎根在各族人们的社会生活之中。

中国各地社会发展很不平衡。先进地区步入文明社会已有五六千年的历史，后进地区则刚刚踏进文明社会的门槛。因此，这些后进地区较多地保留了原始社会的制度和习俗，在男女交往上较为自由，婚俗仪式也较为简单；而汉族地区的男女交往则受宗法制度的限制，婚俗仪式繁杂隆重。下面我们从少数民族和汉族两个方面分别介绍中国各地的婚俗。

一、中国各地少数民族的婚俗

（一）中国各地少数民族的婚俗礼仪

1. 蒙古族

蒙古族的婚礼情趣盎然。结婚那天，新郎要亲自到新娘家去接新娘。当新郎到新娘家门口时，会有两位少女手拿丝巾拦在门口，这称为“闭门”。

新郎必须以诗歌的形式回答新娘嫂子的各种问题，直到女方满意了，他才能跨进新娘家的门槛。新娘头蒙红布，到了男家，第一件事就是要把自己亲手煮的奶茶分送给父老乡亲品尝。乡亲们对飘香奶茶的欣赏就是对新娘的认可和赞赏。

2. 哈萨克族

“姑娘追”是哈萨克族男女青年表达爱情、确定终身的方式之一，流行于新疆等地。一般是在一位姑娘和一位年轻小伙子之间进行的竞赛，以男逃女追的方式，在结婚或喜庆节日举行。

男女青年先骑马双双向指定目标前进，一路上，男青年可以与姑娘开各种各样的玩笑，或者直言不讳地向姑娘表露爱慕之情，而姑娘则不得恼怒或表示反对。

一到指定地点，男青年要急忙骑马往回跑，而姑娘则在后面紧追不放。追上后，如果姑娘看不上男青年，就可以任意地用马鞭抽打男方，当然，如果姑娘将马鞭高高扬起，舍不得抽打对方，就意味着姑娘已经向小伙子默许了终身。这种戏谑性的游戏为青年们提供了接触的机会，成为青年男女表达爱意的一种方式，也充分表现出哈萨克族青年男女的自由浪漫。

3. 维吾尔族

能歌善舞的维吾尔族青年男女

在新疆维吾尔族的婚礼上，人们跳着欢快的舞蹈，婚礼热烈隆重。在婚礼仪式中，新郎把新娘接到家后，要先围着火堆转一圈，才能进入房间，据说这样可以万事如意。婚礼中新郎、新娘要当场吃下老人赠予的两小块蘸了盐水的馕，表示从此同甘共苦、白头偕老。维吾尔族人认为盐有一种超自然的神力，与人的命运息息相关。在婚礼中吃下盐水馕块，借着食盐的神力，可以使夫妻恩爱，天长地久。

维吾尔族擅长歌舞，在婚礼上新郎、新娘轻歌曼舞，弹起乐器，跳起欢快的民族舞蹈，表达着对幸福生活的美好向往。

4. 朝鲜族

朝鲜族夫妇

朝鲜族的婚礼别具情趣。结婚当天，在新娘家要摆起一张大桌，迎接新郎。桌上要摆放各种食品，特别是要摆上一只炖熟的大红公鸡。这只大红公鸡仍保持活着时的姿势，嘴里叼着一个红辣椒，以辣椒的多籽象征子孙满堂，也祝愿新人未来的生活过得红红火火。

在新娘家，新郎必须喝完娘家代表敬的三杯酒才能把新娘接走。按照传统习俗，公公婆婆和亲朋好友们要跳着舞来欢迎新娘；倘若公公婆婆跳得不热情，新娘可以不下车，不进新郎家的门。

5. 土族

土族的婚礼保持了传统的习俗。婚礼的前一天晚上，男方家要派出两位娶亲人带着礼物到女方家迎娶新娘，这两位娶亲人被称为“纳信”。纳信一般都具有突出的本领，既能歌善舞，又能言善辩。

土族少女

纳信进门时，房顶上的人们要向他们泼凉水。女方代表设宴招待纳信时，会对他们评头论足，故意取笑，他们则必须沉着应对。在跳舞时，纳信必须边跳边唱，回答女方代表们提出的各种问题，倘若答不好，不但会遭到耻笑，婚姻还会延期一年；回答得好，就可以把新娘接走。

双方你唱我应，我舞你随，一直热闹到天亮。酒宴过程中，纳信还得设法巧妙地偷走两只酒杯和几个包子。这不仅是他们对新娘家人戏弄自己的“报复”，也是为回去向新郎家“交差”。

当迎亲队伍到新郎家时，新郎迎上前把新娘扶下马，然后向送亲的人敬酒献哈达。接着，新娘怀抱瓷瓶，与新郎一起脚踏红白毛毡进入大厅。纳信此时则把新娘的嫁妆和“偷”来的酒杯和包子交给新郎的父亲，表示已经圆满完成了迎亲的任务。

新郎、新娘拜过天地之后，新郎揭下新娘头上的盖头并当众用梳子为新娘梳理秀发，随后才在众人的祝福歌声中进入洞房，但别人不准跟进去，更谈不上闹洞房了。然而这并不影响土族婚礼的喜庆、风趣气氛。他们不闹洞房，而是闹媒人。

在随后答谢媒人的仪式上，人们簇拥着媒人唱歌、跳舞，敬酒感谢他撮合姻缘，做了好事。在此过程中，有人往媒人嘴里大塞炒面，还有人把酥油抹到他的脸上，引得大家哄堂大笑，把婚礼的喜庆气氛推上高潮。土族人能歌善舞，可以说，整个婚礼都是在歌舞中进行的。

6. 苗族

中国古老的民族——苗族有很多不同的支系，比如云南苗族的新娘在迎亲路上要打伞，进入新房后，新郎抢过新娘的伞才能拜天地。

苗族的婚礼较为复杂，一般分三天举行（也有分两天举行的）。第一天，新郎（苗族称“新官”）到新娘家举行婚礼。这天早上，新郎穿上新郎服（内穿白衬衣，表示纯洁无瑕；中间穿本民族服装，外穿长袍），和五名陪郎一起出门。五名陪郎中，一名是正陪郎，一名是对歌手，一名是挑夫，一名是护郎，一名是年轻姑娘，即女陪郎，也叫“带娘”。

一对苗族情侣

上路后，不管路途远近，都要等太阳落山时方可到达女方家村口，鸣枪或放鞭炮通知新娘家：新郎已到，请新娘回应。等到村中有枪声或鞭炮声回应，方可进村。否则，新郎将被村中的父老乡亲视为不懂礼貌，继而会受到鄙视，被人疏远。

进村时，新郎方面派出一名代表带路，新郎必须由陪郎撑着黑色伞，一同进入村中主人家（新娘方面定为接待新郎的人家）。由主人杀鸡宰羊做菜，酒席不允许杀狗杀牛。菜中必须有芭蕉心，表示“夫妻一条心”，意为“夫妻恩爱，偕老百年”。

第二天早晨，新郎吃完早饭后才到岳家，同新娘一起拜堂，拜见岳父母和其他亲戚；拜堂完毕，新娘由家人背出家门，与五名陪郎、媒人一同到新郎家举行婚礼。

第三天早晨，新婚夫妻与家人及乡亲父老举杯相互送别后，便回新娘家去。这一去，新婚夫妇就在新娘家居住两三年或更长时间。期满后，由男方派一兄长带酒肉到女方家，宴请村里长者及亲友，才将新婚夫妻接回家。

7. 撒尼族

撒尼族男青年向女青年求婚的方式十分独特，男青年要给女方家挑一担水，倘若姑娘不开门，他就要在大门口耐心等待；倘若姑娘开了门，就表示姑娘向他敞开了心扉，这门亲事就有希望成功了。

8. 哈尼族

哈尼族的男女青年结婚时，新娘要穿上民族服饰，由要好的女友将新娘向新郎家推或拖；新娘到新郎家后，第一件事就是和新郎一起下田劳动，他们认为劳动是至高无上的美德。

9. 藏族

藏族办喜事十分隆重，为了招待客人，他们要准备几十坛青稞酒和各式各样的点心、食品。按照藏族的风俗，办喜事要选择良辰吉日。在婚礼上，宾客们向一对新人赠送洁白的哈达，祝福他们生活幸福、万事如意。新郎、新娘要向来宾逐一敬酒。在婚礼上，贺喜人唱着吉祥如意的歌曲，使婚礼喜气洋洋、热闹异常。

另外，生活于四川的藏族男青年在向姑娘求婚时，必须带上两瓶酒，倘若女方父母喝了这酒，就表示同意结亲了。结婚的喜庆场面更是异常热闹，全村男女老少都会来参加。新郎、新娘唱着敬酒歌先向老人们敬酒，再向大家敬酒，等到众人都沉浸在浓浓的醉意中时，婚礼仪式才宣告结束。

10. 瑶族

瑶族一般不与外族通婚，男女青年婚前恋爱较为自由。他们利用节日、集会和农闲串村走寨的机会，通过唱歌的形式，寻找配偶；如果双方情投意合，即互相赠送信物，大多不必征求父母的意见。

瑶族少女（王衍军摄）

瑶族是一个喜爱唱歌的民族，谈情说爱、选择意中人时也不例外，对于姑娘和小伙子来说，对歌是他们表达爱情的重要方式，以歌为媒结成良缘的例子比比皆是。唱歌的机会很多，在劳动中或劳动之余，以及喜庆节日、走亲访友，甚至可专门走村串寨找歌对。唱歌的地点、对象也不限，不仅可去外地对歌，在本村也可举行歌堂对歌。

通过对歌彼此相互了解之后，双方唱“谈婚歌”，唱到一定程度，双方都认为可作意中人了，就可当场互赠礼物，“各自配合，不由父母”；也有需征求父母同意的，双方家长通过媒人去说亲，并以猪肉和酒为礼品。互赠礼物时歌道：“今夜歌堂在中屋，我俩有心送礼物；互送礼物作留念，以后往来不生疏。”

广东瑶族新郎、新娘饮交杯酒（科教片《中国婚俗大观》剧照）

礼物一般是银戒指、头帕、腰带，如果以后因种种原因不能成亲时，便托人将礼物退还，绝不失信，不然就会受到社会舆论的谴责。

在结婚时，新娘要由自己的姐姐或妹妹撑着伞，搀扶上路。姑娘出嫁，全寨的妇女和姑娘都来送亲，人越多越好，一直送到男方家里。男方要在半路上设半路酒招待迎亲和送亲的人们。送亲的队伍走进村寨以后，新郎的父母兄妹要在门口放鞭炮、舞狮子，隆重热烈地迎接新娘。新郎、新娘要互相对拜，喝交杯酒，然后举行婚宴和对歌，边唱边饮酒，通宵达旦。

11. 土家族

土家族在结婚时盛行哭嫁，人们甚至把“哭嫁歌”唱得好不好作为衡量女子才智和贤德的标准。哭嫁的形成大概是由于以前的包办婚姻给女子带来了无尽的痛苦，新娘为自己的苦难命运而痛哭。这一习俗一直延续至今。

哭也有规矩：母女哭，姑侄哭，姊妹哭，舅甥哭，姑嫂哭，骂媒人……哭嫁歌的主要内容有回忆母女情，诉说分别苦，感谢养育之恩，托兄嫂照顾年迈的双亲，以及母亲教女儿如何为人处世等等。

比如，“哭爷娘”：“娘啊娘，我要走了呐，再帮娘啊梳把头。曾记鬓发野花艳，何时额头起了苦瓜皱？摇篮还在耳边响，娘为女儿熬白了头。燕子齐毛离窝去，我的娘唉，衔泥何时得回头？”

新娘在出嫁前三个月就要开始哭，每半个月哭一次，到出嫁这天，寨子里要好的姐妹都会来一起哭，用哭嫁的方式为新娘送行。

12. 白族

白族

云南白族姑娘在结婚时头上要蒙上红色的丝巾——“蒙头红”，由哥哥背出门，交给前来迎亲的新郎。在新房内放上剪刀、尺和秤，希望新娘是个勤俭持家、能够发家致富的好帮手。

白族婚礼上还有一个非常奇特的婚俗，即“掐新娘”。当迎亲队伍来到男方家门口，新娘由哥哥或弟弟背着，快步跑进新房。

为什么这样着急呢？因为按照白族的习俗，新娘来到男家时，那些参加婚礼的小孩往往会蜂拥而上，一边朝新娘撒米花，一边争着用手去掐新娘。据说这是为了吉利，即便是掐疼了，新娘也不能发火。不过新娘也早已做好了准备。紧急时，她会拿出一把剪刀来自卫，胆小的孩子还真不敢靠近，只有这样她才能安全进入洞房。

也有的白族地区，迎亲队伍刚一进门，新郎、新娘就像参加百米赛跑似的，争着跑进洞房抢枕头。据说谁先抢到枕头，就预示着将来谁当家。进入洞房后，新郎、新娘要喝辣椒酒。酒本来就辣，再加上辣椒，很难下咽。

这是因为在白族语言里，“辣”与“亲”的发音相近，“酒”加“辣椒”

意味着“亲上加亲”。新郎、新娘共饮辣椒酒，表示“亲亲热热”。有的地方还将辣椒末撒进火盆里，辣烟四起，呛得人们喘不过气来。除此之外，新郎、新娘在吃喜面时，也要放很多辣椒，表示“亲亲热热”。

13. 彝族

彝族支系繁多，多数自称“诺苏”“纳苏”“聂苏”等，中华人民共和国成立后，正式定名为彝族。云南一带彝族人缔结姻亲，男方要在媒人的带领下，备上酒礼和三个鸡蛋，到女家去相亲。对方收下礼物，就表示同意这门婚事。

可是为什么要送鸡蛋呢？传说很久以前，天空中有两个红彤彤的圆球，变成了有尾巴的一男一女，这一男一女摇着尾巴慢慢地降到地上，繁衍出诺苏人。那么，为什么要备上三个鸡蛋呢？这是因为数字“三”在彝族看来是个不寻常的数，包含着“三生万物”的含义。

彝族人结婚时，有很多有趣的婚俗。首先是泼水抹黑脸。娶亲时，按彝族的风俗，新郎和长辈都是不前往迎亲的。男方要由自己的几位兄弟组成数十人的接亲队，到女方家去迎接新娘。到了女方家门前，女方家人早已准备好了冷水泼接亲人，这种泼水欢迎仪式热闹非凡。接亲人勇敢地冲进女家院内后，女方寨子里的姑娘欢呼雀跃，用锅底黑灰给迎亲的小伙子们抹黑脸，小伙子们也不避让，抹得越黑越好。

其次是摸耳朵、背新娘。晚上，新娘被数十个年龄相仿、服饰相同的姑娘围在中间，接亲的小伙子冲进去摸新娘的耳朵，摸错了要被姑娘们拧掐、捶打。有时一直持续到天亮才能摸到新娘的耳朵。只要他摸到新娘的耳朵，她便算是婆家的人了。这时新娘发出哭声，女方家则准备发嫁。云贵彝族地区的女子出嫁离家时，往往在祖宗灵前跪拜大哭，女伴们也陪哭而歌，尤其是在与父母辞别时要倾诉自己嫁人之苦，依依难舍。有的还要唱“咒媒歌”。新娘要由寨子里最要好的女友背出寨，接亲人（一般是伴郎）要把新娘一直背到男家。男家估计新娘将要到达的时候，用前一天砍的新鲜竹子、松枝在院内屋外搭一个简易的“迎亲棚”，并铺以油绿的松针，谓之“也惹”（因祖屋都是公婆旧居，取“新人新居吉利”之意），预祝新婚夫妇长命百岁、白头偕老。

新娘到达时头上戴斗笠，男女两家在新娘刚要步入迎亲棚时抢争此斗笠。斗笠落在前面则男家吉利；若落在背后则女家吉利。与此同时，在接亲棚邻近的地上燃起若干堆篝火，火堆数量一定要是奇数，每堆火旁围坐数十人不等，这时婚宴正式开始。

届时，舅家须挨新娘坐下，以下分亲疏长幼而坐。按传统习惯，要用酒、“剁剁肉”宴请送亲的娘家人和本寨本家的亲邻，优待送亲人及其他客人。在整个婚礼中喝彝族特有的“杆杆酒”，吃彝族特有的“剁剁肉”，整个婚礼热闹隆重，富有民族风情。

彝族婚礼：喝杆杆酒、吃剁剁肉（科教片《中国婚俗大观》剧照）

14. 基诺族

基诺族的新娘一到婆家，婆婆就要给她一个鸡蛋，表示早生贵子的吉利愿望。公公见新娘后，要在她手上拴红线，而且要绕三圈，意思是要把新娘的心拴住。

15. 黎族

黎族青年

海南黎族姑娘十四五岁就住进了父母为她们建造的定情小屋——“隆闺”。在小屋里，她们可以和男青年对歌、玩乐器，谈情说爱。“夜游”是黎族青年男女谈情的一种独特形式，它与“隆闺”有密切的联系。每当夕阳西下，男青年们便穿戴整齐，跋山涉水到远山别村的“姐妹隆闺”去，通过对歌和吹奏乐器来寻找情人。

但男青年要想走进“隆闺”并不那么容易，必须要唱请开门歌，进门以后要唱见面歌、来意歌、请坐歌、试情歌、结情歌。倘若相处一段时间后，双方认为感情不和，也要唱断情歌，表示歌断人离，以后就可以各自寻找意中人了。如果双方经过相处，情深意浓，想缔结秦晋之好，一般由男方家长委托媒人带着槟榔到女方家求婚，女方家长如果同意就会吃男方家送的槟榔，男方同时选择吉日订婚。

订婚时，男方要送上自家制作的精致的纺织品等作为礼物，并挑两担烟、酒、肉、米、糖果、饼干、槟榔到女方家，回门时女方则在男方挑来的两担礼品的箩筐里放一些槟榔，以示守约。槟榔象征着婚姻常绿常新，预示男女双方相亲相爱、和睦美满。此外，还要挨家挨户地送槟榔，请大家给予美好的祝愿，称为“放槟榔”或“放衣服”。

黎族男女青年结婚时，双方家长都要摆酒席宴客，男方家尤其隆重。按照黎族的传统，举行婚礼的当天早晨，男方派出由引路郎、陪娘及两三名新郎兄弟或亲戚组成的迎亲队伍，到女方家中迎新娘；迎亲代表在女方家喝酒后，便唱歌催促新娘起程。

新娘穿着上衣和花桶裙，戴着耳环、手镯，在母亲和本村、邻村众多姑娘的簇拥下离开娘家。一路上新娘用伞或草帽遮住脸，走在送亲队伍的中间。当送亲队伍到达男方的村寨时，迎亲仪式便开始了。

新娘和送亲队伍受到新郎及其父母亲的迎接，新郎的母亲站在后门，新郎的父亲和新郎站在前门迎接，新娘进屋前，新郎家的妇女从屋内取出一碗冷水泼在门口，以示祝福。新娘进屋后就给大人送槟榔，给小孩发糖果，之后，便开始入席。新郎家要准备盛大的酒宴，在酒宴上，人们大碗喝酒，称之为“饮福酒”，新郎、新娘也要互敬对方，双方的母亲各向对方的子女说些勉励和吉利的话，然后参加婚礼的人就按顺序，男女成双成对地轮流互相敬酒。这时，酒席上掀起对歌、敬酒的高潮。结婚时村寨里的男女老少及新郎的亲戚朋友都要赶来参加，人数常常多达上千人。

在整个婚礼中，对歌贯穿其中，同时婚礼也成了未婚男女寻觅对象的好时机。他们提倡见面用歌量，对歌讨人心，敬酒先量歌，对歌结友情。

举行婚礼那一天，新娘就由新郎的母亲用红巾牵着手，指点家内的米缸、水缸等家具放置的地方。第二天早晨亲戚家的妇女带着新娘到水井边挑水，到田间除草，提水给公婆洗脸，给家人、亲友送槟榔。

槟榔

结婚后的一个月内，做媳妇的每天都要早出晚归，拼命地干活，直到自己的言行举止经受住了考验，得到家人及村中长辈亲口赞誉，整个婚礼才算结束，新娘也才算真正成为新郎家的人。

16. 满族

相对其他民族，满族的婚姻习俗更是洋溢着浓厚的民俗风情，有着丰富的文化内涵，它是满族几千年来丰富多彩社会生活的一个缩影，从侧面反映了满族文化的特点。满族婚俗有着一整套完整的礼仪，下面我们就从迎亲说起。

一般来说，婚礼迎亲的队伍在天没亮的时候就要出发，整个队伍一路上吹吹打打，让所有的人都知道新郎出去迎亲了。在新郎出发迎亲的同时，新娘在家也要做充分的准备，最主要的是由新娘的长辈和“全福人”（即父母子女俱全的人）为她进行梳妆打扮，同时还有一个很重要的内容，即把脖子上戴的吉祥锁解下来还给娘家人。生命伊始挂在脖子上的吉祥锁，是父母对子女健康成长的祝福，如今要出嫁的女儿解下这把锁，标志着女儿从此成人，预示着新生活的开始；同时，留下这锁又表达了女儿对父母养育之恩的无限感激之情。

娶亲时新郎头戴缨帽，身着箭衣，披红戴花；新娘身穿红旗袍，头梳大卷式，上蒙红盖头。迎亲时去的人是单数，回来是双数。喜轿必须在清晨赶到男方家门口，在门口要停一会儿，俗称“练性”。喜轿到新郎家时，洞房门前的地上放有一火盆，让喜轿抬着新娘从火盆上经过，俗称“过火辟邪”。为赶走或杀死随轿而来的鬼怪，在下轿之前，新郎要把挂在轿上的弓和箭拿下来，搭上箭对着花轿连射三箭，意思为驱赶一路上带来的邪气。射箭反映出满族是一个射猎民族，经过几千年的发展、演变，还保留着这个古老的习俗。

新娘下轿之后，在左右搀扶下要脚踩红毡。脚踩红毡这件事是很有意义的，象征一生永远走红运。新娘下轿，脚踏铺地红毡走到“天地桌”前，同新郎一同向北三叩首，俗称“拜北斗”。拜完天地后，请“萨满”（即巫师）行“撇盏”仪式。新郎头戴红盖头的新娘，面朝南跪在院中的神桌前，桌上供有猪肘一方、酒三盅、尖刀一把，“萨满”单腿跪在桌前，一面用满语念经，一面用尖刀把肉割成片抛向空中，三人同时端酒盅齐把酒泼到地上。

这一仪式的主要目的是乞求上苍保佑新婚夫妇，使他们子孙满堂，白头偕老。举行完以上这些仪式后，新娘由“全福人”搀进洞房。入洞房前，新娘要迈过一个火盆（寓意将来的日子红红火火），再跨过一副马鞍（寓意全家老老小小平平安安）。

亲友们还要向新郎、新娘身上抛撒五谷杂粮（寓意人寿年丰）。新房的床必须由“全福人”铺设。床铺好后要在房内奏乐，称“响房”。新娘入洞房时，一小女孩手拿两面铜镜，对新娘照一下，然后把两面铜镜分别挂在新娘的前胸后背。接着，另一小女孩递过两只锡壶，里面盛有米、钱等，新娘或抱在怀里，或夹在腋窝下，俗称“抱宝瓶”。当新娘在床上坐稳后，新郎用秤杆把罩在新娘头上的红布揭去，叫作“揭盖头”。接下来便是夫妻喝“交杯酒”，吃合喜面、长寿面或子孙饽饽等。

新郎用秤杆揭新娘盖头

为什么用“秤杆”挑新娘的盖头呢？民间有一种说法是：“秤”谐音“称”，取“称心如意”之意；还有一种说法是：俗以旧秤，即十六两为一斤的秤，两花叫作“秤星”，十六个两花，代表南斗六星，北斗七星，再加福、禄、寿三星，正应十六两之数，取“美满姻缘，天作之合，吉星全到，大吉大利”之意①。

揭去新娘盖头后，新郎抚一抚新娘的头发，再摸摸自己的头，代表“白头偕老”，这永远是人们对美好婚姻的祈盼。进了洞房以后，新郎、新娘就开始对坐，俗称“坐福”。所谓“坐福”实际上是“坐斧”，即将一把新斧子置于被褥之下，新人坐在上面，寓意坐享幸福。小孩子们在一旁会把花生、大枣、栗子、桂圆等干果撒在炕上。“枣”谐音“早”，“花生”暗含着“生”，“桂”谐音“贵”，“栗子”谐音“立子”；大枣加桂圆、栗子表示“早生贵子”，“花生”则是希望新娘子日后生男又生女，生女又生男。

满族也存在闹洞房的习俗，参加婚礼的亲友们一起高唱喜歌《拉空齐》，其大体意思是：美丽的姑娘结婚了，祝愿你们白头到老，生活美满幸福。新人在洞房内要喝交杯酒，吃合喜面，尝子孙饽饽。围观的亲友还要有人用一语双关的话向新娘发问：“生不生?”然后由迎亲婆代答“生”，寓意早生贵子。

有的吃面条，象征着长寿；还有的吃用豆、肉、米做的饭，象征着家庭兴旺、家族兴旺。婚礼此时算是进入高潮，这时德高望重的族中长辈在庭院当中为新人唱起了“阿察布密歌”，也就是“合婚歌”，人们把酒和食物抛向

① 张廷兴．谐音民俗．北京：中央民族大学出版社，2000：133.

空中祭告上天，祝愿新郎、新娘和和美美，祝愿整个家族兴旺绵延。

17. 回族

回族的婚姻必须遵循伊斯兰教的规定，把结婚视为天命和圣行。婚姻须双方同意，在自愿的原则下，经家长和媒人施以聘礼，合乎教规手续，才能举行婚礼。婚后夫妻应孝顺双方的父母，教育子女遵守伊斯兰之道，爱国爱家，奉公守法，尽国民应尽之义务，夫妻共勉，保证家庭的和睦幸福。

回族青年婚前要由男方下聘定亲，并择婚礼日期。定亲叫“吃粮茶”，结婚要请阿訇赞圣证婚。然后，还要举行“撒喜”活动。由阿訇或家长将事先早已准备好的“长生果”（象征长生不老）、“枣子”（象征早生贵子）、“金属小钱”（象征富贵）等吉祥物向新郎、新娘身上撒去，意为“感谢真主赐给的良缘，祝新郎、新娘长生到老，早生贵子”。这也是阿訇对新婚夫妇的良好祝愿。有些地方撒在新郎内衣内，有些地方新人入洞房时，将喜枣、喜糖等撒向围观的群众，以表示喜庆的施舍，众人皆从地上抢着拣，回民把“撒喜”也叫“撒金豆”。

婚礼结束后，可根据家庭经济状况，办置较丰盛的饭菜待客，但禁止喝酒。在举办喜事时，男女双方都要待客，亲朋好友、左邻右舍都去贺喜。回族婚礼的高潮是“闹洞房”。闹洞房的主要对象是新郎和新娘，其内容是让新郎和新娘应宾客要求表演各种节目。闹洞房成了青年人最喜欢参加的活动。往往闹到深夜，人们还不愿意离去，这是新郎和新娘最不好过的一天。由于地区和教派的不同，回族的婚礼举行的方式和内容也有所不同。值得一提的是，回民结婚一般不放鞭炮，这点与汉族婚礼明显不同。

18. 纳西族

纳西族是古老羌人的一支，曾辗转南迁至四川西南、云南西北一带生活，现在主要聚居在云南省丽江纳西族自治县，大约有30万人。

纳西人的婚姻家庭生活，直到今天仍保留着母系制遗俗，是地球上最后的“女儿国”，以自称“摩梭人”的云南永宁县纳西族人最具典型性。在“摩梭人”的家庭结构中，妇女地位显赫，家长由辈分高的妇女担任，掌管全家的生产、生活，她还是家庭宗教祭祀活动的主持人。家庭的血统世系按母系计算，财产也依母系原则继承。

摩梭人母系血缘制的大家庭（王衍军摄）

与这种母系家庭相适应的婚姻制度，被称为“阿注婚”。

“阿注”在摩梭语里意为“亲密的伴侣”。这种婚姻的主要特点是“男不娶、女不嫁、结合自愿、离散自由”，这种婚姻形式也被称为“走婚”。摩梭人在18岁左右即可自由建立“阿注”关系。凡属不同母系血缘的青年男女在劳动或节庆等场合互相中意以后，就预约时间、暗号。男方如约去女方的“花楼”，并脱下鞋子放在门口，表示该屋已有男人。有人称此为“翻木楼子”，即临时“阿注”。有的随感情加深而实行公开走婚。由于他们分别在两个家庭里生产、生活，所以男子要在夜幕降临后才去女家住宿，次日清晨又匆匆返回母家。

男女建立“阿注”关系的时间，长的几年、几十年，短的只有一两年，或者更短，甚至是临时、偶然的结合。摩梭人在青年时期大多结交短期“阿注”。随着年龄的增长，“阿注”关系逐步稳定下来，多数有长期的、固定的“阿注”，同时还结交临时“阿注”，也有少数人一生只有一个长期“阿注”。但摩梭人结交“阿注”并不是没有原则的。同一母繁衍的后代，不管是异父同母的子女，还是姨表兄弟姐妹，都被禁止缔结“阿注”，但是只要双方不属于同一个母系血缘，缔结“阿注”则不会受到非议。摩梭人所排斥和禁止的，只是母系血缘的近亲。

摩梭女子的“花楼”（王衍军摄）

同居所生的子女，姓母亲姓氏，并归母亲家庭抚养，舅舅们承担起教养其姐妹们的子女的责任，尽“父亲”的义务。当舅舅年老丧失劳动力时，也能得到外甥们的特别照顾。

由于这种婚姻家庭没有经济等方面的必然联系，所以男女双方的离异十分自由，而离异的主动权往往掌握在女性手里。只要女方拒绝男子来访或男子停止访宿，女方把男方的物品搬出去，男方便知趣地离开，“阿注婚”便宣告结束，而很少发生纠缠、争斗。

（二）中国各地少数民族婚俗的特点

从各少数民族的婚俗仪式来看，少数民族的婚俗具有以下两个鲜明的特点：

1. 在交往上崇尚自由

少数民族的男女青年往往以花为媒，以对歌表情、定情，在自由的交往中增进理解、加深感情。而且，在性交往上也较为自由，没有汉族诸多的礼法限制。例如海南岛的黎族和云南一些少数民族都建有供青年男女住宿和交友的公房，女子怀孕，可指腹认父，非婚生子女不会受到社会的歧视。

2. 没有烦琐的婚俗礼仪

在婚俗仪式上，往往比较简单，不太繁杂。如很多少数民族有“抢夺婚”的习俗，没有相亲、订婚等烦琐的仪式。清代苗人娶亲均用“抢夺婚”仪式。

“至嫁娶时，两家商议，不能成。新郎怒，邀亲友往攻。各执木棍，以毡帽包首，奔至女家。女家拒之，斗其力，若得胜入门，则言归于好。”① 近代傣族也实行“抢夺婚”仪式。到结婚时，男方带着伙伴，手执大刀，奔赴与姑娘约会的地点。姑娘假装反抗，呼喊亲友来救。抢夺者把铜钱撒在地上，引诱营救者去拣，趁机带新娘逃走。②

侗族的婚俗更是奇特，相爱已久的男女结婚时常常要表演一场“抢亲”的游戏。在暗夜里，一支队伍奔向侗族山寨。山寨里点着火把，姑娘们忙着把桃枝做成“扫帚”，然后分散到寨前、屋后埋伏起来。

桃枝做的扫帚

“强盗”摸进寨子时，姑娘们的“扫帚”雨点似的落到“强盗”头上。“敌人”勇敢地夺下姑娘们手中的武器，缴了械的姑娘们又到处东躲西藏，小伙子们穷追不舍，把她们一个个找出来。然而找出来的都不是他们要找的新娘。不过人们尽可放心，鸡叫三遍，小伙子们准能找到那位姑娘。因为新娘脚穿新鞋，其他姑娘都光着脚，有着明显的区分。

当然，如果在天亮前新娘还没有被找到，她自己也会主动让小伙子们发现的。姑娘被抢走了，全寨人一起追赶。这时埋伏在半山腰的一群人突然跑出来，拦住追兵，将新娘飞快地迎进花轿。于是胜利者抬起花轿，前呼后拥地凯旋。

① 徐珂．清稗类钞·婚姻类．北京：中华书局，1984.

② 任寅虎．中国古代的婚姻．北京：商务印书馆国际有限公司，1996：3.

二、中国各地汉族的婚俗

与少数民族的婚俗礼仪相比，汉族的婚俗要繁杂得多。另外，汉族生活的地域十分广阔，“十里不同风，百里不同俗”，各地在婚俗上有着不同程度的差异。但婚俗是世代延续下来的，各地婚俗都在不同程度上体现了中国古老的婚俗传统。因此，要了解中国现代各地的婚俗，必须先了解中国古代的婚俗传统。

（一）汉族古代的婚俗

1. 父母之命，媒妁之言

在一夫一妻制下，结婚是为了成家，涉及每个家庭成员的利益，所以做父母的在孩子的婚姻大事上把握大局，起决定作用，不会让孩子凭感情决定婚姻大事。这就是“父母之命”。中国古代是男尊女卑的社会，说是“父母之命”，主要是父亲之命。订婚一般由父亲做主，婚约一般由父亲签订，婚仪一般由父亲主持。当然母亲也有一定的发言权。

“媒”，就是“谋合”；“妁”，就是“斟酌”。“媒妁”，即“斟酌情况，谋合两姓”，使其相成。媒人主要是起到中介作用，所以现代仍有“媒介”“媒介语”等词。因为古人生活圈子很小，彼此情况不熟悉，需要媒人加以介绍、说合、联系。所以有谚语云：“天上无云不下雨，地上无媒不成亲。”

媒妁之言虽不可少，但媒人的地位在古代并不高，究其原因，主要是媒人为撮合两姓，往往两头说谎，口无真言。如有的媒婆善于利用语言技巧行骗：一个媒婆到男家说女方“脸盘端正、黑头发、没有麻子”，到女方家说男方家“过的日子好，四十亩地，仨牛”。前一句利用语气停顿造成歧义，实则是“脸盘端正、黑、头发没、有麻子”；后一句则利用谐音关系，“亩”谐音“没”（在有些方言中，“没”读“mú”），“仨”谐音“杀”，实为“过的日子好，四十，没地，杀牛”，意思是说男方过的日子好，四十岁了，没有地，以杀牛为生。

2. 婚俗礼仪，源远流长

古代的婚礼场面大、声势大，目的在于张扬，在于告知社会：这对夫妻从此合法结合，可以生儿育女了。不举行这种仪式，男女结合就是非法的，如果他们生儿育女，将为社会所耻笑。举行婚礼，还有一个意义，就是确定新娘在新郎家中的地位。举行过婚礼，新娘才算是新郎家的正式成员，在家中的地位才被明确下来。中国古代的婚礼过程分为六个阶段，故而被称为

"六礼"。这种制度在周代已经萌芽，秦汉以后，逐渐成为定制。这"六礼"是：纳采、问名、纳吉、纳征、请期、亲迎。

（1）纳采。纳采，意为"采择"，就是男子选择妻子。男方打算选择某女为妻，就让媒人带话给女方，试探女方的态度。女方家长同意后，便收下男方送来的采择之礼。纳采的礼物，因时因人而异。这些礼物，既有彩礼的含义，又有一定的象征意义，即男家请媒人到女方家提亲。若女家同意议婚，则男家正式向女家求婚，正式求婚时须携活雁为礼，使人纳其采择之意。

飞翔的大雁

《仪礼·士昏礼》中说："昏礼下达，纳采用雁。"为什么要用"雁"为礼呢？人们对此有多种解释。有的说，"大雁"顺阴阳往来，木落南翔，冰津北往，夫为阳，妇为阴；婚礼用雁，是娶妇从夫之意。有的说，雁飞成行，止成列；婚礼用雁，为的是明嫁娶之礼，长幼有序。不过，笔者推想，作为一种风俗，其形成原因未必有那么深奥，很可能用雁按时往返于南北，象征女子按时往返于婆家和娘家，以通两姓之好。①

（2）问名。纳采仪式结束以后，媒人向主人问女儿之名。这里所谓"问名"，实际上问的是女方的生辰八字，即生于何年、何月、何日、何时，以备占卜。那什么是生辰八字呢？人出生的年、月、日、时可以用八个字来表示，这就是八字。中国古代纪年法用的是天干地支。比如2006年10月25日中午12点，2006年是丙戌年，俗称狗年，10月是己亥月，25日是戊寅日，中午12点为戊午时；如果某个小孩此时出生，其生辰八字是：丙戌己亥戊寅戊午。每个人都有自己特定的出生时间，也就是说都有自己的八字。

（3）纳吉。古代人很迷信，婚姻大事多要占卜。宋代以后，主要是根据男女的生辰八字算卦订婚，吉则缔结婚姻。同时把占卜合婚的好消息告知女方，也是以雁为礼——后世则多以金银首饰为礼，相当于现在的"订婚"，俗称"送定、过定"。古人通过算卦占卜吉凶的做法极不科学，各地历来都有一些所谓吉凶的说法，比如"鸡跟猴，不到头""女大三，抱金砖""女大两，黄金万两"，"白马怕青牛，兔、龙泪交流，猪、狗不到头"等，这些都是没有科学依据的。

---

① 任寅虎．中国古代的婚姻．北京：商务印书馆国际有限公司，1996：41.

（4）纳征。据古代学者解释，“征”就是“成”的意思，即“纳征”以后，婚姻就算成立。纳征现代多称为“定亲”，这是汉族婚嫁礼俗中最重要也是最关键的一环，虽是民间约定的俗称，却常常起到法律的作用。往往由男方家送女家和姑娘定亲的礼物，女家接受定亲礼物，表示自己同意婚事，此时双方的婚姻关系确立，双方都不能违约。

用作“纳征”的东西有“玉石、金银、衣服、酒食”等，因贫富、地位而定。中国地域广大，定亲礼俗五花八门，各不相同，但是追求聘礼的丰厚、吉祥是大致相同的。

比如，现代山西襄汾一带，男方送给女方的东西要凑足十件，表示“十全十美”。女方“回奉”给男方的东西中，还要有十包掺有盐末的麦麸。这十包麸盐要分别撒在未来的公婆和妯娌头上，表示大家都有福（麸）、有缘（盐）分。

山西祁县等地，男女双方还要互送“四色礼”。男方送给女方“定亲衣”、戒指、耳环、手镯等物，女方回送男方文房四宝、扇子、荷包、裤带等物。其中裤带尤不可少，隐喻“从今以后拴住了”。

山东曲阜以“鸡”为吉祥的象征，在所送定亲礼物中一定要有一只大红公鸡。北京一带送定亲礼物要分两次，第一次叫“小定”，一般送一对金戒指，让姑娘戴在手上，有祝愿其手巧伶俐的意义；第二次叫“大定”，礼物比小定多。

浙江临安一带，定亲礼物中要有肉，但女方不能把送来的肉全部留下，应送还男家一些。切肉时不能一刀切断，应让肉皮连着一些肉送回。

（5）请期。请期，即男方将择定的结婚日期告于女家。用请，只是表示客气，表示男家不敢擅自做主。实际上婚约签订后，女家已将结婚日期的决定权交给男家，即所谓“自受聘后一任择日成亲”。

（6）亲迎。亲迎，即迎娶新娘，指在约定日期新郎前往女家迎接新娘，但一般是男子亲往女方家迎亲，新娘盛装以待，母亲送之出门，并告诫女儿要尽孝守礼。新郎到新娘家后，掀起轿帘等候新娘上轿；新娘上轿后，新郎放下帘子，骑马在前，新娘乘车在后。

新娘到男方家后，举行拜堂仪式，新郎、新娘共鼎而食，再将一只瓠（音 hù，葫芦的一种）瓜剖为两半，夫妇各执其一，斟酒而饮，谓之“合卺（jǐn）”——这就是后世饮交杯酒的源起。行合卺礼后，送入洞房。这一过程，是婚俗文化中最富民俗色彩的事项之一。“葫芦”谐音“福禄”，祝愿新婚夫妇婚后生活福分与禄位同享，正如《诗·小雅·鸳鸯》所咏唱的：“君子万年，福禄宜之。”意思是说：“祝福君子万年寿，福禄一同来安享。”

合卺礼仪

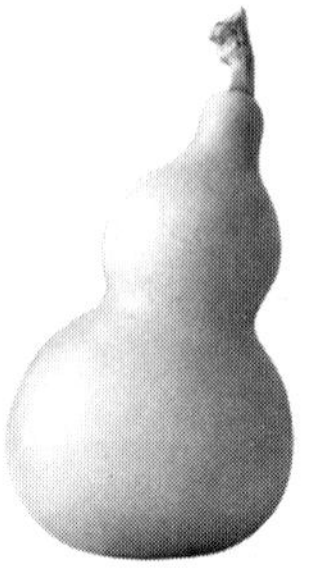

葫芦（瓠瓜）

剪纸葫芦（谐音福禄）

“六礼”是礼制上的规定，主要实行于社会的上层。古代富家子女结婚，一般都严格遵循“六礼”的步骤，而普通人家结婚则大多从简。中国近代农村结婚，一般把纳采、问名、纳吉合而为一，且不举行仪式。由媒人把双方的姓名、生辰八字、长相、品行、家庭状况等通报给对方，尤其是女方家索要的彩礼数一定要由媒人通报给男方，待双方同意后，便交彩礼、订婚书，然后是迎亲和拜堂。

（二）汉族现代的婚俗

中国现代各地汉族婚俗各有差异，但都源于古代的“六礼”，总的来说，大同小异，一般都要经历议婚、订婚、嫁娶、婚礼、闹洞房等环节。

1. 议婚

议婚，又称“议亲”，是商议男女婚姻之事的最初阶段，在这一过程中，往往是由男女双方的父母根据对方的门第、家境及品貌等条件决定婚事成与不成，男女当事人是没有多大发言权的。

“无媒不成婚”，议婚初始，一般是由男方家长委托媒人或托付亲友、邻里前往女方家中求婚，又叫“提亲”。这一程序相当于“六礼”中的“纳采”。媒人议亲，一般首先口头上探询双方意图，女方即使不允，一般也只能婉言谢绝，俗谚“一家女，百家求”；可以不允，但不可以得罪媒人。

若双方都认为可以结亲，这时一般由男方出面请媒人商量定亲事宜。经过议亲，双方满意后，迷信的人还要请算命先生合婚。合婚的主要内容是看男女属相是否“相克”，其中有不少迷信说法，如“白马犯青牛，鸡狗泪交流”“龙虎两相斗”“兔见老龙愁”等。这一做法纯属迷信活动，现在一般都不再讲究这些了。这一程序相当于“六礼”中的“问名”和“纳吉”。

在具备订婚条件的情况下，男女两家还要“相亲”，又叫“相门户”“看屋里”，即男女两家在约定的时间见面，最后议定婚事成否。女方的考察主要包括看家产和相亲两项内容。看家产，从前是由媒人带女方家长在约定的时间到男家去相看，主要是看看女儿未来的家境是否如意，核实一下媒人的话是否可靠，顺便看看姑爷的品貌如何。

现在汉族各地仍有这种习俗，不过“相亲”的主角已由双方家长变为男女双方当事人，“相亲”的意义已不在于认亲家，而是通过面对面的接触，进一步加深了解。男女双方初次见面时，一般由媒人或介绍人引见，两人面对面而坐，互相看对方的形貌举止，也通过简短的交流感受对方的谈吐与文化水平。

以前，男女当事人见面，一般偷偷地相见，所以又称“打照面”；现在一般约定在第三者家中或者公园、咖啡馆等地见面，双方自由交谈，互相了解。

山东一带有的地方女方直接到男方家去相亲，如果相中，即喝下未来婆婆递过来的糖茶；如不喝就离去，则表示没相中。也有男方到女方家中去相亲的，如果相中就留下见面钱，没相中则留下压惊钱。无论何种情况相亲，都不能在晚上见面，因为只有寡妇再嫁才在夜里相亲。

2. 订婚

男女两家对婚事都持肯定意见，便可正式订婚，即“许亲”“订亲”。男方可以郑重地给女方家送去聘礼，至于数量多少，一般因时因地而异，视家境贫富而定。这一程序相当于“六礼”中的“纳征”，山西雁北一带称为“下茶”，晋南一带则称为“过大礼”，山东南部一带称为“许亲”。

“许亲”一般要选择农历一个双数的吉日，比如“二、六、八”等。男方家长要在选定的这一天设宴款待亲友，名为“定亲饭”。这天，男方要送给女方彩礼若干，具体数量视男方家的经济条件而定。近几年男女许亲，男方一般要送给女方现金一万零一块钱，称之为“万里挑一”，即说姑娘是“万中挑一、非常优秀的女孩”。此外，还要给女方买一些新衣服，送戒指、项链、耳环之类的聘礼。订婚之后，如果女方悔亲，则必须退回所有的聘礼；如果男方悔亲，女方往往不退回所收的聘礼。

客家人在订婚前，还保留有“六礼”中“问吉”的传统。女方将女儿出生的年、月、日、时，即俗称的“生辰八字”写在红帖上送往男家，谓“送庚”。男家将“庚帖”放在祖宗牌位前，三天内诸事顺遂，则进一步请算命先生“合八字”，如认为“合”，婚姻就算定了。有的女方家中同样办理，这与“问吉”大致相当。

3. 送嫁

订婚以后，如果男女双方都已到当地认可的结婚年龄，男方家长便设宴邀请女方家长和媒人，一块儿选定迎娶的日子，一般要事先请人定一个好日子。由于民间认为迎娶之期关系到男女双方的一生，所以非常慎重。“选日子”，又称“看日子”“送好”“送娶牌”等，即古代的“请期”。“请期”原本只是男方选定举行婚礼的日期，请女方同意。在山东的一些地方，还要同时送聘礼。

山东鄄城的“请期”，分为“要好”“看好”和“送好”三个步骤，有很强的代表性。“要好”就是在结婚前选一个吉日，如二月二、四月八、六月六等双月双日，由媒人到女家去讨取女方的属相、八字。女家则用一红纸条写上“坤命×相×月×日×时生人”，交与媒人带回男家。男家根据女方的生辰八字，请人择定结婚的吉月利日，谓之“看好”。“看好”主要是找出行嫁月、吉日良辰和“喜神”所在的方位，同时还要算出迎亲、送亲之人在属相上的忌讳。一般选两个吉日良辰，一个在上半月，一个在下半月，由女家选择后再确定，目的是避开女方的月经期。择定吉日后，便写成婚书送往女家，这就是“送好”。

婚书的内容和格式如下：

谨遵坤命，选择嫁娶期：

（1）行嫁利月兹择于×年×月×日，全吉。

（2）娶送男女客人，忌×相，大吉。

（3）上下车轿，面向×方迎“喜神”，大吉。

（4）安庐坐帐，宜用×屋×间，大吉。

（5）冠戴面向×方迎“贵神”，大吉。坐帐面向×方迎“福神”，大吉。

（6）路逢井、石、庙宇，用花红遮之，大吉。天地氤氲，咸恒庆会，金玉满堂，长命富贵。

×年×月×日

“送好”不仅可确定嫁娶的好日子，而且还要向女方送聘礼。聘礼多是红衫、蓝袄面、戒指、坠子、带子等，用红包袱包好，上插柏枝，取“长命百岁”之意。

山东一带，一般在男方下过婚书之后，女方便整理嫁妆，男方要收拾新房，准备迎娶，亲友们也开始送喜礼。向男家送的喜礼，通常以“色”为单位，一对鸡、一刀肉、一对鱼、两斤粉皮等，都可算作一色礼，当然也有送礼钱和“喜帐”（六尺红绸或红布、花布）的。喜帐一般是送给男方家长的，抬头写“××大人令郎花烛之喜”，帐心写“天作之合”“鸾凤和鸣”“龙凤呈祥”之类的祝词，落款写“××贺”。喜帐的多少标志着结婚人家境的好坏，富有人家亲友都送喜帐。

往待嫁的女子家里送喜礼，称作“填箱”，或作“添箱”，也称“添花粉”。一般送些女子婚后所用之物，如衣服、被褥、布料等，也有送钱的，谓之“压柜钱”。喜礼要一笔不漏地记入账簿，俗称“喜簿”，以备将来还礼。

无论何种形式的喜礼，都要讲究吉利，不能送谐音不吉的物品，如钟（终）、梨（离）、缎子（断子）等，一般也不送单数。有些地方要给待嫁的女子加“笄（jī）礼”，俗谓之“上头”。古代女子 15 岁许嫁时要举行加笄仪式，即改变幼年的发式，把头发绾（wǎn）成一个髻，用黑布包住，然后用笄（即簪子）插定发髻，以此表示女子已是成人。

山东招远、栖霞一带于婚前数日，男家主妇同女亲戚到女家加“笄礼”，婆婆亲自为未过门的媳妇理妆、加钗，谓之“上头”。“上头”后的女子，一般不再见外人，直到出嫁后，才能公开露面。有的地方“上头”时间较晚，或在上轿前，或在入洞房后，与“开脸”同时进行。临近婚期，男家要向女家送“催妆礼”，或称“下催妆、下催妆衣”。

山东德州一带催妆时要写催妆帖，并且要备四色礼物，连同嫁衣（红袄、红裤、红盖头）一起，由媒人率人抬着送往女家。女家收到催妆帖后，要开发喜钱，款待媒人和送礼人，将送来的礼品留下两样，其余退回，表示知道该去送嫁妆了。送催妆礼的同时，还要探询女方家送嫁妆、送亲时到男方家去的人数及性别，以便早做准备。从前姑娘的嫁妆，一般人家多是“两铺两盖”、桌椅、箱柜、座钟、脸盆等，贫穷之家从简，往往只送茶具等桌上的生活用品。但无论贫富，一对“长命灯”是必不可少的，即使现在有了电灯，其也作为摆设照送不误。

山东一带，结婚时男方准备的婚房，也称之为“洞房”。洞房顶棚上、床帷子上都贴上剪纸图案；洞房门上也要贴“洞房花烛夜，金榜题名时”“红梅多结子，绿竹又生孙”之类的喜联；窗户要糊红纸，并贴上“鸳鸯双喜”“鲤鱼送喜”“喜鹊登梅”“榴开百子”等剪纸窗花；屋内墙上还要贴“百子图”“吉庆有余”等字画。总之，一切摆设都要焕然一新，喜气洋洋。

“鸳鸯双喜”剪纸

“鲤鱼送喜”剪纸

鲁西南一带，一般在出嫁前夕，女方家还要给女儿“上头”和“开脸”。“上头”，即改变头发式样，把辫子盘成发髻。“开脸”又叫“开面”，其实是新娘进行美容修面，并以此表示少女时代的结束。一般是请一个“全福人”，由她用细丝线绞去姑娘脸上的汗毛，并修细眉毛，剪齐鬓角。“上头”“开脸”之后，女方要宴请本族尊长和邻里乡亲，同时款待即将出嫁的女儿。

民间认为，女儿一“上头”，就是别人家的人了，娘家须以客相待，所以筵席非常丰盛，女儿也被安排在筵席的首位。尊长、邻里除对待嫁的姑娘表示祝贺外，还要嘱咐她一些尊敬公婆、侍候丈夫以及处理好妯娌、姑嫂关系的道理。

4. 迎娶

“迎娶”，又叫“迎亲”“娶媳妇”，相当于“六礼”中的“亲迎”。通常是由新郎亲自到女家迎娶新娘。以前，新郎坐着花轿去迎亲，花轿一般为两乘，新郎、新娘各坐一乘。去的时候，按照旧俗，新娘的轿子不能空着，有的地方会放花糕、青馍作为镇物；有的地方则由一个与新娘属相相同、父母健在的小男孩坐着压轿。现在很多地方都用红色的小轿车代替轿子。但在去接新娘的路上，新郎身旁的位置同样不能空着。比如，在鲁南一带，去时要有一个小男孩手里抱着母鸡坐在新郎的旁边。

女儿出嫁离家时，各地大都有新娘不带娘家土的习俗。民间认为“土能生万物，地可产黄金”，怕带走了土会带走娘家种庄稼的好运气。这自然是农业社会根深蒂固的传统观念。女儿出嫁时，要在炕上换上新鞋，然后由哥哥或舅舅背上或抱上轿；或者坐在椅子上，由人抬上轿；有的地方是以红毡或红布铺地（红毡、红布象征一生走红运），女儿脱去脚上的旧鞋，进了轿再换新鞋。不管怎样出门，力求脚不沾地，不带走娘家土。

迎娶路线一般讲究走大回环，回时不走来时路。迎娶队伍要随带红毡或红布，除了供新娘上下轿踩踏外，路经寺庙、井台或石碾、石磨时，还要用来遮掩轿窗和新娘，意在防止白虎星等鬼祟邪怪相扰。路遇别人家的嫁娶队伍时，双方要互换“针线”（即新娘的“女红”）消灾。现在迎亲队伍相遇时互赠手帕即此遗风。

在广东及海外客家人中，至今还保留着一种“蔬菜嫁妆”之俗。客家女儿出嫁时父母把一些谐音吉利的蔬菜，如芹菜、大蒜、香葱、韭菜等，逐样用红绳或红布条捆扎作为陪嫁，以表示对女儿、女婿的美好祝愿。更有趣的是客家还有用“长命草”作陪嫁的习俗。“长命草”为一株野草，用红绳扎好，一起带到夫家，挂在新房床头竹篮里，第二天栽于菜园中，以示扎根。另外，一些地区的客家人在迎亲中还有“拖青”之俗，即花轿后面有个人拖着一条寓意百子千孙的榕树枝。当花轿在路上遇上别家的花轿时，便按俗规，互相调换树枝，双方回祝多子多孙，俗称“换青”。然后各自拖回家中，把榕树枝抛到自家屋瓦背上，借榕树多枝寓意今后多子多孙。有些地方则互换红花。

树冠庞大、开枝散叶的榕树

5. 婚礼

迎娶队伍回到男家以后，鼓乐大作，鞭炮连声，男方亲友、邻里一拥而出，迎接新娘。很多地方新娘有索取“下轿钱”的习俗，一般几百到几千元不等，都是双数，如八百元、两千元等。索取“下轿钱”后，由一“全福人”相搀，踩着红毡或红席进门，称之为“传毡”或“传席”。婆婆随后用笤帚在轿内象征性地扫三下，并取土一把，拿回家放在新房炕角席子下。这叫“扫轿土”，大约是与“不带娘家土”的习俗针锋相对——你怕带来娘家的土，影响娘家种庄稼；我偏要想方设法扫一些，以有利于自家的农事。许多地方还有让新娘子在进门前跨马鞍、跨火盆的习俗。跨马鞍有求平安之意，跨火盆有驱邪、预兆生活红火之意。

新郎、新娘进门后，接着就要“拜堂”，又称“拜天地”，即开始举行拜天地的仪式，这是婚礼告成的主要标志。拜堂的地方一般在洞房门前，设一张供桌，上面供有天地君亲师的牌位，供桌后方悬挂祖宗神位。新郎、新娘就位后，由两位男宾唱导，参拜天地、祖宗和父母。然后行夫妻对拜礼。一般是主持婚礼的男宾唱：“一拜天地，再拜高堂（即父母），夫妻对拜。”行

新郎新娘夫妻对拜

夫妻对拜礼后，唱“送入洞房”。

很多地方在仪式结束后，新郎要用一条红绸牵着新娘走向洞房，到了洞房门口，新郎用一杆秤将新娘的“蒙头红”挑下，然后新娘才进入洞房，或者等新娘进了洞房坐在床上后，新郎才用秤杆挑下“蒙头红”。也有很多地方是新郎用红绸牵着新娘进入洞房后，两人并肩坐在床沿上，由“全福人”招呼，把新娘的衣角压在新郎袍襟之上（表示已经同房同床）。

新郎用秤杆挑去新娘头上的“蒙头红”，然后退出。新娘的嫂嫂即动手脱去新娘脚上的新鞋，为她另换一双。所谓“换新鞋，就新范”，意思是新娘以后行事要按男家规矩，受婆家约束。

广东一带的客家人拜完天地后，新郎、新娘同入洞房，洞房内点红烛，桌上放着煮熟的鸡、面条和两个鸡蛋，新郎新娘共同进餐，饮交杯酒。这是新人入门第一次与新郎进食，需选吉时。

新床上放的东西也有讲究，一般是放四个柚子，上贴喜字，“柚子”与“有子”谐音。还要放一个红斗，装满白米，还有尺秤、算盘、剪刀之类，象征“婚后生活富裕，会划会算”；另有一盏红灯，取“添丁”之意。

6. 闹洞房

新娘被送进新房后，多是朝着“喜神”所在的方位坐下，谓之“坐帐”或“坐床”。此时，有人端来栗子、红枣、花生等撒在床上，边撒边念“一把栗子一把枣，明年生个大胖小”，此谓之“撒帐”。以前坐帐要坐三天，为此新娘在婚前几天便要节食，以免坐帐时难堪，后来改为一天，或者象征性地坐一下午。

山东日照一带新娘入洞房后，新郎、新娘要共吃邻居送的水饺，俗称“小饭”，并且将一部分水饺放在床下，任闹房的人抢去给小孩吃，据说孩子吃了这种饺子好养。早先新郎、新娘入洞房后，还要用同一器皿饮食，行“合卺礼”。一般是新郎、新娘先各端酒杯稍饮一点，然后将两杯酒掺兑，两人换杯饮完。现在一般演变为新郎、新娘饮“交杯酒”，即新郎、新娘手挽着手一起喝酒。

中国各地一般都有“闹新房”的习俗，洞房之夜，热闹非凡。俗语说：

“不闹不发，越闹越发。”民间还有“新婚三日无大小”的习惯，婚后三天，宾客、乡邻、亲友不分辈分高低，男女老幼都可以汇聚新房内参与逗闹新郎、新娘，例如让新娘点烟，向新娘要糖果、点心吃，闹腾一番。人们认为，闹新房不仅能增添新婚的喜庆气氛，还能驱邪避恶，保佑新郎、新娘婚后吉祥如意，兴旺发达。

在沂蒙山区新娘要吃鸡蛋，鸡蛋往往煮到八分熟，吃时别人故意问“生不生?”新娘则轻轻答以“生”，以“生熟”之“生”隐喻“生养孩子”之“生”。然后还要吃栗子、枣之类，一人在旁念“先吃栗子生贵子，先吃红枣生娇娥……”，这时，小姑和婆婆也登场了。先是小姑将一新的尿盆放到床下，大声念道：“撂小盆，撂小盆，等到来年抱小侄。”婆婆则将一木墩放到床下，也念道：“撂木墩，撂木墩，等到来年抱乖孙。”

广东客家人闹洞房，也是认为越闹越吉祥。闹洞房的习俗中特别突出的是说四句，即以吉祥、祝福、逗闹的语言构成押韵四句词，贯穿整个闹洞房过程，形成典雅、风趣的氛围。如“月光光，看新娘，新娘肚子圆丁当，今朝下种子，明年八月生出桂子满天香”。这类既带嬉戏又含祝福的四句词常引人捧腹大笑。

7. 坐正席

婚礼的主要仪式举行之后，男家大摆酒席宴请宾客吃“喜酒”，一般人家都是十几桌，条件好的人家甚至有上百桌。婚宴一般在家中举行，但往往要请酒家饭馆的厨师上门做菜。现在也有人在饭馆或酒家直接宴请宾客。随新娘来的送亲的亲友要坐尊位。很多地方新郎的父母和新郎新娘还要分别给客人敬酒，感谢众亲友远道来贺喜并赠礼给客人。

婚礼正席的菜谱很讲究，通常是本地菜谱中最高档的席面，具有浓厚的地方特色。例如广州的婚宴席面有“红枣莲子汤”，取“早生贵子”之意；有“甜汤、甜糕”，取“新婚甜蜜”之意；此外还有“生菜”（生财）、“发菜”（发财）等。而且婚宴菜谱在编排上一般注意以下几个原则：

（1）婚宴上菜肴的数目应为双数。

中国大部分地区均有一不成文的传统：“红”事（即婚宴）菜肴的数目为双数；白事（即丧宴）菜肴的数目为单数。婚宴菜肴数目通常以八个菜象征发财，以十个菜象征十全十美，以十二个菜象征月月幸福。比如，山东济宁一带，席面上八个碟子、八个大碗，俗称“八八席”。

（2）菜肴的命名应尽量选用吉祥用语。

吉祥的菜肴名称可以寄托对新人美好的祝愿，烘托喜庆气氛。比如“珍珠双虾”可取名为“比翼双飞”，“奶汤鱼圆”可取名为“鱼水相依”，“红枣桂圆莲子花生羹”可取名为“早生贵子”；婚宴中的菜品如果是色、料、味成双成对，通常以鸳鸯命名，如“鸳鸯鱼片、鸳鸯鸡翅、玉环鸳鸯贝”等来寄予对新人和谐美满的祝愿。

（3）婚宴菜品的选择应注意谐音禁忌。

四喜丸子

传统婚宴菜品中一般必须有“鸡”，象征“吉祥喜庆”；有“鱼”，象征“年年有余”，而且一般作为压尾的荤菜来上席；一般要有“大枣、花生、桂圆、莲子”，取其谐音，祝福新人“早生贵子”。很多地方婚宴一般都要上“四喜丸子”象征喜庆。

婚宴中的水果一般选用石榴（因其籽较多，有“多子”之意）、西瓜、杨梅、蜜桃（取意今后生活甜蜜美满）。一般各地大多忌讳上“梨”和“橘子”，因为“梨”与分离的“离”同音，“橘子”又要一瓣一瓣地分开来吃。

8. 回门习俗

新娘婚后第一次回娘家，俗称“回门”“回亲”等。回门标志着男子开始以新郎的身份进入女家，也是给新娘缓和初为人妻、初为人媳的紧张的一次机会，女家往往也借此机会来考验新女婿。回门再到男家，一对少男少女转化为夫妻和社会正式成员的仪式就全部结束了。回门是婚姻礼俗的最后步骤，回门之后，两家就转入正常的姻亲关系来往。

回门的日子各地不一，以结婚第三天的为多，也有的在结婚的第二天，也有在第六、七、九、十或第十二天的。有的地方回门俗称“耍九”，指结婚第九天回门，也有的还指在娘家也住九天，突出了让新娘放松一下的用意。

回门通常由娘家人来接，也有由婆家送的，然后由丈夫接回婆家。有的地方讲究“爹接娘送，一辈子不生病”。新女婿随妻子回门，在女家往往要受到一些考验。

例如，陕西南部一带，要让新女婿啃骨头。宴席中间，岳母端上一块大骨头，连筋带肉的，放到新女婿面前。他这时要把骨头的肉全部啃完，若推让不吃，则会让人笑话将来不敢办大事，若啃不干净，也会惹人笑话，说他将来办事不干净利落。

此外，还有吃辣饺子的习俗。女家端来一碗饺子给新郎，新郎照例要先让新娘，但新娘一吃，见饺子馅包的是辣椒面，知道是戏弄新郎的，便又推给新郎。新女婿这时要实心实意地把辣饺子全部吃掉。若不吃，新娘和娘家人都会不高兴，因为这是娘家考验新女婿能否与女儿同甘共苦的一种仪式。

三、中国各地婚俗中的祈子意蕴

中国各族、各地的婚俗可以说千差万别，但在众多差异之中，我们很容易看到其中有一个很重要的共同之处——祈子习俗。孔子有云："不孝有三，无后为大。""后"指的是"子"。"子"代表着这个家族血脉的延续、种姓的繁衍，没有"子"，甚至是家族的后代仅生有"女孩"也会被人称为"绝户"。因为女子是外姓人，早晚会嫁给别人。男女缔结婚姻正是为了家族血脉的延续，因此，为了早日生下儿子，在中国各族、各地的婚嫁礼俗中都有着各种各样的祈子习俗。比如基诺族的新娘一到婆家，婆婆就给她一个鸡蛋，表达"早生贵子"的吉利愿望。由于受封建礼法和宗族制度的影响，汉族的家族观念根深蒂固，其婚嫁礼俗更是沿袭着各种各样的祈子习俗。例如：

1. 人们借聘礼和回礼的物品名称，谐音取义

广东一带的聘礼中，除礼饼之外，还有莲子、石榴、桂花，谐音"连留贵子"。广东梅县一带的客家人，男方迎亲时所送礼物中，除通常的物品外，还要有一公一母两只"兔子"。这"兔子"是用猪肚翻过来做面，然后塞进米糠，并附以耳朵、眼睛等，颇为生动。女方收下后，留一只公的，再将母的送回男方。这是因为，"兔子"与"吐子"谐音，当地俗话说："过了兔子礼，就可吐子吐孙。"

2. 女子出嫁前的仪式或所带陪嫁物品，暗寓祈子之意

在云南一带，女子出嫁前一天，新郎的表姐妹用"枣子、松子、瓜子、麦子、莲子"五种带"子"的东西煮水，为新娘沐浴，取"五子"之意，以求多子多福。有的地方请新娘喝"五子汤"，或将"五子"装入陪嫁的枕头、箱柜中，以求早生子、多生子。

在湖北神农架地区，新娘上轿前，由舅舅抱她站在谷斗之上，新娘手持一把筷子，撒落于娘家的堂屋地上，然后才挥泪登轿。"撒筷子"的意思是娘家人希望她"快快生子"。

在陕西乾县一带，新娘下轿后，要先从地上捡起一双筷子才能进门。"拣筷子"也是寓意"快快生子"。

还有一些地方，新娘出嫁，嫁妆里一定要有两份为新婚夫妇准备的碗筷，并用红绳绑在一起，称为"子孙碗"，这不仅表示新婚夫妇从此要共同生活，

而且“筷”与“快”谐音，有预祝“快生贵子”之意。

更有意思的是，山东黄县新郎到新娘家迎亲，要笑着偷筷子和酒盅。“偷筷子”是“快生儿子”，可生的不是一般的孩子，要生“忠孝之子”（“盅”谐音“忠”，“笑”谐音“孝”）。

在鲁南一带，结婚前一天的晚上，新房内有“压床”的习俗，即选一“全福童男”陪新郎睡在新床上，以求早生贵子。第二天一早童男醒来时，要讨“枣汤”，并用“筷子”喝，寓意为“早生、快生儿子”。在迎亲时，新娘的所有陪嫁物品中，要将柜子抬到最前面来领头，“柜子”寓意“贵子”，取“早生贵子”之意。

新娘怀抱萝卜
（电视剧《乔家大院》剧照）

在山西中部一带，新娘出嫁陪嫁的物品中还要有一对萝卜，上面画着人面图案。新娘在洞房内“坐床”时，怀抱萝卜，由两个“全福人”一边说“萝卜、萝卜，摞着一辈又一辈”，一边接过萝卜，摆放在新床上。“萝卜”谐音“摞辈”，表示“摞着一辈又一辈”之意。

3. 举行婚礼仪式中，表达祈子之义

（1）“撒帐”习俗。

中国各地都有“撒帐”习俗，所撒“喜果”为枣、栗子、松子、桂圆、花生、核桃、瓜子、石榴、柏子等。“枣”寓意为“早”；“栗子”寓意为“立子”“立刻生儿子”；“松子”寓意为“送子”；“桂圆”之“桂”与“贵”谐音，表示“尊贵、贵子”之意；桂圆与“早”“花生”“栗子”等物相组合，就等于一组象征物，完整地表达了一句祝福语“早生贵子”；“瓜子”中“瓜”与“娃”谐音；“石榴”子多，寓意“多子多福”；“柏子”谐音“百子”，寓意“子多”。

此外，在有些地方的婚礼上，还撒香烟。香烟表示“香火”不断，同时也可把香烟撒给闹洞房看新娘的众人。香烟在民间已经成为“后代子孙”的象征。但各地民间，撒帐之人必须为“全福人”，即“儿女双全、父母双在的人”。当新人进入洞房时，“全福人”将“枣、栗子、花生、桂圆”等撒在新娘的怀里，撒在洞房里，撒在院子里，引闹洞房的人去抢，并一边撒，一边念：“一把栗子一把枣，小的跟着大的跑；一把栗子一把枣，明年生个大胖小”。

（2）“传袋”习俗。

“传袋”谐音“传代”，是民间婚礼仪式之一，也叫“传席”。新娘到丈夫家门前下轿时，男家用席子或袋子铺地，踩过的席子、袋子又传到前面，再铺在地上让新娘走，这样一直走到庭院。“席”谐音“息”，“袋”谐音“代”，即“传宗接代、繁衍生息”之意。传袋或传席时，一般还要由伴娘和男家接亲客高念赞语：“一代传十代，十代传百代，百代传千代，千代传万代。”

（3）合卺饭。

新郎、新娘的合卺饭，不论是饺子还是面条都不能煮熟。新郎、新娘喝完交杯酒后，要吃半生不熟的饺子和面条。伴娘、闹房的人问：“生不生?”新娘、新郎肯定地回答：“生。”“饺子”谐音“交子”，取“男女交而生子，早日生出孩子”之意。

（4）换新衣、铺床仪式。

送入洞房后，新娘脱去外面的红袄，大把的红枣、栗子、花生和铜钱随之撒满一床，取“早生贵子满床”之意。与此同时，嫂嫂、喜婆等人给新娘铺床。铺床时借助一些道具说一些吉利的话，如：“铺筷子，引贵子；铺麦秸，引乖乖；铺红枣，引得娃子满屋跑。”这里“麦秸”是小麦脱粒后剩下的秸秆，显然各地民俗洋溢着农耕文化的乡土气息。

（5）闹洞房、戏新娘游戏。

中国江浙一带闹洞房有“麒麟送子”之说，实际上是送“一束红筷子”。“麒麟”是中国古代神话中的一种瑞兽，传说麒麟能为人带来后代子嗣，因此民间有“麒麟送子”的传说。

新娘入洞房后，闹洞房的人打着纸做的麒麟灯，将窗户纸捅破，将一束筷子撒进洞房，取义“快生儿子”，然后敲锣打鼓地拥进洞房，拿起床上的筷子，边敲边说：“筷子筷子，快生贵子。”众人齐应道：“好呐!”“筷子一头圆来一头方，养儿长大当省长。”

传说中的瑞兽麒麟

山东南部一带闹洞房，还有用筷子戳窗户纸的习俗：找一个小男孩，由其父母抱着，边用红筷子捅破窗户纸，边说：“我是童男子，手拿红筷子，站在窗台下捣你窗户纸。一捣一戳，生个儿子上大学；一捣一穿，生个儿子做大官；一双筷子一个洞，生个儿子更有用；筷戳窗纸笑哈哈，养个儿子科学家。”

在中国北方农村还有一些地方，不是用筷子戳窗户纸，而是由亲友们向新房里扔筷子。当然都是用“筷”寓意“快”，祝福新人“早生贵子”。

随着社会的发展，“养儿防老”“添丁添子”的心态逐渐淡化，这也体现出中国人民族心态的变化和文明意识的进步。

第四节　中国民间丧葬习俗

死亡对于人们来说是无法避免的，是自然归宿。茫茫宇宙，大千世界，人们在这里诞生、成长，直到最后完全消逝于尘世间。几千年来人们形成的丧葬礼仪，是既要让死去的人留下些许痕迹，也要让活着的人平静地面对消亡。由于各民族生活方式、价值观念等有所不同，同婚嫁习俗一样，丧葬习俗也体现着各民族的民族特性和各地的地域特征。

一、少数民族的丧葬习俗

1. 蒙古族的丧葬习俗

蒙古人一般实行土葬。早期蒙古人认为死亡是由此世度到彼世，因此不论贫富都要尽力为死者穿戴好，好让死者到另一个世界后有好的生活。尤其是贵族的土葬非常隆重。葬时所用的棺材，“一木为二，凿空其中，类人形大小合为棺，置遗体其中”。蒙古人还将死者所需要的东西一同下葬，并“宰杀驼、马殉葬，以为盘费”。埋葬他们的同时也埋进大量的金银。为防止盗墓，一般深埋某地，“对坟墓所在，严守秘密，不使人知”。直到现代，农业区的蒙古人基本上都实行土葬。

2. 哈尼族的丧葬习俗

哈尼族实行木棺土葬，人死后要向亲友报丧。报丧者为村寨中前来帮忙的年轻人，按丧家的安排去其亲戚或朋友家报丧。报丧者手拿一根木棍，到要报丧那家后，将来意说清。主人就会立即杀鸡煮蛋，献祭报丧人提来的那根木棍，据说死者的灵魂会随那木棍而来；主人还要款待报丧人。

接到消息后，亲友要带猪、鸡、米、酒等来祭，女婿要用牛来祭，全村各户都要举行一种共同的祭奠仪式，各做一块糯米饼放在死者的棺前，意思是请死者为自己死去的亲属带去。停尸一至三天，由巫师为死者唱挽歌，追忆死者由生到死的历程。

出殡前至亲好友留在丧家陪住，女儿、媳妇也要围着棺木唱“哭丧调”。晚上村中青年聚集在死者屋前跳“落作舞”，借以谈情说爱，选择对象。对生死看得非常达观的哈尼人认为生死本是生老病死的自然规律，死的人走了，活着的人要照常欢乐。

出殡时要鸣枪，表示哀悼。刚开始抬棺材时，要由至亲儿孙先抬起，接着众人抢抬而行，丧者儿孙要急忙跑到棺材前面跪下，让灵柩从头上越过，接连三次，称“过棺”。当灵柩抬到村口时，村寨中每家的户主用竹篾篮子盛着食物，跪在路边，抬棺人将灵柩放置在两条长凳上，请死者最后享用一顿父老乡亲的饭食。然后在火枪、唢呐声中抬至墓地。

墓地多在村旁山上，以滚鸡蛋的方式选择，在蛋破处挖穴埋葬；葬后即填平，不建坟堆，不看风水。埋葬时，要将死者生前的生活用品作随葬品，以便死者在阴间使用。

3. 纳西族的丧葬习俗

纳西族的丧葬有火葬和土葬两种。当人即将断气之时，家中所有近亲成员均须聚齐，到其身旁守候。族中一位长者手持一个包有少许碎银、茶叶碎末以及大米（一般为男性九粒、女性七粒）的纸包，口中念念有词地将其祷送到祖先所在的世界，并要在其断气时立即将此纸包放入其口中。这样做的主要目的是使死者的“气”能够接续下去，以促成家族繁衍，子孙兴旺。此外，能否在死者断气时及时地放入这一口衔的纸包，也是区分正常死亡与非正常死亡的唯一标准。

人一断气，全家老幼即放声痛哭，并立即请人去向亲友报丧。亲友闻讯后都要携带大米、腊肉等物品前来吊丧，近亲须留下协助丧家料理后事。

人死后一般停灵三日即可出殡。若是举行土葬，出殡日清晨就得派人去择穴掘土，准备一些垒坟的石块。出殡前，孝男、孝女等死者的家人、亲属需再次向亡灵叩头告别，接着由东巴念诵“送魂开路经”，念毕方可起灵。

送葬行列由孝子扛一“招魂幡”在前引路，死者家属一路号哭抬棺至墓地。将棺椁放入墓穴后，先由孝子用衣襟兜土，从棺尾撒至棺头，然后其他人才能盖土。盖完土后垒成长方形并砌好石块，再立上一方墓碑，将孝子所带的“招魂幡”和其他祭品置于墓前，焚香磕头后离去。

要是举行火葬，则出殡前还须请东巴加做几项仪式，然后用一种不加盖的棺木将死者抬至火葬场。把棺木放置在已码放整齐的柴火上后，孝子跪地哀哭，几位至亲再度为死者净身。然后，由送葬行列中三位最年长者手执火把，沿顺时针方向绕灵转圈（男性死者需绕行九圈，女性死者需绕行七圈），再用火把将柴火点燃，众人皆伏地磕头。熊熊火焰燃起后，除留下死者的几位至亲抛撒骨灰外，其他送葬的人皆可回丧家就餐。

按照纳西人的礼俗，无论是举行火葬还是土葬，葬礼举行后的三天内，家人仍须每天前去墓地或火葬场献祭。接下来还要举办“做七”“百日”以及“年斋”等一系列祭吊亡灵的活动，并迎请喇嘛或东巴来家中诵经，直到完成人死满三周年时所要做的“三年斋”仪式后，整个拜祭活动方可告一段落。

整个仪式由东巴主持，“东巴”是“智者”的意思，他们是纳西族本民族教育、培养的知识分子，是大智大慧的人，是东巴文化的传承者。东巴文化是纳西族的传统文化，是以古老的图画象形文字为主要记录方式而存在于民间的独特文化形式。

东巴文化形成于唐宋时期，已有上千年的历史，其核心是崇尚自然，认为人与自然只有互敬互爱、和睦相处，才能相安无事，才能维持一切生命的延续，这也是纳西人对生命内涵认识的要素之一。

4. 藏族的丧葬习俗

雪山雄鹰

天葬是西藏地区最为普遍的丧葬方式。天葬在藏语里被称为“施鸟”，也就是“以身饲鹰”的意思。在古老的藏族原始宗教中，“鹰”被视为神、人、鬼“三界”的创世之神；在藏族先民的观念中，“鹰”则被视为神鸟。“以身饲鹰”体现的是一种献身精神，而献身精神是藏传佛教所倡导的主旨，天葬与此主旨是相吻合的。

天在藏民心目中有着崇高的地位，雪域高原离天最近，它不仅是富有万千风光的自然界的天，而且是佛教化和理想化的天国——极乐世界。天葬前要请喇嘛念经超度亡灵；葬时碎尸并焚烧柏枝，招引鹰来啄食，食尽象征吉利。这既体现了灵魂升天的最高愿望，又表达了最后一次奉献以免老鹰伤害其他幼小生灵的悲悯之情。可以说，天葬习俗集中体现了藏族人面对死亡的达观和冷静，体现了他们对生命大彻大悟的理性态度。

5. 回族的丧葬习俗

回族的丧葬习俗严格按照伊斯兰教教规进行。回族称死亡为“归真”，忌说“死”。人死后称为“埋体”。老人临终前，应先从卧房移至厅堂侧边，厅内保持绝对肃静，守候在旁的亲人家属，不时低念“清真真言”。人未断气不准哀哭，死者的任何嘱咐，家人都要切实执行。家人要请阿訇来家给亡者念“清真真言”或做忏悔，希望死者悔改后能得到真主的饶恕。

亡者安然归真后，家人首先要使死者闭其目、合其口，顺其手脚，使之头北足南，仰卧，脸稍偏西，或头枕东足向西，头稍高向西，即朝向麦加圣地。然后通知清真寺及村中穆斯林为送葬做准备。

宁夏银川等地的穆斯林葬礼习俗力求速葬，一般是早亡午葬，夜死晨埋，停尸不会超过一天。家中有人死亡，亲属立即从清真寺抬来公用“愁架”（意为“不吉利的抬架”，内有活动架板），死者由阿訇为之“大、小净”，遍体洗净，用净布轻拭干，然后用五丈白布，前后左右将尸体严实裹住，然后尸体入殓，移入“愁架”，架上覆盖星、月图案的绿布毯。一切办妥后将亡者的“愁架”抬到清真寺举行殡礼。入殓事宜均按教规礼节操办，来家吊唁和帮忙的亲朋邻友，都应适当捐助钱财，以尽助丧之礼。

丧礼由阿訇主持，前来参加殡礼的穆斯林，都须“大、小净”，男穆斯林戴礼拜帽坐成一个圈。殡礼前要举行传钱仪式，由死者儿子或亲属双手捧着用毛巾包好的死者生前积下的钱财，或是死者子女为其积聚的钱财，在阿訇的指导下，依次在穆斯林中传递，表示为死者施舍钱财，以获得真主的饶恕，减轻对其的惩罚。传递次数由年龄而定，年纪越大，传递的次数越多。

传钱仪式结束，人们把亡者抬进寺内走廊安放。这时参加殡礼的人，自觉排好长队，随着阿訇的一声“真主至大”，殡礼也随之开始。殡礼完毕，人们需再次把亡者放入公用“愁架”，随送葬队伍将之送到墓地。送葬途中，灵柩在前，送葬队伍随后，女性一般送到村口即止步，大部分男性一直送到墓地。

将“愁架”抬到墓地后，挖好墓穴，如埋葬妇女，坑上则另搭帐幕。阿訇再次主持全体参丧者的祈祷活动，下葬时，揭开公用“愁架”盖，抬出尸体，轻轻放入坑中，入坑后尸体仰卧，头朝西，另用纯白布覆盖全身，用香料细末（或香水）铺洒坟坑及全身，同时解开裹着尸体头部的白布，与家属做最后告别，最后用七小块木板压住白布，另在上面放置松枝，头脚各插一枝，铲土埋妥。

埋葬死者后，分发散钱给每位送葬者，全场寂静，聆听阿訇念“都阿”（阿拉伯语音译，意为“祈祷”“呼求”）。念完后，阿訇高呼一声“求真主接受我们的祈祷吧”，全场的人捧起双手，为死者做最后祈祷，安葬就此完毕。坟堆高于地面，墓前置一块石碑以示标记。葬礼事毕，当晚家人请阿訇来家为亡者祈祷，人们也纷纷到死者家念经做“都阿”，这样需持续一周，其间，亲属还要去墓地为死者念经做“都阿”。

二、汉族的丧葬习俗

1.“送终”和“停丧”仪式

中国的传统丧葬文化非常讲究寿终正寝。在病人生命垂危时，亲属要为其穿戴好内外新衣；否则，就是“光着身子走了”，亲属会感到十分遗憾和内疚。对于死者的“走”，亲人是要“送一送”的，俗称“送终”。要求死者的亲人在其弥留之际，都要在床前，高声呼唤，直至其咽气。死者在咽下最后一口气前，亲属们要把其移到正屋临时摆设的灵床上，守护其度过生命的最后时刻，这叫作“送终”（所以在送人礼物时，禁忌“送钟”，因“钟”谐音为“终”）。

油灯（长明灯）

死者咽气后，立即撤除床帐，以免亡魂笼罩在帐网之中不能超脱，并除去枕头，同时焚烧纸箔为其送行。然后给死者擦洗身子，更换白色内衣，盖上白被单，用黄纸盖在面上，在死者的脚边点上油灯或蜡烛（俗称“引魂灯、指路灯、长明灯”）。民间俗信认为，阴曹地府黑暗无光，点上路灯，可给亡魂照亮道路。在没有收殓之前，这盏长明灯不管白天晚上都要有人看守，不能让它熄灭。据说，这盏灯就是死者的灵魂，一直要点到出殡为止。一些地方还将“指路灯”带到坟地，在坟坑头挖个小洞，将灯放入，然后再慢慢下棺。

在北方汉族的习俗里，要给死者穿贴身的白色衬衣衬裤，再穿黑色的棉衣棉裤，最外面套上一件黑色的长袍。整套服装不能有扣子，而且要全部用带子系紧，这样做是表示“带子”，就是后继有人的意思。在死者的头上要戴上一顶黑色帽，帽顶上缝一个用红布做成的疙瘩，用来驱除煞气，人们认为这样做对子孙是吉祥的。

如果死者是男性的话，脚上要穿黑色的布鞋；如果是女性的话，要穿蓝色的布鞋。寿衣一定要是传统的式样，哪怕改朝换代、时过境迁，平时再也不穿民族的传统服饰了，等到死去的那一天，也还得要恢复原来的装束。因为按照传统的观念，人死之后就要去见远古的老祖宗，如果老祖宗认不出自己的子孙，将不让其认祖归宗。

在死者临终前，家属必须为其沐浴更衣，这实际上是给死者整理遗容。亲属给死者沐浴，一方面寄托了生者对死者深深的孝敬之情，另一方面也有和“寿衣”一样的象征意义。清洗尸体所用的水一般都是买来的，俗称“买水”，即把“阳水”变成“阴水”的一个转换仪式。“买水”用的钱主要是“阴钱”，也就是我们常说的“纸钱”。

这种钱只有在阴间才有价值，只能由灵魂享用，而在人间它只是废纸一叠。“买水”为死者沐浴的目的主要是“用水洗去死者生前的罪恶，消除死者在生前所犯下的罪孽”，让死者干干净净地到达阴间，被祖先收容。

给死者沐浴后的“更衣”也有传统的仪式。比如北方汉族一些地方在为去世的老人穿寿衣的时候，除了为其穿上平时所穿的衣服之外，还要在外面套上一件反过来穿的新衣服。这样做是因为在汉民族传统的观念里，不能把死者平时所穿的旧衣服脱掉，这样能方便死者的灵魂回来认识自己的身体；而他们把后来加上去的新衣服反过来穿，是为了让死者知道自己已经死了。这种被称为“反饰”的习俗，目的是改变死者寿衣的穿着式样，使他的灵魂没有办法再停留在阳间。在为死者沐浴更衣之后，亲属要马上把尸体移到灵床上，停尸在床，即“停丧”。灵床一般安放在堂屋正中，同时还要采取一些仪式，把死者的灵魂也引到灵床上去。

山东临沂一带的习俗，是用一块白布从梁上搭过来，再用一只白公鸡在病床上掩几下，顺着白布从梁上递到外间屋，在死者身边走上一圈，然后把公鸡杀死，这叫作“引魂”。

在河南中部，民间习惯是在人死后，要在死者床头放上一只宰杀洗净的鸡，鸡身上插一只筷子，这叫“倒头鸡”。它既是供品，也是家人送给死者的礼物。“鸡”谐音“吉”，死后送鸡，取“吉利”之义，以此祝福死者平安到达黄泉。

按照旧时的规矩，在沐浴更衣的仪式结束之后，还要举行“饭含”仪式。“饭含”是指在死者的口中放入米饭之类的东西。这是为了不让死者张着空嘴、饿着肚子到阴间去受罪，而成为饿死鬼。

有些地方还有“烧倒头纸”的习俗，又称“烧落气钱”等。在老人刚死或弥留之际，家人齐集于室，由其配偶或子女扶起其头部，于地上点燃香烛。众人环跪于床前，一旦老人断气，立即焚烧纸钱于地，故称“烧倒头纸”。该习俗现仍在一些农村流行。

2. 报丧仪式

“停丧”一段时间之后，诸事准备就绪，就要选日子报丧。它用发信号的方式把有人去世的消息告诉亲友和村里人，即使已经知道消息的亲友家，也要照例过去报丧。

不同的地方有不同的报丧方式。比如北方汉族有的地方，报丧人不能直接进亲友的家门，必须要在门口喊屋里的人，等到他们拿一些柴火灰撒在门外之后，才可以进门报丧。这样做是为了辟邪。

在东北一带，是通过在门外悬挂纸条来报丧的。纸条数是以死者年龄的不同来确定的，一岁一条，另外加上两条，表示天和地。并且他们用死者性别的不同来决定悬挂纸条的位置，死者是男性则纸条悬挂在门的左面，死者为女性则纸条悬挂在门的右面，人们一看到门口的纸条就知道这家死了人，死者的寿命和性别都一目了然了。

在江浙一带，报丧习俗是用伞来暗示的。报丧的人带着一把伞去，把伞头朝上柄朝下放在门外来表示凶信。主人先要请报丧的人吃点心；然后，问清楚发丧的日期；最后，把报丧人用过的碗扔到门外，表示驱邪避祸。在外地的亲人如果收到一封“焦头信”（信封的一角被烧焦），就明白这是报丧信。

3. “做七”仪式

按照古代的丧俗，灵柩最少要停 3 天。据说是希望死者能够复生。3 天还不能复活，希望就彻底破灭了。另外，父母死后应该合葬。父死不知母墓，母死不知父墓，都要把死者暂时“停灵”，等找到父墓或母墓时再进行合葬。这样棺材停放的时间就很难说了。

死后至四十九日止，每隔七日一祭，俗称“做七”。“七七”届满，要做“孝子祭”。死后百日应祭坟。至周年再行祭祀，俗称“做周年”。佛教认为，除罪大恶极的人立即下地狱、善功极多的人立即升天外，灵魂一般并不能够马上转生。人死之后七个七天中，孝属或亲友如果能请僧人来为其做些佛事，亡者即可因此而投生到更好的去处。所以，佛教主张超度亡灵最好是在“七七”期间。

僧道“做七”仪式
（电视剧《红楼梦》剧照）

如果过了“七七”期，亡灵托生的类别已成定案，再做佛事，就只能增加其福分，却不能改变其已托生的类别了。如果一个人生前作恶很多，注定来生要托生畜类，当其死后的“七七”期中，如果有孝属、亲友为其大做佛事，使其听到出家人诵经，当下忏悔，立意向善，其就可以免去做牲畜，而可以重生为人了。

中原地区，人死之后，自死亡之日起，每隔七天都要祭奠一次，共祭五次，其中以第五个七天的祭日最隆重，民间有“五七献鸡”的说法，即这天亲人们要给死者献上一只鸡。传说阴间的五殿阎君非常残暴，每到“五七”时，逝者经过这里，他都要严刑拷打。由于五殿阎君爱吃鸡，于是逝者就托梦给亲人，让在坟前供鸡，这样阎君就会放过逝者。人们为了使亲人在阴间免受刑罚之苦，便纷纷在“五七”这天供上一只白条鸡。俗语说的“有钱能使鬼推磨”，在这里变成了“有鸡阎君好说话”。

到了第四十九天（七七），便要做“断七”。“断七”过后就出了孝期。丧家对此都很看重，亲朋好友都要参加“断七”的礼仪活动。“断七”这一天，请道士和尚来做道场，美其名曰“保太平”。因为这一次是为活人祈祷，念经拜忏之后子女们便脱下丧服，换上常服。

4. 吊唁仪式

“做七”的同时要进行吊唁仪式。吊唁是指亲友接到丧信后来吊丧，并慰问死者家属，死者家属要到“停丧”的屋内痛哭，对前来吊唁的人跪拜答谢。一般吊唁者都携有赠送给死者的衣被，并在上面用别针挂上用毛笔书写的“××致”字样的纸条。

灵堂（电视剧《红楼梦》剧照）

在吊唁仪式中，首先要布置灵堂。灵堂前安放一张桌子，桌上摆着供品、香炉、蜡台和长明灯等。在没有收殓之前，这盏长明灯不管白天晚上都要有人看守，不能让它熄灭。据说，这盏灯就是死者的灵魂。尸体和棺材都忌讳停放在光天化日之下，据说是怕冲犯上天过往的神灵。因此只要是举行简单的祭奠仪式，就必须要搭灵棚。其次是举行“开吊”仪式。

在浙江一带，丧家要在大门口设置一口“报丧鼓”。吊唁的人一进门就击鼓两下，亲属听见鼓声就号哭迎接。来吊唁的人向死者遗像行礼哀悼，然后垂泪痛哭。

有的地方就只在灵案上放一个铜磬，由一个人专门负责敲击，隔一会儿敲一记，说是铜磬响一声，黄泉路上就光亮一闪，灵魂可借着照明前行，但又不可以连连敲，不然死者亡魂就会脚步匆匆且踉跄。

整个灵堂上都弥漫着悲泣的哭声，孝子、孝媳自始至终都披麻戴孝跪在灵案边陪祭。来吊唁者都要在哀乐声中向死者跪拜。俗称“死者为大”，故除了长辈不下跪，即使平辈也得跪拜。

有的地方把吊唁称为“拜祭”，一般亲友所送祭礼是香、烛、鞭炮、纸

铜磬木锤（佛教法器）

钱、帐子（指毛毯、布匹等，上写××致），而女婿家和娘家亲属除了香、纸外，必须备猪头、鹅为祭礼。有些送祭礼前来吊唁的人到来时，还哭唱出生前与死者的友好关系。

现在城市的吊唁仪式已经大大简化了，主要是遗体告别和开追悼会。前来吊唁的人身着素装，佩戴白花和黑纱，在忧戚的哀乐声中，一一向遗体鞠躬致哀，而后再绕遗体一圈瞻仰遗容。吊唁的人可以向死者的主要亲属说些简短劝慰的话，如“请多保重”“望您节哀”等，劝慰丧家节哀顺变，保重身体。

5. 入殓仪式

吊唁仪式举行完毕之后，就要为死者举行入殓仪式。入殓有“大殓”和“小殓”之分。“小殓”是指为死者穿衣服。在民间习俗里，入殓的衣服和被子忌讳用缎子，因为“缎子”谐音“断子”，唯恐因为这个遭到断子绝孙的恶报。人们一般用绸子，“绸子”谐音“稠子”，可以福佑后代多子多孙。

殓衣又忌讳用皮毛制作。一种说法是，兽皮虽然是难得的贵物，但是对于已经死去的人没有益处，留下来对生者倒还有用；还有一种说法是，用兽皮做殓衣的话，死者来世会转生为兽类。殓衣还不能用带“洋”字的布料，殓衣是给死者穿的，带“洋”字的布料会使殓衣带有“阳”的意思，对于在阴间的人不好。

“大殓”是指收尸入棺，汉族民间俗称“归大屋”。这就意味着死者与世隔绝，与亲人作最后一别，所以举行大殓仪式非常隆重。收尸盛殓的棺材，一般以松柏制作，忌讳用柳木。因为松柏象征长寿，柳树不结籽，据说会导致绝后。棺材外面一般漆成朱红色，写上“金”字。

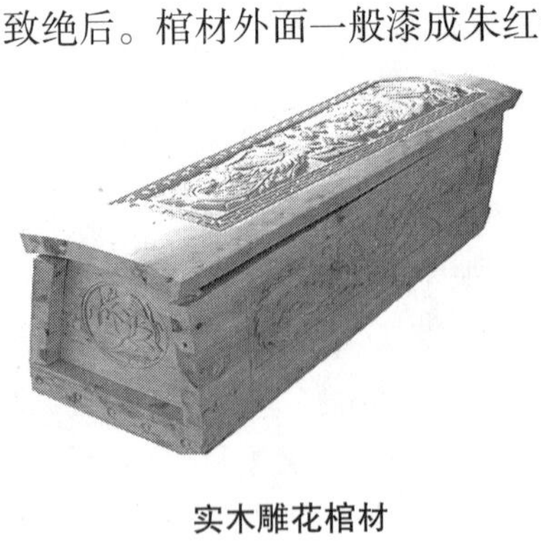

实木雕花棺材

“大殓”的时间是在“小殓”后的第二天，就是人死后的第三天举行。按照民间习俗，要在棺底铺上一层谷草，然后再铺一层黄纸，意思是死者的灵魂能高高地升入天堂。“大殓”是能见到死者的最后时机，也是最能表现子女们孝心的时候，所以死者的家人们此时一般都要捶胸顿足号啕大哭。在合上棺材之前还要往棺内放些随葬物。民间的讲究是让死者左手执金，右手握银。穷人就只好放些铜钱，或当时社会上通用的硬币之类。最差也要给死者手里放一块手绢。所以历代的陵墓都有过被盗掘的现象。尤其是帝王的陵墓，随葬品大都是稀世珍品，更是引来无数盗墓者。

为了保证亡者能够尸首完整，据说凡是亡者生前从身上脱落下来的东西，都应殓入棺内。比如老年时脱落的牙齿以及“小殓”沐浴时所剪下来的指甲，家属必须把它们放入棺内。

尸体、殉葬物放妥后，接着要钉棺盖，民间称为“镇钉”。“镇钉”一般要用7根钉子，俗称“子孙钉”，据说这样能够使后代子孙兴旺发达。入殓后，禁忌雨打棺，否则后代子孙会遭贫寒。入殓前后，停棺在堂，直至出殡。

6. 丧服式样

在所有的这些丧葬习俗中，丧家必须穿戴丧服。在丧礼中，晚辈给长辈穿孝主要是为了表示孝心和哀悼。每个家族成员根据自己与死者的血缘关系，和当时社会所公认的形式来穿孝、戴孝，称为“遵礼成服”，传统礼仪也正是根据丧服的质料来体现血缘关系的亲疏远近的。

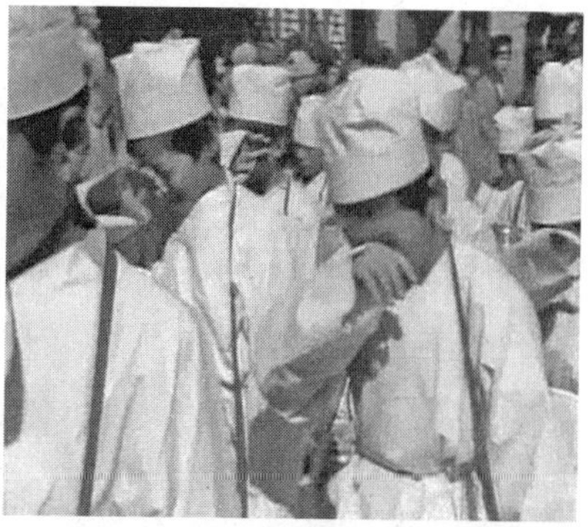

丧服（电视剧《红楼梦》剧照）

现在中国农村办丧事，还常常可以看到披麻戴孝的做法。一般老人去世了，其长子、长媳要带“重孝”。“重孝”的穿法是身着用麻布缝制的麻衣。这种麻衣剪裁时剪断的地方不滚边，而让布毛头外露。穿上麻衣后，腰系稻草绳或白布条，头戴麻布帽，脚穿孝鞋。

“披麻戴孝”，起源于中国古代的丧服制度。古代的丧服有“五服”之分。“五服”指斩衰（zhǎn cuī，用粗麻布制成的丧服，剪裁处不缝边，表示不修饰以尽哀痛）、齐衰（用粗麻布制成，断处缝边）、大功（用粗熟麻布制成）、小功（用稍粗熟麻布制成）、缌麻（sī má，五服中最轻的一种，用较细的熟麻布制成）。

“五服”制度是中国礼制中为死去的亲属服丧的制度。它规定，血缘亲疏关系不同的亲属间，服丧的服制不同，据此把亲属分为五等，由亲至疏依次是：斩衰、齐衰、大功、小功、缌麻。后来，五服也指代“五辈人”，比如在山东一带有“五服之内为亲”的说法，即从自己开始，往上推四代，高祖、曾祖、祖父、父、自己，凡是血缘关系在这五代之内的都是亲戚，即同出一个高祖的人都是亲戚。从高祖到自己是五代，就称为“五服”。五服之后则没有了亲缘关系，也可以通婚。一般情况下，家里有婚丧嫁娶之事，都是五服之内的人参加。

到了近现代，中国的丧葬习俗受到西方的影响，丧服有了很大改变。通常是在告别死者、悼念亡魂时，左胸别一朵小白花，左臂围一块黑纱。有些妇女死了亲人后，便在发际插一朵白绒花。服装上也没有太严格的要求，一般以深色、素色来表达庄重、肃穆和哀悼之情，比起古代丧服，已经大大简化了。

7. 出殡仪式

尸体入殓之后就要把灵柩送到埋葬的地方下葬，叫作“出丧”，又叫“出殡”。停尸祭祀活动后就可以出丧安葬。许多民族对出丧日期都要慎重选择。例如台湾以及南方一些地区，俗忌七月出葬。因民间传说，七月为鬼月，七月十五日为鬼节，该月阴间的鬼魂要到人世上来讨食。为避鬼煞，故忌此月出殡。

出殡是丧葬仪式的高潮，丧家通常要请一位相当有组织能力又通晓丧葬俗仪的人充任司仪，出殡礼仪由他来指挥。开始出殡时，孝子在司仪的引导下，行“起柩礼”，孝男孝女一律重孝，大哭跪拜，烧纸，离开灵堂，让棺木出门。

出殡队伍的安排也很有讲究。灵柩前是挽联、花圈、纸扎（金山、银山、箱柜床铺、大型车马等），灵柩后是孝子、司仪、乐工和众多送葬的亲友，一路上孝男孝女放声大哭。

中原一带出殡时，长男要在村外的十字路口，把烧纸的瓦盆摔破。瓦盆有的地方也称为“老盆”。摔瓦盆的一定是长男，如长男已经不在了，则由长孙继之，如果无长子长孙，则由次子接替，依次按长幼、嫡庶轮序，这象征着家产继承人的地位。民间认为，瓦盆是死者到天堂之后的饭碗，摔之前里边应多烧些黄烧纸，而且越多越好，因为那是到阴间需要用的钱。摔盆时，盆要摔得越碎越好，据说这样便于死者携带。

“老盆一响，孝子登场”，孝子要手持“哭丧棒”，痛哭流涕，送别死者。传说中哭丧棒是给死者指路用的，在出殡的路上，孝子手持哭丧棒，可以让死者的亡魂顺利通过黄泉路上的关卡，避免其他鬼怪的叨扰。即便遇上皇帝，也要给送葬的队伍让道通行，因为“死者为大”，在路上举行“路祭”时，过往车辆和行人也要让行。另外在整个丧葬礼仪中，哭丧是中国丧葬礼俗的一大特色。哭丧仪式贯穿丧仪的始终，大的场面多达数次。而出殡时的哭丧仪式是最受重视的。

出殡的时候必须有全体后代尤其是男人们“唱哭”，否则按照民间旧俗就会被视为不孝。另外，哭的音量大小也非常重要，如果哪家死者在黄泉路上没有响彻天地的哭声相伴，便会在方圆数十里传为笑柄，其子孙后代也要被人们视为不孝、大逆不道。为了求得孝顺的美名，孝子贤孙们为此确实也颇费了一番心机，比如花钱请人替死者哭丧，便是历代孝子贤孙的惯用手法。

出殡（电视剧《红楼梦》剧照）

8. 下葬仪式

经过了送终、吊唁、出丧、哭丧、“做七”、送葬等仪式之后，最后的环节就是下葬了。这是死者停留在世间的最后时刻了，一般都非常郑重。由于各个民族生存环境的不同，形成了很多不同的下葬仪式，这种下葬的仪式也反映了人们对灵魂的崇拜。

古代的长明灯

汉族主要是实行土葬。墓地是死者的最终归宿，所以墓地的选择是埋葬死者的头等大事。墓地要选在地势宽广、山清水秀的地方，找出生气凝结的吉穴，从而可以使死者安息地下、庇佑子孙。在旧时，祭祀墓穴是人们非常看重的。祭祀的时候把一只公鸡杀死，用它的血来祭奠。下葬之前还要由死者的儿子在墓穴里放些五谷杂粮。另外，在墓穴里还要放一个陶瓷罐，罐子上面放一盏豆油灯，叫作“长明灯”。

按照旧时的规矩，下葬的时间也是有讲究的，在太阳落山的同时，灵柩必须落土。落土的时候“八仙”（即抬灵柩的人）拽着绳子徐徐放下，四平八稳之后，亲属们必须抓起泥土撒到灵柩上，这叫作“添土”。灵柩下去之后，先要盖一层薄土，再把墓穴里扫出来的土撒在上面，之后要放上一只碗，叫作“衣饭碗”。这样做是为了以后迁坟的时候动作轻些，免得惊动亡灵，招来不幸。最后，司仪引孝男孝女行“安葬礼”，再把带到墓

纸扎的楼台

地的纸扎全部焚化，并做最后一次祭奠。出殡仪式到此才算结束。

在江浙一带，汉族民间有喝“长寿汤”、吃“长寿豆”的习俗。即 70 岁以上的老人去世之后，在出丧的那天丧家要准备一大桶肉骨头汤，即“长寿汤”；一大盆煮得烂烂的大豆，即“长寿豆”。送丧的人回来都要喝一小碗长寿汤，随意吃一些长寿豆，意思就是“添福添寿”。这些民间传统习俗都反映了生者对死者的怀念和对家庭兴旺的美好愿望。

第五节　中国民间人生礼仪习俗与语言

诞生、成长、死亡是人类自然的发展规律和生命历程。人类自身无从选择诞生，同样也无法回避死亡，而缔结婚姻、男女结合则保证了人类自身的延续和种姓的繁衍。同时，聚族而居、相互扶持，又能抵御自然界的各种灾害，与自然作斗争又保证了幼小生命的健康成长。所以说，不同民族的各种人生礼仪习俗直接反映了人们生活中的各种道德规范和生活面貌，与人们的生活直接相关。

语言是人们生活中最重要的交际和联络工具，反映了远古先民的思想意识和生活状况，而各民族创制的文字是记录语言这种符号体系的符号系统，所以语言中的文字和词语本身直接记录和反映了人们的生活。

比如“寒”字，《说文解字》曰：“寒，冻也，从人在宀下，从草，上下为覆，下有冫也。”段玉裁注：“合一宀、一人、二草、一冫会意。”按，“冫”音 bīng，后作“冰”。“寒”表示的是一种非常抽象的天气现象，它不像“风、雨”那样实在，而是着重反映人们对这种天气的感受。显然，古代的先人们是运用当时对寒冷的防寒措施来对其进行揭示的。这种防寒措施就是“蜷缩在房屋里的草丛中（用草上下覆盖）避寒”。这幅生活图景折射出当时人们的生活状况，冬天既不是在洞穴中避居，也不是以火取暖、以衣暖肤，而是蜷缩在草丛中避寒防冷。

又如“宗”字，本义是“宗庙、祖庙”，就是祭祀祖先的庙堂。《尚书》曰：“受命于神宗。”字形是在一座建筑物（“宀”）里有祭桌（“示”）。引申为“祖宗、宗族”。

再如“葬”字，《说文解字》曰：“葬，臧也。从死在茻中，一其中，所以荐之。”《易》曰：“古之葬者，厚衣之以薪。”“臧”即今天之“藏”字，对于“厚衣之以薪”，段玉裁注：“从死在茻中之意也，上古厚衣以薪，故其字上下皆艸。”相对于后来的土葬、火葬、水葬等，古代先人的这种丧葬形式可谓“草葬”。

“孝”字和“保”字，转引自李乐毅《汉字演变五百例》第 378 页和第 7 页

“孝”字，会意字，甲骨文字形是：一个小孩搀扶或背负着一个头发稀疏的老人走路，即“以子承老”之形，隐喻“子女对老人的孝敬”，这也是“孝顺”的表现。比如，《论语》曰：“弟子入则孝，出则悌。”

“保”字，会意字，甲骨文字形是：像一个大人手里抱着襁褓里的婴儿的形状。本义是“养育、抚养”，引申为“保佑”“保护”等义。

以上汉字清楚地告诉了我们许多关于古代社会生活的信息，“寒”显示了天气寒冷及古代先人驱寒保暖的措施，“葬”显示了人死后的埋葬方式，“宗”字显示了古人对祖宗先人的怀念及祭奠，“孝”则显示了古人对长辈的恭顺孝悌之情。所以，文字可以反映出古人的生活面貌和各种社会制度。除了汉字以外，汉语中的一些典故词、成语、俗语、谚语等，也深刻地反映出人们的生活面貌、社会制度、宗法家族管理模式。例如：

【红娘】“红娘”这个人物“成名”于元代王实甫的《西厢记》。她是崔莺莺小姐的侍女，最后促成了莺莺小姐和张生的结合。后来民间把“红娘”作为帮助别人完成美满婚姻者（也就是媒人）的代称。

【月老】即“月下老人”，在中国民间是主管人间婚姻之神，主管着世间男女的婚姻大事，在冥冥之中以“红绳”系男女之足，以定姻缘。“月老”这一形象最初出现在唐人小说中。月下老人以红绳相系，确定男女姻缘，反映了人们认为男女姻缘命中注定的观念。

【黄泉】指人死后埋葬的地穴，亦指阴间。是迷信的人所认为的人死后居住的地方。语出《左传·隐公元年》：“不及黄泉，无相见也。”

【儿的生日，娘的苦日】孩子出生的那一天，正是母亲最受苦的一天。

教育孩子要记住母亲的养育之恩。

【三十年老娘倒绷孩儿】老娘：接生婆。绷：包裹婴儿的布，亦指用布裹束婴儿。本条意思是说，做了三十年的接生婆，裹束婴儿的时候却弄反了、弄倒了。比喻对素所熟习之事一时失手，犯了不该犯的错误。这条俗语也反映出旧时孩子出生大多是由接生婆来接生的。

【弄璋之喜】【弄瓦之喜】分别代指“生男孩”和“生女孩”。该典故出自《诗经·小雅·斯干》。原文如下：“乃生男子，载寝之床，载衣之裳，载弄之璋。乃生女子，载寝之地，载衣之裼，载弄之瓦。”意思是说：生下来个男孩，让他睡在床上，给他穿好看的衣裳，让他拿着玉璋玩。生下一个女孩，就让她睡在地上，穿上小裼（tì）衣，让她玩纺具（瓦）。从“璋”和“瓦”的比较来看，前者是上等的玉石，后者则是纺车上的零部件。所以，男孩“弄璋”、女孩“弄瓦”，反映出古代社会中“男尊女卑”的思想。

【猫养猫亲，狗养狗亲】亲：疼爱，喜欢。本条意思是：猫生的，猫喜欢；狗生的，狗喜欢。比喻谁的孩子谁疼爱。

【女大十八变】十八变：指变化多，变化大。本条意思是：女孩子在成长过程中，性情容貌变化大。多用来夸奖姑娘越长越漂亮。

【惯子如杀子】惯：娇惯纵容子女养成不良习惯或作风。本条意思是：娇惯子女如同杀害子女一样。说明娇惯子女对于子女没有好处，一定要严格管教。

【娇生惯养，没有好下场】父母对孩子过分宠爱，不严格要求，没有什么好结果。说明对孩子过于娇惯，不严格教育，结果会害了孩子。

【初生之犊不惧虎】这是一条成语，最早出自《庄子·知北游》。“犊”，指的是小牛，用来比喻年轻人，形容青年人思想上很少顾虑，敢作敢为，也指涉世不深的青年人敢说敢干，无所畏惧。

【秦晋之好】春秋时代，秦晋两国世为婚姻，因此后称两姓联姻为“秦晋之好”。

【一方水土养一方人】谓当地资源可以养活当地的人。

【十年树木，百年树人】培植树木需要十年，培育人才需要百年，指培养人才不易，须作长久之计。

【生米做成熟饭】比喻事已做成，不能改变。《红楼梦》第64回：“就是婶子，见生米做成熟饭，也只得罢了。”

【养生送死】指子女对父母生前的赡养和死后的殡葬。《礼记·礼运》：“故礼义也者，人之大端也……所以养生送死，事鬼神之大端也。”

【守活寡】谓妇女空有妻子的名分，却无实际的夫妻生活。

【寡妇门前是非多】是非：口舌，指引起的误会、纠纷等麻烦事。本条意思是：寡妇家门口容易惹出麻烦事。强调男人跟寡妇来往容易招人说闲话。

【女大当嫁】谓女子成年后须及时出嫁。

【男大当婚】谓男子成年后总要娶亲成家。

【男子无妻不为家】为：算作。男人没有妻子，不能算作有了家。说明男人到了结婚年龄就该结婚，不然家里没有人照顾。多用来说没结婚的男人不会料理家务，把家里弄得不成样子，从而劝告他早点儿结婚。

【嫁出去的女儿，泼出去的水】旧谓女子出嫁后一切归属夫家，不再与娘家有任何干系。《红楼梦》第八十一回："这也是没法儿的事。俗语说的：'嫁出去的女儿，泼出去的水'，叫我能怎么样呢？"

【丑媳妇迟早要见公婆】丑媳妇：长得不好看的媳妇。迟早：早晚。公婆：公公、婆婆，即丈夫的父、母。媳妇长得再丑，早晚也要和公公、婆婆见面。比喻事情不能总瞒着，早晚得公之于众。

【临上轿，现扎耳朵眼】临：将要，快要。上轿：指姑娘出嫁上轿子。耳朵眼：为了戴耳环在耳朵上扎的孔。本条意思是：姑娘出嫁快要上轿了，才忙着扎耳朵眼。比喻事情来了，才做准备工作。也说"现上轿，现扎耳朵眼"。

【嫁鸡随鸡，嫁狗随狗】比喻女子出嫁后，不管丈夫如何，都要跟随他一辈子。

【爹娘做主，一辈子受苦】做主：拿主意，做决定，这里指包办婚姻。本条意思是：婚姻大事由父母包办，一辈子都要受苦。

【嫁汉嫁汉，穿衣吃饭】汉：汉子，丈夫。本条意思是：嫁给男人就是为了穿衣吃饭。反映了旧时妇女的依赖思想，妇女在经济上不能独立，只能靠丈夫养活。

【强扭的瓜不甜】强扭：指不等瓜果成熟就摘下来。本条意思是：没有成熟，强扭下来的瓜果是不会甜的。比喻用强迫手段办成的事结果不会好。多用来指婚姻方面，对人不能强求。

【一日夫妻百日恩】恩：深厚的情意。本条意思是：做一天夫妻，一百天也忘不了彼此深厚的情意。比喻夫妻感情深厚。常用来调解夫妻间的矛盾或用来赞美夫妻间的深厚感情。

【多年的媳妇熬成婆】媳妇经过多年的煎熬，终于变成了婆婆。比喻随着时光的流逝，终究会取得某种资格。

【少怕伤妻，老怕克子】伤妻：妻子死亡。克子：儿子死亡。本条意思是：对年纪轻的人来说，最伤心的是失去妻子；对老年人来说，最伤心的莫过于失去儿子。多在叹息人失去了妻子儿女等亲人时说。

【养儿防老】养儿：生男孩。本条意思是：养儿子是为了自己年老的时候有人照顾。多用来强调人要生儿子。这是中国旧的传统观念。在今天，这种旧观念、旧思想已被很多人摒弃。

思考与练习

1. 每个民族都有异于其他民族的人生礼仪习俗，请结合中国民俗文化知识，谈谈你所知晓的其他民族的人生礼仪习俗，并加以对比，探讨不同人生礼仪习俗所包蕴的文化内涵。

2. 参加一场诞生礼、成人礼、婚礼或丧礼，你能够看到哪些传统的要素？

3. 在各种文化圈中，当代的哪些仪式发挥着成人礼的作用？

4. 传宗接代意味着血脉的延续，在任何文化中，祈求生育子女都是一项非常重要的内容。除本书介绍的祈子习俗外，你所了解的还有哪些现象或做法体现了祈子内涵？

5. 汉语中体现人生礼仪习俗的语汇有很多，除了本书所举的例子外，你还能再举出另外十条汉语中反映人生礼仪习俗的语汇吗？

第四章

中国民间服饰习俗

中国古代服饰历史悠久，是一个内容极为丰富博大的文化宝库，它反映出几千年来中华民族各方面的变迁，也是人类文明史的侧影。中国的服饰起源可以追溯到遥远的远古时期。据考古发现，从旧石器时代晚期到新石器时代初期，距今约18 000年的北京周口店山顶洞人已经使用骨针了，它说明当时人们已能把兽皮缝制成蔽体的衣物。骨针、骨锥等制衣工具的发明大大推进了服饰发展的进程，为人类在大自然中的生存提供了更好的条件。到了晚些时候，开始有了麻布，它成为布衣之祖。据说神农氏时代的服装已有了不同的款式，人们可以按照不同活动，如参加祭天地、拜祖先等活动需要着装。"衣"除蔽体、保暖、遮羞等作用之外，还体现着鲜明的"礼"的色彩。

直到今天，我们仍然说"衣食住行"，其中"衣"为人生四大要素之始，可见人们对服饰的重视。随着社会发展以及生产力的提高，人类对于服饰也越来越讲究，衣服装饰品的出现更是表现出人们对美的追求。

中国是一个多民族的国家，由于各民族的生存环境、审美情趣、价值观念等不甚相同，因此各民族均有自己独特的服饰习俗。当我们看到一个陌生人时，根据他穿着的传统服装，我们就能判断出他所属的民族，这表明服饰具有鲜明的民族性。下面我们以回族、藏族、蒙古族等少数民族和汉族为例来简述一下中国民俗文化中的服饰习俗。

第一节　部分少数民族的服饰习俗

一、回族的服饰习俗

回族服饰有着上千年的历史，在宋人的笔记中，就有回族男子头缠“戴斯他尔”（缠头）、戴白帽的记载。可以说，回族的服饰既有历史的传承性，又受到了伊斯兰文化和中国汉族服饰文化的影响，具有鲜明的伊斯兰教特色和民族特色。比如，根据性别形成了男子服饰和女子服饰；根据年龄形成了幼儿服饰、成年服饰和老年服饰；根据回族妇女的年龄，服饰又分为未婚服饰、已婚中年服饰和已婚老年服饰等。

总的来看，回族的服饰具有多重作用：一是保护身体，这是人类生产、生活和生存的客观需要。根据不同的季节选择不同的服饰，夏天穿单衣，冬天北方回族人多穿棉衣和皮衣、皮鞋等，东北和西北地区的回族人为了防寒还戴棉帽、皮帽或耳套等。二是装饰，这是人类美化自身的内在要求。如男子套青坎肩，女子点额、染指甲等都有装饰的因素。三是具有信仰的因素，回族人去清真寺或过民族节日，需头戴小白帽，穿准白以及麦赛海袜，妇女戴头巾等。这些因素构成了回族服饰的民族特点。

1. 回族男子服饰

回族男子服饰

（1）号帽：回族男子戴的无檐小白帽，亦称“顶帽”“回回帽”或“礼拜帽”，意为回族的号头和标志。这主要与伊斯兰教有关，回民在礼拜叩头时，前额和鼻尖必须着地，为了方便，他们就戴上了无檐小白帽。由于宗教的原因，逐步养成了戴无檐小白帽的习惯。现在回族男子一般都喜欢戴这种标志性的“号帽”。

（2）准白：阿拉伯语的音译，意即“袍子”“长大衣”。这是回族阿訇和回族老人喜爱的服装。

（3）麦赛海袜：北方穆斯林老人冬天穿的一种皮制袜子。“麦赛海”为阿拉伯语的音译，意为“皮袜子”，一般用近似皮夹克那样软、薄的牛皮制成，洁净光亮，结实耐用。伊斯兰教规定，穆斯林每日五次礼拜须洗“小净”，如果穿上麦赛海袜可以免去“小净”中的洗脚程序，而且用湿手在袜子的脚尖至脚后跟摸一下，即等于洗脚。中国北方冬天寒冷，一日五次礼拜前洗脚既冷又不方便，所以一般回族穆斯林比较喜欢穿麦赛海袜。

（4）坎肩：回族男子服饰的一个重要组成部分，表现了回族简朴、大方的民族特点。

（5）配饰：回族男子还喜欢随身佩带一把小刀，俗称“腰刀”。回民挂腰刀，一是为了装饰，二是为了随时宰牲、救牲。这种习俗与唐代史书所记载的阿拉伯人“系银带，佩腰刀”的习俗是一样的，是从阿拉伯传入我国回族人民当中，后来逐渐成为回族人民的习惯。

2. 回族女子服饰

回族妇女的衣着打扮也是很有特点的。一般都头戴白圆撮口帽，戴盖头（也叫搭盖头）。

（1）盖头：回族女子头戴盖头，旨在盖住头发、耳朵、脖颈。回族人民认为这些部位是妇女的羞体，必须全部护严。回族女子戴盖头的习俗，一是受阿拉伯国家的影响。在阿拉伯地区，风沙很大，水源较少，人们平时难以及时沐浴净身。为了防风沙、讲卫生，妇女们自己缝制了能遮面护发的面罩，后来许多阿拉伯、波斯商人把这种习俗带到了中国。二是受伊斯兰教的影响。《古兰经》告诫自己的信徒，要遮住头面、胸部，莫露出首饰。回族至今仍遵守这些信条，虽然已弃用面罩，但仍以头巾护住头面。

（2）戴耳环。回族妇女喜欢戴耳环，除具装饰效果以外，据说还能使人心明眼亮。回民当中有句顺口溜说：“姑娘眼睛亮，耳环子挂两旁。”

（3）染指甲。回民还喜欢用凤仙花染指甲。这个习俗也是由阿拉伯、波斯等地传来的，因为中国在汉朝以前没有凤仙花。汉武帝时，张骞听说西方有一个条支国，后来甘英奉命出使西域，中国与阿拉伯之间才有了交通。从此以后，两国互相往来，凤仙花也从西域传到中国。回族形成后，仍沿袭祖先的习俗，代代相传，时至今日，宁夏、甘肃、青海、陕西等地的回族妇女多用凤仙花染指甲，以示美观。

二、藏族的服饰习俗

丰富多彩的藏族服饰具有悠久的历史和鲜明的民族特点，是藏民族创造的一种独特的文化和艺术，体现着它的创造者——藏族人民的智慧、创造力、艺术修养和审美情趣。

藏族的服饰文化内容十分广泛。由于服饰的构成有实用和功利目的，又有审美装饰的用意，所以不同的服饰在不同的地区体现着不同的含义，这就形成了不同的服饰类型。无论藏族服饰的样式和文化艺术多么复杂，具体到每个藏族人身上的衣着，不外乎就是人体的几个不同部位，根据这一特点，可将藏族服饰作如下叙述。

1. 基本特点

藏族少女（卡通形象）

藏族服饰的基本特点是长袖、宽腰、大襟、肥大。藏装左襟大，右襟小，一般在右腋下钉有一个纽扣，有的用红、蓝、绿等颜色的布做两条宽 4 厘米、长 20 厘米的飘带，穿时系上，就不用扣子了。藏袍一般比人的身高要长，腰间系上腰带（带子的颜色以红、蓝为多），既是腰带，又可当作装饰。

2. 藏鞋

藏族男女鞋外观均像舞台上古装戏里将相穿的靴一样，底厚 2 寸，腰高至小腿之上，鞋面用红绿相间的毛呢装饰，鞋腰上也有线条、花纹，粗看如舞台用品。长腰上端靠腿肚部位竖着开一条约 10 厘米长的口子，便于穿着和提携。这种鞋，实际是靴，很适合高寒的西藏地区。

3. 装饰

装饰是人类审美意识的要求，可分为头饰、衣饰、鞋饰三大类，形式多样。藏族男女都很喜爱且讲究装饰，有的还讲究佩戴，这也体现了藏民族的特性。

藏族爱装饰的表现之一，是广泛用珠宝、金银、象牙、玉器、玛瑙等来打扮自己。藏族头饰除发型变化外，还佩戴各种首饰。头饰和佩饰多是以金、银、铜制作的精美器具，如镯子、戒指、项链、发饰、鼻烟盒、“卡乌”（精细小盒，内装护身符之类），还有玲珑剔透的小腰刀，以及银圆、铜币等，这些都用来作为饰物。

藏族饰物（王衍军摄）

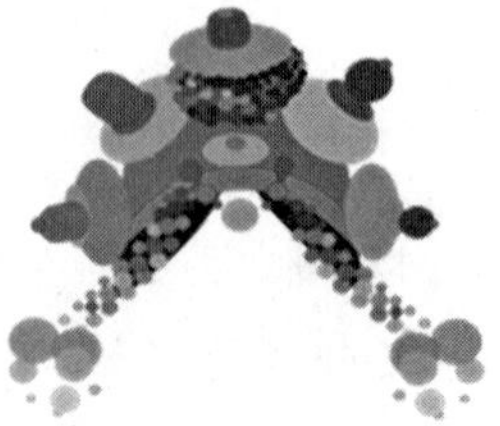

藏族精美的头饰

饰物佩戴部位从头到脚，有头顶的“巴珠”，发辫的银币，耳朵的大环，脖子上的项链，甚至背上、腰上也佩戴有长串的金属币等，给人以雍容华贵的感觉。装饰除美观外，还含有特定的意义，和人生礼仪很有关系。安木多地区的藏族妇女，增长一岁就加一根小细辫，记载了其年龄。

三、蒙古族的服饰习俗

蒙古族是一个历史悠久而又富于传奇色彩的民族，主要居住在内蒙古自治区。千百年来，蒙古族过着“逐水草而迁徙”的游牧生活，中国的大部分草原都留下了他们的足迹，因而被誉为“草原骄子”。

蒙古族女孩（卡通形象）

蒙古族服饰的起源可以追溯到遥远的史前时期。远在旧石器时代，人类就开始用植物的叶子将自己修饰一番，后来又取用打猎而来的兽皮做衣服。在北方游牧民族的岩画上，可以看到蒙古高原的古人类在腰间围着一条短短的兽皮裙，头上插着长长的羽毛，有的臀部还有尾饰，这说明北方游牧民族很早就有审美意向和审美追求了。

蒙古族居住于蒙古高原，气候寒冷加之以游牧为主，在马上活动的时间比较长，因此，其服饰必须有较强的防寒作用而且要便于骑乘。由此长袍、坎肩、皮帽、皮靴自然就成了他们的首选服饰。蒙古族人不论男女都爱穿长袍，头上戴帽或缠布，保留着扎腰的习俗，腰带上挂着鼻烟壶，脚穿皮靴。

这种装束既能在放牧时暖身御寒，抵御风沙，还能体现出人体的曲线美，表现出蒙古族人宽厚大度、粗犷坦荡的性格。在服饰色调的选择上，蒙古族特别偏爱鲜艳、光亮的颜色。这些色彩使人感到明朗、身心欢娱。蒙古族又崇尚白色、天蓝色这些纯净、明快的色彩。蓝天白云，绿草红衣，呈现出一种天然的和谐。

四、维吾尔族的服饰习俗

维吾尔族服饰有着悠久的历史，维吾尔族人十分讲究衣着打扮，男子的传统服装为黑长裤、小花帽；女子无论春夏秋冬都喜欢穿色彩绚丽、图案别致的连衣裙，上身外着绣花小坎肩。维吾尔花帽不仅选料精良，而且工艺精湛，制作小花帽的维吾尔工匠都有一套“绝活”。花帽的图案与纹样千变万化，各不相同的花帽样式、花纹与图案也与各地的地域环境有关，各地的花帽都具有明显的地方特色。

维吾尔族男子的袷袢（卡通形象）

维吾尔族女子服饰

维吾尔族人的服饰特点是：式样宽松、洒脱，色彩对比强烈。男装以“袷袢”（qiā pàn）式服饰为主要款式，“袷袢”是维吾尔、塔吉克等族男子所穿的一种无领、对襟、无纽扣、长及膝盖的长袍。因为无纽扣，所以男子往往腰扎布带，带略宽，可装干粮及零细物品。维吾尔族妇女爱穿裙装，喜爱选择鲜艳的丝绸或毛料缝制，常见的有大红、金黄等色的裙装，内穿淡色衬裙，多在宽袖的连衣裙外套黑色对襟背心。

五、苗族的服饰习俗

苗族服饰反映了苗族历史悠久、居住分散、风俗多样的特点。苗族支系与支系、县与县、寨与寨之间在服饰上都有着严格的区别。其服装的主色调亦不尽一致，所谓“白苗”“黑苗”“花苗”“汉苗”等就是依据所穿的服色或服式而来的自称或他称，也有根据妇女的裙样命名，称为“长裙苗”和“短裙苗”。但是苗家服饰总的来说样式丰富多彩，色调繁多，且多以色彩艳丽出名。

唐代大诗人杜甫曾写下“五溪衣裳共云天”的诗句，盛赞苗家服饰足以和天上的彩云相媲美。现在的苗家妇女仍喜欢穿绣花衣裳，而且从刺绣图案中往往可以寻出苗族的历史和象征意蕴，可谓“有意味的形式”。

例如，文山一带的“花苗”在领边、袖肘绣有红、黄、蓝、白等花纹，纹路多呈花状、江水状，据说这些花纹象征着苗族祖先所居之地：红、绿波浪花纹代表“江河”，大花代表“京城”，交错纹代表“田埂”，花点代表“谷穗”。

以前，苗族男女都喜欢佩戴银饰品，尤其是青年妇女身上佩戴着银冠、

身着苗服、佩戴银饰的苗族姑娘

银衣、银手镯、银耳环、银项圈等，现在银饰仍是青年妇女的主要装饰品，而男子已经普遍不用了。每逢民族节日，苗族姑娘的头上、颈上、胸前、后背都戴满了银饰品，银佩叮当，银光闪闪，饶有一番情趣。婚嫁之日，银饰更是新娘必不可少的装饰品。

苗家服饰集纺织、蜡染、挑花、刺绣于一身，工艺复杂，蕴含着丰富的历史和文化信息，可以说是一部特殊的非文字史书。苗族妇女大多佩戴手镯、耳环，胸前有大项圈及银锁，有的在项圈与银锁上还垂下长短不同的银质珠穗，显得华贵富丽。

精巧的苗族银饰

文山一带“白苗”颈套大银圈，“花苗”耳坠大银环，有的胸前悬银牌，戴圆圈、方镯、戒指，行走时银饰叮当，桶裙摇晃，极富民族地方特色。苗族男子一般着对襟衣或斜襟齐膝长衣，下着宽边大裤，腰束丝带，以青黑帕缠头，顶部有发露出，十分朴实。

六、壮族的服饰习俗

壮族的服饰随着社会的发展也在不断地变化，在不同的历史时代，经济的发展促使服饰增添了时代的色彩，逐步形成了具有民族特色和地方色彩的服饰。

在壮族聚居的农村，妇女的服装端庄得体，朴素大方，蓝、黑色是其共同爱好。她们喜穿长裙短衣，头包青色绣花帕，腰系精致围腰。上衣分对襟和偏襟两种，其中又有有领和无领之别。在以蓝、黑为主的底色上，上衣的襟边、下摆和袖口等部位喜欢镶一道宽约一寸的五彩花边，表现出各自巧夺天工的本领和审美情趣。女性以穿裙子为主，裙子喜用黑色，沉稳中透出青春热力，显示出壮族姑娘的淳朴美。

身着民族服装的壮族少女和青年男子

壮族妇女也有佩金戴银的习俗，主要饰品有银梳、银簪、耳环、项圈、项链、戒指、银镯等。镯子式样繁多，其特点是精致小巧，而形态和花纹多取自壮乡的自然景物，具有浓郁的民族风格和地方色彩。姑娘们的手镯不仅是装饰品，而且还是爱情的象征。

在青黑色的镶边衣服上，配上各种形态的银饰，在黑底的衬托下，银光闪闪，格外明亮。人体的自然美与自然景物的美融为一体，俊秀中透出一种艺术的光泽。

壮族男子一般着黑色唐装，以当地土布制作。服饰朴素简练，一般穿着短领对襟的黑色上衣，缝一排布结纽扣。下身一般穿宽松的黑色裤子，有的缠绑腿，头上围着黑色头巾。劳动时穿草鞋，节日穿宽口布鞋。

七、满族的服饰习俗

满族主要分布在中国的东北三省，以辽宁省最多，在服饰习俗上，有着浓郁的民族风格。

满族妇女的发式变化很大，姑娘时代，只简单地把头发在脑后绾一下。长到快出嫁时，就要把头发梳成辫子并绾成单发髻。结婚后的发式有“双髻式、单髻式”等多种。双髻式发型把头发从头顶分梳为前后两部分。前髻梳成平顶状，以便戴冠，颈后髻梳成燕尾状，在颈后伸展开来，它使得脖子要保持挺直的状态，因此，满族妇女走起路来就更显得高雅、尊贵。妇女喜欢穿旗袍，戴耳环，腰间挂手帕。旗袍以其独特的魅力流传开来，成为中国妇女的传统服装。

满族女子的头饰

旗袍

清代满族女子所穿的高跟木底鞋，也被称为“旗鞋”，把高高的木跟镶在鞋底中间，鞋跟一般有 10 厘米高，并用白布将整个跟身包裹起来，鞋面、鞋帮多用刺绣装饰。鞋跟的形状有的形似“马蹄”，称为“马蹄底高底鞋”；有的形似“花盆”，便称为“花盆底高底鞋”。

这种独具特色的鞋子，一方面是满族原始“削木为履”习俗的反映，另一方面也是因为满族主要居住在东北三省，寒冷多雪，鞋底 10 厘米的高跟，使得漂亮的鞋面刺绣不容易被积雪弄湿弄脏，所以她们的这种“旗鞋”兼具美观和实用的特色。当然，为了安全和行走方便，一般老年妇女或劳动妇女在平时生活或劳动时多穿着平底鞋。

满族男子多穿带马蹄袖的袍褂，腰束衣带，或穿长袍外罩对襟马褂。夏季戴凉帽，冬季戴皮帽。以前男子顶上留辫子，剃去周围的头发，现在已经不再留辫子了。满族禁忌打狗、杀狗，忌食狗肉；不戴狗皮帽、不铺狗皮褥，并忌讳戴狗皮帽或狗皮套袖的客人。

第二节 汉族的服饰习俗

汉族是中国也是世界上人数最多的民族。其历史源远流长，文化辉煌灿烂。可以说，汉服是世界上历史最古老的民族服饰之一。

纵观中国几千年的历史，汉族服饰在不同朝代、不同历史阶段，又各有不同的特点。总的来看，一套完整的汉族服饰包括四个部分：首服、体衣、足衣、配饰。

一、首服

首服，“首”即“头”，“首服”即头上的冠戴服饰，是一个人身份、社会等级地位的重要标志，也是汉服文化中不可缺少的一项。自从有了汉服，衣冠便从未分过家，但由于封建观念的影响，历代平民阶层中女性戴冠巾的很少，因此戴冠、帽、巾便成了男子的专利。

男子的首服大致可分为冠冕类和巾帽类。“冠”特指古代贵族才戴的帽子，为硬质。传说黄帝时代就发明了冠，自此“峨冠博带”便成了华夏衣冠的代称。

汉民族的成人礼——男子行冠礼，女子行笄礼，足见首服在汉民族文化心理中的重要地位，可谓“顶天立地，从头开始”。

中华民族始祖——黄帝

中国作为衣冠之国，向来讲究衣冠不分家。冠巾对应着身份地位，古代男子20岁弱冠后，士人冠而庶人巾。古人认为衣冠齐整才是完整的仪容，穿衣而不戴冠是非常失礼的行为。古人在请罪时才免冠，比如现在常将请罪说成“免冠跣（xiǎn）足”，就是“摘掉帽子，赤着脚”的意思。现在古装剧中人们露出光光的发髻是很荒唐的，因为古代男子就算没有戴冠帽，至少也要戴一层包巾。

头巾

"冠"最流行的时期在先秦两汉，比"巾"的普及早一些。"冠"历来是士人的特权，是身份和职别的标志，也象征着士人的尊严。因此"冠"一般只存在于贵族或入仕有身份地位的人之中。而下层平民只用"巾"将发髻部位裹住，也就是现在较为常见的"包巾"。因此"峨冠博带"又成了王侯将相的代名词。古代帝王最高等级的首服是冕冠（参见前图黄帝所戴之冠）。

最初，上层士大夫不过偶尔戴巾，后逐渐通用，到汉朝末年时为文人武士所好，并以戴巾为时尚。因巾与平民关系密切，故天生带着一丝闲适，始终在一种轻松的氛围中发展。

冠冕类一般适用于正式庄重的场合，配相应的礼服或公服。冠冕类起着区分官阶职别的作用，巾帽类则一般用来搭配日常服装。常服不可配冠，礼服也不可配巾帽，否则就成了"张冠李戴"。

二、体衣

体衣，即遮住身体躯干部分的衣裳。《说文·衣部》曰："衣，依也。上曰衣，下曰裳。"按裁制方式大致可分两大类：上衣下裳制和上下连裳制。上衣下裳制是华夏民族最早的服制，这种服制形成于4 000多年前，即传说中的尧舜禹时代，到距今3 000多年的周代已经系统化、制度化了。上下连裳制是上下衣裳相连的一种衣服样式，这种样式的衣服又称为"深衣"。

（一）上衣下裳制

1. 上衣

上衣下裳制中的"上衣"由衣领、衣襟、衣裾（衣服的前后部分）、衣袖、衣带组成。"衣领"即衣服的领子。最常见的是"交领"，即衣领连接衣襟，左右衣领在胸前相交。后世还有一种无领的。礼服上衣一般是交领大袖。

"衣襟"分左右两个部分，现代衣服左右衣襟多是对称的，但是古代中原地区一般穿左衣襟压右衣襟的上衣，称为"右衽"（衽 rèn，衣襟的意思）。相反，右襟压左襟，则是"左衽"。因为边远地区少数民族上衣的衣襟为左衽，所以"左衽"又被称为"蛮服"，甚至作为蛮夷的代称。春秋时期的管仲辅佐齐桓公"尊王攘夷"，称霸天下。孔子称赞他说："微管仲，吾其被发左衽矣。""微"是"没有"的意思，这句话的意思是说：如果没有管仲这个

汉服：交领、右衽

人，我们都将披头散发，衣襟压向左边，成为蛮夷了。可以说，“右衽”是汉族服饰的一个重要标志。

“衣裾”有长有短，长的可遮盖住脚面，成为长上衣，有的学者也称之为“大衣”；短的一般到腰间，成为短上衣。衣袖一般多为长袖，按规定应该是胳膊长度的1.5倍，但衣袖太长，不利于行动、取物，特别不利于作战，后来受“胡服”的影响，出现了半袖。

“衣带”是古代穿上衣不可缺少的，有丝带、皮带等。丝带系在衣外，用以束衣，皮带多系在丝带上，用以佩戴饰物。所以有词云：“衣带渐宽终不悔，为伊消得人憔悴。”

上衣一般包括襦（rú）、衫、袄、袍、褂等几类。襦，《说文》曰：“襦，短衣也。”故此，“襦”的长度最长一般也就在膝盖以上。襦比较宽大，穿着方便，为一般人平时所穿。襦有长短之别，长襦称“褂”，短襦又叫“腰襦”。《孔雀东南飞》有诗句曰：“妾有绣腰襦，葳蕤（wēi ruí）自生光。”“襦”也有单复之分，单层襦近乎衫，襦内再加一层的称为“复襦”，后世也叫“夹袄”。如果在两层布之间絮上乱麻或棉花，则叫“棉袄”。

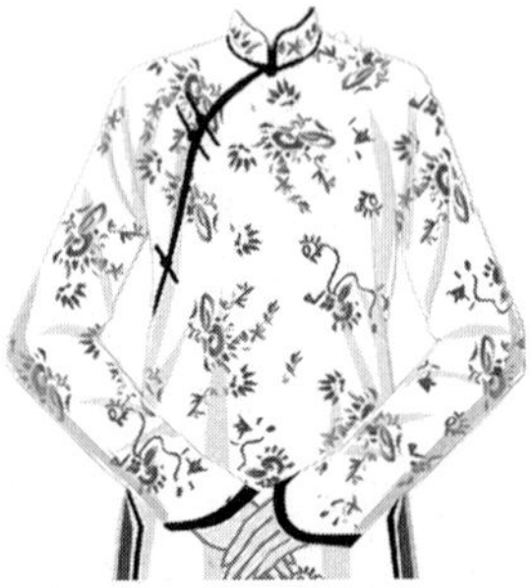

女子穿的短衣（襦）

古代读书人所穿的长衫

衫：“衫”的称呼始于秦代，指短袖单衣，一般是单层。作为上衣的衣衫样式多样，有作为内衣的短小的衫，也有作为外衣的长大的衫。唐代改“衫”为上衣下裳相连的深衣样式，圆领大袖，长及脚踝，多为细白布做成，唐宋间士人或读书人多穿，后世文人学士也喜欢穿这类长衫。甚至在某种程度上长衫已经成了读书人身份的象征，是较高社会地位的一种标志。鲁迅在小说《孔乙己》中写道：

做工的人，傍午傍晚散了工，每每花四文铜钱，买一碗酒，——这是二十多年前的事，现在每碗要涨到十文，——靠柜外站着，热热的喝了休息；倘肯多花一文，便可以买一碟盐煮笋，或者茴香豆，做下酒物了，如果出到十几文，那就能买一样荤菜，但这些顾客，多是短衣帮，大抵没有这样阔绰。只有穿长衫的，才踱进店面隔壁的房子里，要酒要菜，慢慢地坐喝。

……孔乙己是站着喝酒而穿长衫的唯一的人。……穿的虽然是长衫，可是又脏又破，似乎十多年没有补，也没有洗。他对人说话，总是满口之乎者也，教人半懂不懂的。

孔乙己为什么非要穿这件又脏又破的长衫不可呢？这是因为长衫是孔乙己读书人身份的象征。他很穷，很落魄，小说中说他“愈过愈穷，弄到将要讨饭了”，但尽管如此，他仍然不肯“降格”，总认为自己是个读过书的人，不能和旁人一般见识。即便摆不出“长衫客”的派头，也不能卑下成为“短衣帮”，所以长衫虽然“又脏又破，似乎十多年没有补，也没有洗”，有些丢人现眼，但毕竟是长衫，它表示孔乙己有着荣耀的过去——读过书，是个读书人，这是他受过教育作为一个读书人的身份证明。

袄：一般是指有衬里的上衣，如一面一里两层的谓之“夹袄”，里和面之间再加絮料的谓之“棉袄”。“袄”的名称最早出现于南北朝时期，隋代的袄曾用作武官制服，并于唐代传入日本。

小棉袄

袍：“袍”也是一种长公服，又叫“长袍”，里面絮有棉花等，称为“棉袍”。清代妇女流行穿旗袍，式样很漂亮：圆领、大襟、窄袖，两面开叉，或不留开叉，有扣襻，在衣襟、袖边、领口等部位多有花纹镶边。旗袍是一种富有中国民族风情的妇女服装，由满族妇女的长袍演变而来。由于满族被称为“旗人”，故将其称为“旗袍”，它完美展现出女性的苗条身姿，深受女性喜欢，也被誉为中国国粹和女性国服。1984 年，旗袍还被中国国务院指定为女性外交人员的礼服。

褂：“褂”为古代妇女穿的上衣，唐代没有袖，叫“半臂”，类似于现代的“马甲、背心”。清代流行的“马褂”有多种样式，比如有单复之别；从质料来看，还有“皮马褂”和“棉马褂”等。“褂”分季节穿，无论年长年幼，什么身份都能穿，但一般作为礼服套在长衫或长袍外面，袖子较短，仅到肘部，这也是为了骑马射箭方便，所以又被称为“马褂”。

“马褂”中有一种颜色不能随便使用，那就是“淡黄色”。这种颜色是当时帝王专用的颜色，一般贵族或宫妃只能用“金黄色”（即“深黄色”），平民最多只能用“杏黄色”（即“红黄色”）。这种黄马褂，除皇帝外，只有甘心为皇帝服务的人才能被特许穿用，所以清朝统治者利用普通民众的这种崇尚心理，拿“黄马褂”作为赏赐仆从的奖品，表示承认他们为亲近心腹，借以收买、利用。于是，就逐渐产生了“赏穿黄马褂”这一奖赏措施。

2. 下衣

古代男子穿的
“下裳”——裙

（1）裳/裙。下衣称为“裳”，“裳”在《说文》中为“常”的异体字：“常，下裙也。”《释名》又说：“裙，下裳也。”据现代学者研究，下衣中“裙”最早，而且男女都穿，后世才变为女装。《释名》说：“裙，群也，联接群幅也。”《仪礼·丧服》郑注：“凡裳，前三幅后四幅也。”

也就是说，“裳”是以七幅布围绕下体，古代布帛幅窄，每幅只有二尺二寸，七幅计十五尺四寸。古代尺短，即使如此，折合成今尺，七幅布的长度也有四米多了，所以“裙”要折在两旁，中央部分要方正平整。裙的长度不一，有的长不到地，有的拖地四五尺。

（2）裤（袴）。古代上衣下裳，但裤子的出现也并不太晚。据古书记载，汉代已有裤子，当时人称作“穷绔（kù）”。据《汉书·外戚传》记载，汉昭帝的上官皇后乃重臣霍光的外孙女，“光欲皇后擅宠有子，帝时体不安，左右及臣皆阿意，言宜禁内，虽宫人使令皆为穷绔，多其带，后宫莫有进者”。

这里所谓的“穷绔”，服虔注曰：“穷绔，有前后当（裆），不得交通也。”“穷绔”，即有前后裤裆的裤子。霍光为了上官皇后能独得汉昭帝宠幸而生太子，企图阻挠昭帝与其他宫妃亲幸。恰巧汉昭帝身体偶然不舒服，左右亲信和御医为讨好霍光，都说皇上应戒房事（即“禁内”），于是令后宫佳丽都穿上有裤裆的“穷绔”。阿谀好事者的目的是想为皇上召幸其他宫妃时设置障碍，以便皇上只宠幸上官皇后一人。从这段记载来看，我们知道汉代就已有裤子了。

从出土文物和传世文献来看，中国早期的裤子都为开裆裤，样式不分男女，而且都只有两只裤腿，无腰无裆，穿时只套在小腿上，其目的是遮护小腿，尤其是在冬季，可起到保暖的作用。后来裤子逐渐发展到可遮裹大腿的长裤，但那时裤裆仍不加缝缀。因为在裤子之外，还穿有裳裙，所以开裆既不会不文明，也便于方便，因而古书上也将这种裤子称作“溺裤”。

后来传入中原的连裆长裤则来自北方少数民族，对于这些长年骑在马上的游牧民族来说，穿裳裙骑马很不方便。因此，他们很早就开始穿连裆的长裤了。大致是到战国时期赵武灵王推行“胡服骑射”之后，汉族人才开始穿连裆长裤。

然而直到清朝后期，“裤子”才真正成为中国女人的常服。大概在当时的人看来，两腿分立，女性苗条的身体露在外面，有失庄重、文雅，所以限制女性穿裤子。从前良家女子和妓院里的姑娘由服装上一看，就可以分得清清楚楚，区别主要就在裤子上。短袄长裤，良家女子只能在卧室或闺房里穿，连出房门都不好意思。无论寒暑，只要走出内室就一定要穿上裙子。

妓女则刚好相反，她们不论穿多么华贵的衣料，都只能做成短袄大脚裤，不许穿裙子——尤其不许“穿红裙子”，因为穿红裙是正室夫人的专利，别人不得穿用。所以，旧时老北京还有一条歇后语：“窑姐儿穿裙子——假充好人。”“窑姐儿”就是“妓女”，这条俗语体现了以前良家女子和窑姐儿在服饰习俗上的差别。

（二）上下连裳制

上下连裳的服制也称为“深衣制”。所谓“深衣”，指古代上衣、下裳相连缀的一种服装，为古代诸侯、大夫、文士居家常穿的衣服，也是庶人的常礼服。这种样式为什么称为“深衣”呢？唐朝孔颖达在其所著的《五经正义》中是这样解释的：“深衣，衣裳相连，被体深邃，故谓之深衣。”

“上衣下裳连在一起的深衣创始于周代，流行于战国期间。这是一种上下连裳的制式：方形领、圆形袖、上部合体，下部宽广，长至踝间。”① 深衣在3 000年的衣冠史中一直延续到衣冠断绝。深衣首先是礼服，尤其是女子礼服。今天女性所穿的连衣裙，也是由古代深衣发展而来。

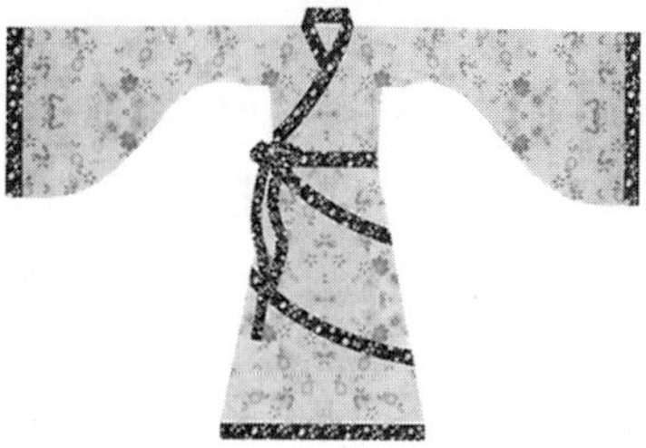

深衣：交领、右衽

深衣由以下几部分组成：襟，指衣的前幅；交领右衽，交指汉服标准的领口式样，右衽指领子系向身体右边。方向不可以相

① 高丙中．中国民俗概论．北京：北京大学出版社，2009：109.

反，左衽为异族或死者所穿衣服的样式。

祛（qū）：袖口。裳：裙子。曲裾：由服装环绕形成的裙子样式。深衣承袭了华夏衣冠制式的古意，同时方便美观，既可作为常服也可作为礼服，作为礼服的正规性仅次于衣裳制礼服；上至天子，下至庶人，不论男女文武，都可穿着深衣，它是一种非常实用的服饰。

从样式来看，深衣分上衣、下裳两部分，象征“天地”。上衣用布四幅，取意一年四季；下裳用布十二幅，象征一年中的十二个月。宽大的衣袖呈圆弧状，取意“圆规”，交领成矩以应方，取意“不依规矩，不成方圆”。深衣背后有一条直缝贯通上下，象征“为人正直”；腰系大带，象征“权衡”；水平的下摆线以示“处事公平”。身穿深衣，象征“行动进退合权衡规矩，生活起居顺应四时之序”。因此，深衣不仅仅是好看，更重要的是蕴含着华夏民族最质朴厚重的思想，近来有不少学者提出“复兴汉服，将深衣作为汉族代表性服饰”的主张。

三、足衣

“足衣”就是脚上穿的鞋袜，起着保护脚和美化脚的作用。古人认为赤足同样是失礼的行为，所以在谢罪时常常“免冠跣足”。

（一）鞋

“鞋”有着悠久的发展史。大约在5 000多年前的仰韶文化时期，就出现了兽皮缝制的最原始的鞋。在新疆楼兰出土的一双羊皮女靴距今已有4 000年，整双靴由靴筒和靴底两大部分组成，堪称“世界第一靴”。

由于鞋的制作材料、式样、用途越来越多，鞋的种类也开始丰富起来。根据制作材料的不同，通常可以将鞋分为草鞋、布鞋和皮鞋3种。综合清代以前的鞋子，式样有多种，比如鞋头有尖、方、圆等形状，鞋底有平底、高跟、半高跟、花盆底等，当然鞋底还有厚薄及单层、双层、多层之分。最著名的是一种叫“千层底”的布鞋。所谓“千层底”，就是布鞋的底子用一层一层的布压在一起缝制，非常结实耐磨。这种布鞋冬天御寒，夏天散热，享誉中外。

千层底布鞋

绣花鞋

还有的在鞋帮上绣上各种图案、花纹，特别是女鞋，上面的花纹、图案最丰富。以前贵族男子的靴面上也有颇为精美的图案，而女性的绣花鞋更是有名，可以说在鞋类大家庭中，鞋文化与刺绣艺术完美结合的“中国绣花鞋”是华夏民族独创的手工艺品，这种根植于民族文化中的生活实用品也被世人誉称“中国鞋”。一般用布和缎子做成，用丝线绣上各种纹样，如花卉、蜂蝶、禽鸟或其他几何图案等。

据初步考察，除汉族以外，中国还有 20 多个少数民族把绣花鞋作为本民族的穿着特色。可以说，在中华民族大家庭中，绣花鞋已成为全民族共同的文化财富，是名副其实的“中国鞋”。它成为中国女性心灵手巧的象征，是她们审美追求和审美情趣的生动表现。

除了绣花鞋之外，勤劳贤惠的中国女性还制作出精美的纯手工艺品——绣花鞋垫。鞋垫上绣着动物、植物、自然山水等精美图案、花纹，表面有一万多个针脚凸起，具有厚而柔软、舒适、耐磨、防臭、吸汗、透气性好的特点。垫在脚底，可以对足部起到很好的按摩作用。同时，鞋垫又具有极高的观赏收藏价值，是馈赠友人的最佳礼品，并常被作为定情信物使用。

因为鞋子既实用又美观，一双精美的鞋子完全可以显示出新娘子的心灵手巧、勤劳贤惠，而且“鞋”谐音“谐”，在过门第一天送给丈夫家人鞋子，又能体现出新娘与婆家人和谐相处的寓意，所以很多地方在传统婚俗中都很重视“鞋”和“鞋垫”。

比如湖北一带的传统婚俗就重视用“鞋”和“鞋垫”。许多地方在男方过礼时，就附有全家大小等人的鞋样，女方依样做好，待婚礼时“散喜鞋”之用，也有亲友邻里主动向新娘讨“喜鞋”者。婚礼时，女方还时兴穿做工精美的“同谐到老”嫁鞋或用“筒鞋”做嫁妆，所以湖北一带的姑娘出嫁前做嫁鞋为一大工程，往往喜鞋和绣花鞋垫要准备一大箱，以备送礼之用。

（二）袜子

“袜子”穿在脚上，起着保护脚和美化脚的作用。袜子最早是用布帛、熟皮等做成的，魏晋以后开始用丝做袜，不再用皮革，所以现在袜子主要有布袜和丝袜两种。秦汉时有进门脱鞋的习惯。在屋里，多穿袜子走在席上，不仅平时在家是这样，上殿朝会也是这样。那时，只有功高位尊的亲近大臣才有穿鞋上殿见皇帝的特殊待遇。

四、配饰

配饰是指佩戴在身上起装饰作用的物品。最先是以审美功能和实用功能存在于人们的生活之中，进入等级制度分明的文明社会后，分等级、定尊卑则成为所佩戴饰品最主要的功能。古时常见的配饰有玉、珠、刀剑、香袋、头饰、耳环、手镯等。

1. 玉饰

“玉”是最主要的配饰，“古之君子必佩玉”。玉，贵为统治者专有，从而可以标志佩戴者的身份。“温润而泽”的玉被用来象征佩戴者的“仁”。玉珮系在衣带上，行走时发出悦耳的声音。玉珮有很多种，其中圆形、中间有孔的叫“环”，“环”有“回还”之意，本为男女佩物，后世转变为女子佩物。“环”上有缺口的叫“玦”。后世常用以赠人表示“决断、决绝”。鸿门宴上范增对项羽“举所佩玉玦以示之者三”，暗示他下决断，要杀掉刘邦。

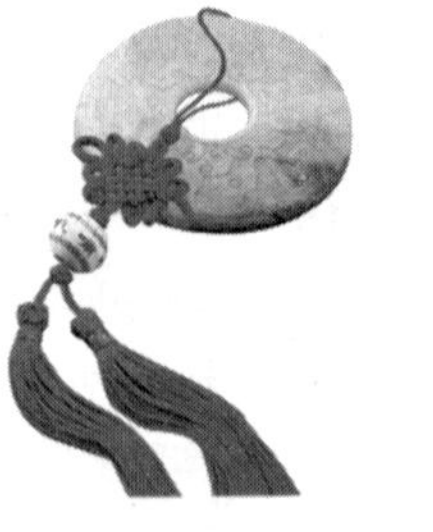

玉环

玉玨

佛教是人类文明园地中的一朵奇葩，对东方文化及人类文明有着深远的影响。佛法的广大无边、普度众生、消灾解难等思想深深影响了中国人。在宋代即出现了玉佛、玉观音等佛教偶像，而现在中国人仍存在“男戴观音女戴佛”的说法。即男性戴玉观音，女性戴玉佛，可以趋吉避凶、消灾辟邪。何以如此呢？一种说法是：男士多戴观音，是让男士少一些残忍和暴力，多一些像观音一样的慈悲与柔和，自然就得到观音保佑平安如意。女士多戴弥勒，是让女士少一些嫉妒和小心眼，少说点儿是非，多一些宽容，要像弥勒菩萨一样肚量广大，自然得菩萨保佑快乐自在。

玉观音

玉佛

中国人非常喜欢玉，甚至形成一种“玉文化”。国人普遍认为，玉有祥瑞之征，有远祸近福、除凶辟邪之功能，所以早在新石器时代，先民们已经用玉龙、玉兽等作为装饰品。玉如君子，君子如玉，玉还有灵性，《红楼梦》中的贾宝玉衔玉而诞，此玉也被称为“通灵宝玉”，挂在其脖子上。

在民间，玉常常被人们用作一种能辟邪保平安的护身符。民间传说玉能发出一种特殊的光泽，这种光泽白天不容易见到，夜里可以照亮方圆数尺之地，而这种光泽是邪魔鬼祟最怕见到的，因此，人们佩戴玉器以求平安。

由于玉有祥瑞之气，又具有温润美质，所以国人崇尚玉，欣赏玉，以至于在语言中有很多带“玉”的词语，比如冰清玉洁、亭亭玉立、玉树临风、白玉无瑕等。古人常常用“玉”来美称各种美好的事物。

比如，华美的楼宇称为“玉楼”，精美的屏风、台阶称为“玉屏”“玉阶”，绮丽的文字称为“玉字”。女人生得美丽被称为“玉人”，容貌用“玉容”“玉貌”“玉面”“玉色”“玉琢”来形容；身体是“玉体”，手是“玉手”“玉笋”，臂是“玉臂”；站在那里，是“亭亭玉立”；轻移莲步，迈的是“玉步”。

小家小户的清丽女子，也用“小家碧玉”来比喻，即使她遭遇不幸，也是“香消玉殒”。男人长得俊秀，则用“美如冠玉”来形容；站在那里是“玉树临风”；酒醉卧倒，也是“玉山倾倒”，如此等等，不一而足。

2. 珠串

珠串是佩戴在身上的装饰品，多用不同颜色、不同形状的玻璃珠、珍珠、水晶、玉石、桃木等穿成。珠串多戴在脖子上、手腕上或挂在衣服上，琳琅满目，具有辟邪、装饰等功能。

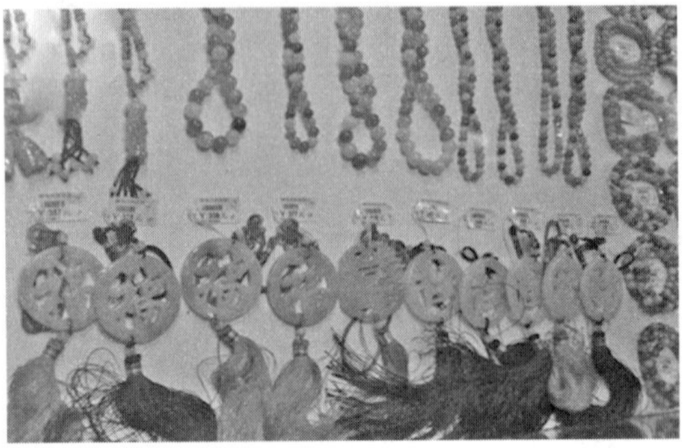

珠串和玉珮（王衍军摄）

3. 刀剑

刀剑本是兵器，男子佩刀剑既有防卫作用，又有装饰效果，但后世所佩刀剑多有形而没有刀刃，仅仅是装饰品。

4. 香袋

香袋

香袋是内装香草、香料的袋子。古代男子往往将香袋作为装饰品随身携带，既能闻到香味，提神醒脑，驱除异味，又可作为信物送给意中人。清朝时男女老少都喜爱佩戴。

5. 头饰

古代女子头上还有笄、簪、钗、篦等饰物，既可固定发髻，又具有装饰效果。古代的簪钗形式繁多，用石、竹、玉、骨、金、银等多种材料制成，为长条形状，主要用来固定发髻。

笄是古时用以束发的头饰。古代妇女经常使用笄来固定发髻。古时女子到了成年的时候，就用“笄”将头发束起，因此“笄”也指女子的成年礼。《仪礼·士昏礼》：“女子许嫁，笄而礼之称字。”郑玄注：“笄，女之礼，犹冠男也。”

“簪”是由“笄”发展而来的，是古人用来束住发髻或冠的长针，可用金属、骨头、玉石等制成。后来专指妇女束发的首饰。“钗”，是由两股或三股簪子交叉组合成的一种首饰。用来束住头发，也可用它把帽子别在头发上。

青铜凤簪

金凤钗

钗粗的一头为凤头形的叫“凤钗”，燕子形的叫“燕钗”。“钗”与“簪”是有区别的，“簪”做成一股，而“钗”一般做成两股或三股。“篦”既可梳头，又可插在发髻上，贫者多是竹木篦，富者可用金银或象牙等制作。

6. 手镯、耳环、戒指

女子除头饰外，耳朵、手腕、手指上分别都有各种饰物。耳朵上的古称“珥”“珰”，今称之为“耳环”。手腕上的古称“钏”，今称之为“手镯”。古代男女都佩戴，后世成为女子专用。手指上的古称“环”，后称之为“戒指”。

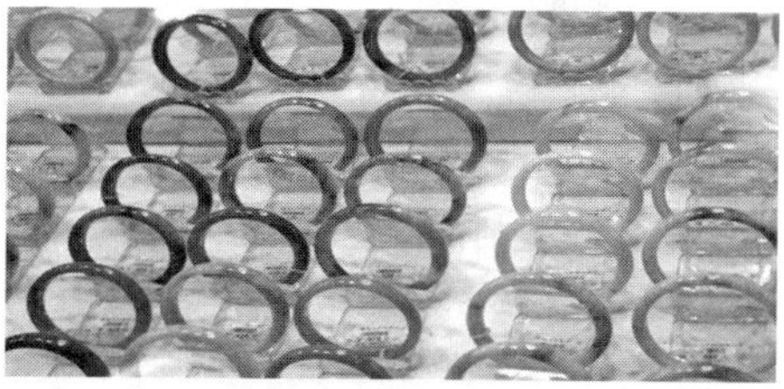

玉镯（王衍军摄）

据说，戒指起源于古时的中国宫廷，是宫廷中后妃不能接待帝王“御驾”的标志，宫廷后妃戴戒指表示“禁戒”“戒止”的意思。当有了身孕或其他情况不能接近君王时，皆以金指环套在左手，以禁戒帝王的“御幸”，平时则用银指环套在右手。后来，戒指传到民间，去其本意，以为美观，久而久之成为女子的饰物流传下来，也常作为男子送给女子的定情或订婚之物。

据考证，在隋唐时期男女结为秦晋之好时，馈赠戒指已经成了一种约定俗成的传统。在近代中国，当一个女子接受了男方的戒指后，不论是否成婚，都说明女子已经有归属，其他男子应当从她戴的戒指上得到暗示，避免与该女子接触，以免有“夺人所爱”之嫌。所以自古以来，戒指就具有强烈的象征意义，可以说戴戒指是爱的语言，因此它的戴法很有讲究。

近几年很流行戴戒指，而且男女都戴。但女子的戴法很有讲究：订婚戒一般戴在左手的中指上，结婚戒指戴在左手的无名指上；若是未婚姑娘，应戴在右手的中指或无名指上，否则，就会令许多追求者望而却步了。

第三节 各地民间服饰与时代特色

唐代女子的襦裙

服饰与时代密切相关，经常随着政治、经济、思想的变化而变化，服饰文化深受时代氛围、民族交流以及社会发展等诸多因素的影响。比如隋唐时期国家统一、稳定，汉族与其他民族的交流更加广泛，民风开放，纺织生产发达，服装款式实用，花纹华丽，制作考究，这一时期的服装无论衣料还是款式都是中国古代服装史上最丰富多彩的。尤其到了唐帝国建立，唐人与西北各民族的交往频繁，各民族和唐人杂居的也很多，兼容并蓄使得唐代的服饰华丽清新，充满大唐风范。

该时期最时兴的女子衣着是襦裙，它是唐代妇女的主要服式。襦裙起源于战国，终于清朝，其间2 000多年，尽管长、短、宽、窄时有变化，但基本形制始终保持着最初的样式，而且，襦裙也是汉服女装最基本的样式。

隋唐女子好打扮，从宫廷流传至民间的“半臂襦裙”，袖子短小，以小带子当胸结住。因领口宽大，穿时袒露出白皙的肌肤，体现出女子妖娆的体态，这种较为开放的着装是唐代社会风气开放的表现。

此外，女装男性化也是唐代社会开放的表现之一，妇女穿着男装是当时的一种时尚。唐人还善于融合西北少数民族和天竺、波斯等外来文化，唐贞观至开元年间曾经十分流行胡服新装。其广泛吸收异域番邦的纹样和风格，使得唐代服饰奇异多姿、富丽堂皇，成为中国服饰历史中的一个高峰。

到了清朝政府建立时，为了巩固其统治，皇帝下令“禁民汉服”，要“剃发易服”，也就是说禁止穿汉服，还要梳满族的长辫子，穿朝廷规定的服装。男子必须里面穿长袍，外面套一件短而小的黑马褂，女子穿旗袍，于是长袍、马褂、旗袍就成了体现清朝时代特征的男女服装。

清初还把是否按照规定梳发着装作为是否归顺清王朝的标志，正所谓“留头不留发，留发不留头”，强制推行其“剃发易服”的民族同化政策。1911 年，辛亥革命推翻了清朝政府，全面实行“共和制”，统治中国几千年的封建王朝被赶下了政治舞台，人们纷纷剪掉长辫子，脱掉长袍马褂。颇为有趣的是，清王朝把是否“剃发易服”作为人们是否归顺的标志，而辛亥革命后，人们则把是否“剪掉长辫子”作为是否革命的标志。《阿Q正传》中就写到革命者动手剪辫子，所以“赵司晨脑后空荡荡的走来，看见的人大嚷说，‘豁，革命党来了！’”

1912年，民国政府颁布《服制》法令，将欧式的燕尾服、圆筒帽列为中国大礼服，西服为小礼服。这是中国第一次以法令形式确立西式服装在社会礼仪中的地位。从此，中国自上而下地开始接受西式服装。

中山装

1919年，孙中山请人将一套陆军制服改成便装。这套便装在保留军服某些式样的基础上，吸取了中式服装和西装的优点，上身左右各有两个带盖子和扣子的口袋，下身是西式长裤。据说四个口袋分别代表“礼、义、廉、耻”，穿上后人显得干练、简便、大方。由于孙中山先生的提倡以及他的名望，这种便装式样很快流行起来，经过不断修改，发展成中山装，并成为近代中国男子普遍穿用的服装。

1949年，中华人民共和国成立后，在流行中山装的同时，前襟有两排扣的“列宁服”也在中国流行起来，男女均穿，成为中国20世纪50年代的干部服装。

1966年后，解放军的军服，特别是洗得发白的旧军服成了革命的标志，所以全国上下，男女老少不分礼服与常服，一律穿军服。男式服装上衣有四个口袋，有袋盖，并且将军装的草绿色变为青色、蓝色、灰色、黑色，同时减少了腰间系束的宽皮带。妇女服装领口不同于男装，衣服上的口袋减少为三个或两个，一般没有口袋盖。在当时，全民都以穿上军装、戴上军帽、背上军用书包为荣。

进入20世纪80年代以后，中国实行“改革开放”的政策，经济在发展，人们的思想也逐渐开放，各地流行起西服、夹克、风衣、运动衫、羽绒服、牛仔服等，特别是女青年的服装更是款式新颖多样，有连衣裙、旗袍、长裙等多种式样，服装款式日新月异，女青年们踏着时代的节拍，追逐着服装时尚的新潮流。

随着中国现代社会与国际接轨的日益深入，中国服装的民族性日渐减弱，而逐渐融入世界服装的流行趋势中。不可否认，刚刚过去的一个世纪，是中华民族传统服装走向衰落与蜕变的一个世纪；同时，这个世纪也是民族传统服装孕育新生能量的世纪。

进入21世纪以来，以青年族群为主体，特别是以20世纪80年代以后出生的青年人为中坚力量，以重现清朝统治前中国人的服饰为出发点，在民间掀起了一场浩大的“复兴汉服”的文化运动。

北京奥运会中国队
李宁领奖服

如今的服装很大程度上已经与古代服饰区分开来，但是中国古代所传下来的颜色美学与各种象征性的图案、花纹却仍然活跃着。例如儿童的鞋帽和兜肚，无论是“虎头帽”还是“虎头鞋”，其形制和刺绣的文字（如虎头上绣的“王”字）都传承着传统的吉祥图案。

再比如，北京奥运会中国代表团的领奖服主要运用了“中国红”和“中国黄”。“中国红”是最能体现出中国风情的颜色，具有鲜明的象征意义。借助奥运会的大舞台，突显了中国传统服饰的元素，也体现了中国文脉相承、兼容并包的文化精神。

第四节　各地民间服饰与礼仪

中国古代的服饰带有强烈的“礼”的色彩，是鲜明的等级制度的标志。按照礼俗的规定，在等级社会中，服饰是一个人身份地位的外在标志，尊卑贵贱、长幼贫富，在服饰上都有鲜明的区别。天子、诸侯、大臣、士人以及平民百姓穿的衣服各不相同。各阶层的成员，从衣食住行到穿衣戴帽，都有严格的等级规定，不可随便逾越。所以，服饰不仅仅用以御寒、蔽体、遮羞，它也是“礼”的物质外化，是旧社会封建礼仪的物质载体和重要标志。

比如，春秋时期楚国的公子围任令尹之职时，就用了国君的服饰仪仗，有国君的威仪。卫国的北宫文子见了说：“楚令尹简直就像国君。大夫用了国君的服饰，恐怕有篡位的意思了!”果不出所料，第二年，公子围便杀了国君自立为王，这就是后来的楚灵王（参见《左传·襄公三十一年》）。由此可见，服饰仪仗成了楚灵王内心的外在表现，服饰的违制犯禁暴露出他篡位的野心。

在古代，服饰与身份不相称也可能招来杀身之祸。据说曹植的妻子违反制度，穿了不该穿的绣衣，曹操恰好“登台见之”，于是“还家赐死”（参见《三国志·魏书·崔琰传》）。曹操对曹植由宠爱有加到嫌而弃之，他的妻子服饰违制，或许也是原因之一。

关于服饰等级的规定，不但官员，下层人民也有区别。就像鲁迅的小说《孔乙己》中所提到的，咸亨酒店里的下等人都是一身短衣打扮，站着喝酒；而上等人、读书人是穿长衫坐着慢慢喝酒的，唯有孔乙己是身穿长衫却站着喝酒的。鲁迅先生正是从服饰与身份的落差上深刻地揭示了孔乙己尴尬的社会地位。

古代服装的礼制与等级也体现在服装的纹饰上。如中国古代封建统治者都将“龙”作为皇权的象征或王室的标志，历代帝王都自称“真龙天子”；帝王使用的器物也以龙为装饰，如“龙床、龙舟、龙头杖”；衣服也绣上龙的图纹，称为“龙章”；帝王的后裔叫“龙子”“龙孙”；甚至为帝王驾车高过八尺的大马也叫作“龙马”。

清代皇帝的龙袍

“凤凰”一般用来比喻皇帝的妃子，以皇室为中心的贵妇人头戴凤冠。龙凤纹饰为帝王专用，臣子与一般老百姓都不能随便乱用。据说明朝德庆侯廖永忠为朱元璋打江山立下了汗马功劳，却因其僭（jiàn）用（超越本分、冒用）龙凤花纹，而被处以极刑（《明史·廖永忠传》）。

此外，不同的官职饰以不同的纹样，各个朝代基本不变，从至尊天子到九品芝麻官，他们从服饰上是可以清楚地区分的。而平民则只准穿布衣，不可有纹饰，所以诸葛亮说自己“臣本布衣，躬耕于南阳”。“布衣”也因此成了“平民百姓”的代名词。

中国古代服饰的礼制与等级还表现在服饰的颜色上，从服装的颜色上可以定名位、别尊卑。颜色中尊贵的是黄色，它被帝王所专用。黄色与帝王服饰相关联，据说始于隋唐。北宋开国皇帝赵匡胤就是“陈桥兵变，黄袍加身”。

至于其他的颜色，如“红紫”，也成为官服之色，形容一个人备受器重、官运亨通，常用“大红大紫”来形容；“大红大绿”，民间以之为吉祥富贵之色；“白色”，象征素淡，服白表示尽哀；“黑色”，后来多为小吏之服色；“青蓝”，也多为低品位的服色，所以婢女也有人谓之“青衣”。总之，“金、黄、红、紫”等艳丽之色，多属于达官贵人；“青、蓝、黑、白”，一般属于平民。平民不能穿彩色衣服，只能穿青、蓝、黑、白或本色麻布衣裳，可见中国古代服色限制之严。

头戴红顶戴的清代官员

其实，我们从历代所用的“白丁、皂隶（‘皂’义为‘黑色’）、黄袍、乌纱帽、红顶戴”这些带颜色的称呼上，就可以看出服色的等级意义了，所以说“以貌取人”“只看衣衫不看人”等说法是有依据源的。

服饰中“礼”的色彩还体现在服饰与场合的关系之中，这种关系平日似乎感觉不到，但是在婚嫁、丧葬等礼俗活动中就极为明显了。这是因为每项礼俗活动都对如何着装有不同的要求，应该穿什么，不应该穿什么，都规定得清清楚楚，这也使得“服饰”成了礼俗活动中的一项重要内容，甚至成为某种礼俗活动的标志。比如，参加婚礼等喜庆的活动，衣服可以穿得鲜艳一些，但是如果是参加悼念活动或葬礼，则一定要穿黑白色调这样素淡些的衣服。

此外，有些服饰是依据礼俗活动的要求和需要而专门制作的，它与日常服饰（常服）不同，不是为了实用，活动过后就不再穿用了。比如，古代的祭服和祭冠，也只有在祭神或祭祖先时才穿戴。

第五节　服饰与各地民间民俗

服饰并不只是简单的身穿衣物，服饰本身也是社会民俗文化的产物。纵观5 000年的中国服饰历史，尽管千变万化，但在款式、纹样、色彩、面料等方面，都融入了各民族的人文精神，衣冠服饰是记载中华民族文化的光辉篇章。服饰的款式、材料、颜色、配色以及图案都能表现强烈的民俗意象。

一、服装款式蕴含民俗意象

汉族民间儿童服饰中的“虎头鞋”“虎头帽”和童服上常用的动物图案刺绣就表现出中原地区民间的民俗文化，表现出以动物守候着孩子让他能平安成长的愿望。民间认为虎为兽中之王，鞋帽上因有虎头而威武阳刚，可以驱邪避害，保佑小娃娃安宁平顺。

儿童穿戴的“虎头鞋”和“虎头帽”

中国是礼仪之邦，传统习俗及礼仪均融进人们的生活中。例如传统的四大礼仪：诞生、成年、嫁娶及丧葬，在这之中服饰都扮演了重要的角色。以孩子诞生为例，过去中国民间有穿“百家衣”的习俗。

此外，中国很多地方还有“十月一，送寒衣”的习俗，即在农历十月初一，用黄纸糊成一些“袄、裤、袍”等衣饰形状，然后于傍晚时分在十字路口烧掉，嘴里还要念叨着亡灵的名字，表示给死去的亲人送去了御寒的服装。由此可见，服饰对人们心理和行为上的影响十分深远。

红玛瑙手链

红丝带

还有，中国广大地区还流行一种在“本命年”里系红腰带、穿红裤头、着红装、佩戴红色饰物的习俗。“本命年”，是一个人的生辰属相与该年生肖相同的年份，十二年一轮回。比如“猴年”（如 1980 年、1992 年、2004 年、2016 年）出生的人，每逢猴年就是他们的本命年。在传统习俗中，本命年常常被认为是一个不吉利的年份。人生多有灾难，民间通常把“本命年”叫作“槛儿年”，即度过本命年如同迈进一道槛儿一样。而系上红腰带、穿上红色衣服则可以驱灾辟邪，确保平安无事。故每到本命年，汉族北方各地，不论大人小孩都要买红腰带系上，俗称“扎红”，小孩还要穿红袜子、红内裤，这样才能趋吉避凶、消灾免祸，此俗一直流传至今。

二、服饰禁忌体现民族特性

与之相对的服饰禁忌也同样存在。“禁忌”这个词，国际学术界统称为“塔布”，源于中太平洋波利尼西亚群岛土语，英语音译为“Taboo”或“Tabu”，汉语也音译为“塔布”，现在是人类学、民俗学通用的词语。如果某种特定行为的后果对某人将是不愉快和危险的，他就要很小心地避免这种行动，以免承受这种后果。在服饰方面，不同的民族文化圈有着不同的禁忌，这些禁忌一般都以某种信仰为根据。汉族民间关于服饰的禁忌主要表现在服饰的颜色、穿戴、款式等方面。

在颜色上，汉族对颜色的区分好恶不是从审美的角度，而是赋予其某种明确的象征意义。按照正统礼教的观念，不同社会等级的人应该穿不同颜色的衣服，同一个人在不同场合服色也应有区别。受上层礼服制的影响，汉族民间一般以黄色为“贵色”，以白色、黑色为“凶色”，以紫色为“贱色”。

民间还有男子不戴“绿头巾、绿帽子”的习俗。因为“戴绿帽子”是有固定的指称意义的。它象征着该男子的妻子“红杏出墙”（即出轨）。

《元典章·礼部二·服色》有说：“至元五年十月，该准中书省札付娼妓之家多与官员士庶同着衣服，不分贵贱。今拟娼妓各分等第，穿着紫皂衫子，戴着冠儿。娼妓之家家长并亲属男子裹青巾。”这里“青”指绿色。如《左传·僖公二十六年》说“野无青草”，“青草”就是绿草。又如成语“青黄不接”中的“青”也是“绿色”的意思。明代继承元代的服饰制度，仍要求娼妓家的男子头裹绿头巾。今天，把妻子出轨的男子叫“戴绿帽子的人”，就是从元明两朝的这种制度而来的。

另外，子女在服孝期间不能穿红、黄、绿等色彩鲜艳的服装，只能穿白、灰、黑等素色；婚嫁、生育、过年等喜庆日子则忌穿白、黑等素色，结婚时新郎穿的衬衣也不能是白色的。

在穿戴上，汉族忌穿“反衣”，因为寿衣给死者穿之前由孝男反穿，之后才脱下正穿在死者身上。河南一带还有“反穿罗裙，另嫁男人”的说法。禁忌衣服穿在身上缝补或钉扣子，否则会被误认为是小偷。天津一带的说法则是“身上连，万人嫌”。

浙江南方的农村，男人忌穿女人鞋，认为穿了女人的鞋会被鬼戏弄，走路会伤脚指头；忌用拾到的帽子，认为戴了会有坏运。

在服装款式上，西北地区的汉民在穿衣上禁忌短小，上衣过膝，裤脚到脚面。大部分汉民族在服饰款式上注重“男不露脐，女不露皮”。

另外，寿衣忌用“扣子”“领子”“带子”，布料忌用“缎子”，而且寿衣袖子要长，将手完全遮住。

在中国大多数地方，男女老幼的衣服下摆都忌毛边，因为人们普遍认为，带有毛边的衣饰是丧服的形式，不吉利。衣料的图案忌讳带有“仙鹤”或“寿字”等，因为这些都是寿衣的图案。此外，民间许多习俗中都认为双数吉利，但衣服上的扣子一般忌讳用双数，有“四六不懂”或“四六不成材”的说法，认为双数会影响穿衣人事业的成功。

有关服饰习俗，汉族民间还有一些很迷信的说法。比如男人忌讳从晾晒的女人衣裤下走过，认为这会妨碍男人的运气，当然这实际上是轻视妇女的一种表现。

中国人穿衣一般忌讳露出身体过多，传统认为只有穿长袖衣服才符合礼俗，特别是女人衣着过于暴露，常常会遭到世人的白眼或背后议论，这个传统一直沿袭到20世纪30年代。但新中国成立后这一现象有所转变，女人也可以穿短裤，现在穿短裤甚至超短裙的也大有人在，有一段时间还流行一种“露脐装”，这种着装的改变也反映出人们的思想逐步开放。

此外，中国是一个由56个民族共同组成的大家庭，由于每个民族在生活环境、生产方式、风俗习惯、宗教信仰、艺术审美等方面各有差异，从而形成了各民族服饰自身的个性。服饰是平常之物，但同时又包含深刻的文化个性。中国不同民族的特性都在服饰中反映出来，包括政治、经济、文化、习俗、审美、宗教以及他们的社会形态等。例如生活在中国东北大、小兴安岭的鄂伦春族，其服饰以袍服为主。因为他们生活在寒冷地域，过着游牧狩猎式的生活，所以服装多用动物皮毛制造，再配以刺绣图案，极富装饰性和自然粗犷的风格。

而居住在中国宁夏、新疆一带的回族，其服饰的宗教印迹十分明显。回族男子一般穿白色对襟褂，外套黑色对襟坎肩，头戴黑色或白色的没有帽檐的小圆帽，称为“号帽”“回回帽”或“礼拜帽”。回族妇女多戴遮头护面的“盖头”。在服饰图案中，很少有人物、动物的图案，而多为花朵或阿拉伯文字，这也是反对偶像崇拜、禁止偶像出现的结果。

从这些少数民族的服饰中可以发现，每一个民族的服饰都是本民族文化的延续，他们没有刻意去设计，而是在传承中发展。虽然随着社会的发展，在服饰材料上有些变化，但他们的服饰图案和花纹色彩的运用还是保留了下来，因为这些代表着他们本民族文化精神。

第六节　中国各地民间服饰与语言

“衣食住行”是人类生活的基础，而“衣”排在最前面，起着御寒、遮羞、装饰等多种作用，所以在汉语中有很多与衣服穿戴有关的词语。比如：

【衣冠】衣服和礼帽。

【衣冠不整】衣服、帽子不整齐。

【衣冠楚楚】服装整齐漂亮。

【衣冠禽兽】穿衣戴帽的畜生，比喻道德败坏、行为卑劣的人。

【衣冠冢】没有尸骨，只埋着死者衣冠的坟墓。

【衣柜】存放衣服用的立式柜。

【衣架】用以挂放衣服的架子。

【衣襟】衣服胸前的部分。

【衣裾】衣服的前后襟。

【衣领】连在衣服上或分开的带形物，它有各种形状和大小，用以装饰衣服的领口。

【衣履】衣服和鞋，泛指衣着。如衣履不整。

【衣帽间】专设有存物柜的房间；尤指设有供运动员个人单独存放衣服和专用设备的柜橱，并供更换运动服的房间。

【衣取蔽寒】衣服只求抵御寒冷。取：选取，采用。蔽：遮住。

【衣衫】单衣；衣服。

【衣裳】衣服的通称。

【衣食】衣服和食物，泛指各种基本生活资料。

【衣食父母】指供给衣食的人。也比喻赖以生活的人。

【衣食所安】衣食这类养生的东西。安：养。所安：养生的东西。

【衣食住行】穿衣、吃饭、住宿、行路。泛指生活上的基本需求。

【衣饰】衣着和装饰。

【衣物】指衣服和器物。

【衣着】指身上的穿戴、服装的式样、穿戴的方式。

【衣不解带】形容辛勤侍奉，致使不能脱衣安睡。

【衣不蔽体】衣服破烂遮不住身体。形容极端贫困。

【衣衫褴褛】形容衣服破烂不堪。

【衣食不周】形容衣食缺乏，生活困窘。

【衣冠扫地】指士大夫不顾名节，丧尽廉耻。

【衣绣夜行】穿了锦绣衣裳在夜间出行。比喻虽居官位，却不能使人看到自己的荣耀显贵。

【一衣带水】水面像一条衣带那样窄，形容一水之隔，往来方便。

【丰衣足食】形容衣食充足，生活富裕。

【锦衣玉食】形容生活优裕。

【鹑衣百结】形容衣服破烂不堪。鹑：音 chún，鹌鹑鸟；结：悬挂连缀。

鹌鹑的尾巴短而秃，像打满补丁一样。形容衣服非常破烂。

【作嫁衣裳】指白白替别人操劳，自己却无所得。

【弱不胜衣】形容人瘦弱得连衣服的重量都承受不起。

【量体裁衣】指比照身材裁制衣裳。比喻根据实际情况办事。

【上轿衣】新娘在出嫁的日子必须穿大红色的衣服上轿，大红嫁衣叫“上轿衣”。北方地区，在迎娶之前，男方要送给女方红棉袄、红棉裤，新娘必须穿着上轿，即使是大热的夏天也是如此。老舍《骆驼祥子·十五》：“一切讲好，她自己赶了身红绸子的上轿衣；在年前赶得，省得不过破五就动针。”

【裙带关系】裙带：比喻妻女、姊妹的亲属，指相互勾结攀缘的妇女姻亲关系。现在多引申指官场上借助亲缘势力拉帮结派牟取私利的腐败行为。

【穿衣戴帽，各人所好】穿什么样的衣服，戴什么样的帽子，每个人都有自己的爱好。说明衣着打扮是个人爱好，不能强求一致。

【穿新鞋，走老路】老路：以前走过的路。本条意思是：穿着新鞋，走着旧路。比喻虽然形式改变了，可是思想方法还是以前的一套，结果和以前一样，没有什么变化。

【三棉不如一缠】近代男子服饰中极有特色的一样东西是布腰带。布腰带又称“缠带”“扎腰带子”，一般两米多长，半米多宽，在腰间能缠两圈多，多为青色或蓝色。腰带一扎，衣服贴身，再大的风也钻不进去，所以有“三棉不如一缠”的谚语。即使是现代，在北方农村，很多老汉冬天仍有扎布腰带的习惯。

【借来的衣裳不合体】借来的衣服穿在身上不合适。比喻生搬硬套别人的计划、办法等往往不适合本单位、本部门的实际情况。

【人靠衣裳马靠鞍】鞍：马鞍。本条意思是：人穿上好衣裳就漂亮，马配上好鞍子就好看，强调衣着的重要性。

【脚底没鞋穷半截】【鞋袜半身衣】这两条俗语说明鞋袜之类的服饰品可影响整个服装的穿着格调。一双与身份气质相符的鞋、袜，是人们进出社会的一张名片，身家品位一窥而知。

【两人合穿一条裤子】比喻两人看法相同、行动一致。多用于贬义。《金瓶梅词话》第七十五回：“我偏不要你去，我还和你说话哩。你两个合穿着一条裤子也怎的?”

【只重衣衫不重人】比喻只重视外表，而不重视内容。

【果园不正冠，瓜田不提鞋】正冠：用手把帽子戴正。提鞋：把鞋帮拉起来，把鞋穿好。本条意思是：在果园里走路，不要抬起手整理帽子；在瓜田里走路，不要弯下腰提鞋。比喻不做被人怀疑的事，免得惹麻烦。多用来提醒人注意言行举止，不要招人怀疑，引来麻烦。

【看菜吃饭，量体裁衣】量：估量，衡量。本条意思是：看菜的多少吃饭，按照身体高矮胖瘦裁剪衣服。比喻要根据实际情况办事，多用来强调办事不能脱离实际情况。

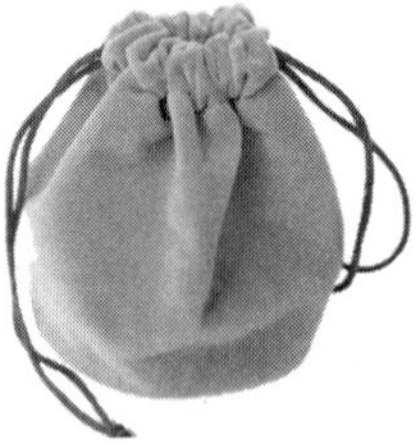
荷包

【荷包七个洞，赚钱不够用】荷包：带在身上装零钱或零碎东西的小包，这里指钱包。本条意思是：钱包上有七个窟窿，钱总是存不住，挣多少钱也不够花。比喻不注意节省，挣钱再多也不够用。

【踏破铁鞋无觅处，得来全不费工夫】铁鞋：用铁做成的鞋。觅：寻找。工夫：时间。本条意思是：把铁鞋都踏破了，也没有找到，现在竟然没有费一点儿时间就得到了。多用来指到处寻找都找不到，无意之中却找到或得到了，比喻意外收获。

其次，服饰上文字图案等文饰也体现出服饰与语言的关系。比如服饰上有福、寿、双喜、富贵平安、吉祥如意、福寿有余、富贵吉祥、大吉大利、延年益寿、万事如意、百寿、百福等文字图案。再者，服饰上的图案或花纹还利用谐音习俗来体现。比如“蝙蝠”的“蝠”音同“福”，就用蝙蝠形象寓意“幸福”；鱼与“余”谐音，用鱼寓意年年有余；“鹿”与“禄”谐音，用鹿寓意升官发财。

中国民间很多地方都有佩戴瑞福中药香囊的习俗。香囊上用丝线绣着“福”字以及“蝙蝠”图案，寓意“百福”。民间认为佩戴百福香囊能除邪辟秽。因为香者，气之正也，正气盛则除邪辟秽也。因此，佩戴中药香囊防病治病，此习俗在中国源远流长。

百福香囊

喜上眉梢

连年有余

还有的图案更为巧妙，将几种物的音、意组合在一起，隐喻一句吉祥话。比如让喜鹊立在梅花树枝上，隐喻“喜上眉梢”；衣服上画上鲤鱼和莲花，隐喻“连年有余”；画一铜钱的两端，有两只喜鹊翘首相望，隐喻“喜在眼前”；上画一蛛网，下吊一只蜘蛛，隐喻“喜从天降”（蜘蛛在方言中多称蟢子、蟢蟢）；雄鸡除谐音“吉”之外，还因其能鸣而谐音“名”，被用作吉祥物，所以公鸡和牡丹组合在一起，又隐喻“功名富贵”。还有的利用语义双关，比如“马的背上”隐喻“马上”，“马上”又可理解为“立刻、立即”，因此，马背上放着钱，隐喻“马上有钱”，语义双关，风趣幽默。

当然，也正是因为谐音习俗，在民间也产生了一些与此有关的禁忌习俗。比如亡者所穿的寿衣禁忌用“缎子”来做，也不用扣子，不系带子，这是因为“缎子”谐音“断子”，“子”代表着家族血脉的延续，孔老夫子曾说“不孝有三，无后为大”，所以“断子”是万万不可的。而不用扣子，不系带子，也是怕亡者带走子孙，断了香火。还有的地方，结婚用品、礼品也同样忌用缎子。由此可见，衣服上无论用什么花纹图案，都表达了人们对长生不老、多子多孙、夫妻和美、升官发财、吉祥如意、安居乐业、五谷丰登等美好生活的追求。

思考与练习

1. “衣”除蔽体、保暖、遮羞等作用之外，还具有哪些功能？试举例加以说明。

2. 服饰的色彩具有一定的象征意义，这种象征意义源于不同国家、民族的文化背景，来自人们的生活经验和联想，请结合具体的例子谈谈你对服饰色彩象征意义的理解。

3. 服饰艺术的发展总是在一定的时空范围内进行的，是和具体的生长环境密切相关的，请从自然地理环境和社会角色环境两个方面谈谈环境对服饰艺术发展的影响。

4. 汉语中具有大量由服饰所引发的语言典故、民间俗谚，考察这些服饰语汇，我们可以从一个侧面看到中国服饰艺术的演变过程。请结合平时的学习，举出十条以上的服饰语汇，并加以解释，说明中国服饰的质料、款式、观念及审美等方面的情况。

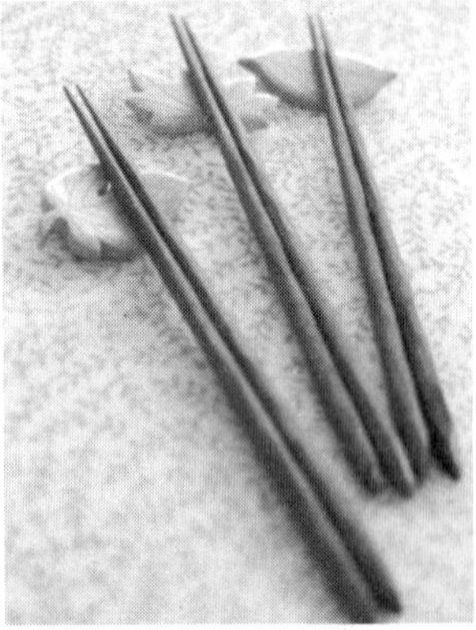

第五章

中国民间饮食习俗

人类对食物的选择不仅取决于其个人的机体特征、时代条件、周围的自然环境等，更取决于其文化特点。不同的文化对食物有不同的标准和消费方式，如中国人视动物内脏为佳肴，所谓“以形补形”，而美国人却拿来喂猫和狗，认为对人的健康无益；中国人不习惯吃蜗牛，而法国人却视之为珍品；印度是世界上养牛最多的国家，但他们却宁肯饿死，也不吃牛肉，因为这与他们的传统文化（宗教信仰）有着密切关系。

中国地域广阔，民族众多，各族饮食习俗大都具有本民族的特点。这种特点的形成既与该民族所处的自然地理环境、气候、物产和生活方式相关，又与民族之间的文化交流和互相影响有关。自然环境、气候和物产的差异，往往导致饮食的原始结构和制作技术的不同；各民族饮食习俗的交流，则促进了饮食习俗文化的发展，从而在历史长河中，形成不同民族各具特色、丰富多彩的饮食文化习俗。

第一节　中国部分少数民族饮食习俗

一、回族的饮食习俗

回族在中国人口较多、分布较广，以宁夏回族自治区为主，在甘肃、陕西、贵州、青海、云南、山东、北京、天津等省、市、自治区也有大小不等的回族聚居区。回族信仰伊斯兰教。伊斯兰教于公元 7 世纪中叶由阿拉伯和波斯的穆斯林商人传入我国，在西北地区的回族、维吾尔族、哈萨克族和乌孜别克族等十多个少数民族中广泛流传，信徒很多。

回族各方面习俗均受伊斯兰教的影响，婴儿出生、结婚、死亡等仪式均由阿訇主持。

回族人一日三餐，饮食习惯与汉族差别较大，而且因聚居各地区的主要农产品不同而略有变化，以面粉、大米为主，辅以玉米、土豆等杂粮。回族人喜欢吃牛、羊、鸡、鸭肉和带鳞的鱼类，爱吃蔬菜。

酿皮

回族人热情好客，总以好茶好饭款待客人，还以给客人加菜加饭为敬。回族人一般不嗜烟酒，喜欢喝茶。回族人给客人倒茶、端茶等都使用右手，客人要双手相接，否则会被视为无礼。回族群众中有部分人至今进食还是用右手“抓饭”，或用勺子而不用筷子。酿皮（也称为“凉皮”）是青海回族地方风味较浓的传统小吃。在西宁和农业区各城镇，出售酿皮的摊贩随处可见。

酿皮是将麦面用温水调成硬面团，几经揉搓，等面团精细光滑后，再放入凉水中连续搓洗，洗出淀粉，面团成为蜂窝状物时，放进蒸笼蒸熟，这叫“面筋”，再将沉淀的淀粉糊舀在蒸盘中蒸熟，这便叫“蒸酿皮”。将蒸熟了的酿皮切成长条，配上面筋，浇上醋、辣油、芥末、韭菜、蒜泥等佐料，吃起来辛辣、凉爽，口感柔韧细腻，回味悠长。酿皮可以算作中国西北地区的特色风味小吃之一。

回族同胞有饮茶的习惯，而且其喝茶器皿及方式颇富民族情趣，既讲究卫生，又注重美感，体现出回族同胞良好的饮食习俗。

八宝茶

八宝茶是回族人招待贵客的上等饮料，既讲究茶料，也讲究茶具。茶料以“窝窝茶”为最佳，茶具以“盖碗子”为最好。“盖碗子”是回族人的传统茶具，又称“三炮台”，由托盘、茶碗、碗盖三部分构成。

托盘用来承托茶碗，茶碗底小口大，形似喇叭，碗盖严丝合缝地扣在茶碗上，三者结合起来，如一朵怒放的牡丹，样子小巧可爱。盖碗子由细瓷制成，表面雕有精美的图案，颇具民族特色，使用起来，也方便清洁，具有“端上不烫手，盖上不跑气”的特点，而且可避免茶水溢出浸湿桌布，颇有科学道理。

遇到贵宾，回族人在盖碗子里沏上窝窝茶，配以冰糖、芝麻、核桃仁、桂圆、柿饼、花生、葡萄干、红枣，俗称八宝茶，不仅香甜可口，而且能够提气补虚、强身健胃，是理想的健康饮品。

二、维吾尔族的饮食习俗

维吾尔族占新疆总人口的3/5，大部分聚居在天山以南，伊犁等北疆各地也有散居。维吾尔族信奉伊斯兰教，在家庭、婚姻、饮食等方面均受到宗教的影响，因此具有信奉伊斯兰教民族所共有的饮食禁忌，如禁食猪肉、驴肉、骡肉、狗肉、动物血及自死的牲畜。

维吾尔族人讲究卫生，尤其注意饮水清洁。吃饭时不能随便拨弄盘中食物，也不能随便到灶台前面。维吾尔族饮食很有特色，比如“手抓饭”是过节、待客必备的美食，维吾尔语称其为“波罗”，做法是先用植物油炒洋葱、胡萝卜条、羊肉块，然后放入淘净的大米加水焖蒸，蒸熟后香味扑鼻，甜中有咸，羊肉鲜嫩，因用手抓着吃而得名。手抓饭营养丰富，具有食补的功效，深受新疆各族人民的喜爱。

羊肉手抓饭

另外，一种用白面或玉米面在特别的火坑中烤制而成、形似面饼被称为“馕”的食品也是维吾尔族家常主食之一。“可以一日无菜，但绝不可以一日无馕。”这足以证明馕在维吾尔族人民生活中的重要地位。

维吾尔族风味食品——馕

烤馕已有2 000多年的历史，考古学家曾在古墓中发现古代的馕。馕的品种很多，大约有50多种。主要有肉馕、片馕和芝麻馕等。馕面中含有鸡蛋、清油。由于含水分少，外干内酥，久储不坏，便于携带，打一坑馕可以吃一星期。

据说唐僧取经路过吐鲁番时，从高昌携带的食品就是馕。馕是在馕坑中烤制而成的。在维吾尔族的村镇上，家家户户都修有馕坑。维吾尔族人吃馕是有讲究的，都是用手掰开后再食用，不允许拿着整个馕咬食。

维吾尔族人不但笃信伊斯兰教，还把“食盐”视为圣物而大加推崇。他们把盐称为“吐孜”，把它看得很神圣。其中的原因，一是食盐在人类饮食生活中必不可少；二是过去人们对食盐的化学原理不了解，不知道为什么用一点点盐就能使一大锅饭变得味道可口，因此他们认为盐有一种超自然的神力，与人的命运息息相关。因此在维吾尔族的生活和一些习俗中，都反映了他们对食盐的崇拜。

比如，在维吾尔族举行“尼卡”（即婚礼）时，新郎和新娘要拿用盐水蘸过的馕来吃，以避免灾难，表示爱情的甜蜜。在生活中，如果遇到纠纷或争执，常用发誓来解决矛盾。如果用脚踩盐来发誓（也有踩馕块或抱《古兰经》发誓的），那就是千真万确的，绝无谎言，另一方因此而完全相信，不再追究。

维吾尔族对盐和馕非常珍惜，从不轻易践踏，所以他们从不把含有粮食和盐的洗碗水、洗锅水随意倒在人们行走的路上，而是倒在人们脚踩不到的较为偏僻的地方。这种地方在维吾尔语里叫“亚拉克”。人们走到这里时不能跨越，只能绕行。这一习俗表现出维吾尔族人对食盐的敬畏与崇拜心理。不仅如此，维吾尔族人还把盐看作吉祥之物。在吐鲁番一带的维吾尔族，盖新房、乔迁、结婚时，都要用盐，以此来祈求平安、吉祥和幸福。

更加有趣的是，南疆一些地方的维吾尔族群众还用盐来下“逐客令”。如果谁家来了一位不受欢迎的客人，久坐不走，主人又不好意思开口叫客人离去，他们就到厨房移动几次盛盐的葫芦，相信客人很快会离去。这种颇为“委婉”的方式既能实现“逐客”的愿望，又不显得失礼，足见维吾尔族人心地之善良。

维吾尔族人一般还认为，经常处在逆境中的人或经常倒霉的人，一定就是触犯了“食盐”禁忌的人，由此可见他们对食盐的敬畏之深。

如果你到维吾尔族人家里做客，记住要入乡随俗，千万不要在食盐上“犯忌”，以免引起主人的不高兴。

烤羊肉串是维吾尔族的传统食品，烤出的肉味鲜、香辣，很有特色。拉面也是维吾尔族人喜爱的食品。副食品有牛、羊、鸡肉和各种蔬菜，但维吾尔族人不吃素菜，做菜必须加肉。“烤全羊”是最具特色的美食，在招待贵宾的宴会上是必上的大菜。除了在宴会上待客，在维吾尔族聚居地区的“巴扎”（集市）也有烤全羊出售。

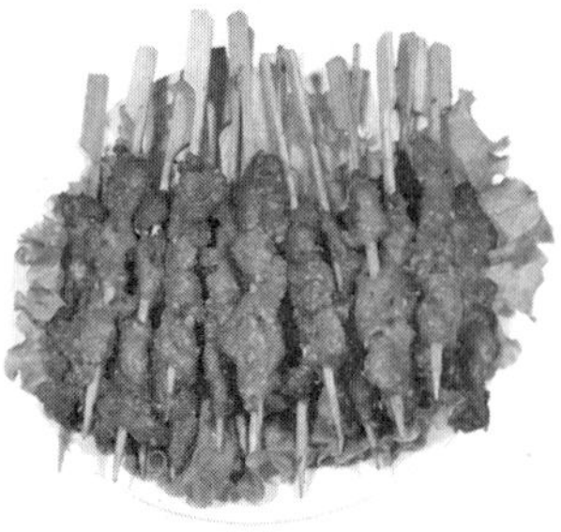

烤羊肉串

拉面

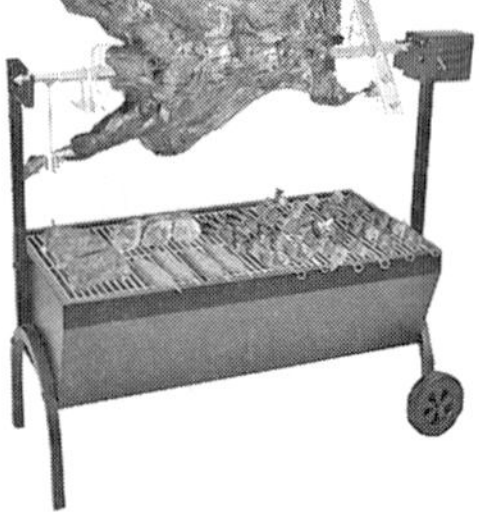

烤全羊

维吾尔族同其他信仰伊斯兰教的民族一样，特别重视三大宗教节日，尤其视“古尔邦节”为大年，庆祝活动极为隆重，沐浴礼拜、宰牛杀羊馈赠亲友、接待客人。在节日的宴席上，主要有手抓饭、馓子、手抓羊肉、各式糕点。

维吾尔族人喜食水果，这与新疆盛产葡萄、哈密瓜、杏、苹果等果品有关，可以说，瓜果是维吾尔族人的生活必需品。

茶在新疆各族人民生活中的地位同样很重要，有“宁可三日无肉，不可一日无茶”之说，茶不仅可以消化肉食，更可补充维吾尔族人因少吃蔬菜而缺少的维生素。

三、藏族的饮食习俗

1. 食用偶蹄动物的肉

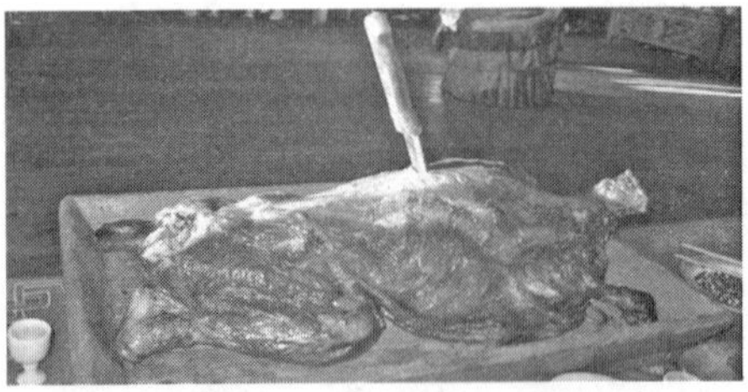

藏族的烤羊肉（王衍军摄）

藏族主要分布在辽阔的青藏高原，聚居在西藏自治区以及青海、甘肃、四川、云南等地的藏族自治州、自治县。藏族信奉喇嘛教，喇嘛教对藏族的文化和风俗有深远的影响。在饮食上，藏族人忌食奇蹄五爪类、禽兽类，如马、驴、骡、鸡、鸭、鹅等，大部分地区的藏族也不食海味及鱼类。藏族一般食用的是偶蹄动物的肉，如牧养的牛、羊和野生的鹿等，蹄都是双瓣的，即偶蹄，其肉才是可以食用的。

2. 藏族群众多为一日四餐

牧区的藏族人一般不食蔬菜，饮食单调，从单一的饮食结构来说，牧区乃至整个西藏都属高脂肪、高蛋白饮食区。众所周知，牛羊肉的热量很高，食之有助于生活在高海拔地区的人们抵御寒冷。藏族牧民的饮食多为一日四餐：早上 7 点左右吃第一餐，多食糌粑（zān ba），喝酥油茶；上午 10 点左右吃第二餐；午后 2 点左右吃第三餐，也称午餐，以食用肉食为主；晚上 8 点左右吃第四餐，食品以粥为主。总体上牧民们以牛、羊肉和奶茶为主要食物，奶制品有酥油、酸奶、奶酪等。农区藏民的饮食以粮为主，蔬菜为副。

即将收获的青稞

青稞

糌粑是藏族群众的日常主食。它是把青稞（属大麦类，有白色、紫黑色两种）炒熟磨成粉后，再经数道加工调配工序制成。糌粑营养丰富，香酥甘美，而且便于储藏和携带，食用也很方便，所以不仅藏族终生食用，居住在藏族聚居区的其他民族也喜欢食用。

将青稞晒干炒熟、磨成细面便是待食的糌粑了。这与中国北方的炒面相似，但北方的炒面是先磨后炒，西藏的糌粑却是先炒后磨，不除皮。

藏族吃糌粑，大都是先把少量酥油茶倒进碗里，加点糌粑面，用手不断搅捏，直到能捏成团为止，成团叫“粑”。糌粑比冬小麦营养丰富，携带也很方便，出门只要怀揣木碗、腰束“唐古”（糌粑口袋），再有一点茶水就可以了，用不着生火做饭。所以在藏族地区，随处可见身上带有羊皮糌粑口袋的人，饿了随时可食用。

藏族糌粑

糌粑在藏族人的生活中占有极重要的地位，因为它不仅仅是食物，而且许多藏族礼仪习俗也都离不开它。藏族人在节庆贺喜和举行婚礼时，要献上装满糌粑和其他吉祥物的吉祥木斗，藏语叫“竹索琪玛”，寓意吉祥幸福。

比如，在藏历新年，邻居或亲戚朋友来拜

年之时，主人便端来“竹索琪玛”，客人用手抓起一点糌粑，向空中连撒三次，再抓一点放进嘴里，然后说一句“扎西德勒”（吉祥如意），表示祝福。在祭祀神灵时，要往空中撒布糌粑；祝贺婴儿出生时，贺喜人要赠送糌粑并在婴儿额头上撒上一点糌粑。这一切都足以说明糌粑在藏族民俗中的作用。

3. 必备青稞酒和酥油茶

除糌粑外，一些地区的藏族还经常食用“炸果子”。这是一种面食，和面加糖，捏成圆形或长条状后入酥油锅油炸而成。青稞酒是藏民过节必备的饮料，黄绿清淡、酒香甘酸。在西藏，除僧人依教规忌酒之外，藏族男女老幼几乎都喝青稞酒，这在节日或喜庆的日子尤其不可少。

除饮青稞酒外，藏族日常生活更不能没有茶，酥油茶是藏族人时刻不可缺少的饮料。踏进藏族人家，主人首先捧上香喷喷的茶，恭敬地请你喝上一杯，然后才开始寒暄议事。勤劳智慧的藏族妇女起床后的第一件事便是生火烧水煮茶。藏族群众早上可以什么都不下肚，但茶不能不喝，甚至人们到车站、机场和渡口送别亲友，到医院探视病人，都离不开茶。

炸果子、炒熟的青稞、青稞酒和酥油茶（王衍军摄）

藏族同胞这种饮茶的习惯，与高原独特的自然环境和生产生活方式密不可分。藏族同胞主要以畜牧为生，食肉为主，茶碱能溶解脂肪，帮助消化。高原的新鲜蔬菜和水果相对平原较为缺乏，人们在饭食中难以摄足人体所需的各种维生素，大量饮茶可以适当加以弥补。

4. 藏族的饮食禁忌

藏族饮食习俗有以下禁忌：①敬茶、酒、烟时，要双手奉上，手指不能放进碗口。②藏族人忌吃驴肉、马肉和狗肉，有些地区也不吃鱼肉。③敬酒时，客人须先用无名指蘸一点酒弹向空中，连续三次，以示祭天、地和祖先，接着轻轻呷一口，主人会及时添满，再喝一口再添满，连喝三口，至第四次添满时，必须一饮而尽。④吃饭时要食不满口，咬不出声，喝不出响，拣食不越盘。⑤喝酥油茶时，主人倒茶，客人要等主人双手捧到面前时，才能接过来喝。⑥用羊肉待客，以羊脊骨下部带尾巴的一块肉为贵，要敬给最尊敬的客人。制作时还要在尾巴肉上留一绺白毛，表示吉祥。

四、蒙古族的饮食习俗

蒙古族半数以上居住在内蒙古自治区，其余分布在东三省、新疆、甘肃、青海等地。在牧区，蒙古族以牛羊肉、乳食为主食，史书以“游牧民族四季出行，唯逐水草，所食唯肉酪”来形容游牧生活形成的饮食习惯。烤肉、烧肉、肉干、手抓肉均为蒙古族家常食品，其中以“手抓肉”最有名，四季都可以食用，而“烤全羊”则是宴请远方宾客的最佳食品。

蒙古族烤全羊

“炒米”也是蒙古族特别喜爱的一种食品，可干嚼也可泡奶，是牧民外出放牧的极好食物。乳食是蒙古族居民一天中不可缺少的食品。奶食、奶茶、奶油等均为蒙古族根据季节变化经常食用的食品。此外，夏季里人们还喜食酸奶，或拌饭或清饮，以清热解暑。

农区的蒙古族主食以玉米面、小米为主，杂以大米、白面等，随着温室、塑料大棚种植的普及，农区蒙古族食用蔬菜的品种不断增加。在菜肴烹制上，农区以炖、炒为主，也加以烧烤，并吃些牧区食品如手抓肉、奶制品等。

蒙古族非常好客，来了客人要先敬茶，无茶或不沏新茶皆为不敬，而且以“满杯酒、满杯茶”为敬，不同于“满杯酒、多半杯茶”的汉族习俗。

五、朝鲜族的饮食习俗

朝鲜族主要分布在吉林省延边朝鲜族自治州、黑龙江省牡丹江地区、辽宁省丹东地区。聚居区内盛产大米，朝鲜族群众的主食以米饭为主，其次是冷面和米糕。米糕的品种很多，有打糕、切糕、发糕等。有人说，朝鲜族人离不开泡菜，其实，朝鲜族人更离不开打糕和冷面。打糕是朝鲜族日常生活中不可缺少的食品之一，逢年过节、婚丧嫁娶、招待宾客时，都要精心制作。

打糕的制作过程比较复杂，先要由家中主妇把糯米淘洗干净，再用水浸泡半天，然后捞出撒上少许盐水，上锅蒸熟后取出放进专用的大木槽或石槽中。接下来便需要家中的男子汉上场了。要由两个男子汉每人手提一把硕大的硬木木槌或铁锤各站一端，轮番举起木槌或锤子捶打槽中的熟糯米，妇女则守在一旁不断向槽内浇水，直到槽内的糯米被捶打成糕团状为止。

随后，妇女们把打好的糕团切成薄片，再撒上红小豆、豆沙面，独具风味的打糕才做成。打糕吃起来筋道、味香，因此，朝鲜族历来把打糕当作上等美味，现在仍普遍食用。

朝鲜族制作打糕（卡通形象）

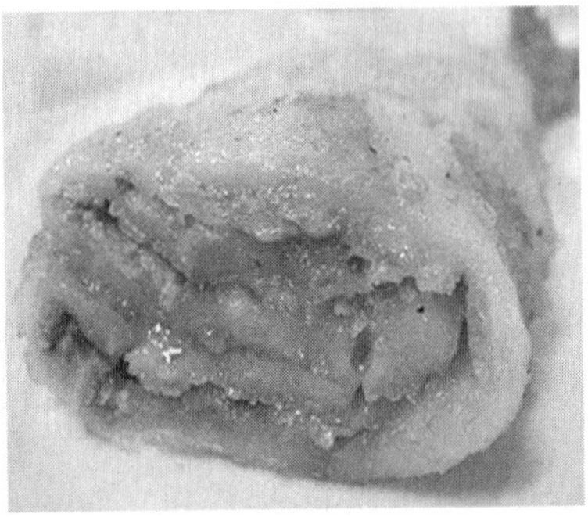

制作好的打糕

冷面是朝鲜族人的特有食品，以其独特的风味闻名中外。主要原料有荞麦粉、小麦面，也有用玉米面、高粱米面和土豆淀粉制作的。继而加以牛肉汤或鸡肉汤，然后在面条上放一些胡椒、辣椒、牛肉片、鸡蛋、苹果片、香油等调料。冷面既清凉浓香，又甜美新鲜。因此，朝鲜族人不仅在炎热的夏天爱吃冷面，而且在寒冬腊月里也喜欢吃冷面。

朝鲜族冷面

对于朝鲜族人来说，冷面不仅是饱腹之品，同时也具有重要的民俗文化意义。冷面的形状绵长不绝，朝鲜族人认为它具有“长寿多福”的寓意。因此，每年农历正月初四中午或过生日时，朝鲜族人一定要吃冷面。据民间传说，这一天吃了细长的冷面，就会长命百岁，命大福大，故冷面又称“长寿面”。

朝鲜族泡菜

朝鲜族口味以咸辣为主，泡菜品种丰富，式样美观，非常可口。辣椒是每个朝鲜族家庭必备的调味品，朝鲜族嗜辣，绝不比四川、湖南人逊色。泡菜就是以辣椒、白菜、萝卜、黄瓜、芥菜等蔬菜为原料腌渍而成的。过去，泡菜是朝鲜族冬季的主要菜肴，从头年十一月一直吃到来年四月。制作和保存好的泡菜，在长达六个月的时间里，始终能够保持新鲜，所以被誉为“冬季半年粮”。

滋补羊肉汤

朝鲜族比较讲究卫生，讲究礼貌，特别是敬老的美德受到各族人民的称赞。朝鲜族宴请宾客时，要先在餐桌上放一只煮熟的大公鸡，公鸡嘴里还要叼上一只红辣椒。即使家宴，也极讲究，要为老人单摆一桌。

朝鲜族的饮食特点之一是每餐必喝汤，最讲究的是汤浓味重的浓白汤。常用于煲汤的原料有牛肉、鸡肉、羊肉、狗肉、兔肉等。其中，“狗肉汤”可算是朝鲜族最喜欢饮用的风味食品之一，它有滋补强身之效，故称“补身汤”，民间有“伏天狗肉赛人参”之说，特别是久病初愈者或身体虚弱者，常喝狗肉汤，以求滋补。

六、傣族的饮食习俗

傣族主要聚居在云南省西双版纳和德宏地区，在临沧、大理和丽江等地也有分布。傣族聚居地盛产水稻，傣族人以大米为主食，最喜欢吃糯米，而且能用糯米加工食品，如把糯米装入香竹中烤制成“竹筒饭”，用芦叶把糯米、花生包成粽子，用米浆蒸成卷粉，用油炸成糯米油果、糯米卷等。在野外烧竹筒饭非常简便，只需砍一节新鲜嫩竹，将米放入竹节，加入适量的水，放在火上焖熟，剥去烧焦了的外皮，即可取出米饭食用。猎人们常常将竹筒连饭砍成两半，各取一半食用。米饭带有竹子的清香，具有一种山情野趣。

竹筒饭

特色烤鱼

傣族人喜欢辛酸、香辣的食品。其烹调方法主要有蒸、烤、煮、腌等。其中烤鱼很有特色，做法是先去除鱼的内脏，把葱、蒜、姜、辣椒剁成泥，放在鱼腹内，然后用香茅草包扎好，放在暗火上慢慢烤至焦黄，酥香而嫩。

傣族的“南米”（即“酱”）风味独特，在用番茄酱及花生、青菜、鱼、竹笋等为主料制成的各种酱中，螃蟹酱最为名贵。“南米”的吃法很多，有的用糯米饭蘸着吃，有的则同时做几种酱，然后准备各种青菜或煮熟的南瓜等，不同的菜蘸食不同的酱吃。傣族人爱饮酒和茶，会自己酿酒。傣族人吃饭时不喝酒，而是在饭后或空闲时饮用，这一点与汉族的饮食习惯大不相同。

七、苗族的饮食习俗

苗族半数以上居住在贵州，其余分布在湖南、云南、广西、四川等地。苗族人的食物以大米为主，辅以玉米、小米、高粱、小麦和薯类等杂粮。苗族人喜食糯米。副食品主要有瓜类、豆类、蔬菜以及作为佐料的辣椒、葱、蒜等。肉类有猪、牛、羊、鸡、鸭及鱼类。

苗家酸汤鱼

苗族人口味以酸、辣为主，而且无酸不欢。苗家人常说：“一天不吃酸，三天当不了一天；三天不吃酸，走路打偏偏。”其日常菜肴主要是酸辣味汤菜。酸菜味鲜可口，制作方便，可生食，也可熟食。平时吃新鲜蔬菜或瓜豆，苗家也会掺些酸菜或酸汤，令人食欲大增。

此外，苗家的酸汤煮鱼是风味名菜，做法是将酸汤加水、食盐煮沸，取活鱼去内脏后，入酸汤中煮制而成。此菜肉嫩汤鲜，清香可口，四季皆宜。

“辣椒骨”是苗家一种别具风味的特殊食品。其做法是将所杀的猪、牛或其他野兽的骨头捣烂，拌上干辣椒粉、生姜、花椒、五香粉、酒、盐等，置于坛内密封，半个月以后（封存时间越久越好）即可食用。它味香而辣，可增进食欲、祛风御寒、防治感冒，是苗家常备的食品，也是待客的佳品。

据苗族传说，土司统治时代，土官到苗寨把猪杀了，吃尽了肉，丢下一堆骨头。苗人愤恨，把猪骨头当土官骨头捣烂，拌以辣椒、盐巴下饭，以解心头之恨，岂料其味甚美，无意中做成了这种“辣椒骨”。以后凡杀猪、牛或猎获野兽，必将其骨头制成“辣椒骨”，久而久之，便成了苗族的传统美食。

苗族人还喜欢制作豆腐、血豆腐等，尤其爱吃火锅豆腐。苗家男女都喜欢喝酒，大部分人家都能自己酿酒，苗家群众还有用“牛角”酒杯盛酒以迎贵宾的习俗。

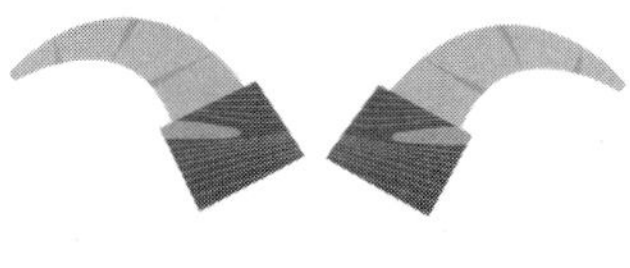

苗家“牛角”酒杯

第二节　中国各地汉族饮食习俗

汉族是中国56个民族中人口最多的民族，也是世界上人口最多的民族。汉族是原称为华夏族的中原居民，后同其他民族逐渐同化、融合而成，从汉代开始，称为汉族。汉族以粮食作物为主食，以各种动物食品、蔬菜作为副食的基本饮食结构，与西方诸民族和中国藏族、蒙古族等民族的饮食结构形成了明显的差别。

此外，在长期的生产生活中，汉族逐渐形成了一日三餐的饮食惯制。一日三餐中主食、菜肴、饮料的搭配方式，既具有一定的共同性，又因不同的地理气候环境、经济发展水平、生产生活条件等影响，形成一系列具体特点。

一、主食

米食和面食是汉族主食的两大类型。南方和北方种植稻类地区以米食为主，种植小麦地区则以面食为主。此外，各地的其他粮食作物，如玉米、高粱、谷类、薯类作物作为杂粮也都成为不同地区主食的组成部分。

汉族主食的制作方法丰富多彩，米面制品不下数百种。现在，中国东南方仍以米食为主，大米制品种类繁多，如米饭、米糕、米粥、米团、米面、汤圆、粽子等；西北、华北则以面食为主，馒头、包子、面条、烙饼、馅饼、饺子等都为汉族日常喜爱食物。其他如山东煎饼、陕西锅盔、山西刀削面、四川担担面、江苏过桥面等都是有名的面制风味食品。

面食——馒头（王衍军摄）

山东煎饼

中国人的传统饮食习俗是以植物性食料为主。主食是五谷，辅食是蔬菜，外加少量肉食。形成这一习俗的主要原因是中原地区以农业生产为主的经济生产方式。但在不同阶层中，食物的配置比例不尽相同。古代统治阶级锦衣玉食，以吃肉为主，老百姓以蔬菜五谷为主，甚至食不果腹，因此古代又称高高在上的统治阶层为“肉食者”。

二、菜肴

因为受到多种因素的影响，汉族在饮食习俗方面形成菜肴的众多不同类型。首先是原料出产的地方特色，例如东南沿海的各种海味食品，北方山林的各种山珍野味，广东一带民间的蛇餐蛇宴。其次，菜肴类型也受到生活环境和口味的制约。人们常把有关汉族和其他民族的食俗口味概括为“南甜、北咸、东辣、西酸”，虽然过于笼统，并不准确，但也反映出带有区域性的某些口味的差异。再次，各地的调制方法，包括配料、刀工、火候、调味、烹调技术的不同要求和特点，都是形成菜肴类型的重要因素。

各地在民间口味的基础上逐步发展了有特色的地区性的菜肴类型，最后形成较有代表性的菜系，汇成汉族饮食文化的洋洋大观。

所谓菜系，是指在一定区域内，由于气候、地理、历史、物产及饮食风俗的不同，经过漫长历史演变而形成的一整套自成体系的烹饪技艺和风味，并被全国各地所承认的地方菜肴。其中最有影响和代表性的，也为社会所公认的，有“鲁、川、苏、粤、闽、浙、湘、徽”等菜系，即人们常说的中国“八大菜系”。其中地方特色最浓、影响最大的是“川、鲁、粤、苏”四大菜系，不仅闻名全国，而且享誉世界。

粤菜，即广东菜，是由广州、潮州、东江三地特色菜点发展而成，是起步较晚的菜系，但它影响极大，世界各国的中餐馆多数以粤菜为主。

粤菜：菌菇养生汤

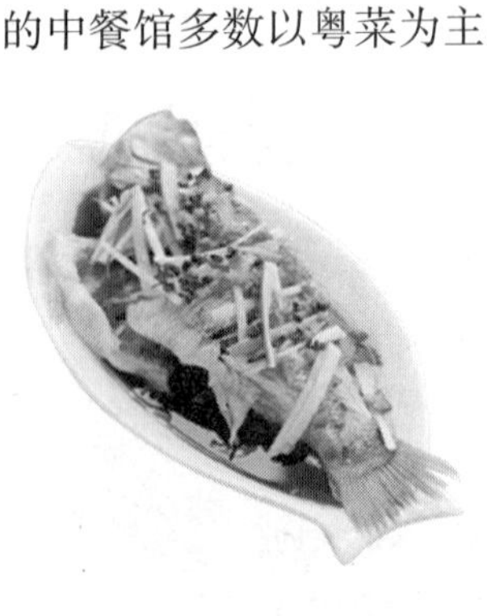

粤菜：清蒸鲈鱼

粤菜注意吸取各菜系之长，形成多种烹饪形式，是具有自己独特风味的菜系。粤菜清而不淡，鲜而不俗，选料精当，品种多样，还兼容了许多西菜的做法，讲究菜的气势、档次。另外，广东人擅长煲汤，汤的种类也相当多，这也是粤菜从其他不同菜系中脱颖而出的重要原因。广东人外出回家后，一定会品尝“老火靓汤”。

汉族菜肴的种类很多，但总的来看，菜肴以热食、熟食为主，这是中国人饮食习俗的一大特点。这与中国文明开化较早和烹调技术的发达有关。中国人的饮食历来以食谱广泛、烹调技术精湛而闻名于世。据史书记载，南北朝时，梁武帝萧衍的厨师，一个瓜能变出几十种式样，一个菜能做出几十种味道，其烹调技术之高超，令人惊叹。

一般来说，宴席上的菜肴在品种、品名、品质等方面都有许多讲究。宴席的等级是由菜品来体现的，菜品既要求一定的数量，也要求是某种贵重原料组成。宴席上一般有凉菜和热菜，其中主要的菜往往又被称为“柱子菜”。

中国最高级的宴席当属“满汉全席”。它是中国一种具有浓郁民族特色的巨型宴席，原是官场中举办宴会时满人和汉人合坐的一种全席，有 108 种菜式，要分三天吃完。其菜式有咸有甜，有荤有素，取材广泛，用料精细，山珍海味无所不包，实乃中华菜系文化的瑰宝。

三、饮料

酒和茶是汉族群众的两大饮料。中国是茶叶的故乡，也是世界上发明酿造技术最早的国家之一。酒文化和茶文化在中国源远流长，数千年来，构成汉族饮食习俗不可缺少的部分，在世界上也产生了广泛影响。除酒和茶两种主要饮料外，某些水果制品也成为不同地区、不同季节人们的饮料，但酒和茶在人们的生活中依然占据着非常重要的地位。

1. 酒和酒文化

中国是酒的故乡，中华民族 5 000 年历史长河中，酒和酒类文化一直占据着重要地位。从考古发掘来看，大约在 5 000 年前的龙山文化早期，中国人已经开始用谷物酿酒。到商周时代，酿酒业已经有了相当大的规模，并且出现了专门职掌酒业的官员。酿酒历史悠久，酒的种类也很多，有白酒、黄酒、葡萄酒、药酒等。近代白酒的产量很高，成为全国第一大酒，黄酒位居第二。最近的几十年以来，啤酒的产量增长很快，特别是近一二十年以来，其产量一跃上升为第一，白酒位居第二。

白酒的主要原料是高粱、玉米、水稻、小麦等，以高粱为原料的最好。

白酒中最有名的是有“国酒”之称的茅台酒，有一种纯自然的酒香。据说装过此酒的空瓶子，几天后仍散发着浓浓的酒香，故而被称为“酒中明珠”。此外，五粮液、古井贡酒、水井坊酒、董酒、汾酒、剑南春、郎酒等白酒都是中国名酒。

中国还有不少名酒，源于当地民俗。比如浙江绍兴有一种民俗，家里生了女儿，就要酿制“女儿酒”。酒酿好后，装在特制的酒坛里，包上荷叶，封上口，抬到地窖或泥地里埋起来，直到女儿长大成人准备出嫁时才取出来，作为女儿陪嫁的礼物或用来招待参加婚礼的客人，所以往往又称之为“女儿红”。

女儿酒的坛数必须是双数，取“成双成对”之义。女儿酒特别讲究酒坛的外观，属专门特制。酒坛上雕塑着“花好月圆”“嫦娥奔月”“龙凤呈祥”“五世其昌”等形象，用以象征吉祥如意。由于酒坛上雕刻了精美花纹，人们称其为“花雕”。谁家生了女儿，亲朋好友前来祝贺，往往就会说：“恭喜花雕进门！”

如今，花雕坛作为传统的工艺品受到了珍视，并得到了发展。随着工艺的改进，花雕坛不再是土坯时塑成图案烧制，而是在酒坛上堆塑各种彩色画图，色泽鲜艳，立体感强，内容也更加丰富。古色古香、玲珑剔透的花雕酒已经成为人们争购的上等礼品。“花雕”不仅是绍兴名酒，而且也是一件雅致的工艺品了。

绍兴女儿红（瓶装花雕）

绍兴女儿红（坛装花雕）

现在，中国的酒文化已经渗透到生活的各个层面。一年四季，在各个节庆日子都有酒，如“年节酒”“元宵酒”“中秋酒”“冬至酒”等。民间待客往往少不了酒，有“无酒不成席”“酒满心诚”等有关酒的俗语。特别是长期以来，酒席上形成了很多约定俗成的酒礼和酒俗，其中透露出种种世风民情。

众所周知，中国北方人爱喝酒，天冷喝白酒，天热喝啤酒。一来可以御寒解暑，二来可以助兴怡情，人与人的感情往往在敬酒时得到升华。北方人敬酒时，往往都想让客人多喝点，以表示自己尽到了主人之谊。客人喝得越多，主人就越高兴，说明客人看得起自己；如果客人不喝酒，主人就会觉得有失面子。所以，各地都有一些饮酒、劝酒的习俗。

北方人劝酒，酒令也是一套一套的，如“感情深，一口闷；感情厚，喝个够；感情浅，舔一舔”。猜拳行令热闹非凡，主客双方往往都是酒酣耳热，所以说喝酒风格体现了北方人豪爽、实在的个性。

还有一些酒礼、酒俗透露出民俗文化深刻的文化底蕴和悠远的历史传承。比如酒席上经常说的“无三不成礼”，像电影《手机》中透露的河南一带的劝酒习俗：“敬您三下，俺再喝。”喝酒至少要喝三杯，第一杯是“敬酒”，第二杯是“好事成双”，第三杯就是“无三不成礼”了。据说，这种礼节源于古代祭祀。古代皇帝和民间祭祀，要向天、地、鬼神各敬一杯酒。现在民间仍有不少地方，在喝酒之前，用筷子蘸点酒，在桌面上点三下，表示敬天、敬地、敬鬼神。不少少数民族，当主人向客人敬酒时，客人必须用手指蘸酒，向空中弹三次，也是出于这个礼节。

中国是酒的故乡，在中国几乎人人饮酒。饮酒不分场合、不分地点，上至国宴，下至街边，你都可以看见中国人在饮酒；饮酒不分高低贵贱，人们均饮得自在惬意，甚至美其名曰“借酒消愁”。在如此厚重的酒礼和酒文化的浸润和影响之下，汉语中自然产生了众多与酒有关的成语、俗语。它们传承、记录了中华五千年的酒文化，体现、反映出中国人睿智敏捷、含蓄委婉的思维模式，沉淀、蕴含着汉民族五千年的人生智慧。比如与酒有关的文化词汇：

“醉翁之意不在酒”——在宋欧阳修《醉翁亭记》：“太守与客来饮于此，饮少辄醉，而年又最高，故自号曰醉翁也。醉翁之意不在酒，在乎山水之间也。”后用以比喻本意不在此，而在别的方面。

“新瓶装旧酒”比喻用新的形式表现旧的内容。反义词：旧瓶装新酒。即用旧的形式表现新的内容，指在形式上没有发生变化，但在内容上已经有了实质的变化，与以前不相同了。

2. 茶和茶文化

茶叶是世界上公认的最好的不含酒精的饮料之一。中国是世界上最早发现并种植茶树的国家。相传远古时期，有一位神农氏，他既是农业之神，也是医药之神。《神农百草经》载：“神农尝百草，日遇七十二毒，得茶而解之。”这里说的是，神农氏为了寻找给人治病的草药，亲自尝遍各种各样的植物。为了尝药，有一次他一天之内中了七十二次毒，后来是用“茶”才解了毒，所以后人认为是神农发现了“茶”这种植物。

茶叶（王衍军摄）

茶园（王衍军摄）

不过，最早茶只是被人们当作一种药材，认为它具有利尿、去痰、消食、提神等功效，后来人们发现它味清香浓、清心提神，是一种很好的饮料，可见其经历了一个从药用到饮用的过程。

中国出产茶叶的地域广阔，受土质、气候等自然条件及不同的制茶工艺的影响，茶叶可分为红茶、绿茶、花茶、乌龙茶、紧压茶等许多品种。

红茶

绿茶

菊花茶

红茶是经全发酵、干燥而成的，叶子乌黑，有着醇厚的香味，以安徽的祁红、云南的滇红和福建的金骏眉最为有名。

绿茶是经高温炒制烘干而成的，保持了原来茶叶的鲜绿色，香气浓郁而且适口。最有名的绿茶是杭州西湖龙井茶和太湖碧螺春，均以“色翠、香郁、味醇、形美”而驰名中外。

花茶是在绿茶或红茶中放入适量香花熏制而成的，既有茶香又有花香，最受北方人喜爱的是茉莉花茶。

乌龙茶也叫“青茶”，是综合红茶和绿茶的加工艺术半发酵而成的，产区只有福建、广东和台湾三省。其中福建的安溪铁观音，叶黑绿乌润有光，味道浓厚，被日本、中国香港等国家和地区赞誉为“美容茶”“苗条茶”，既有提神醒脑的作用，又有减肥美容之功效，深受中外妇女的喜爱。

紧压茶即黑茶，把制成的茶叶用紧压的办法加工成砖形、心形、伞形、饼形等形状，主要销售于边疆少数民族地区。

现在“客来敬茶”已经成为包括汉族在内的许多民族生活中必不可少的礼节，一杯清茶寄寓着主人对客人浓浓的情意。各地汉族饮茶习惯不尽相同。有的加盐、姜、豆、芝麻、桂花、橘子皮、豆腐干丝，有的加枣、杏仁，有的加中药作佐料与茶同饮，如太湖之滨的“熏豆茶”、苏州的“香茶”、杭嘉湖平原的“咸茶”、广东的“凉茶”。

就茶叶来说，北京人爱喝花茶，江浙、上海等地喜爱绿茶，福建人喜爱红茶、乌龙茶。湖南人喝茶喜欢在茶里添加作料，比如湖南中部、南部一带，常用“姜盐茶”待客。这种茶里面不仅有茶叶，还有姜、盐、炒黄豆和芝麻，喝时边摇边喝，最后要把碗底的黄豆、芝麻、姜和茶叶一起倒入口中，难怪不少地方称“喝茶”为“吃茶”，因为茶里还有吃的东西。此外，很多地方还有用茶叶做菜的习惯，如凉拌茶叶和油炸茶叶等，颇具地方风味。

茶叶是待客之物，俗语说“寒夜客来茶代酒”，“宾主落座，吃茶讲话”。从前在官场上端起茶杯就表示送客，即使双方话不投机，也不会当面使人难堪，仍可保持雍容文雅的气度，这实乃最好的逐客令。直到今天，主人觉得双方交谈时间已久，或时间已晚，又不便开口请客人离开时仍说：“再喝一杯茶吧？”也是委婉地表达送客之意。

客来敬茶之习俗已经渗透在中国人的意识深处，甚至在北方各地大多有借杯中茶来占卜之习俗：若是杯中有立着的茶叶棒，则为贵客来临之预兆。茶叶在我们的生活中占据着非常重要的地位，心事重重、病患相思之时，我们总是说“茶不思，饭不想”。广州人在生活中有着饮早茶、饮下午茶等习俗。旧时苏州人悠闲自在，上午三五好友聚在茶馆里品茶聊天，谓之“皮包水”；下午又泡在澡堂子里，谓之“水包皮”。除此之外，茶叶在婚俗中也有着非常重要的象征意义。据蒯大申、祁红所著《中国人的民俗世界》① 载：

> 大约从宋代开始，茶就被用作男女订婚之礼。订婚以茶为礼，是因为“凡种茶树必下子，移植则不生”，取其“必定有子”和“矢志不移”之意。男方向女方送聘礼，叫“下茶”或“过茶”；女方接受男方的聘礼，叫“受茶”或“吃茶”。过去还把婚姻的整个礼仪称为“三茶六礼”。“三茶”，就是订婚时的“下茶”，结婚时的“定茶”，同房时的“合茶”。这种以茶定亲、以茶为聘的风俗一直流传了下来。

---

① 蒯大申，祁红．中国人的民俗世界．合肥：安徽文艺出版社，2006：101.

俗语说“一女不吃两家茶”，这与“一女不许两家男”的意思相同。《红楼梦》里王熙凤开林黛玉的玩笑也说：“你既吃了我们的茶，怎不做我们家的媳妇?”

“茶”不仅在婚俗中起着重要的作用，在祭祀活动中也有茶的身影。在福建安溪，每逢祭祖的时候，都一定要在墓前摆上上好的铁观音，要跪拜先主，敬奉清茶三杯，因为这对于先人而言才是家乡的味道，只有铁观音的清香才能让他们找到回家的路。另一方面，茶不仅仅是一种简单的祭品，还总被视为脱俗的象征，在给祖先祭茶的同时，也是对祖先致以崇拜和敬意。

“开门七件事，柴米油盐酱醋茶。”茶文化已经作为一种重要的生活元素渗透到中国人的生活之中，体现在生活的方方面面，同时它也成为中国人饮食文化中一个重要的组成要素，体现出中国饮食文化的鲜明特点。

四、饮食方式及食具

在饮食方式上，中国人也有自己的特点，这就是聚食制。聚食制的起源很早，从许多地下文化遗址的发掘中可见：地上有火堆，在火上做饭，就食者围火聚食。这种聚食古俗一直延续至今。可以说，聚食制的长期流传，是中国重视血缘亲属关系和家族家庭观念在饮食方式上的反映。

在食具方面，中国人饮食习俗的一大特点是使用筷子。筷子，古代叫“箸”，在中国有悠久的历史。《礼记·曲礼上》说：“饭黍无以箸。”即“吃黍饭不要用筷子”，这里的“箸”即“筷子”。由此可见，至少在殷商时代，中国人就已经开始使用筷子进食了。

但原来称为“箸”，后来怎么又变成“筷”了呢？据明代陆容在《菽园杂记》里说，江南吴中称“箸”为“快儿”，称“幡布”为“抹布”，是因为行船的人忌讳“住”和“翻”。而“快”字上又加个“竹字头”，这大概是因为古时制作筷子大多是用竹子。

筷子结构简单，制作简便，甚至随便掰两根小树枝或竹棍便可以当筷子使用。一双筷子在手，运用自如，既简单经济，又方便实用。许多欧美人看到东方人使用筷子，赞为一种艺术创造。可以毫不夸张地说，中国人的祖先发明筷子，确实是对人类文明的一大贡献。

五、节日食品

食品是丰富多彩的。它常常将丰富的营养成分、赏心悦目的艺术形式和深厚的文化内涵巧妙地结合起来，创造出经典的节日饮食文化。

1. 用作祭祀的供品

供品在旧时的宫廷、官府、宗族、家庭的特殊祭祀、庆典等仪式中占有重要的地位。在当代汉族的多数地区，这种现象早已消失，只在少数偏远地区或某些特定场合还存在着一些象征性的活动。比如，大年三十的晚上，北方一带汉族民众一般都要恭请历代祖先，用纸写上一个牌位（如“王门府上历代先王祖先之位”），并在牌位前供奉鸡、鱼、水果等供品和素馅饺子一碗，表示不忘祖先，并请祖先庇佑。

2. 供人们在节日食用的特定的食物制品

这是节日食品和食俗的主流。例如除夕，北方家家户户都有包饺子的习俗，而江南各地则盛行“打年糕、吃年糕”的习俗。

另外，汉族许多地区过年的家宴中往往少不了鸡、鱼，象征“大吉大利、年年有余”。还有端午节“吃粽子”的习俗，千百年来传承不衰；中秋节的月饼，则饱含对人间亲族团圆和人事和谐的祝福。

元宵汤圆

开春的炸春卷

腊八粥

冬至馄饨

二月二的炸蚕豆

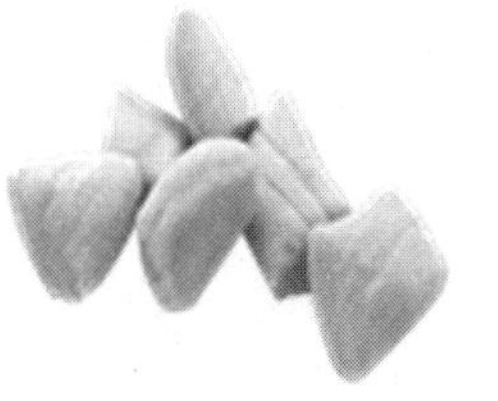
小年吃的灶糖（麦芽糖）

春节期间的饺子像“元宝”之形，包好的饺子排列得像一个个元宝，包含着汉族民众对来年美好生活的期盼和祝愿。其他诸如开春时食用的“春饼、春卷”，正月十五所吃的“元宵”，农历十二月初八所喝的“腊八粥”、寒食节所吃的“冷食”，农历二月初二所吃的“蚕豆、料豆”，辞灶（过小年）时所吃的“灶糖”，过冬至时所吃的“馄饨、汤圆、水饺”等，都是具

酱猪蹄和生菜（生财就手）

有特殊内涵的节日食品。

生菜在广东人的口语中谐音“生财”，因此很多吉利年菜都会以生菜为辅料。如“生财就手”就是生菜拌猪手，这道年菜人人喜欢，只因寓意吉祥：除了有财可生，也万事如意就手。

而广州一带还有独具特色的“生菜会”。相传，农历正月廿六子时（夜间 11 时起至次日 1 时）是观音菩萨大开金库之时，每逢此时人们都会到观音庙进香，祈求观音菩萨开恩“借钱”。而“生菜会”则是在这一天与各方亲朋好友聚会，一起吃生菜包，祈求生财。生菜包的馅一般是蚬（xiǎn）肉、韭菜和花生，吃的时候用生菜包着吃下，既健康又有好兆头。

第三节　汉族饮食文化的南北差异

汉族人数众多，生活的地域非常广阔，由于自然、社会和历史等多种因素的影响和制约，各地形成了一定的文化定位，从而形成了地域性的文化凝固。作为传统文化重要组成部分的饮食文化也自然有着南方、北方的差异。下面我们以山西、广东为代表，简述一下北方和南方汉族的饮食习俗特点。

一、山西汉族饮食习俗

山西简称“晋”，古称“三晋”大地。晋北地区寒冷，喜食含热量较高的面食、山药蛋、玉米等，副食佐以萝卜、豆腐及腌菜。晋中大部分地区则以小麦、高粱、玉米为主食，腌制咸菜、酸菜佐餐。晋南大部分地区喜食饼子、干馍，晋东南人则对小米饭有着浓厚的兴趣。

山西人在面食上很有成就，日本汉学家对此早就有“世界面食在中国，中国面食在华北，华北面食在山西，山西面食在太原”的美誉。比如“刀削面”就是山西名产，为山西四大面食之一。

山西刀削面

山西人还有由来已久的喝汤饭习惯。例如山西长治一带的居民，至今邻里相见，开口先问："喝了没有?"这主要是当地气候、环境、饮食习惯等因素的影响所致。山西绝大部分地区常年干旱多风，百姓"日出而作，日落而息"，所谓"面朝黄土背朝天"，终日辛勤劳作，绝少有饮水喝茶的条件，全靠吃饭时的汤水一并补充；且山西人过去吃饭少有蔬菜，全凭盐、醋相佐，口味明显偏重，从生理上来看也需要补充大量水分，从而逐渐形成了喜欢喝汤饭的习俗。

在山西居民的日常食谱中，汤饭的种类最多，吃法也最为讲究。低档的可满足人的口腹之欲，中档的可款待普通宾客，高档的则为高级宴席中的佳汤美羹。山西民间还有这样的说法："吃饭先喝汤，一辈子不受伤。"吃干饭前先喝点汤饭，是许多居民家的"饮食规范"。

吃馍、饼之类的干食，大都要熬些米汤，或做点汤面。吃完面条后喝点面汤则是山西居民最为突出的饮食习惯。在山西一带还有"喝原锅汤，化原锅食"之民谚，据说是传统饮食古训，许多农家代代相传，至今仍保持这种习俗。

二、广东汉族饮食习俗

饮食习俗是广东文化很有特色的一个分支，粤菜享誉海内外，"食在广州"也早已闻名于世。粤菜的特点主要有：

（1）选料杂博，无所不吃。粤菜作为我国八大菜系之一，尤以选料之广博而闻名。在粤菜中，飞禽走兽、山珍海味、野菜山花，无不可入肴，在其他菜系中令人瞠目结舌的选料，在粤菜中却被奉为席间珍品。

（2）博采众长，讲究实际。粤菜形成于秦汉时期，它以本地的饮食文化为基础，吸收国内京、鲁、苏、川等菜系的精华和西餐的烹饪技术，如粤菜中的爆、扒、氽就是从北方的爆、扒、氽中移植过来的，煎、炸等法则是从西餐中借鉴过来的，从而逐渐形成独特的南国风味。

鲜松茸烧辽参

椒盐小海虾

广东人的饮食，讲究少而精，即使宴请宾客，也绝不铺张浪费，以吃饱、吃好为原则，这与北方某些地方的大吃大喝形成了鲜明的对照。广东人不尚虚名、讲究实际，受到西方人的求实态度的影响。这种影响让广东人对饮食既能博采众长，又保持着务实态度。

（3）制作精细，追求享受。粤菜在配料、刀工、火候、烹饪时间、器皿、上菜方式等诸多环节都有着非常严格的要求。如做鱼讲究即杀即烹，这样才能保持鱼的鲜味；再如拼盘的制作，必须注意配料的选择，以达到造型美观、口味丰富的效果。一道好的拼盘，不仅是一盘佳肴，更是一件艺术品，让人赏心悦目、胃口大开。

卤味拼盘

第四节　中国各地民间饮食礼仪习俗

中华饮食文化源远流长，在这自古为礼仪之邦、讲究“民以食为天”的国度里，饮食礼仪自然成为饮食文化的一个重要组成部分。饮食礼仪习俗主要表现在人与人交往方面。亲朋好友之间交往最多，每当亲朋好友遇到重大事情，如生孩子、乔迁等，总要送些礼物去，而主人首先想到的是给客人吃些什么、喝些什么，尽可能把饭菜安排得丰盛些，让客人满意而归。谈买卖、做生意也习惯边吃边谈，饭吃好了，生意也就谈成了。

现在，随着国际交往的不断深入，各国之间的跨文化交流不断增多，饮食文化自然也是跨文化交际中非语言文化的重要组成部分之一。了解中西方饮食文化中的差异和渊源，对于汉语学习者来讲，不仅能增加对所学语言文化的理解，更能提高跨文化交际的成功率，避免因为不恰当的方式或行为造成误解和交际障碍。因此，了解中国各民族的饮食文化，对于外国留学生进行正确、得体的跨文化交际也有着非常重要的意义。

一、部分少数民族的饮食礼仪习俗

1. 藏族的饮食礼仪习俗

藏族擅长饮酒，茶更是日常生活中的必需品，因此饮茶和饮酒方面的社交礼俗很多。藏族人平时在家喝茶各自用自己的茶碗，不能随便用他人的碗。喝茶时，碗中的茶不能随便喝干，而是喝一半或一大半，斟满后再喝，最后结束喝茶时也不能全部喝干，而要留下少许，表示茶永远喝不完、财富充足，寓意颇深。

藏民对客人有敬献奶茶、酥油茶的礼俗。若客人到来，女主人会取出洁净的瓷碗摆放于客人面前，端起茶壶轻轻摇晃数次（壶底须低于桌面），斟满酥油茶后双手端碗躬身献给客人。饮茶时，客人必须等主人把茶捧到面前，才能伸手接过饮用，否则会被认为失礼。客人接茶后也不能急匆匆张口就饮，而是要先缓缓吹开浮油，饮数次后碗内留下约一半，将茶碗放于桌上，女主人会续满。客人也不能立刻端起就饮，而要在主人一次次的敦请下，一边同主人聊天，一边慢慢啜饮。

客人到了后一般需要喝三碗茶，只喝一碗则不吉利，藏族有谚语说："一碗成仇！"喝茶时也不能发出"唏、唏"的声音，更不能将碗里的茶全部喝光，否则会被视为没有教养。

在待客时，藏族还有向客人敬献"青稞酒"的习俗。在迎接客人时除用手蘸酒弹三下外，还要在五谷斗里抓一点青稞，向空中抛撒三次。酒席上，主人端起酒杯先喝一口，然后一饮而尽，当主人饮完头杯酒后，大家才能自由饮用。

客人到藏族家里做客，主人要敬三杯青稞酒，不管客人会不会喝酒，都要用无名指蘸酒弹一下。如果客人不喝、不弹，主人会立即端起酒，边唱边跳，前来劝酒。如果客人酒量小，可以喝一口就让添酒。连喝两口酒后，由主人添满杯，客人一饮而尽。这样，客人喝得不多，主人也很满意。

客人饮酒时不能一饮而尽，而要遵循"三口一杯"制。在弹酒敬神后，受酒者应先饮一口，敬酒者续满酒杯，受酒者第三次饮酒时，一口将杯中酒一饮而尽。滴酒不剩者，才是最有诚意的。另外，藏族人聚会饮酒时，酒器是大家共用的，能在一起饮酒者，被视为关系亲近如同一家人，亲同手足，因此饮酒时不能分用酒具，否则会被视为见外或瞧不起别人。饮酒接近尾声时，若将酒器中的酒倒在酒杯中，正好满了，则为大吉大利的征兆。酒器中往往还能空出几滴酒，则将其倒入手中，抹到自己的头顶上，这被认为会给自己带来福分与吉祥。

饮酒给欢聚的人们带来无穷的乐趣。人们会想方设法制造各种机会使对方陷入“圈套”，让他多喝酒，或是多唱祝酒歌。

2. 彝族的饮食礼仪习俗

彝族有杀年猪的食俗，一半留给自己吃，另一半送给岳父岳母。年猪多用来腌制，挂起来成为腊肉或火腿。居住在山区、半山区的彝族喜欢养羊，尤以小凉山的彝族养羊最多。羊肉是其主要的食源，吃羊时有一些特殊的习俗：羊肝、羊胃先用来祭祀祖灵，然后烧食；处于生育期的妇女忌吃公羊；牧羊人不能食羊尾巴等。

另外，彝族吃鸡也有一些讲究。一般清炖，用陶锅煮，不用刀切。煮熟后用手将鸡撕成条块，蘸辣椒酱吃。

彝族喜欢喝酒。酒分甜、辣两种，过去都是彝族人在自己家中酿造的，有“客人到家，无酒不成敬意”的传统和习俗。彝族人用餐讲究男女有别，长辈上座，儿女下座。

3. 赫哲族的饮食礼仪习俗

赫哲人性格质朴憨厚，热诚好客，有客人到家，必做“杀生鱼”以示尊敬。近几十年来又兴起用鱼宴待客。鱼宴菜肴根据客人身份和人数情况来确定菜码。至少十道菜，多者十二道、十六道。鱼宴一般要有一道菜是整条鱼，如红焖鲤鱼、清蒸鲤鱼等。上这道菜肴时，鱼头要朝着客人摆放，以示尊敬。主人先请客人品尝，然后同席的人才动筷分享。吃整条鱼，将一面鱼肉吃光了，要吃另一面鱼肉时，忌讳说“翻过来”，要说“划过来”。

赫哲人有句俗语说：“逢宴必有酒，无酒不成席。”家里来客人，要以酒相待，没有酒不成敬意。喝酒主要是喝白酒，因赫哲人过去信仰萨满教，所以在饮酒时，还有以酒祭祀的习俗。如用筷子蘸酒（有的用手指）往空中或地下点三点，表示祭祀神灵、祖先、大地，然后再饮。

4. 朝鲜族的饮食礼仪习俗

朝鲜族向来有“东方礼仪之族”的美称。生活在朝鲜族当中，处处都能感受到其对长辈的尊重。如平日饮食，老年人不同晚辈同席，而要在单独房间的小方桌上进食。晚辈若被允许与长辈同席，也不能当着长辈的面饮酒；若要饮酒，也必须转过身去饮用。在酒席上，要按年龄辈分依次就座、斟酒。只有长者举杯后，其余人才可以依次举杯。晚辈不得在长辈面前吸烟，不准向长辈借火，更不能同长辈对火。老人外出，全家要鞠躬礼送；老人在开饭时未归，全家要等老人归来方能进餐；遇有佳味，也必须在老人尝过后，家人才可享用。

在待客方面，朝鲜族喜用狗肉招待客人。有客人来，买一只狗，宰杀后带皮煮成狗肉汤，配上凉拌菜，招待客人饮酒。煮好的狗肉撕成丝，加上葱丝、姜末、蒜末、香菜、精盐、熟芝麻，食之肉香不腥、香辣爽口，是招待客人的传统佳肴。煮熟的狗心、肝等切成片，也可以加上述调料，拌成菜肴，这些也都是招待客人的传统佳肴。

5. 蒙古族的饮食礼仪习俗

蒙古族是好客的民族。有客人来，一定要盛情招待，一般要杀羊待客。待客的食品，首推“乌查”。“乌查”就是羊的“后背”。做法是将羊背脊上第七肋骨至尾部割为一段，带尾下锅，煮熟后取出，盛于大盘中食用。

草原上待客更为讲究的是“吃全羊”。吃全羊可称蒙古族待客的最高礼节，只有最尊敬的客人才能吃全羊。有两种做法：一是煮食，即把全羊解为几段，煮熟，在长方形或椭圆形大木盘中按全羊形摆好，然后插上两把以上的蒙古刀，端到宴席上，再撤掉头和四肢；主人站起来先用蒙古刀在全羊上象征性地割两刀，也有的划个“十”字，做出请食用的表示，然后主客便可食用。二为烤全羊，做法是把羊宰杀后弄干净，将整羊入炉微火熏烤。要出炉入炉反复多次，待整只羊熟透呈金黄色后，放在大漆盘中，围以彩绸，由两人抬入宴厅向宾客献礼，然后再抬回厨房，刀解后再端上宴席，蘸着椒盐食用。

二、各地汉族的饮食礼仪习俗

由于各地风俗不同，汉族待客的饭菜也各有讲究。在北京，旧时待客吃面条，意思是请客人留下来；如果客人留宿，就请客人吃一顿饺子，表示热烈欢迎。探亲访友送礼物讲究“京八件”，也就是所谓的“八样点心”。

在中国南方的一些农村，客人来了，献上茶后，立即下厨房做点心，或是在水中煮上几个鸡蛋，再放上糖；或是先煮上几片年糕，放上糖，给客人先品尝，然后再做正餐。

在福建泉州，要请客人吃水果，当地叫“甜甜”，就是请客人尝甜。而且水果中放有柑橘，因为当地话中的“橘”与“吉”谐音，有祝福客人吉利、生活如柑橘一样甜的意思。

在饭菜数量上，北京最低档的是“二八席”，就是八碟八碗。碟为凉菜，碗为热菜。鲁南地区待客所上菜的总数必须是双数，如六道、八道、十道等。要体现待客的诚意和酒席的丰盛，有的菜也要上双道，如双鸡、双鱼等，但绝不可用三道菜、五道菜或七道菜来待客。因为按照传统习惯，只有在丧葬席上，招待送葬人和亲朋好友时，才上数量为奇数的菜肴。

各地在待客时，上菜也很讲究顺序。一般是先凉后热，先鸡、鱼等大件，后一般，先咸后淡，先菜后汤。最后一道菜，一般严禁“上丸子”。人们认为，上丸子有“滚蛋”之意。当然也有的地方婚宴，最后一道菜上“四喜丸子”，“丸”谐音“完”，表示“菜上完了、上齐了”。广西宴客的宴席上必有“荔芋扣肉”这道菜，其寓意为“吉祥、幸福、交友和合”。湖北大冶请客有“回碗”之礼，是指请客时桌子上有一碗鸡肉，客人不能吃完，要留下一点汤或鸡腿作为“回碗”，否则意味着客人没有吃饱、主人太小气。

另外，在很多地方，待客一般要有鱼，意思是生活有余。河南开封等地宴席上有鱼时，鱼头要对着长者或客人，对着谁，谁就要饮酒三杯，之后大家才可以吃鱼。吃饭时，主人要不停地劝客人夹菜、吃菜，甚至山东一带，主人还频频用自己的筷子给客人夹菜，以表示主人的热情好客（当然这似乎不太卫生）。饭后，主人必再次向客人点烟献茶。客人要走时，主人必再三挽留，并说“招待不周”或“下次再来串门”之类的客气话。

在上菜时，各地汉族一般都是一道菜紧接着一道菜地上桌，从而把桌子摆得满满的，认为这样才算热闹丰盛。而每个人吃剩的鸡、鸭、鱼、骨头等，也必须弃在自己面前的桌上。当客人尚未起身离席时，各地一般都禁忌收拾残渣、碗筷。因为如果去打扫、收拾客人面前的残渣骨头，那无异于赶客离席，更不用说把他的碗筷收起了。而如果只收拾自己的，则又好像是催促未吃饱的其他人赶快吃。因此，直到现在，许多地方在待客时特别忌讳在进餐中收拾碗筷、残渣。

俗话说“无酒不成席”。待客时，一般要有酒，但在喝酒习惯方面，中国南方人和北方人有着较大的差异。南方人一般“主随客便”，不强行劝酒，大家随意饮用。越往北，劝酒越热情，手段越巧妙。在吃饭时，主人必须频频向客人敬酒、劝酒，以示主人的豪爽热情。有趣的是，中国用粮食制作的酒，以长江为界，随地理纬度的升高，酒精含量也随之升高。海南和闽粤，多数喝“三花酒”“东江米酒”之类的粮食酒，酒精度数很低，而且这一带基本不出产名优白酒。往北到浙江，粮食酿制的黄酒占优势。过了长江，蒸馏白酒开始盛行，越往北，酒精度数越高，北京二锅头，56 度；北大荒高粱酒，65 度。新疆还有一种伊犁特曲精品酒，酒精度数为 70 度，与医院的消毒酒精差不多了。

酒席上还有不少禁忌，比如斟酒应当按照席位的尊卑大小轮流下去，否则就是对长辈和客人不敬，尤为忌讳先给自己斟上后才给客人斟酒。另外，酒席上还忌讳酒壶嘴对着他人，因“壶嘴”谐音“虎嘴”，这意味着对他人不尊重。

在日常生活中，最常见的宴请之一就是因为婚姻、祝寿而引发的种类繁多的饮食活动，如婚宴和寿宴等，其中以婚宴最为隆重、讲究。比如，陕西省有些地区，婚宴的每道菜都有含义。第一道菜是“红肉”，用“红”表示“红喜满堂”；第二道菜为“全家福”，是“合家团聚、有福同享”；第三道菜为“大八宝饭”，用糯米、大枣、百合、百果、莲子等八种原料做成，其含义为“白头偕老”“百年好合”。

寿宴是给老人祝寿的酒席，其主食以面条居多，又叫“长寿面”。在中国东部杭州、江苏北部一些地区，一般是中午吃面条，晚上摆酒席。面条讲究越长越好。杭州人在吃面条时，每人从自己的碗里夹一些面条给寿星，称作“添寿”，每人必须吃两碗面条，但忌盛满，认为盛满不吉利。

福建一带祝寿也要吃面条或线面，但忌讳用筷子夹断寿面。当寿面端上来时，大家就要一起举筷，夹起面条或线面，一边嘴里还要念“给某某抽寿了”。这面条越抽越长，那主人才越高兴。如果此时哪位用筷子去夹断面条，不但败兴，而且也是很不知趣之举。

湖北赤壁一带也有吃寿面的习俗。凡有老人庆寿，则宴请三亲六眷、至友宾朋，被请者送的贺礼中，必有长寿面一品，而寿星家宴客，在饮酒尽兴之后，不是吃饭，而是每人吃一大碗面，这叫“吃长寿面”。中国南北方这种“吃长寿面”的习俗是有来历的：

长寿面

据传，汉武帝在位时，有一天坐朝无事，与大臣闲谈，说相书上讲，人的人中(指鼻下正中的唇上部位) 长一寸，可活一百岁。朝班中有一臣，名东方朔，闻言暗笑，恰被值殿监察御史大夫看见，当即出班向汉武帝禀告说：“皇上与臣说话，东方朔在旁暗笑，此乃对皇上大不敬，律应治罪。”

在封建皇权时代，对皇上不敬，轻则罢官坐牢，重则杀头或充军，送往边疆服劳役。东方朔闻言，急忙出班，跪伏在地，听候皇上治罪。武帝素称英明君主，见东方朔跪伏殿前，便问：“你知罪吗？为什么在殿上暗笑？”

东方朔急忙叩头回答说：“臣知罪该死，刚才听皇上说，相书上讲，人中长一寸，可活一百岁，臣想到彭祖活八百岁，则其人中长有八寸，再加上鼻子、口、眼睛等，则其脸就不知有多长了，若再加上身体，则其人又不知该有多高了，这个人还像个人吗？又哪来那么高大的房子让他居住呢？臣想到此，不禁发笑，臣怎么敢笑皇上？实笑相书所说不实。”

汉武帝听后一想，倒也有理，不禁笑了起来，百官听后，也都笑了。一场大祸便烟消云散了。但是这“面（脸）长则寿长”的说法却为朝中百官所接受，而且人面之“面”后来被人们附会成了所吃之“面”，所以自此以后，凡有寿庆，主人便说：“请你到我府中吃面。”

此风一时盛行于官场之中，后来随着官场的传播，民间也纷纷效仿，以致相沿成俗，一直流传至今。

第五节　中国各地饮食禁忌与信仰

中国民间有句古话，叫“民以食为天”，它反映了人们重视饮食的习俗。但饮食历来都不是单纯地为了满足生理需要，也与精神需要联系在一起。人们赋予饮食种种文化内涵，饮食禁忌即为其中的一部分。禁忌，包括“禁”和“忌”，本来是古代人敬畏超自然力量或因为迷信观念而采取的消极防范措施，是各族民众一种原始的信仰习俗。它在古代社会生活中曾经起着法律一样的规范与制约作用。

到了今天，随着人们对被禁物的神秘感和迷信观念的消除，许多禁忌已经逐渐消亡，但仍有不少禁忌遗留下来，并且影响着人们的日常生活。就饮食方面来说，各民族在饮食内容、饮食礼仪、饮食习惯等方面，都存在很多禁忌习俗，回族、藏族等民族更是将饮食文化与宗教信仰密切结合起来，从而在饮食文化中打上了更多禁忌的烙印。

一、回族的饮食禁忌

回族不吃马、驴、骡、狗的肉，尤其禁忌吃猪肉，他们对这一条执行得极为严格、认真而自觉。同时由禁食猪肉又引起一系列连锁反应，发展到禁用猪皮制的皮鞋、皮衣、皮带，禁用猪毛制作的毛刷、牙刷，不用含有猪油成分的肥皂、香皂等生活用品。

不仅如此，穆斯林甚至避讳谈“猪”字，把它称为“黑牲口”，或者用阿拉伯语译音称之为“狠基勒”。更有甚者，连“猪”的同音字也忌讳，如姓“朱”的穆斯林改为姓“黑”；出生于“猪”年，改称为属“黑”或属“亥”。

可食用的禽、畜，要请阿訇“下刀”。按伊斯兰教礼仪宰杀鸡、鸭、鹅、牛、羊等可食的动物时，必须念“台斯米”，即诵读“奉真主之命”才合教规。一般要请阿訇或宗教职业者动手，在措辞上，忌讳用“杀”字，也不大喜欢用“宰”字，通常称为“下刀”。在念“台斯米”时面向西方，对准规定的部位，向被宰之物下刀，割断喉部血管、气管，待血流尽为止。所有的清真牛羊肉铺、食堂饭馆等，都必须采配阿訇“下刀”的肉食品，并公开悬挂带有阿文、汉文字样的特殊标志或招牌，穆斯林顾客才放心。另外，回族禁忌饮酒，因为《古兰经》规定：“饮酒、赌博、拜像、求签，只是一种秽行，只是恶魔的行为，故当远离，以便你们成功。”

二、藏族的饮食禁忌

藏族的饮食禁忌集中反映在忌食某些类别的食物和对锅灶、火塘的禁忌上。在食肉方面，藏族禁忌较多。一般人只吃牛、羊肉，而绝不吃马、驴、骡、狗肉，有的人连鸡肉、猪肉和鸡蛋也不食用。鱼、虾、蛇以及海鲜类食品，除部分城镇居民（大多为青年）少量食用外，广大农区的群众一般不食用。兔子肉部分地方可食用，但孕妇不得食用。

据说违禁食用兔肉，生下的孩子会成豁嘴。即使是吃牛、羊肉，也不能吃当天宰杀的鲜肉，必须要过一天才吃。当天宰杀的肉称为“宁夏”（意为“日肉”），人们认为牲畜虽已宰杀，但其灵魂尚存，必须过一天后灵魂才会离开躯体。

在肉食禁忌中，忌食鱼肉的情况较为复杂，忌食与否与地域密切相关。在藏东地区，人们几乎不食鱼，也不能触摸蛇、蛙等动物。人们认为鱼、蛙这些水生动物是龙神的宠物，若伤害或触摸会染上疾病。因此，藏东藏族的远古先民们当时可能有以鱼作为“禁忌食物”的习惯，不吃鱼的观念和习俗在佛教传入后得到进一步强化，以至于藏东居民至今普遍不食鱼类。

在饮食禁忌中，藏族人对吃大蒜有较多的禁忌。大蒜作为调味品，平时人们亦食用，但如果要去转经拜佛、朝拜神圣之地则绝对不可食蒜，忌讳食蒜后的臭气玷污和熏脏了圣洁之地。

藏族对火灶有神圣的敬畏之情，认为火塘中有灶神，需小心伺候，绝不能亵渎得罪灶神，否则会带来灾难。藏族严禁跨越火灶，忌讳往火灶里吐痰和在灶中烧骨头、皮毛等物。火塘一定要保持干净，不能将不洁的东西放在火灶旁。坐在灶边时不得把脚搁到灶上，清扫垃圾时不能将垃圾投入火灶内烧。甚至在野外用三块灶石搭建的火灶，离开时也需清理干净，每块灶石上置放少许茶叶或食物，以示对灶神的祭奉。忌讳在灶石旁大小便，否则会激怒灶神，导致违禁者生病疮甚至绝后。

另外，藏族同胞禁忌别人用手抚摸供奉在家中的佛像、经书，以及随身佩戴的佛珠和护身符等圣物，认为是触犯禁规，对人畜不利。

三、汉族的饮食禁忌

汉族多在正月初一、初二、初三忌杀生，即年节食物多于旧历年前煮熟，过年节期间只需回锅，所以很多地方都是在春节之前将一切食物准备齐全，过年三天之内有不动刀剪之说。

各地汉族的饮食禁忌还反映出民间的宗教信仰习俗。例如，河南某些地区以正月初三为谷子生日，这天忌食米饭，否则会导致谷子减产。

另外，过去在妇女生育期间的饮食禁忌较多。如汉族不少地区，妇女怀孕期间忌食兔肉，认为吃了兔肉生的孩子会生兔唇；还有的地方禁食鲜姜，因为鲜姜外形多指，唯恐孩子手脚长出六指。过去汉族未生育的妇女多忌食狗肉，认为狗肉不洁，食后容易招致难产。

旧时汉族忌吃饭时抛撒米粒，或吃完饭后碗底有残饭，否则要遭雷击；如果小孩不将碗中的饭全部吃光，将来便会有麻脸配偶。

吃饭时忌用一只筷子扒饭，因为只有丧俗中出棺时，棺上放五碗或七碗白饭，中央插一根筷子。民间认为鬼用单筷吃饭，故忌。

忌吃饭时看镜子，认为会口吃。这些吃相禁忌在民间得到广泛传播，家人共桌吃饭时，大人们便会向儿女传播这些禁忌并督促他们履行。尽管这些禁忌表面被迷信化了，但一般说来都是出于卫生、节约、礼仪方面的考虑而广为传播。

食具方面的禁忌也很多，如忌讳吃饭前用筷子敲空碗，俗以之为“穷气”，因为旧时乞丐要饭时才这样敲。不许倒扣碗于桌上，不许把筷子一端搭在装着饭的碗上，认为这样不吉利。因为生病的人服汤药后才将碗扣于桌上，表示不再生病服药；叫亡人鬼魂吃饭时，才把筷子一端搭在饭碗上。同时，也不能把筷子插在盛好的饭上，这是祭奠鬼神、先人时的做法。

筷子

此外，每双筷子应一般齐，不可一长一短，因为这样容易令人想起“三长两短”等不吉语，故以为不祥。成语“三长两短”的意思是“死亡、意外”。因为过去人死以后是要装进棺材的，在尸体已装进去还没有盖棺材盖的时候，棺材的组成部分是前后两块短木板，两旁加底部共三块长木板，五块木板合在一起做成的棺材正好是“三长两短”，所以用此代表“死亡、意外”。而筷子不一般齐，一长一短的，会让人产生这种不吉联想，所以说这是极为不好的做法。

在吃饭时，还忌讳手里拿着筷子来回在桌子上的菜盘里寻找从哪里下筷，以及手拿筷子在菜盘里不停地翻找，这类行为都是典型的缺乏修养的表现，非常令人反感。这类禁忌不仅于人无损，而且还会促使人们养成文明的饮食习俗，使人们在饭桌上具有礼貌、高雅的举止。这与现代精神文明建设的要求大体上是一致的。

在饮食习惯方面，也有一些禁忌。比如在吃饭时，一般遵循孔老夫子的名言“食不言”，即吃饭时不要说话，这大概是防止吃饭时不专心，导致食物岔入气管。当然了，当别人主动与你讲话时除外。

福建厦门一带，有俗语“吃饭皇帝大”，认为吃饭是最重要的事情，因此禁忌在吃饭时打骂孩子。这一民俗使孩子能安心吃饭，不致消化不良，也使父母安心吃饭，阖家欢乐。

还有一些食物方面的禁忌是由对动物的喜好而引起的。譬如，汉族有些地区有禁食牛肉的习俗。对于农耕民族来说，牛是必不可少的劳动工具，有时显得比人本身还重要。因牛有助于人，终年劳苦，又通人性，在农民眼里，牛是自己最忠诚的朋友，是自己家庭的一分子，所以不忍杀食，很多农民一辈子都不吃牛肉。

同样，汉族很多地方，民间至今还有不食马肉的习俗，认为马也与牛一样，有功于人，所以不忍心杀之食之。

第六节　中国各地民间饮食习俗与语言

吃饭是生活中的第一件大事，尤其在古代，人类生存条件非常困难，为了获得食物，填饱肚子，不得不付出艰苦的劳动，所以人们最关心的问题就是吃饭问题。因此，人们在见面时打招呼也问“吃了吗”，以示对对方的关心。即使现代社会中人们基本解决了吃饭问题，但是“吃”仍是一项非常重要的生活内容。由“吃”引申出大量与“吃”有关的词语，可以说，饮食文化与语言有着非常密切的关系。

譬如，把从事什么职业说成吃什么饭：从政的叫“吃政治饭”“吃官饭”，做生意的叫“吃算盘子饭”，文人叫“吃笔杆子饭”，男人没有正当职业、靠女人为生的叫“吃软饭”，卖弄口舌的叫“吃嘴皮子饭”。还有，情况紧急叫“吃紧”，受了惊吓叫“吃惊”，经受困难叫“吃苦”，力不从心叫“吃力”，受了损失叫“吃亏”，占了便宜叫“吃了甜头”，成批购进货物叫“吃进”，赌博全赢叫“通吃”。被人打了耳光叫“吃巴掌”，被人诉讼惹上官司叫“吃官司”，被执法机关枪毙叫“吃花生米”。

在汉语里，舌头、鼻子对物质的感觉都用“味”这个词。味分七种：酸、甜、苦、辣、咸、香、臭，这七味组合出许多词语。比如“香”常用来比喻、形容好的或受欢迎的人和事，“她很吃香”比喻“她很受欢迎”，“她睡得很香”形容“她觉睡得很好”。

“臭”，难闻的气味，多用于形容、比喻惹人厌恶的人和事。比如“臭名”（坏名声）、“臭棋”（棋下得很差）、“臭钱”（表示对钱的轻蔑）。

“甜”，好味道，常常用于形容好的人和事。比如“她笑得很甜”，形容笑容灿烂；“甜言蜜语”（讨好或哄骗别人的话）；“甜头”（引诱人的好处）；“日子过得甜甜蜜蜜”（形容生活过得很愉快、很幸福）。

“苦”，不好的味道，常用于形容不好的事物。比如“苦头”，相对于“甜头”，指苦痛、磨难、不幸；“苦海”，原是佛教用语，用来比喻很困苦的环境；“苦差”，指艰苦的差事，没有什么好处的差事；“苦水”，指心中藏着的痛苦；“苦笑”，心情不愉快而勉强做出的笑容；“苦果”，比喻“很坏的结果”。

“酸”，一种不太好闻的味道，也常被用于形容不好的人或事。比如“心酸”，心里悲痛。例如：这出戏看了让人心酸。“酸溜溜”，形容轻微嫉妒或心里难过的感觉。例如：听到被表扬的不是自己，她心里有点酸溜溜的。“酸楚”，指“心酸苦楚”。例如：看到以前的好友落到如此地步，他心头一阵酸楚。“酸不溜丢”，形容有酸味，含有明显的厌恶意味。

“辣”，一种具有强烈刺激性的味道。多用于比喻言辞激烈、手段狠毒、性格泼辣等。比如“辛辣”比喻文章、语言尖锐而刺激性强；“心狠手辣”“辣手摧花”形容人狠毒；“毒辣”指手段或心肠恶毒。

“咸”，像盐那样的味道，多用于形容不好的事物，但“咸”字的构词能力比较低，所构成的词较少。如“咸苦”，指咸而发苦；“咸腥”，指又咸又腥；“咸涩”，则指咸而带苦的味道。

汉语中还有许多与吃有关的成语和俗语，成语有：脍炙人口、回味无穷、津津有味、余香满口、画饼充饥、黄粱美梦、因噎废食、坐吃山空、如饥似渴、风餐露宿、饱食终日、吃里爬外、茹毛饮血、含辛茹苦、味同嚼蜡、自食苦果等。与吃有关的俗语如下：

【炒鱿鱼】鱿鱼一炒就卷起来，像是卷铺盖，比喻解雇、撤职。如：他上班不努力，天天迟到早退，很快就被炒了鱿鱼。

【吃错药】比喻说话办事有违常理。

【吃小灶】比喻享受到特殊照顾。

【夹生饭】①半生不熟的饭。②比喻开始做没有做好再做也很难做好的事情，或开始没有彻底解决以后也很难解决的问题。

【欠火候】本来指做饭炒菜熟度不够，在生活中比喻办事情没有达到理想的程度或既定的标准。也称为“火候不够”。

【回炉】也称为“回锅”。原指把半成品或不合格的产品送回工厂再加工，后来比喻事情没办好重新去办。

【吃醋】醋是酸的，由“醋”构成的俗语多含贬义。这里“吃醋”特指在男女关系上的嫉妒心理。

【醋意大发】指某人在男女关系上嫉妒情绪发作或因嫉妒大发脾气。

【半瓶子醋】比喻那些对某种知识或技术仅仅略知一二却自以为很有能耐的人。

【一锅粥】形容混乱的现象。

【靠山吃山，靠水吃水】靠：挨近。吃：指依靠它来维持生活。本条意思是：靠近山，就依靠山来生活；靠近水，就依靠水来生活。比喻要靠着某人或某事物来生活。多用来指要依靠和利用周围的好条件，包括自然条件以及人、事物等。

【吃软不吃硬】对态度强硬者绝不屈从，对好言好语者可以听从。形容人有个性，不怕强硬。

【癞蛤蟆想吃天鹅肉】比喻人没有自知之明，一心想谋取不可能到手的东西。

【吃着碗里，看着锅里】一边吃着碗里的食物，一边看着锅里的食物。比喻人贪得无厌。

【天上掉馅饼】比喻在生活中根本不可能实现的美好梦想。

【好看不好吃】比喻东西外表好看，但是实际上不好吃、不好用。

【吃不了兜着走】兜着：用手扯起衣襟，把东西放在里面。本条意思是：

东西吃不了，剩下的就放在衣襟里兜着带走。比喻惹出了事情，即使负不起责任，也要承担后果。多用来说明后果严重，也常用来威胁别人。

【吃水不忘挖井人】指吃水的时候不要忘了为自己挖井的人。指受到了好处，要想到好处是谁给的，强调要记住别人的恩情。

【吃香的喝辣的】香的：指美味的鸡鸭鱼肉之类的菜肴。辣的：指好酒。本条意思是：吃好的，喝好的，形容待遇好或者家境好。

【有人吃肉，有人喝汤】形容利润分配不合理。比喻在某事中有人获得的多，占了大便宜；有的人获得的少或吃了亏。

【敬酒不吃吃罚酒】敬酒：很有礼貌地送上酒。罚酒：处罚别人喝酒。本条意思是：很有礼貌地送上的酒不喝，偏要喝受罚的酒。比喻好话不听，非要让人强迫才行。多用来威胁人，说某人不听劝告，威胁要对其采取强硬的手段。

【酒好不怕巷子深】只要酒的质量好，即使酒店在很深的小巷子里面，也会有人去买。意思是说只要货好，不怕没有顾客光顾。

【饱汉不知饿汉饥】吃饱饭的人不知道挨饿的人饿得难受。比喻得到满足的人体会不到没有得到满足的人的心情。这条俗语多用来批评或抱怨那些不关心别人痛苦的人。

【吃人家嘴软】吃了别人的东西，就不好意思批评人家。多用来形容吃了或拿了别人的东西，就不能坚持原则，不得不袒护别人，不能说公道话了。

【吃大锅饭】大家干多干少待遇都一样，利润平均分配。

【等米下锅】等着米来下锅烧饭。比喻生活困难，缺少钱用；也比喻急切等待某人或某事某物的到来。

【揭不开锅】形容家里穷得已经没可食之物，无法做饭了。形容生活极其困难，缺少钱用，也指缺乏基本生活必需品。

【喝西北风】比喻生活没有着落，没有饭吃。

【铁饭碗、金饭碗】指非常稳定、待遇优厚的工作。

【打破饭碗、丢掉饭碗】指丢掉工作或被解雇，失去了赖以保障生活的工作。

【端人碗，服人管】指在别人的手下干活、工作，就要服从人家的管理、调遣。

【背黑锅】比喻代人受过，无辜背着不好的名声或罪过。

【吃闭门羹】闭门羹：意为拒客，指不受欢迎，遭到拒绝。但“闭门”何以与“羹”联系起来呢？原来，“闭门羹”一语始见于唐代冯贽《云仙杂记》所引《常新录》中的一段话：“史凤，宣城妓也。待客以等差……下列不相见，以闭门羹待之。”也就是说，这名姓史的高级妓女不愿接待下等客时，就待之以羹，以表婉拒。显然，这比直言相拒要婉转、客气得多了。

【吃多味不美，话多不值钱】东西吃多了，就觉得味道不好了；话说多了，就不被重视了。表明无论是吃东西还是说话，都要适可而止。

【画的饼充不了饥】画的饼不能吃，解决不了饥饿的问题。比喻没有实际内容的许诺、虚名等不实惠、不能给人带来实际的好处。

【锅里没有碗里空】锅里没有食物，碗里也就空了。比喻国家或集体穷困，个人也富裕不了。

【饥了甜如蜜，饱了蜜不甜】饿的时候吃东西，觉得像蜂蜜那样甜；饱了以后，即使吃蜂蜜也不觉得甜了。

【没吃过猪肉，也见过猪跑】即使没有吃过猪肉，也看见过猪跑。比喻即使自己没有亲身经历过，总还看见过。

【原汤化原食】原汤：原来煮食物的汤。化：消化。原食：原来吃的食物。本条意思是：喝原来煮食物的汤，可以帮助消化原来吃的食物。

【生米煮成了熟饭】指事情（多指不理想的或不希望发生的）已经发展到难以改变的地步，已经既成事实了，难以改变。

【巧妇难为无米之炊】如果没有米，巧妇也难以做出饭来。指技艺再好，如果没有一定的条件也难以成功。

【吃一堑（qiàn）长一智】堑：指“沟”，比喻阻碍、困难。指受到一次挫折，便得到一次教训。

【吃力不讨好】指费了很大的力气，却不受人欢迎。

【人倒霉喝凉水都塞牙】指某人事事倒霉，处处不顺。

【换汤不换药】比喻形式变了，内容没有变化。

【陈谷子烂芝麻】原指陈旧的粮食，引申指陈旧的事情。如：“你说点新鲜的事吧，别老是扯这些陈谷子烂芝麻。”

【饺子好吃不在褶上】褶：折叠后留下的痕迹，这里指饺子收口时捏的花边。本条意思是：饺子好吃不好吃，不在于样子是否好看。比喻东西的好坏不在于外表，而在于实质。

与吃有关的歇后语有：哑巴吃黄连——有苦说不出；哑巴吃元宵——肚里有数；茶壶里煮饺子——肚里有货倒（道）不出；小葱拌豆腐——一（青）清二白；肉包子打狗——有去无回；王八吃秤砣——铁了心，等等，不胜枚举。

汉语中用饮食活动的方方面面构成的词语有千千万万，这些词语反映出饮食文化与语言的密切关系。它们时时刻刻出现在人们的生活之中，人们用它表达复杂多味的人生感受，这说明饮食活动大大超出了其本身的范围和领域，深入渗透到社会生活的各个领域。

思考与练习

1. 你了解中国的饮食礼仪吗？你怎样评价中国的用餐文化，特别是餐桌礼仪？

2. 中国的茶文化和酒文化历史都很悠久，能谈谈你对中国茶文化和酒文化的认识吗？

3. 饮食在各民族的生活和文化中都占有相当重要的地位，请结合中国民间饮食习俗，谈谈你对本国或本民族饮食文化的认识，并进一步分析中国饮食文化与各国各民族存在差异的原因。

4. 饮食文化与语言有着非常密切的关系，汉语中体现饮食文化的语汇非常丰富，请另外举出十条以上的相关汉语语汇，谈谈饮食文化与语言之间的关系。

5. 在你的本族语或你所了解的其他语言中，也有体现饮食文化的语汇吗？试举出十条以上相关的语汇，并加以解释。

第六章

中国民间建筑与居住习俗

中国疆域辽阔，历史悠久，有着7 000多年的建筑历史。中国大地上出现过无比丰富的古代建筑，至今仍保存着丰富的建筑遗迹。中国古代建筑集科学性、创造性、艺术性于一体，既具有独特的风格，又具有特殊的功能，在世界建筑中独树一帜。

无论是秦砖汉瓦、隋唐寺庙、两宋祠观，还是明清故宫、皇家园林……无不凝聚着中华民族的智慧，是中华文化的重要组成部分。

北京传统的四合院大门（王衍军摄）

烧制的砖瓦（王衍军摄）

瓦当和瓦片（王衍军摄）

按建筑类型分，中国建筑主要包括宫殿建筑、寺庙建筑、园林建筑、陵墓建筑和民居类建筑五大类。限于篇幅，笔者在这里主要论述与百姓生活关系最密切的民居类建筑。

民居，顾名思义，就是老百姓居住的房子，当然也包括我们现在居住的城市单元楼房和农村新式瓦房。不过这些现代的民居是工业文明的产物，外形千篇一律，呆板沉闷而缺乏生气。我们这里只介绍过去各族老百姓所居住的老房子。这对现在大多数人来说是一个既陌生又熟悉的世界。

人们往往参观名胜古迹、宫阙园林，而那些普普通通的传统民居却很少有人问津。在大多数人心目中，这些民居只不过是些与现代文明相距久远的老房子。然而，正是这些千百年来与人们朝夕相处的老房子所孕育的艺术气质滋养了一代又一代人的心灵，忠诚记述着一代又一代人的沧桑轮回。它们生动记录了我们祖先真实的生活场景，同时也凝结了中国几千年的建筑经验。

中国幅员辽阔，民族众多，各地的地理气候和自然资源不尽相同，各民族的生活方式、历史文化传统、审美情趣、价值观念、居住条件都存在较大差异，因此，各地民居样式和风格也不相同。生活在这些不同自然条件下的古代人，因地制宜，因材致用，就地取材，产竹用竹，产石用石，产木用木，运用不同的材料和做法，创造出不同结构形式和不同艺术风格的古代建筑。

比如湘西、鄂西、贵州地区的布依族、侗族、水族、土家族等少数民族多利用杉木、椿木等木材搭建“吊脚楼”。“吊脚楼”多依山就势而建，讲究朝向，或坐西向东，或坐东向西。这种民居最基本的特点是正屋建在实地上，厢房除一边建在实地上和正房相连，其余三边皆悬空，靠柱子支撑。因其依山就势而建，底部是半悬空的，所以又称“半干栏”式建筑。

凤凰古城苗族、土家族的吊脚楼

这种建筑有很多好处：高悬地面既通风干燥，又能防毒蛇、野兽，楼板下还可放杂物，具有鲜明的民族特色，被称为巴楚文化的“活化石”。

黄河中游黄土地带，土层厚，土质松，气候温暖而湿润，古代人用木材和黄土架构房屋来抵御寒冷与风雨。在房屋结构上以木材为架构，以黄土为墙壁，屋顶敷以草泥或茅草。房屋朝向南方，以更好地采光和便于冬季避风、取暖。

建筑材料除土木以外，南方多采用竹子与芦苇；山区则广泛运用石材，以条石筑壁，片石敷顶；森林地区则常使用树皮和木材。总之，中国古代建筑是古代人们巧妙利用自然资源的产物。

第一节　部分少数民族的建筑与居住习俗

中国是一个统一的多民族国家，境内居住着汉族、蒙古族、藏族、回族、维吾尔族等56个民族。由于各民族所居住的地理气候、自然条件以及传统的构造技术的不同，再加上受到社会、种族、文化、经济、生活方式及宗教因素等对建筑形式的影响，各族人民根据自然条件与可得材料，按照各自生产和生活需要与习惯，创造了各具特色的民居形式，并在长期发展中形成了各自的建筑方法与建筑风格，在平面及空间处理、构造方法和艺术风格上表现出多种风格。其中有代表性的是蒙古包、干栏式建筑和仙人柱、方楼、碉楼等民居形式。

一、游牧民族的“蒙古包”

蒙古包是蒙古族等游牧民族传统的住房，古称“穹庐”，又称“毡帐、帐幕、毡包”等。南北朝民歌《敕勒歌》有“天似穹庐，笼盖四野，天苍苍，野茫茫，风吹草低见牛羊”的诗句。其中的“穹庐”即“蒙古包”。蒙古语为“格尔斯”，满语为“蒙古包”或“蒙古博”。

游牧民族生活在辽阔的大草原上，居无定所，逐水草而居，为适应这种游牧生活，蒙古族等游牧民族创造了这一便于迁徙的居住形式。它易于拆装，利于放牧时搬迁流动。一座蒙古包只需两峰骆驼或一辆牛车就可运走，两三个小时就可搭盖起来。蒙古包内使用面积大，空气能很好地流通，采光好，冬暖夏凉，能很好地遮风挡雨，很适合牧民生活。

蒙古包内右侧为家中长者的座位和睡觉的地方，左侧为一般家庭成员的座位和睡觉的地方。蒙古包正中央有用来做饭和取暖的火炉，生火时，烟可从蒙古包顶部的天窗排出。蒙古族的生活禁忌就是烤火时不能用棍子在火盆内乱拨乱打，更不能在火上烤裤、鞋、袜等，因为这样做是对火神的不敬。

蒙古包这种居住形式早在匈奴时代起就已出现，一直沿用至今。蒙古包主要由架木、毡布和绳子三大部分组成，其制作不用水泥、土坯、砖瓦，原料非木即毛，可谓建筑史上的奇观。蒙古包呈圆形，四周侧壁分成数块，每块高 130 ~ 160 厘米、长 230 厘米左右，用条木编成网状，几块连接，围成圆形，锥形圆顶与侧壁连接。帐顶及四壁用毛毡覆盖或围住，然后用绳索固定，可蔽风雪，能御严寒。在蒙古包西南壁上留一木框，用以安装门板，帐顶留一圆形天窗，以便采光、通风，排放炊烟。

圆形的包体，圆锥形的包顶，既大大降低了对风的阻力，又可防止雪片堆积；一件件拆装方便的“组件”，使这种建筑随时可以迁移到其他地方。难道还有比这更适合草原民族使用的建筑样式吗？因为这种建筑灵活方便、坚固耐用，所以，除蒙古族外，哈萨克族、塔吉克族等草原游牧民族游牧时也居住蒙古包。

蒙古包

二、南方少数民族的干栏式建筑

中国南方的壮族、苗族、布朗族、傣族等少数民族盛行干栏式建筑。这种建筑形式的历史颇为悠久，距今 7 000 年的浙江余姚河姆渡遗址中的木构建筑是目前发现的最早的干栏式建筑。从考古发掘来看，那时的先人们已经采用干栏式结构，并且有了完整的梁、柱、板等建筑构件，采用榫卯结构来代替梁柱的绑扎和木板的拼接。

“干栏”是什么意思呢？用壮语来翻译，“干”是“上面”的意思，“栏”是“房屋”的意思，所以“干栏”连接起来就是“上面的房子”。干栏多是三开间或五开间，竖木架梁，下面悬空，取茅草或灰瓦盖顶，分上、中、下三层。底层敞开，间架宽阔，用以堆放农具、石磨，围设牛栏、猪圈、鸡鸭舍，还可堆放柴草等。中、上两层铺设木板，四周用竹木条交错编扎，再取山草拌和稀泥涂抹光滑为墙壁（也有用木板围成墙的）。中层装有木梯，前面设有阳台，阳台也称“望楼”。望楼可晒衣服、粮食，也是纺线、织布、绣花、乘凉以及男女青年对歌的场所。望楼内就是堂屋。堂屋正中设神壁、神龛，供奉列祖列宗和“天地君亲师”牌位。堂屋左右两侧，分别设卧室、客房和厨房。上层一般用于储存粮食、粮种以及其他杂物等。

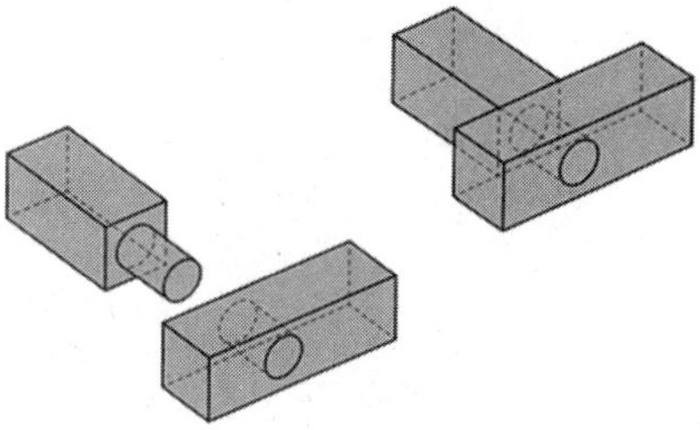

古代建筑的榫卯结构

这种“干栏”建筑不单是中国南方许多民族普遍居住的一种建筑样式，在南太平洋不少国家也有。为什么古今许多地方人们都建筑此种形式的房屋呢？《太平寰宇记》一百六十一卷说：“俗多构木为巢，以避瘴气。”所以这种民居形式又有“巢居”之称。《韩非子·五蠹》中也有“上古之世，人民少而禽兽众，人民不胜禽兽虫蛇。有圣人作，构木为巢，以避群害”的记载。中国南方普遍高温、多雨、潮湿，这种干栏式建筑通风、干爽、凉快；同时设畜禽圈于楼下，既可御毒蛇猛兽侵害，又可防盗。所以南方少数民族的先人们在长期的生存竞争中逐渐发明出这种干栏式建筑，以和自然抗争，抵御蛇虫猛兽之害。

干栏式木屋（王衍军摄）

如今这种干栏式建筑式样仍在南方少数地方沿用。像西双版纳的傣家竹楼正是这种干栏式建筑。一般为正方形，上层住人，距离地面约两米；以数

傣家竹楼（王衍军摄）

根木料或大青竹为柱。下层无墙，用以饲养牲畜及堆放杂物。竹楼顶造型为歇山式，用草排覆盖。设有楼梯，上层还设有走廊、凉台，可以晾物和纳凉。傣家竹楼具有两大优点：一是能防蚊虫、防野兽，通风凉爽，防潮湿；二是建造竹楼的材料来源方便，就地取材，可谓产竹用竹，非常经济实用。

三、游猎民族的“仙人柱”

居住于中国东北的少数民族鄂伦春族和鄂温克族是典型的游猎民族，也是游动性很强的群体，部分族人目前仍保持着古老的生活传统。他们生活在茂密的森林之中，一直保留着不定期游动的习惯。所以，他们的居室也完整地保留了古老的特征。

鄂温克人把古老的居室称为“仙人柱”，意为“木杆屋子”，是一种用二三十根五六米长的木杆和兽皮或桦树皮搭盖而成的简陋的圆锥形房屋。其搭建程序十分简单：先用几根顶端带枝杈、能够相互咬合的木杆支成一个倾斜度约 60 度的圆锥形架子，然后将其他木杆均匀地搭在这几根主架之间，使之形成一个伞状的骨架。上面再覆盖上狍（páo）子皮或桦树皮，一架夏可防雨、冬能御寒的仙人柱就建成了。形式简单，建造方便，充满山野情趣。

仙人柱的顶端要留有空隙，以便里面生火时通风排烟和采光。南侧或东南还要留出一个让人进出的门。由于桦树皮较厚，仙人柱内部较暗，只能从仙人柱顶端的通烟口和门两处进光。仙人柱上的覆盖物要根据季节随时更换。冬天气候寒冷，多用狍子皮覆盖，一架仙人柱大约需五六十张狍子皮。到了春天，天气渐暖，就可以换盖桦树皮了。仙人柱冬天多搭建在山坡的背风向阳处，夏天则多搭在地势较高、通风凉爽的地方。

秋天绿色的白桦树林

鄂温克族的仙人柱

仙人柱内，正对门口大多供奉神位，四周按长幼、男女尊卑分布着一个个铺位。仙人柱的中间是火堆的位置。按照习惯，男人住在火位以北，女人住在火位以南，通常女人不许到火位以北。有宾客来时，仙人柱的主人按照习惯，要把客人让到神位的位置，也就是与门相对的位置就座。

仙人柱也有一些禁忌，比如不允许在仙人柱内围着火堆绕行；女人只能在仙人柱的左前扇形部位就座。通常，猎人们要在仙人柱内生火做饭，当挂壶烧火时，禁忌挂锅或挂壶不稳，前后摇动。

仙人柱结构简单，拆盖极为容易，建筑材料俯拾即是，是鄂伦春和鄂温克族人游猎生活的产物。但现代社会中，鄂伦春和鄂温克族人大多已住上了宽敞明亮的砖瓦或土木结构的房屋，这种较为原始的活动性住房只有在秋冬季外出狩猎时才偶尔搭建，用来栖身或暂避风寒。

四、大理白族的石砌方楼

云南大理白族自治州位于云南省的西北部，唐代的南诏国、宋代的大理国都曾将它作为都城，因它具有悠久的历史和文化，使大理拥有“文献名邦”的美称。大理少数民族居多，其中以白族为主。白族是一个很讲究居饰的民族，他们的住房以整齐、庄重、精致的特点闻名中外。

大理古城

因大理盛产石材，大理城也被称为“石头城”。大理的民谣说：“大理有三宝，石头砌墙不会倒”，指的是用石头建房子是白族民居独特的建筑风格。在白族民居中，各种各样的石头都能派上用场，石头不光用于墙基墙角，也用于门头窗头的横梁，甚至用圆滑溜的卵石砌起高墙，由此可见白族人高超的建筑技艺。

中国各地民居多为坐北朝南，这样才向阳背风，温暖舒适，可是大理白族的主房却都是坐西向东，这与大理地区常年刮偏西大风有关。白族民居基本上都是两层，多为封闭式的住宅，其布局形式主要是“三房一照壁”。“三房”是指一幢坐西朝东的正房加上两侧的两幢配楼，共三幢房子；“一照壁”是指正房正对着的一堵墙壁，四部分共同围成了一个正方形的院落。

门楼是整个建筑的精华部分。从门楼建筑水平的高低、精致的程度、用料的讲究，可以看出主人的经济状况。白族人无论大家小户，都十分讲究门楼的建筑。整个门楼的屋脊、墙脊、屋檐、门窗、照壁无一不是精心雕刻的杰作。白族人家对美的追求、对美的享受似乎都集中在门楼上。

精美的门楼

“龙纹”照壁

照壁，白族人又称“风水壁”，是白族民居中最显著的特色。白族人家建房时，首先在朝东建一堵墙壁，让晨光最先照耀在这堵墙壁上，给全家带来幸福与吉祥，于是人们将这堵墙称为“照壁”。它作为白族民居建筑整体的一个组成部分，有增强空间层次感的作用，使客人不至对门内院落屋宇一览无遗。照壁上往往绘有山水风光、瑞禽祥兽等图画，或者写上大大的“福、寿、旭日东升、紫气东来”等吉祥词语，为整座宅院落增添了欢乐喜庆的气氛，也寄托了白族人对幸福生活的追求和向往。

白族传统民居

白族人不仅讲究住房舒适，也很讲求住宅环境的优雅和整洁。多数人家的天井里一般都砌有花坛，栽上几株绿竹，种上几株山茶花、石榴等花草以及果树。花香四溢，恬静幽雅，令人赏心悦目。可以说，爱护花草是白族的传统美德。千百年来，白族工匠吸取了丰富的中原建筑艺术精华，并发挥了自己的创造才能，逐渐形成了自己民族的独特建筑风格。

五、独特的西藏民居——碉楼

藏族民众的石建房屋是极具代表性的居室建筑。这种房屋最基本的特征是石墙、木柱和平顶。外形上窄下宽，好像一座碉堡，因此也称为“碉楼”。由于青藏高原石材丰富，因此，藏族的先民们在远古时代就已经学会使用石头建房。

碉楼大多数为三层或三层以上的建筑。其中底层圈养牲畜及堆放杂物；最上层一般为经堂，供奉佛像；中间一层或几层住人。这种神、人、畜分层而居的格局，反映了藏族人的宗教观念。楼层之间设有木梯供人上下，屋顶要插上经幡，屋旁一般还要设置转经筒。有些碉楼的柱子和房梁还会绘有藏族风格的装饰图案，显得格外精美。

经幡和藏族碉楼（王衍军摄）

碉楼四周墙壁用石头垒砌，开窗较少，具有坚实稳固、结构严密、楼角整齐的特点，既利于防风避寒，又便于御敌防盗。

碉楼建筑注重人文和自然景观的协调和融合。石墙高挺雄奇，直插云霄，墙体明快的色彩、房顶随风飘动的经幡倒映在房屋周围流动的水中，四周是翻滚的麦浪，乡间小路上走动的牛羊……整个建筑与自然景观完美地融合在一起，极富诗情画意，美不胜收。

现在西藏的民居建筑在保持传统特点的同时，也逐步融进了现代气息。这一点在拉萨、日喀则等城市民居建筑中日益明显，逐渐成为民居建筑发展的趋势。在保持传统建筑的外形、风格、色调和布局的基础上，西藏的民居建筑开始运用现代化的建筑材料，如水泥、钢筋和装饰材料等。其中，玻璃的运用最为广泛，一方面保证了室内的温度，另一方面具有独特的采光优势。传统和现代在西藏民居建筑上的有机结合，探索出了一条现代民居建筑的新思路。

第二节 各地汉族的建筑与居住习俗

汉族各地民居在建筑风格、结构式样上大体一致，过去大多都是木结构平房，楼房较少，这是由共同的民族文化和建筑习俗决定的。但是，由于所处的自然环境和气候条件的不同，各地汉族在房屋的建筑材料、装饰色彩、结构布局等方面也有差异，从而逐渐形成了各有特点的民居风俗。

在北方黄土地区，古代人利用黄土的特性，或用土坯，或夯土筑墙，以筑成房屋，或构筑成窑洞作为住居。后来又用黄土烧制砖瓦，用以盖房，既方便又耐用。在南方，气候潮湿多雨，人们便以竹木为建筑材料构筑房屋居住。而青藏高原少雨干旱，昼夜温差大，则多砌筑厚墙式平顶碉房。在各地民居中，最有特点的是北京的四合院、西北地区的窑洞和福建与广东等地的客家土楼。

一、四合院

1. 四合院的布局

在中国辽阔的土地上，无论是从北到南还是从东到西都有四合院分布，东北的大院是四合院的形式，云南的“一颗印”也是四合院的样子，陕西的下沉式窑洞也是四合院的布局。正房（北房）、倒坐房（南屋）、东厢房和西厢房在四面围合，形成一个口字形，里面是一个中心庭院，所以这种院落式民居被称为四合院。它是中国民居中最基本、最普遍的一种形式，是中国民间建筑的代表。我们以北京的四合院为例来说明其布局特征。

四合院就是四面用房子围合起来的院落，北京四合院一般是由五开间的北屋、五开间的南屋、三开间的东西厢房组成。如果院落是坐北朝南的，大门就位于整个院落的东南角，进了大门，迎面是照壁，照壁的左边是一座月亮门，跨过月亮门，就进了前院。前院很窄，仅五间南屋，前后院之间有二门相连。二门的叫法、做法各地不同，北京人称之为“垂花门”，雕饰非常精美。过了二门，才算是到了正院，即主人居住的地方。正院迎面为五间高大宽敞的北屋，左右为对称的东西厢房，院内大多还种上一两棵石榴树（石榴籽多，寓意多子多福），这是标准的北京四合院格局。如下图就是北京四合院传统样式和布局：

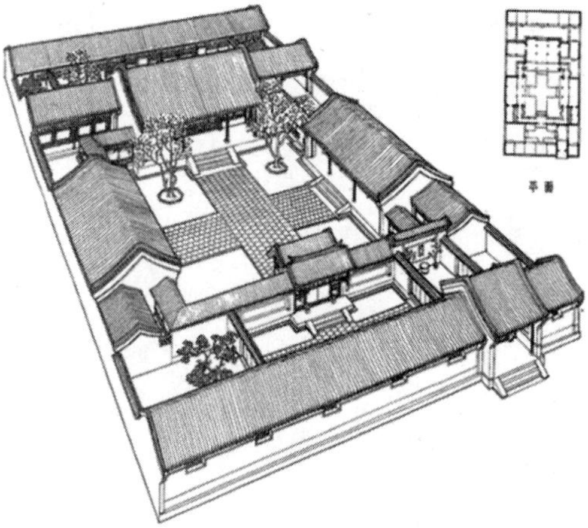

北京四合院传统样式和布局

北京四合院虽然规模不同，大小相差悬殊，但都具备基本元素。由四面房屋组成的一个庭院，为最普通的四合院，称为一进四合院。两个院落即为两进四合院，三个院落为三进四合院，依此类推，北京大型四合院，如王府，可多达七进、九进院落。

四合院的建筑格局通常是门偏东而建，门也分几种规格，如金柱大门、如意门等。从这些不同的大门上，就可以看出主人家的身份，在等级森严的封建社会，住宅及其大门直接显示了主人的社会地位，所谓“门第相当”“门当户对”就是这个意思。有身份人家的四合院，一般不开大门，旁边有一个小门，也叫门房，来办事的人都要递上自己的帖子，相当于今天的名片，下人穿过垂花门，呈给在内宅的主人。如果是普通客人，由下人带领引路；如果是重要的客人，主人会命下人开大门迎接。

北京四合院由于日照的影响，以坐北朝南的北房位置为最好，北房也称“正房”；东西两侧厢房次之，而与北房相对的南房称为倒坐房，过去讲“有钱不住东南房，冬不暖来夏不凉”，指的就是倒坐房（南房），一般都是下人居住或用来会客的。

传统的四合院一般分为内宅和外宅，由二门即垂花门连接，内宅一般是主人生活起居的地方，外人不得随便出入。旧时人们常说的“大门不出，二门不迈”中的“二门”即指垂花门。垂花门可以说是四合院建筑的精华，位于四合院的主轴线上，与临街的倒坐房（南房）中间的那间相对，建筑华丽，有许多非常精美的雕刻，装饰十分讲究。

四合院的正房、东西厢房之间，一般多建有游廊，相互连接贯通，既可供人行走，又可供人休憩小坐，观赏院内景致。而再讲究一些的四合院，在院落的最后还设有后罩房，给未出嫁的女子居住。四合院发展到很成熟的时候是明清时期，目前，北京残存最古老的四合院就是明朝时修建的。

2. 四合院的特点

从整体来看，四合院呈现出四周封闭、中轴对称、前后有序的特点。它不仅仅代表了中国人的一种居住方式，还体现了中国千百年来形成的一种秩序——封建宗法制度。

首先，四合院是封闭的。四周都是高高的院墙，墙上绝少留窗，即使留窗，也是在高高的墙顶上留那么小小的一两扇，可望而不可即，根本不能窥视院内的景象。整个院落被院墙封闭得严严实实，只留一个大门，而且这大门在绝大多数时间总是紧闭的。

四合院的这种封闭格局是和中国人内向、保守的心态分不开的，而这种心态又与中国人千百年来安于现状、与世无争的处世哲学和自给自足的小农经济分不开。可以说四合院的格局很符合中国人封闭的心态，而中国人的封闭心态又造就了四合院的这种格局。这与西方以房子为中心，四周开敞的布局是截然不同的，东西方民族的不同性格通过其所居住的院落也可见一斑。

其次，四合院强调中轴线，采用对称的布局。四合院的主要建筑都位于中轴线上，如倒坐房、二门、北屋等，这些建筑严格对称且沿南北纵深发展，东西厢房和前后院落也采用对称的布局，给人的感觉就是统一和严谨。大户人家的四合院往往由若干院落组成，先是在纵深方向增加院落，再横向发展，增加平行于中轴的跨院。四合院的这种布局符合中国传统家庭的起居习惯，也体现了中国式家庭的伦理道德规范和居住范式。

中国传统的家庭一般为三世、四世，甚至五世同堂，一个大家庭中，人多的有几十口同住在一起，因此在四合院中长辈住哪间房，晚辈住哪间房，客厅在哪儿，厨房在哪儿，都有严格的规定。如在一个二进院落的北方四合院中，后院的五间北屋高大宽敞、四季朝阳，其中间为堂屋，家中长辈住在堂屋右边的东屋，而西屋一般由成家的长子夫妇居住，其他子女住东西厢房。如果家中人口多，也有住在南屋的。

四合院的精髓在于院子。全家几代人住在院子四周的房子里，既被小院隔开，又被小院连在一起，成为一个不可分割的整体。关上院子的大门，与世无争，一家人亲亲热热、和和美美地生活在一起。人们崇尚四合院更主要的原因是这种建筑形式适应了中国数世同堂封建大家庭的需要，符合封建家族宗法制度对家庭伦理道德的要求，全家几代人要听命于一个家长，因此四合院是最理想的住宅。整个院子仅前边一个大门出入，家长住在最高大的北房里，监督院内每个人的言行举止，这才是四合院在封建时代备受推崇的主要原因。

二、窑洞

据古建筑学家考证，4 000 多年前，我国西北黄土高原上的汉族就有“挖穴而居”的习俗，直到今天，窑洞式房屋还广泛分布在黄河中上游的各省、自治区，居住人口达4 000 多万。

陕北窑洞（王衍军摄）

窑洞是黄土高原的产物，是陕北农民的象征。在这里，沉积了古老的黄土地深层文化，祖祖辈辈生活在黄土高原上的人们创造了陕北的窑洞艺术。过去，农民们辛勤劳作一生，最大的愿望就是修建几孔窑洞。因为有了窑娶了妻才算成家立业。男人在黄土地上刨挖，女人则在土窑洞里操持家务、生儿育女，小小窑洞浓缩了黄土地上的别样风情。

窑洞分为土窑、砖窑和石窑三种类型。土窑最为原始，已有几千年的历史了。整个窑洞的墙壁、房顶全是土。它根据地势在自然垂直的断崖上或在陡坡上先人工削一段崖壁，再掏挖而成，内呈拱形，有门洞、过道、住房等。砖窑则一般先用泥土烧制成砖，然后在松软的黄土地上砌制成窑洞。窑洞前部砌砖的叫砖窑，砌石头的叫石窑。旧时贫寒之家多住土窑。砖窑、石窑只有富人家才建造得起。

窑洞一般修在朝南的山坡上，向阳，背靠山，面朝开阔地带，少有树木遮挡，十分适宜居住与生活。窑洞不是盖起来的，而是挖出来的。挖法有两种：一种是选一块平地，向下挖出一个长宽十余米、深八米的方坑，方坑的底部做院子。然后在方坑四壁向里各挖三个拱窑，东南角的窑与地面相通做窑的拱门洞，供出入之用，其余的做卧室或厨房。院内中间挖一口渗水井，坑沿四周垒一圈矮墙，便成为一处挡风防雨、冬暖夏凉的天井四合院。整个村庄坑连着坑，户连着户，河南西部的窑洞就属于这一种。

碾盘（王衍军摄）

另一种是劈山削坡，开出一块平地做院子，然后在新辟出的山坡上向里挖出许多窑洞，前边的院子也用墙围起来，院子里往往设一架碾盘，用来碾压谷物、粗盐，加工米面等。陕西、山西的窑洞大部分属于这一种。

窑洞内一侧有锅和灶台，而炕的一头连着灶台，由于灶火的烟道通过炕底，冬天炕上很暖和。炕周围的三面墙上一般贴着一些绘有图案的纸或拼贴的画，陕北人将其称为“炕围子”。这种炕围子是一种实用性的装饰，可以避免炕上的被褥与粗糙的墙壁直接接触，还可以保持清洁。为了美化居室，不少人家在炕围子上作画，这就是在陕北具有悠久历史的民间艺术——炕围画。

黄土高原上的黄土深达一两百米，不仅极难渗水，而且直立性很强，这为窑洞的出现提供了很好的前提。同时，当地气候干燥少雨、冬季寒冷、木材较少等自然状况，也为冬暖夏凉、十分经济、不需木材的窑洞创造了发展和延续的契机。

窑洞是北方汉民族就地取材的典型的民居建筑，而且窑洞具有其他建筑形式难以取代的优点：一是坚固，可以经受几百上千年的风雨而不倒塌，据说一千多年前唐代名将薛仁贵曾住过的土窑至今保存完好；二是窑洞可以促使身体健康，因为窑洞的温度和相对湿度的稳定性好；三是窑顶的黄土有两米多厚，冬暖夏凉。

三、客家土楼

“土楼”又叫“围屋”，是广东、福建等地客家人的住宅。客家人是公元4世纪初和12世纪初从黄河流域迁徙而来的汉族人，他们来到异地他乡，为了生存下去，不得不聚族而居，于是创造了这种能住几十户人家、几百口人的庞大民居——土楼。这种形式满足了封建大家族的族长对族人进行控制和管理的需要，便于维护内部团结和互相帮助。福建永定是这种土楼的发源地和中心。土楼有圆型、方型、府第和综合型四种，其共同的特点是规模宏大、设施齐全。它们如同“地下长出的蘑菇”，坐落在绿树掩映的山脚下，形成了独特的人文景观。

客家土楼（陈凤英摄）

像建于清朝康熙年间的圆形大土楼承启楼，曾经住过80户人家600多口人。土楼的主要建筑材料是当地的黄土、沙石、木料和少量砖瓦等。黄土和沙石用于筑墙，墙是土楼最主要的承重部分。筑墙时先在黄土和沙石中掺入适量糯米和蜂蜜，以增加土质的黏性，然后把和好的土放在里外“墙板”的中间，最后夯实。用这种墙修筑成的土楼非常坚固，像承启楼历经300多年的风雨仍然巍然矗立。

土楼的设计者为了强化全族人的家族观念，在土楼的建筑布局上突出家族的象征——宗祠，把宗祠建造在土楼的中心位置。宗祠又称为“家庙”，是整个家族祭祀、供奉祖先的地方。逢年过节，全族人带来供品，祭拜祖先。此外，男子娶妻、女子出嫁、老人辞世……无论是全族的大事还是每个小家庭的大事都要在宗祠内举办。正是这种强烈的宗族观念，把全族几百口人、几十户人家凝聚在一起，世世代代和和睦睦地住在一起。

客家土楼内部（陈凤英摄）

土楼不仅具有聚族而居、安全防卫、防风抗震、防火防潮、冬暖夏凉等功能，而且具有丰富的客家文化内涵。作为世界奇观、神秘的东方古城堡，土楼形象地、全面地展示了客家的人文历史，客家人坚韧不拔、开拓进取、爱国爱乡、团结互助的精神，是客家文化的象征，是一部永远读不完的百科全书。土楼作为庞大的单体式建筑令人震撼，其体积之大，堪称民居之最，其奇异的造型与建筑方法正日益受到中外建筑专家的关注。

第三节　中国居住习俗中的风水信仰

过去老百姓把盖房子看作是关系到成家立业、子孙兴衰的百年大计，所以民间对建造住宅十分讲究，从选择宅基、动土建筑、上梁落成到进宅居住，都有一系列的习俗活动。这些习俗活动甚至被概括为玄而又玄的风水学说。在人们心目中，家宅风水的好坏，关系到一家人的前途命运、祸福成败。因此，民间在建房和居住过程中都非常重视风水。

一、选址

选址要考虑诸多因素，比如地质地势、自然环境、交通朝向等因素。特别是中国自古多水灾，无论南方还是北方，人们都选择地势较高、大水淹不到的地方居住。但是水又是生活必需品，所以房屋又不能离水源太远。因此，房屋的选址非常重要，要综合权衡多方面的因素。在民间信仰中，趋吉避凶是人们的普遍愿望，中国民间在选择建筑地址上尤其强调这一点。人们认为，在吉地建房，可以使家庭和睦、人丁兴旺、生活富裕。而在凶地建房则会给家人带来灾祸，轻者家人不睦、疾病缠身，重者倾家荡产、家破人亡。现在很多地方，人们建房仍极为重视风水，选址一定要选地势高、采光良好的地方，即使是盖好了的房子，如果地势不佳，也不惜移址重建。

因此，人们在选址建房时，往往请“风水先生”（有的地方也称“阴阳先生”）察看地形地势，即“看风水”。风水先生察看地形，主要根据地形、位置、朝向等自然环境要素以及诸要素之间的相互关系决定宅基地址及房屋朝向。

例如，宅址如果靠近山地，则要求山势饱满而且平缓，不宜太过陡峭；如果近水，应该是有源之水，而且水也不能径直流走，这才能“聚财”。《阳宅十书》云：“南来大路直冲门，速避直行过路人。急取大石宜改镇，免教后人哭声顿。”“东西有道直冲怀，定主风病疾伤灾。从来多用医不可，儿孙难免哭声来。”“宅前有水后有丘，十人遇此九人忧，家财初有终耗尽，牛羊倒死祸无休。”

二、破土动工

选好宅基后，要在上面砌一小神龛，置香案供奉土地神。破土动工前，要举行“许土”仪式，即用三牲或五牲和纸钱祭拜土地神，祈求保佑。而何时动工、何时立柱，也要请风水先生来选择好日子。这种日子被称为“黄道吉日”。如果选定的时辰恰逢刮风下雨，无法动工，也要象征性地砌上一块石头，表示这天已经动工，吉日良辰并未错过。

动土时忌挖到棺材、尸骨，因为如果挖到这些，意味着这地方曾经作为“阴宅”，唯恐死者灵魂不散，有所骚扰。因此，每当碰到这种情况，就焚香烧纸钱，恭恭敬敬将其迁移到别的地方，不可乱扔。

为了辟邪驱灾，人们除了设置土地神位外，还有一些禳解镇邪的方法，就是我们常见的在宅基上树立一块写着“泰山石敢当”的石碑。有时候整个村子也会树立这样的石碑，常常设置在村落入口处、河边或池塘岸边，或者门前巷口、三岔路口的直冲处。关于石敢当的来历，有这么一个传说：黄帝时代，蚩尤非常残暴，无人能敌，黄帝与之作战，屡遭惨败。有一次蚩尤登上泰山，在泰山上自称：天下谁敢当？蚩尤的狂妄激怒了女娲，女娲遂投炼石以制其残暴，上面刻着“泰山石敢当”，终致蚩尤溃败。黄帝乃遍立“泰山石敢当”，蚩尤每见此石，便畏惧而逃，后在涿鹿被擒，被囚在北极。从此“泰山石敢当”便成了民间辟邪神石。

辟邪神石：泰山石敢当

各地汉族人在建房屋开工那天，一般要请工匠喝顿开工酒，在北方大多要燃放鞭炮庆贺；而在江南吴越地区泥瓦匠要敬鲁班先师和四方神灵，木匠要唱《敬鲁班神歌》等。之后在建造过程中，还有一系列的仪式活动。如在北方，墙砌一半要安装门窗的时候，一般在门窗上贴上用红纸书写的“安门大吉”“安窗大吉”等红批；而在南方，安装柱子石鼓墩的时候，要在下面垫“太平”铜钱，以求宅院安稳。

三、上梁仪式

不管是在南方还是北方，房屋建造最重要的仪式乃上梁仪式。各地汉族的民居大多是梁柱结构，梁是整个房屋最关键的构件，它的牢稳与否关系到整个房屋的安危和子孙后代的使用。同时，上梁也标志着房屋即将落成，所以各地上梁时都有一套隆重而热闹的仪式。

一般来说，上梁的前几天，房主就通知亲朋好友到时候来祝贺，一是感谢大家为盖房子所出的力，希望大家能再帮忙加把劲把新房子盖完；二是大家也想在一起热热闹闹庆祝新房的落成。上梁的具体时辰，各地的风俗也不一样：沿海地区一般选择当天潮水最高的时候，北方则多选在正晌午，分别取“钱财如潮涌进”“家运如日中天”之意。大梁上要裹红布或贴红纸，还要张贴横批，上写“上梁大吉”“福星高照”“旭日东升”“姜太公在此”等吉祥词句。

中国北方一带，上梁是建房的大事，一般也有摆供、唱歌等习俗。上梁前一般要在梁上贴上“上梁大吉”和八卦图案等，贴上这些大红的横批，主人便相信房梁牢固了，现在在北方那些百年老房子的正梁上还能看到这样的横批。

有的地方在上梁的时候，在梁上绑上筷子，意思是希望主人能快快发财。还有一些地方上梁时，要在大梁上裹一块红布，以图吉利。

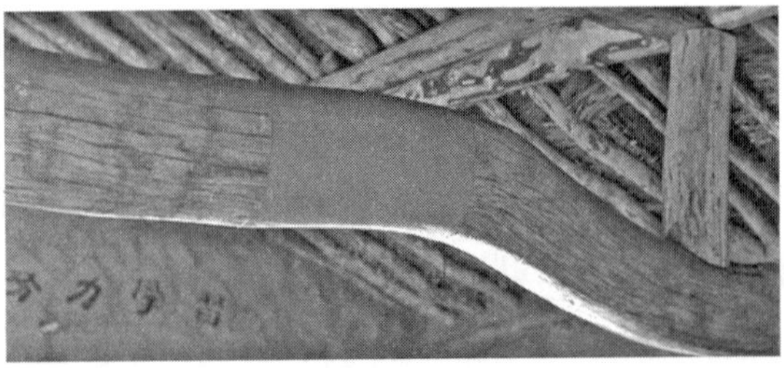

屋梁上裹红布，以图吉利（电影《我的父亲母亲》剧照）

等到众人一起抬梁的时候，各地一般都要在房子的四周燃放鞭炮，然后众人一起喊着号子把房梁抬到屋顶。这是北方建房最热闹的时刻，此时鞭炮声、工匠的号子声、众人的欢笑声和喝彩声搅在一起，上梁仪式达到了高潮。等房梁抬上房顶安好之后，主人要在正房摆上方桌、列上各种供品进行供奉。而木匠师傅还要唱上梁的仪式歌，歌词的内容各地不同，大都是工匠们几辈子传下来的顺口溜以讨大家欢心的喜歌。

大梁安稳以后，北方也有浇酒、抛喜馒头的习俗。一般是瓦匠在房梁上浇酒，木匠在上面抛馒头，乡邻纷纷在下面抢馒头以图个吉利，称为“接宝”。至此上梁的仪式才告一段落。当天中午，主人要设宴款待工匠和左右乡邻，大家相聚在新房之下畅饮，之后主人还要给工匠们发喜钱。这是北方上梁仪式的大体过程。

四、房屋朝向及门前环境

房屋朝向也很关键，忌地势南高北低。俗谚云："南（前）高北（后）低，主寡妇孤儿，门户必败。后高前低，主多牛马。"所以一般建房是"坐北朝南"。庭院的大门一般"立门于南、东南及东三方，俗谓三吉方"，又以东南为最好，俗称"青龙门"。

南入门为阳宅，坐北朝南，是最普遍的居住民俗，不仅"衙门口，朝南开"，民居也以北房为正房。我国地处北半球，面南开门，背阴向阳，光线好，暑天纳南风徐来，冬季寒风吹后墙，如常言道："向阳门第春常在。"这种合理的居住民俗，被风水理论接收，称为"子午向"。

山东东北部地区乡村，民居院门一般向南开，院内正房坐北朝南，但院门不可正对堂屋门。门、窗的位置也很重要，门、窗不能"相对"。所谓"门对窗，人遭殃；窗对门，必死人"。天津旧时盖房，忌讳自家的屋门正对着别家的门、窗，俗语云"门对门，尽死人"，"窗户对着门，不打官司就死人"，尤以门小者遭其害，俗谓之"大口吃小口"。此外，房子的格局不能随意变动，尤其不能随意动土和随意改动门窗的位置，比如不能把窗户改成门，俗谚云："窗户改门，必定死人。"

院落大门除了朝向问题，还有方位问题。一般讲究房间门户不正对大门，据说鬼走路不能转弯，房门不正对大门，鬼即使进了大门，只能直走，也是进不了房间的。比如青海农村，大门多开在与正房迎面的墙上，但大门不能与主房的屋门对齐，要交错方位。错不开时，则在庭院中建一座照壁，其目的是"冲喜"。

宅院大门的位置，比左邻右舍向前凸出，旧时称"压人一头"，据说这样能够得阳气。建房者不免希望"压人一头"，此院凸一点，彼院凸一些，大门的前凸使得街巷胡同难成直线，造成弯曲凹凸的景观。中国北方的四合院，院门通常不开在南北中轴线上，而是设于东南。大门不取正中而开在左侧，民间有个说法，叫"横财到手"。所谓横者，大约是指大门的位置做了垂直于中轴线的横向移动。

民间对房屋的高度也很有讲究，一般来说，同在一处聚居的各家，建房高度要大体一致。同排房子需一样高，前排屋不得高于后排屋，最多只能与后排一样高，否则，就会被指责压人家的"风水"，人家如有大病小灾都会归咎于此。过去邻居间为此事引起纠纷也是常有的事。

除方位与房屋高度之外，大门前的环境也被纳入相宅的范围。《阳宅十书》对此多有讲究。“门前三塘及二塘，必啼孤子寡母娘。断出其家真祸福，小儿落水泪汪汪。”

门外的水塘多至三三两两，幼儿落水的可能性自然不小。因此，风水之术其中一部分本是大众的生活经验，当然，风水先生所主张的一些理论，也包含了古人对住宅、村镇等建筑环境的重视和基本选择原则，也有一些内容与现代科学相符，有一定的合理性。

五、镇物厌胜

“厌胜”又称为“压胜”，意为“用诅咒制服人物、妖怪”。民间主要用厌胜的方式在门下埋吉符。如台湾一些地方民俗，建门时将米置于槛柱门间，视为可致富贵的喜符。旧时还有一种说法，建房主家不可慢待了工匠，否则，工匠暗使凶符、下镇物，会使主家家运衰颓。

此外，北方汉族很多地方的人家在门槛下埋装有钱财、药材的“宝瓶”，钱财代表富足，药材表示驱除疾患。有的人家在门槛下埋了“宝瓶”，门梁上还要凿洞装粮装钱，并在大门外放置青砖狮子辟邪，这些都属于厌胜物。

狮子（辟邪保平安）（王衍军摄）

装有银钱的青花宝瓶

六、乔迁新居及“温居”习俗

各地大多有“温居”之俗。“温居”又称“温锅”“暖房”“烧炕”，其目的一是表示祝贺，二是表示关心，三是认认家门、参观新居、联络感情。一般在朋友或亲戚迁居后，亲朋好友要择吉日带礼物去新家“温居”，主人要好好设宴款待一番。人越多越好，寓人多势大、不受欺压之意。这一习俗的形成主要是因为旧时普通人家多不富裕，盖完新房后，常常会出现经济拮据的状况，来“温锅”的亲朋好友、街坊邻居纷纷送来食物、礼品，添置些家庭用具，以帮助他们度过困境。同时，这种习俗还能增进亲朋感情，促进邻里之间和睦相处，使迁居者尽快适应新的环境。

北京一带，给出嫁的女儿“温锅”时，娘家人要带来一个筛面的箩、一个量米的升以及蒸熟的年糕、面鱼馒头、寿星等。其含义是“骡马成群、生活蒸蒸日上、步步高升、年年有余、全家健康长寿”。

筛面的箩（一簸箩面粉）

面蒸鱼形年糕和元宝（年年高升、年年有余）

山东泰安一带“温锅”，来者主要是亲友、邻居，所带礼品花样较多：有送钱的，有送鸡、鱼、肉、酒等食物的，还有送牌匾、镜子、炊具、茶具等日常生活用品的，几乎无所不包。娘家送来的礼物主要是炊具，如锅、勺子等，还要送一对公鸡、两条大鲤鱼、两斤豆腐、两斤豆芽。这些礼物都象征喜庆吉利：“鸡”是大吉大利；“鱼”是年年有余粮；“豆腐”与“都富”谐音，意为“发家致富”；豆芽有“生根发芽、容易生长”的意思。但也有忌讳，如绝对不能送钟，因“送钟”与“送终”谐音，很不吉利。

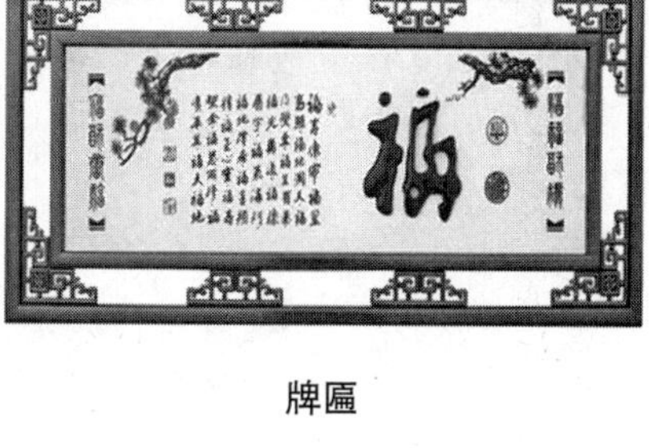

牌匾

豆芽

山东滕州一带“温锅”，娘家要送两只鸡、两尾鱼、两斤豆芽等。“豆芽”是发菜，寓意“发财”。

山东莱芜一带“温锅”，亲友、邻居携带酒肉、礼品或锅碗盆壶等生活用品前去庆贺乔迁之喜。出嫁的闺女分家，另立门户，娘家人便送粮食、炊具、酒菜等，意为帮助女儿家安锅立灶、独立生活。

山东威海一带，娘家要带些面食，“蒸蒸发发”，寓意日子过得更好；还要送盆子、两把筷子，意思是“送聚宝盆”“快快发家”。男方的父母、成家自立的兄弟姐妹、族内的叔伯兄弟们则多带用面蒸的“元宝、石榴”等，其意义也是“发财、多子、安宅、兴旺”。

作为主人来说，“温锅”这天要备下好酒好菜，设宴招待客人。客人走时，还要把糕、饼分给亲友带回家，再把亲友带来的面食分送一些给邻居，意思是“大家都发”。娘家带来的两把筷子，主人留下一把，再让娘家亲人带回一把，讲究的是“你一把，我一把，两家傍着快点发”。

“温锅”结束后，新房不再只是一栋建筑，而成了一个设施齐全、充满人间烟火的家。入住其间的老老少少，也真正成了这个家的主人，开始新的生活。

第四节　中国各地居住习俗与语言

在日常生活中，家居与人们的关系非常密切。它同我们古老的饮食文化和服饰文化一样，源远流长、风格各异，深刻反映着社会生活。常言道：“民以食为天，人以居为地。”“安居”方能“乐业”，所以古人云“成家立业”，意思是“先成家后立业”。只有拥有了一处安身立命之地，老百姓的生活才可能安乐、祥和。

也有学者把民居与方言、饮食和信仰等一起列为地域文化的重要内容，这是因为居住环境对民众生活的影响已经渗透到了人们的行为习惯中，并且反映在民间俗语里。可以说各地不同的民居风格折射出人们的生活面貌，反映出人们生活习惯的差异。汉语中的很多成语、俗语、谚语、歇后语、民谣等深刻反映了人们的居住习俗和生活智慧。

装饰门户的“福”字木雕（王衍军摄）

一、汉语词语反映出各地民居的风格和样式

汉语中说男女双方的社会地位和经济情况相当，很适合结亲，常说双方“门当户对”。比如明代凌濛初《二刻拍案惊奇》第11卷：“满生与朱氏门当户对，年貌相当，你敬我爱，如胶似漆。”古人所说的“门当户对”有其合理性。这是因为尽管恋爱是两个人的事情，但婚姻却是两个家庭的事情。如果两个家庭有相近的生活习惯，对现实事物的看法相近，生活中才会有更多的共同语言，才会有共同的快乐，也才会让婚姻保持持久的生命力。

那为什么用“门当户对”来形容双方适合结亲呢？这是因为“门当”与“户对”反映出宅院的门第高低。“门当”，原指大宅门前的一对石鼓，因鼓声宏阔威严，响如雷霆，百姓认为其能避邪，故民间广泛用石鼓代“门当”。“户对”，即置于门楣上或门楣双侧的砖雕或木雕。“户对”的多少直接反映出房子主人的身份地位。

“门当户对”

大门左侧的门当（石鼓）（王衍军摄）

广东话中有“拉埋天窗”一词。该词俗指儿女完婚，现在一般泛指“结婚”。这句话与旧广州的建筑有关：旧时西关的屋子中，整个屋子除了房门和窗子通风外，还在屋子靠近顶端的位置开一扇天窗给屋子通风，一般在下雨的情况下才关闭（拉埋），而新婚的人习惯将门窗关好，久而久之，“拉埋天窗”这句话就成了结婚的代名词。现代又添加了新的含义：指原本隐藏的恋爱关系对外公开。

“大门不出，二门不迈。”此成语形容安分守己，深居简出，多用来形容大家闺秀安分守己、性情娴静。“二门上门神”比喻居于次要地位的人。如《醒世姻缘传》第二回：“夫妻到底是夫妻，我到底是‘二门上门神’。”这些与二门有关的俗语深刻反映了北方传统民居———四合院的结构特点（详见本章第二节关于“四合院”的介绍）。“大门”即院落东南角大门，“二门”即前院与内宅中间的垂花门。为保护内宅隐私，垂花门平时关闭。垂花门是家庭妇女与来访亲友话别之地，女眷特别是未出嫁的大家闺秀不能随意出入垂花门，更不能无故迈出大门。此为“大门不出，二门不迈”的来历。“大门”“二门”含义深刻，在河北、河南、山东一带，至今仍将姑娘出嫁叫作“出门子”，将娶媳妇称为“娶进门”。

“门当户对”“门第相当”，是指男女双方的社会地位和经济情况相当，很适合结亲。如元朝王实甫《西厢记》第二本第一折：“虽然不是门当户对，也强如陷于贼中。”因为在封建社会，住宅和大门直接代表着主人的品第、等级和社会地位，人们只要一看大门，就能知道房子主人的身份。

“扛大梁”“挑大梁”这些俗语都形容担负重任或起主要作用。这是因为在木架构房屋中，大梁是架在屋架或山墙上面最高的一根横木，起着支撑整个房顶的作用，所以人们用“大梁”比喻担负重要作用的人才，形容这些人才多用“栋梁之材”。

《敕勒歌》中写道：“天似穹庐，笼盖四野。”“穹庐”即圆形帐篷，便于迁移。敕勒族为游牧民族，这是他们用自己生活中的“穹庐”作比喻，说天空如毡制的圆顶大帐篷，盖住了草原的四面八方，以此来形容极目远望、天野相接、无比壮阔的景象。这种景象也只有在大草原才能见到。

“大理有三宝，石头砌墙不会倒”，这句民谚道出了大理白族的建房风格。云南大理盛产石材，大理城也被称为“石头城”，可以说用石头建房子是白族民居独特的建筑风格。在白族民居中，各种各样的石头都能派上用场，石头不光用于建墙基墙角，也用于建门头窗头的横梁，甚至整座墙全用石头垒砌。

二、一些汉语词语透露出人们的居住习俗

民间建房多取单数成间，比如三间、五间、七间，忌讳造双数，特别是四间。这是因为民间把单数视为阳数，双数视为阴数。像“9”为最大的阳数，因此农历九月初九被称为“重阳节”。

普通人家正屋多为三间，中间的为堂屋，为全家人吃饭、会客之用，是家庭重大事务的决策之所，逢年过节往往供奉着祖先牌位，神圣而庄严；左边的为东间，右边的为西间。许多地方也还有“明三暗五”之说，即东间和西间又分割为前后房，明着看是三间，其实是五间房。民间的居住习俗深受“左为上”传统思想的影响，除中轴线上的堂屋外，东间被认为是次好的房间，所以父母长辈往往住在东间。因此，人们也把房主称为“东家”或“房东”；把商行业主称为“店东”。中国人抢着买单的时候往往说：“今天我来做东。”“做东”也是“做主人”的意思。

而东既为尊，也就有了“主要”的意思。汉语中当几个词并列时，顺序的排列不是任意的，一般是由尊到卑、由主到次、由大到小。如“君臣、父子、夫妻、婆媳、师徒、官兵、上下、男女老少”等。

方位词的排列也遵循这一规律。如“东西南北”是相反两方向两两相对而尊者在前（“南”尊于“北”），“东南西北”是先两尊后两卑。成语中东西对举时也往往是先东后西。如“东奔西走、东张西望、声东击西、东鳞西爪、东涂西抹”等，其中更为明显的是复合方位词，像“东南、东北”，而没有“南东、北东”，这些词语都反映了东为尊向的观念。

“南人习床，北人尚炕”的俗语明确道出了南北方不同的居家建筑文化。中国北方先民很早就有以火御寒的历史，随着生活经验的不断丰富，他们不再在室中生火，而是把“床”和“炉灶”二者合二为一，炉灶设在床底下，即“暖床”，也就是在东北和山东的一些地方沿用至今的“炕”。

三、与民居习俗有关的汉语词语折射出人们的生活智慧

很多地方有“富不富先看屋”的说法。这是说宅院是一家人社会地位、经济条件的象征，是整个家族的面子。所以过去官宦富贵人家可以花几年、十几年甚至几十年修筑自己的宅院，而一般乡间的农民如果手中稍有一点余钱，考虑最多的也是如何置地盖屋，改善自己的住处。现今农村很多地方相亲，又称“相宅院”，女方家的人通过看男方家的房子来大概估算男方家的经济情况。

鲁南一带现今有“与人不睦，劝人盖屋”之民谚。意思是说与别人不和睦，欲报复整治人家时，就劝那家人盖屋建房。这是因为修置房产、建房筑屋是一件分量很重的事，是一项很大的固定资产投资，也是一件非常折磨人的事，所以有与人不和睦就劝人去盖屋的说法。

此外，各地大多有“远亲不如近邻，近邻不如对门”之民谚。意思是说“远方的亲戚不如近处的邻居好”。当事情紧急或身陷困境时，远方的亲戚再好也应不了急，不能迅速帮助自己解决困难。此民谚强调睦邻友好，邻居之间要建立和谐的人际关系，进而共同营造一种互帮互助的居住环境。

【金旮旯，银旮旯，不如自个穷旮旯；金窝窝，银窝窝，不如自家土窝窝】【金家银家不如自己穷家】这些民谚流传颇很广，意为他人的住宅再富贵华丽，也不如自家房屋住着舒适安心。在老百姓眼中，家不仅可以避风雨、躲寒暑，而且还是个人的安身立命之所，是一个温暖的港湾。他人纵有“黄金屋”，寄居于此，难免有寄人篱下之感，犹如林黛玉入贾府，须步步小心。而在自家，可立、可卧、可行、可坐，无拘无束，精神放松，心情舒畅。

【挖东墙补西墙】挖这里的去补那里的，比喻勉强应付。也多用来形容人做事缺乏长远的计划，只顾应付眼前的急需。例如：“最近公司资金周转上有些问题，只好挖东墙补西墙。”

【梁园虽好，不是久恋之家】这句俗语是说他乡虽好，不宜久居；亦说眼下虽然顺心，却非长久之计。《京本通俗小说·错斩崔宁》：“只管做这没天理的勾当，终须不是个好结果。却不道是梁园虽好，不是久恋之家。不若改行从善，做个小小经纪，也得过养身活命。”

【一语撞倒墙】形容说话直来直去，毫无回旋余地。例如：“你以后说话要委婉一些，不要一语撞倒墙。”

【上梁不正下梁歪】比喻居上位的人行为不正，下面的人就跟着干坏事。

【墙头草，随风倒】【骑墙】比喻立场不明确，游移于两者之间。

【兔子不吃窝边草】比喻歹徒不为害邻里。例如：“常言道‘兔子不吃窝边草’，你对自己人都不能手下留情吗？”

【既在矮檐下，怎能不低头】檐：屋檐。这条俗语意思是说，既然站在低矮的屋檐下，怎么敢不低头呢？比喻处在别人的权势之下，不得不委屈忍让。也说“在人矮檐下，怎能不低头”。

【夜猫子进宅，无事不来】夜猫子：猫头鹰，民间将之视为不祥之鸟。俗以为其进门啼叫是祸事临头之兆。也有谚语云：“夜猫子进宅，无事不来，不是死人就是破财。”

【蜻蜓撼铁柱】形容自不量力。如《西游记》第三回：“那些猴不知好歹，都来拿那宝贝，却便似蜻蜓撼铁柱，分毫也不能禁动。”

【墙倒众人推】众人：很多人。这条俗语意思是说，墙快要倒了，大家就都去推它。比喻人一旦失去权势，大家都攻击、打击他。

【砌墙的砖头，后来居上】比喻资格浅的新人反居资格老的旧臣之上，也形容后来的超过先前的。

以上这些汉语语汇均折射出人们的居住习俗和生活智慧。此外，各地农村中还有一些民居禁忌，这些民居禁忌大都与谐音有关，体现出人们趋吉避凶的心态。如院内忌种桃树、梅树，因桃木辟邪，种桃树会引发灾多的联想，且“桃”与“逃”谐音，易引发逃荒要饭之不吉联想；“梅”与“霉”谐音，会引起倒霉或败家的不吉联想，故院内忌种梅树。

另外，各地汉族民间大多有“前不栽桑，后不插柳”之俗语，这是因为“桑”与“丧”同音，“出门见丧”是一大忌讳，故院前忌种桑树。而柳树无籽，“院后插柳”又寓“后无子，留不住子（即后代）”之义，故庭后忌种柳树，以免绝后。

思考与练习

1. 如何从居住习俗中理解中国的环境观念？

2. “风水”不是简单指“风和水”，它是中国古代的一种传统文化。你怎样看待风水这种传统文化？你认为它是科学还是迷信？在你的国家有没有类似的理论？试结合一些具体的例子谈谈你对风水的认识。

3. 房屋的建筑样式、建筑取材、民居禁忌、民居习俗等与当地的自然环境和某一民族的文化背景等要素息息相关，对这一观点，请结合所学过的民间建筑与居住习俗以及你所了解的本国的一些建筑居住习俗，谈谈你的看法和认识。

4. 汉语中一些汉语语汇透露出人们的居住习俗，反映出各地不同的建筑风格，并折射出人们的生活智慧，试举出课文以外的例证对此加以论述。

第七章

中国民间交通行运习俗

滑竿（王衍军摄）

交通行运是社会生产力发展到一定阶段的产物，它既是一种生产民俗，又是一种消费民俗，涉及人们的生产、生活和商业贸易活动等方面，而且不同时代、不同地域的交通行运习俗又存在着一定的差别。中国幅员辽阔，各地自然条件不同，不同地区人们使用的交通工具也有很大的差别。比如沙漠之舟——骆驼是西北地区常见的运输工具；生活在世界屋脊上的藏族群众则以牦牛作为交通工具；在河网密布的江南水乡，舟船则是主要的交通工具；在西南地区，一种古老的以人抬扛的竹制交通工具——滑竿，至今仍广泛使用。

随着社会的进步和生产力的提高，不同时代的交通工具也存在着很大差别。就拿车来说，古代主要是马车、牛车、骡车、人力车，而现代随着文明的进步和社会的发展，则出现了各种不同式样的汽车、摩托车，甚至还出现了水陆两用汽车以及火车、轮船、飞机等。社会在发展，文明在进步，与行运工具有关的民俗文化也在不断发生着变化。

第一节　中国古代的交通工具

中国古代传统的交通工具主要有牲畜、车辆、轿子和船只，并围绕这几种交通工具形成了各自的民俗文化。

一、牲畜

在中国，作为交通运输工具使用的牲畜主要有驴、马、骡、牛。在古代，驴和马的用处最大，既可骑乘，又可拉车载人载物。骡、牛主要用于拉车、驮物，极少骑乘。

马匹作为交通工具，在古代并不是用于骑乘，而是用于拉车。通常用四匹马驾一辆车，叫“驷”（sì），也有用两匹马驾一辆车的，叫“骈”（pián），用三匹马驾一辆车的，叫“骖”（cān）。

古代的马车

在先秦中原地区，上层贵族才有马车，马车的多少是国力强弱的标志之一，大国常被誉为“千乘（shèng，量词，古代称四匹马拉的车一辆为一乘）之国”。当时的马车主要用于作战。到战国时代，赵武灵王改为骑马作战，此后马用于骑乘在中原地区盛行起来。

到了隋唐时候，骑马之风自上而下普及开来，不仅朝廷官员外出有骑马的，许多重要场合也要骑马，如科举得中、升官回家省亲等，甚至有的贵夫人还骑马外出游玩。当时，由于马较为昂贵，外出骑马一直是贵族的一种高消费活动。马用于交通运输，不仅速度快、力气大，而且认识道路，故而有成语“老马识途”之说。

精美的马鞍

古人极为爱惜自己的马，往往把马装饰得特别漂亮，而且装饰都比较讲究，有马笼头、铜铃、马鞍等。秦始皇陵车马坑发掘出的两组铜车马，马身上的所有马具都有精美、华丽的饰物。

骡子、驴和牛是最常见的家养大牲口。骡子身材高大，既有马的力气，又有驴温顺的性情，既可用于拉车，又可用于农耕等生产活动。驴的身体矮小，性情温顺，很适合骑用。以前在北方农村常见骑驴赶路的人，尤其是妇女，脚小走不了远路，也骑不了高头大马，走亲访友、赶集或是回娘家时，一般都骑毛驴，其后面跟着个“赶驴的”，这个人可能是自家人，也可能是雇来的。被雇来的被称为“赶脚的”，专靠赶着牲口供人雇佣赚钱养家，这有些类似于今天开出租车的；也有出租驴子的，任客人骑去，回来付钱，这有些类似于今天的租车公司。以前在北方地区，驴是非常重要的交通工具，直到今天，在不适合骑自行车的偏远山区，仍能见到骑驴外出的人。在汉语中，有一条使用较多的歇后语：骑驴看唱本——走着瞧。

毛驴

骑毛驴

狗，民间一般用来看家护院、牧羊捕猎等，但在冰天雪地的黑龙江地区，狗还被用来拉爬犁。犁这种交通工具只要有冰面或雪层就可行驶。“爬犁”的样子远处看去像车，近处细看又有些像船。其用途很广，坐人载物无所不能。人出门时，乘上爬犁，一天可以疾行两百多里。进山狩猎丰收，几百斤重的猎物装上爬犁可一气拉回。

爬犁

驱使爬犁行驶的动力也因其样式和规格大小而异。较为轻便的爬犁用人力即可驱动；较大的爬犁要用马、牛甚至驼鹿才能驱动。但最常见的是用狗来驱动的爬犁，小者只需一两条狗，大的要用十几条。时至今日，乘坐狗拉爬犁驰骋于冰川雪原，已经成为游客冬季到东北地区时必不可少的冰雪旅游项目。

二、车辆

中国车辆的发明、使用很早，相传中华民族的始祖黄帝已经使用车辆。今天能看到的最早的车是从殷墟车马坑中发掘出来的马车，其形制为独辕两轮，方形或长方形车厢，车辕前有一根横木，可乘坐2~3人。秦始皇陵西侧出土的两辆铜彩车，做工精巧，装饰华丽，性能优越，足见当时造车技术之先进。

近代的骡车（王衍军摄于深圳民俗村）

秦始皇陵一号铜车马

到了汉代，车的用途扩大，其种类也增多了，有载人车、载物车、行猎车，坐人载物并用车等。在古代，不是人人都可以乘车的，只有地位高贵之人才可乘坐马车，有钱的商人仅可以乘坐牛车，其他人只能步行。牛车在汉代也已流行，虽速度比马车慢，但行走平稳，加上乘坐马车礼仪复杂，坐牛车的人随之多起来。

明清时代流行骡车，而且成为当时最上乘的交通工具之一。无论马车、骡车、牛车或驴车，都要求道路宽敞平坦，北方平原地区比较适合，而不适用于道路崎岖的山区和丘陵地区。

于是在山区和丘陵地区出现了一些人力车，比如独轮车和排子车。独轮车只有一个车轮，两个车把，四川、重庆地区又称“鸡公车”。还有一种载客的独轮车，常常一边载客，一边放行李，以求得两边平衡。古代的车轮是木质的，近代又用橡胶车轮来代替。

独轮车（王衍军摄于深圳民俗村）

排子车上面有车厢，下面有两个车轮，前面有两个车把，可以推，也可以拉。山东一带又称为“地排车”，可用于运输庄稼、粮食等。

排子车

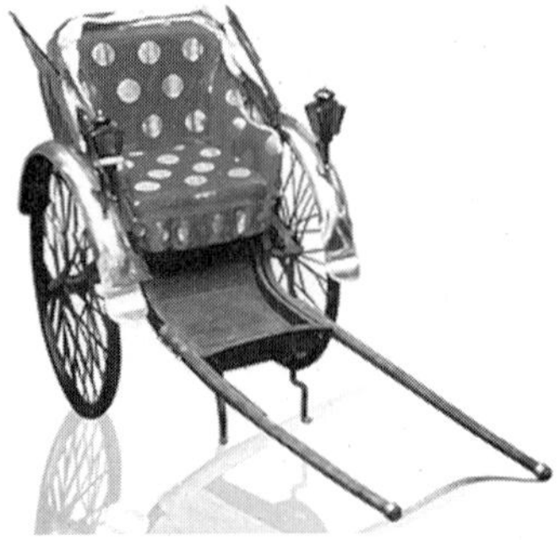

黄包车

旧时城乡都有，其载重量超过独轮车，而且较为省力，是以前农村最为主要的交通工具，现在已被电动车或拖拉机取代。

民国初年出现了橡胶车轮的畜力车和人力车。胶轮人力车俗称“洋车”，也称“黄包车”，主要用于载人，类似今天的出租车。这种车来自日本，所以又叫“东洋车、洋车”。为引人注目，招徕生意，车身涂黄漆，故又名“黄包车”。民国初年，这种车流行于北京、天津、上海等大中城市，旧时专门有人以此为业，被称为“洋车夫”或“拉车的”。老舍先生在小说《骆驼祥子》里真实地描写了一个北京人力车夫——骆驼祥子的悲惨命运。

20 世纪七八十年代，数量最多、最普及的交通工具是自行车。城市的人骑着它上班，农村的人骑着它下田。部分中小城镇仍用自行车、人力三轮车搞载客运输。

三、轿子

轿子（王衍军摄）

轿子是中国古代独有的、用人力抬扛的一种交通工具。最初只在翻山越岭时才使用，平时仍用车子，而且使用的地区也不太普遍。汉代以后，轿子的使用已不再局限于山路，而被上层统治者用作一种日常交通工具。现在一些农村，在结婚时还用轿子。

轿子不单是一种交通工具，也有体现乘坐者地位等级的作用，是人们地位与身份的象征。比如，轿子有轿夫多寡之分以及颜色式样等区别。明清两代明确把轿子分为“官轿”和“民轿”。明朝红色轿顶的轿子是皇帝乘坐的。清代亲王的轿子为银顶、黄盖，轿夫八人，称为“八抬大轿”。民轿为黑油漆顶，两人抬轿。只有结婚用的花轿才可用红缎绣片等。从宋代开始，随着人们对轿子需求的增加和轿子的普及，出现了一个新的行业：轿夫。到了民国，民间乘轿已没有任何限制，只要有钱就可以乘坐，于是大大小小的轿子遍布各城乡。

四、船只

5 000 多年前，人们用火烧独木，然后挖成独木小舟，木材的大小限制了船只的大小。到殷商时代发明了用数块木板拼成的木板船。秦汉时代，造船业的发展突飞猛进，有能坐一两个人的狭长小艇，有把两船并为一船的“舫”，有建有二三层楼的楼船及用于航海的大船等。其中楼船最负盛名，种类多且用途广，是水军的主力战舰。

古代用于航海的大船

浙江绍兴特有的乌篷船

在诗歌中也能见到对船的描述，比如张继的《枫桥夜泊》：“月落乌啼霜满天，江枫渔火对愁眠。姑苏城外寒山寺，夜半钟声到客船。”现在的江南水乡，船只仍是主要的交通工具。

五、交通与地域

交通工具的使用受地理环境的影响极大。在河流湖泊集中的江南水乡，船只成为最主要的交通工具。如江苏吴县，村村有船，从这村到那村，没船不能去。北方平原地区河少船少，交通运输主要靠车和牲畜，所以往往宽街大道，车水马龙。山区又不同于平原和水乡，道路崎岖狭窄，车辆行走困难，人力就成了最简便、最廉价的运输力量。

沙漠之舟——骆驼

西北沙漠地区的主要交通工具是骆驼。在过去的一两千年中，骆驼把中国的丝绸、茶叶、陶瓷等源源不断地运往西域各国，同时又把西域各国的珍珠、药材、玉石、香料等驮回来，从而开辟了一条中外闻名的商路——丝绸之路。

牦牛被称为“高原之舟”，它是西藏高山草原特有的牛种，生长在海拔 3 000～5 000 米的高寒地区，能耐 －40℃ ～ －30℃的严寒，被用作高原地区的运输工具。

西藏牦牛

六、交通礼俗

中国的礼俗是很丰富的，行车、走路、驶船、驾车也各有各的礼俗。在古代，乘不同的车有不同的礼俗。行车：途中两车相遇，应“贱避贵，少避长（zhǎng），轻避重，去避来”，此俗至今沿用。

行船礼俗“轻避重，贱避贵，去避来”，基本与行车的礼俗相同。走路：在堂上走路，步子要小，不能太快；在堂下走路可以迈大步。在道路上行走，男女同行，男右女左，车走中间；父子同行，父前子后；兄弟同行，兄前弟后；朋友同行，应并排走。两人并行，右主左次；两人前后行，前主后次。三人并行，中间为主。中国人在道路上行走的习惯与日本等一些国家有很大的不同，无论是行人还是各种车辆，一律靠马路右侧行走。

第二节　中国各地民间出行禁忌习俗

出门远行，也是人们日常生活中常遇到的。旧时交通不便，出门远行困难很多，最怕遇上灾祸，所以民间有很多出行方面的禁忌。比如云南的马帮就有农历腊月、六月忌远行以及“春不走东，夏不走南，秋不走西，冬不走北”的讲究。有首古诗感叹行路艰难，描述了出行的诸多禁忌：“常忆离家日，双亲拂背言。遇桥须下马，有路莫行船。未晚先寻宿，鸡鸣再看天。古来冤枉者，尽在路途边。”一般来说，民间出行方面的禁忌主要有以下方面：

一、慎选出门吉日

古人出行多择吉日。商代甲骨文中就常见占卜择吉出行的记载。商朝人用火烧龟甲或兽骨，然后根据甲骨上出现的裂纹来判断未来的吉凶。帝王出巡、郊游打猎、外出办事、将军远征等都要进行卜问，以预测出行的吉凶。如果卜问得不到吉兆，过几天再行卜问，再定行程日期。这种卜问吉凶之法在古代相当流行。在中国古代，几乎每个朝代都设有卜官，观天地之变、测阴阳之机，预卜未来。

这种选择吉日出行的做法在民间也广为流传。民间俗语有云：“三六九，往外走。”“初五不出门，初六好兆头。”“六”在中华文化中是个吉祥的数字，有“顺利”的意思，所以很多人选择在初六、十六、二十六出门，以图旅途平安，出行顺利。比如正月初六是各地农民工传统的第一个出门吉日。但大家都选初六吉日出门，自然也会造成客流高峰，以致大批民工滞留车站。

人们出外行路，一般不选带有“四”和“七”这两个数字的日子，“四”“七”均是不吉利的数字。“四”与“死”音近，意味着不吉不顺；“七”与“凄、戚”同音，象征着不顺利，丧事中还有“做七”之习俗。因此，人们不愿意选择带有“四”和“七”这两个数字的日子出门，尤其是不愿意选择“初四”出行，因为“初四”谐音“出事”。

有趣的是，尽管俗语云“三六九往外走”，但人们大多不喜欢选择“十三”出行，因为“十三”谐音“失散”。珠江三角洲一带甚至婚姻嫁娶之事也不选择“十三”。另外，如果已经选定好出行吉日，但临时有不好的预兆，如小孩摔跤、小孩大哭不止、碗碟打破、猫头鹰夜啼、家犬夜哭之类等，要至少延期一日，否则不吉利。

二、路上行走时的禁忌

在山路上、胡同里或夜间行走，突然听到有人叫自己的名字，未弄清楚之前，不能随声答应，也不能回头看，俗以为这可能是鬼魅在试探。民间认为人名是人体的一部分，若答应了，灵魂便为鬼魅所勾，人将遭遇不测。行路对面来了旋风，要吐几口唾沫以避邪，民间认为旋风是鬼，鬼怕唾沫，唾之则避。

行路时，忌讳遇上送葬的，俗以为不吉利；如遇之，要将帽子或衣服脱下，扑打数次，以散晦气。在数人同行时，各地大多都有“夜不前行、昼不后行”的说法。民间以为夜晚在后面走，前面遇险，可速避之；而白天在前面走，路有遗钱，可先拾之。

汉族旧时禁忌与女人同行。古有“军中不可有女，不可与女人同坐车船”的俗语。原因如下：男尊女卑；对女人经血的恐惧；性诱惑禁忌。总之，人们出门在外都要格外小心，“出门观天色，进门观成色”，不轻易和陌生人攀谈，以免坏人摸清底细，遭遇不测。日出出行，黄昏投宿，紧关门户，预防意外；最怕的是歇在“黑店”或上了“贼船”，在外住宿，睡觉应忌风，吃饭宜忌冷；尤为忌讳随便吃陌生人的东西、抽陌生人的烟，防止被蒙汗药麻倒或食物中毒。

枸杞

男子出门要特别注意控制自己，忌拈花惹草、寻花问柳。谚语云：“出门千里，不吃枸杞。”枸杞为中药材，具有补肾壮阳之功效。这条禁忌谚语就是含蓄地告诫男子：出门要注意控制自己，不要拈花惹草。

出门忌贪占他人便宜，谨防上当受骗。下店歇息时，不要枕着鞋子睡觉，不然会沉迷不醒。不要起床的时候站在床上，另外，无论什么时候，不要站在或坐在人家的门槛上，主人家会不高兴这样。俗语云“有钱难买回头望”，出门时，要清点行李，以免遗落。还有俗语说得好：“出门三辈低”，出门人要百般忍让。更忌钱财外露、夸口张扬，有“出门不露白，露白会失财”的警语。

第三节 中国各地民间交通行运习俗与语言

人们来到这个世界上，就少不了和行路打交道。出行和我们的生活密切相关，因此在语言中也有相当多的格言、俗语、谚语、歇后语等反映了出行与生活的关系，这些词语都闪现出人们的生活智慧。

出行不易、行路艰难，所以人们往往感慨“在家千日好，出门一时难”。难处总是不可避免的，请人帮忙时往往说“在家靠父母，出门靠朋友”。出门各个方面都要花钱，所以有“穷家富路”之格言，意思是劝人出门要多准备些钱，而在家呢，怎么都可以应付过去。大诗人李白就有“蜀道难，难于上青天”的感叹；杜甫的“芒鞋见天子，脱袖露双肘”也足见其路途之艰难。

离别家乡，远离亲人，总是难免思乡和怀念亲人，所以马致远《秋思》中的“古道西风瘦马，断肠人在天涯”写出了游子思乡的怅然、悲凉之情，正所谓“美不美，家乡水；亲不亲，故乡人”，人们总是留恋自己的家乡，怀念家乡的亲人。

出行的路上充满艰辛、险阻，有山路、水路、泥路、冰雪路等，所以民间有“逢林莫入”“急走冰，慢走泥”“宁走十步远，不走一步险”等俗语。意思是说，树林里可能藏着凶险，遇到茂密的树林最好不要进入；在冰路上走，要快走，而在泥路上走呢，要慢走；路上行走时，宁肯绕远，多走十步，也不要贪图近便，走一步险路。这些俗语都提醒人们尽量确保路途平安、降低危险。

路上除了有各种凶险之外，还充斥着各种诱惑。所以有首歌唱得好：“送你送到大门外，有句话儿我要交代，虽然已经是百花儿开，路边的野花你不要采。”歌中以“家花”喻妻子，“野花”喻妻子以外的女子。这是深情的妻子嘱咐丈夫，出门在外，要小心外面的各种诱惑，早日还家。也正因为出行的路上充满艰辛，所以俗语又云：“儿行千里母担忧。”

出门在外，诸事不易，所以人们告诫出行者“出门三辈低”，切记“是非皆因强出头”，忌争强好胜，拌嘴斗殴。还要牢记“一人不上路”“出门问路，入乡随俗，入国问禁”等警语。孤身在外，行走天涯，可谓举目无亲，诸事艰难，为求平安，还要谨言慎行，谨防“祸从口出”，所以又有“隔墙有耳”“路边说话，草窝里有人听”等俗语。也正是因为出门艰难，所以人们往往选择吉日出门，甚至在出门前进行占卜。

另一方面，行路的确艰难，但行路本身又充满了诗意，雨雪霏霏、杨柳依依，微风拂面、花香鸟语，这些境界，只有行人才有福消受。而许多奇情逸事也都是出自行人的经历。唐三藏艰苦西行，让后世得以演绎出《西游记》；陆放翁把酒长吟，留下“衣上征尘杂酒痕，远游何处不消魂”的动人诗句；徐霞客长途跋涉，行出洋洋洒洒的传世之作——《徐霞客游记》。出行可以增长见识，开阔视野，所以人们常说“读万卷书，行万里路”“读不尽的书，走不完的路”。人们看不起女人，常常说“女人头发长，见识短”，这也与女人在家里操持家务，较少有机会出外远游有关。

一些俗语除包含着人们的生活智慧外，还可看出古代各个地区人们所采用的各种不同的交通工具。比如，“骑驴不知赶脚的苦”，这里的意思是指骑驴的人不知道赶着驴走路的人有多么辛苦，多用来埋怨某人不体谅别人的苦处。

又如，“船到桥头自然直”，意谓事先不用着急，到时候问题总可以解决。这也是在无可奈何中强作宽慰的说法。

再如，“任凭风浪起，稳坐钓鱼船”：无论风浪怎样大，不慌不忙地坐在船上钓鱼，多用来形容人胸有成竹、不慌不忙的态度。“老牛拉破车”：形容人做事就像老牛拉破车，慢慢吞吞，不讲究效率。这些俗语反映出各地所存在的毛驴、船只、牛车等不同的交通工具。

思考与练习

1. 交通行运是社会生产力发展到一定阶段的产物，它既是一种生产民俗，又是一种消费民俗。因此，不同国家、不同时代及不同地域的交通行运习俗往往存在着一定的差别。请谈谈你所在的国家或地区与中国民间交通行运习俗方面的差异。

2. 在汉语中，有相当多的格言、俗语、谚语、歇后语等反映了出行与生活的关系，这些词语体现了人们的生活智慧。请结合课外资料，另外举出十条这样的语汇，并加以解释。

第八章

中国民间商业习俗

商业贸易是随着人类社会的进步逐渐产生并发展起来的。人类最初的贸易活动是物物交换，用自己的猎物或兽皮交换各自所需的货物，各得其所，并不计较商品价值之间是否等值，后来慢慢发展到以货币为媒介进行商品交易。

货币是社会的经济形态发展到一定程度以后才出现的，它以一种代表财富的抽象身份得到全体社会成员的认同，通过流通、储存、交换来实现其价值。中国先民们最初使用的货币代表物是“贝”。“贝”就是“贝壳”。“古者货贝而宝龟，周而有泉，至秦废贝行钱。”（许慎《说文解字》）这段话是说，古人对两种东西很看重，一种是“贝壳”，一种是“龟壳”，把它们看作是财富的象征。“货贝”即以“贝”为货币，“宝龟”即以“龟壳”为宝物。

贝壳

龟壳

中国古代以“贝”为货币的历史清楚地反映在汉字中。虽然“贝”在秦代以后已经不再作为货币来使用了，但是用“贝”字表示财物之义却在大量的汉字中保留下来。现在与财富和金钱有关的字往往都带“贝”字，如“财、货、贷、贵、贱、贫、贪、贿、赂、贸、赊、赔、赌、赏、赐、赠、赚”等。

古代作为货币的铜钱是用铜铸成的，谓之“铜钱”。秦始皇统一六国后，将原来各国通行的不同的货币统一为圆形方孔钱，并通令全国使用，一直延续到清代宣统年间，在中国使用了2 000多年。铜钱因其圆形方孔，故此也被戏称为“孔方兄”。

黄金和白银也曾作为货币，而且是一种硬通货，所以在汉语中由“金”和“银”组成的词汇也往往与钱财相关。如“现金、礼金、基金、押金、股金、佣金、租金、定金、本金、奖金、奖学金、公积金、保证金、抚恤金、养老金、收银台、收银员、银行、银号、银根紧”等。因为黄金、白银在生活中的地位和价值，很多俗语也用“金、银”来表现。如形容有钱人生活奢侈时说“挥金如土、一掷千金”；形容时光的不可逆转，告诫人要珍惜时间时说“一寸光阴一寸金，寸金难买寸光阴”；强调人们要齐心协力时说“三人一条心，黄土变成金”；强调男儿要顶天立地不应轻易屈膝下跪则说“男儿膝下有黄金”；强调宽恕、鼓励那些走错路的人改邪归正则说“浪子回头金不换”。

铜钱

银元宝

商业贸易既是一项重要的经济活动，又是一项重要的文化活动。不同的国家在商业贸易集市的设置、招揽生意的方式方法、从业人员的仪表言谈，以及商店名称招牌等方面都有着各自的习俗。中国民间的经商习俗可以从商业贸易方式和商业禁忌习俗两个方面来考察。

第一节 民间商业贸易方式

中国传统的商业贸易有集市、坐商、行商、庙会等四种方式，这四种贸易方式各有各的习惯和特点。

一、集市

集市是定期聚集进行的商品交易活动形式，主要指在商品经济不发达的时代和地区普遍存在的一种贸易组织形式。至今在中国不少省区，特别是在北部和西南部，这种传统的贸易组织形式仍然存在。但是各地使用的名称不一，比如在北方地区一般称为“集”，而在南方和西南地区则分别称为“场”“市”“街”“墟（xū）”等。

各地一般按照约定日期在某一固定场所内举办商业贸易活动。一般每月固定几天，比如有的乡镇逢初五、十五、二十、二十五、三十设集；有的乡镇逢初四、初九、十四、十九、二十四、二十九设集。一般集与集之间相差五天，各个乡镇之间相互错开，这样可以让商贩多赶一些集市，也方便周围乡镇的村民将自己多余的货物拿到集市出售，同时买进日常生活的必需品和生产用品。至于集市贸易时间，有的进行一整天，有的仅上午半天。

古代的集市

按照买卖货物的种类，集市一般都有相对固定的分区，比如菜市、猪市、羊市、牛马市、鱼市、肉市、鞋市、服装市、粮食市等，每一个小市场都有相对固定的位置。集市按照功能分区，既方便了买卖者，同时又相对安全。比如春节前的几个集，鞭炮和烟花都非常热销，而卖家为了增加销售，都互相比着放鞭炮和烟花，鞭炮和烟花与其他商品区分开，也是为了安全的考量。

江南水乡乌镇一带还有比较特殊的水上集市。乌镇地处两省三府七县的交界处，河道密布，四通八达。四乡八邻的镇村居民习惯于在清晨摇着船早早地出来喝早茶，顺便赶个早市，把家里种的蔬菜和养的家畜带到集市卖，以贴补家用，逐渐就形成了集市，非常热闹。临河的居民只要吆喝一声，船就会摇到水阁边，不出门也可以买到新鲜的蔬菜，很受居民欢迎，所以至今仍兴盛不衰。

二、坐商

坐商是一种有固定营业场所的商业行为，其固定的营业场所一般称为“店铺”。大约在宋代，城市中有了固定的经营者，出现了“店铺”，即现在常见的“商店”。旧时，大的称“店”或“商行”，小的称“铺子”。

虾小二（店铺名）

坐商一般都集中在居民区或城镇，大都有固定的消费者。即使是在偏远的农村，每个村子里也总会有一两家小铺子，经营日常生活用品，如针线、肥皂、烟酒糖茶等。如果没有钱还可以先赊账。鲁迅先生所写的小说《孔乙己》中就记载了孔乙己没现钱而赊酒喝的情节：

> 掌柜也伸出头去，一面说，“孔乙己么？你还欠十九个钱呢！”孔乙己很颓唐的仰面答道，“这……下回还清罢。这一回是现钱，酒要好。”

坐商所开的店铺有的是杂货铺，什么都卖；有的专门经销某一种商品，如布匹、茶叶、酒、中药、粮油等。店铺无论大小，都希望财源滚滚，生意兴隆。现在仍然可以看到不少店铺春节时贴的对联是：生意兴隆通四海，财源茂盛达三江，横批为“日进斗金”。店家重财求利的良苦用心可见一斑。为此，店家不仅全力装修店铺，而且还在店名、招牌上下工夫。

首先，店名要含义深刻，寓意吉祥，读起来响亮而且容易记住。比如以前北京的绸缎店和商号往往以“顺、祥、昌、盛、兴、义”等字来命名，表达出店家追求吉祥、昌盛、诚信的愿望。

收银处

饭馆、酒楼、茶馆多用“楼、斋、堂、轩、乐、福、居、园”等来命名，如北京老字号的餐馆有全聚德、东来顺、全素斋、砂锅居、同和居、同福居、畅春园、丰泽园、蓬莱居、迎宾楼、君乐楼等，这些名字告诉人们这里是聚会、游乐、餐饮的场所。

酒馆

书店、古玩店往往用“阁、斋、轩”等来命名，名字本身就透露出一种古色古香的儒雅之气，如“荣宝斋、集古斋、古雅斋、存古斋、文香阁、聚宝阁、集古堂、四宝堂”等。

其次，坐商还有一个非常重要的标志，就是在店门口根据经营内容悬挂的招牌。招牌又称“幌子”，民间多称其为“望子”。它与行业经营的内容直接相关，久而久之约定俗成，特殊的幌子就成了某种生意的象征。如酒店门前悬挂写有“酒”字的旗子或悬挂一只葫芦；当铺门前写着一个大大的“當”（当）字；茶叶店门前写着“茶”字；裁缝店门前写着“成衣”两字作幌子。这些幌子旧时商号多雕刻于木板上，也有书写于铜、铁铸成的板上。现在的招牌、商号多以广告霓虹灯来装饰。

茶馆（王衍军摄）

旧时的乡村由于人们文化水平比较低，认字的人比较少，所以门前的幌子多以实物幌子或实物模型幌子为主。所谓实物幌子就是以本店所出售的商品实物为标志，即店里经营什么，门前就挂什么。比如修车铺前挂一只废旧车轮或轮胎；鞋店前挂一只鞋；草帽店前挂一顶草帽；酒店前摆一个酒坛子；烟袋铺门前挂一只木制的大烟袋；颜料铺前挂一根木制的五彩圆棍；旅店前则悬挂一把竹编笊篱（意为有吃有住）……这些招牌浅显易懂，让人一看就知道店中经营的内容。近几十年以来，这种实物幌子逐渐减少，偶尔还在酒店前和修车铺前见到，相反文字幌子越来越多，这与人们文化水平逐渐提高有很大的关系。

幌子不仅能向人们展示店铺的种类，还可以区分店铺的等级和民族。比如，在哈尔滨的市区和乡村的饭店，门口悬挂一个幌子，表明该店经营大众小吃；悬挂两个幌子，表明饭店经营中档饭菜；悬挂四个幌子，表明饭店是以南北大菜为主的高档饭店。但是为什么单单没有三个幌子的饭店呢？这是因为东北人在说“一二三”的时候通常说成“一俩仨”，那么三个幌子就变成了“仨幌”（撒谎）了，所以哈尔滨一带一般没有悬挂三个幌子的饭店。

缀蓝布条的回族饭店的幌子

而在多民族杂居的地区，幌子还可以帮助人们区分店铺的民族种类。比如侗家餐馆往往在幌子中央画两个装鱼的坛子，苗族餐馆则在中间画着斟酒的紫色牛角。而在回族居民比较集中的地方，饭馆的幌子由罗圈下缀布条组成，罗圈下缀红布条的表示汉族，缀蓝布条的则表示回族。要是有人不懂这种习俗，进了缀蓝布条的饭馆却要吃猪肉，准会被轰出大门，因为这触犯了回族的禁忌。

店铺的布置一般都很讲究。在北方地区，临街的一面多做成玻璃窗，窗内陈列着各种物品，从外面就能了解店铺内经营的商品。南方一带则把临街的一面全部安装为活动大木板，营业时全部摘下，路人也能看清楚店内所售商品。

舞狮助兴（王衍军摄于羊城）

新的店铺开业时，往往有盛大的开业仪式，一般有庆祝活动和酬宾活动，门前张灯结彩，鞭炮齐鸣，贺喜的花篮或花牌摆满店门两边。这一天店内商品一般都会优惠出售，以招揽生意，聚积人气。南方一带往往请醒狮来表演助兴，并举行采青仪式。所谓采青，就是舞狮出游时，人们为了招瑞狮临门呈祥献福，在门前吊起一把青菜与一封利是（红包），或是在地上放一把生菜与红包之类，好让狮子前来采之。取青菜“生猛”的意头，寓意“生意兴隆”。这是南方醒狮独有的节目，它不但需要高难度的技巧，而且还充分显示了舞狮者的勇敢和机智。

三、行商

民间的行商一般可分为两种形式：一种是资金雄厚、经过长途跋涉进行大宗交易的商队，如历史上来往于丝绸之路上的骆驼商队、云贵高原上的马帮等。旧时，驼队和马帮成为沟通国内外商路的重要交通工具。千百年来，云南马帮行走在崎岖狭窄的茶马古道上，由于长期赶马生活的磨炼和经验积累，久而久之，形成了一套约定俗成的常规帮俗。比如，按照俗规，马帮中走在前面开路的头马要头系红绫，颈挂两个大铜铃，驮架上插上马帮旗号，这叫“大铃”。第二匹马则颈戴一串小铃，称为“应山铃”。这些铃声是马帮行路的一种信号，由于山路大多又陡又窄，别的赶马人听见前方的铃声，便知道对面来了马帮，就会主动把自己的马队靠边，以免相互拥挤跌下山涧。同时，马帮内部还有着一套自己的“行话”，并要严守诸多戒律和禁忌，以祈求驮运顺利平安。

茶马古道上的云南马帮（王衍军摄）

行商的另一种形式是小本经营的小贩，往往身背肩挑上山下乡，走街串户兜售货物。旧时俗谓“走贩”，特点是用特殊用具和叫卖声吸引招徕顾客。俗话说：“干什么说什么，卖什么吆喝什么。”招揽生意的方法可谓各行有各行的特色，各地有各地的招数，显示出浓厚的民俗特点。如卖日用品的货郎摇小手鼓，俗称“摇鼓担”；卖馄饨、豆腐花等小吃的敲碗匙。而与敲击节奏相映成趣的叫卖声往往是卖什么喊什么，拖腔拉调，似喊似唱，“人未到声先到”，以此广而告之。

以前老北京小商贩的吆喝声此起彼伏，热闹非凡。例如，卖冰糖葫芦的：“冰糖儿多呀哎——！”卖年画的：“卖哎——画儿！”收破烂的：“有破烂的我买耶——！”烤白薯的：“热乎呃——！”卖肉包子的：“热包子的咧哎——!”

在山东一带农村中走街串巷的小贩吆喝声也很有特点，例如，卖香油的：“打香油哎!”磨剪子菜刀的：“戗剪子——磨菜刀——”收头发的：“乱头发——换洋火（火柴）”……

商贩们除叫卖外，还用各种打击声来吸引顾客。卖不同的货物，操不同的家伙，各具特色，使人不见其人，先闻其声。过去的下乡货郎有货郎鼓，用小鼓代声。《水浒传》第七十四回写燕青扮作山东货郎，“一手拈小鼓，一手打板，唱出货郎太平歌”。

江南一带，铜匠担晃铜串，算命的打鼓敲小锣，收废品的摇铃，卖冰棒的用木块敲冰棒箱，可谓各有一套。这些用响器发出的声音和吆喝声都是一种特殊形式的广告，既沟通了买卖双方，又装点了人们的生活，体现出浓郁的民俗风情。

老北京冰糖葫芦（铜塑）（王衍军摄于深圳民俗村）

四、庙会

庙会又称“庙市”，它的形成往往与佛教寺院以及道教庙观的宗教活动有着密切的关系，同时它又伴随着民间信仰活动而发展、完善和普及。东汉时期佛教开始传入中国，同时道教也逐渐形成。它们之间展开了激烈的生存竞争，在南北朝时各自都站稳了脚跟。而在唐宋时，则又都达到了各自的全盛时期，出现了名目繁多的宗教活动，如圣诞庆典、水陆道场等。佛道二教竞争的焦点，一是寺庙、道观的修建；二是争取信徒，招徕群众。

而为了争取更多的信徒，佛道二教常常用走出庙观的方式扩大影响。北魏时佛教盛行的“行像”活动就是如此。所谓“行像”，是把神佛塑像装上彩车，在城乡巡行的一种宗教仪式，所以又称“巡城”。唐宋以后庙会的迎神、出巡大都是这一时期“行像”活动的沿袭和发展。

宋元以来，这些宗教活动逐渐世俗化，也就是说更多的是由民间俗众出面协商举办。这种变化，不仅大大增加了这些活动自身的吸引力和热闹程度，也使这些活动中的商贸气息随着群众性、娱乐性的加强而增加。在宗教界及社会各界的通力协助下，庙会活动得到进一步的发展。早期庙会仅是一种隆重的祭祀活动，随着经济的发展和人们交流的需要，庙会在保持祭祀活动的同时，逐渐融入集市交易活动。这时的庙会因此又被称为“庙市”，成为中国市集的一种重要形式。根据人们的需要，又在庙会上增加娱乐性活动，于是过年逛庙会成了人们不可缺少的生活习俗和节日活动。

庙会一般设在寺庙里或寺庙附近的空地上，在节日或规定的日子举办。有的只在每年春节期间举办。各地区庙会的具体内容稍有不同，各具特色，比如广州一带的波罗诞庙会，就很有特色。波罗诞庙会是广州地区最大的民间传统庙会之一，至今已有 1 000 多年历史，会期是每年农历的二月十一至十三，二月十三为正诞。这几天，南海神庙（波罗庙）方圆数十里，包括水上的、陆上的周边地区都热闹非凡，呈现出一派节日景象。其时四乡云集，路上行人如蚁，庙中人声鼎沸，紫烟缭绕，爆竹轰鸣，胜似春节，故广州一带民间有“第一游波罗，第二娶老婆”之说。

波罗诞买波罗鸡，是广州人的“保留项目”。这“波罗鸡”并非真鸡，而是一种工艺品。传说旧时在波罗庙附近的一个小村里，有个张姓老妇，无儿无女，只与一只大公鸡相依为命。村里有个有钱的员外（此处“员外”即地主豪绅之义）酷爱斗鸡，对张老妇的雄鸡早有所闻，派人找到张老妇，要那只雄鸡与他的较量，被老妇拒绝。员外不甘心，偷偷地拿了自家最威猛的雄鸡去斗，结果被杀得一败涂地。员外出高价想买老妇的鸡，仍被拒绝。他恼羞成怒，一天，趁老妇下田之机，派家丁将雄鸡偷了回来。谁知这只鸡从此不再啼叫。员外一怒之下杀了它。伤心不已的老妇将鸡毛一根根捡回家，洗净晒干，用黄泥作鸡身，纸皮作鸡皮，把鸡毛一根根粘上去，说也奇怪，粘上鸡毛后，鸡栩栩如生。第二天早晨，老妇又听到雄鸡在啼叫。她高兴至极，又做了不少这样的鸡，留下最心爱的一只，其余的都拿到波罗诞上卖。波罗诞上买波罗鸡的习俗就这样流传下来。

春节逛庙会

山东各地的庙会一般每年有几次甚至几十次之多，例如，曲阜有正月初二至十六的鼓楼门会、正月十五夫子洞庙会、清明节林门会、腊月大庄花会等；临清有正月初一大宁寺庙会、二月十九静宁寺庙会、三月三五龙宫庙会、三月三十歇马厅庙会、五月二十八城隍庙庙会、九月十五和腊月十五碧霞宫庙会等。

秋天树上的柿子

山东各地庙会上的贸易物品大体可以分为三类：第一类是土产品。即当地的或远道而来的各种土产，如木制农具、家具、日用器物，各种条编、草编生产用具和生活用具，新制成的大车、小车等。第二类是饮食与玩具。庙会不同于平时的集市贸易，带有明显的游乐性质，因此饮食与玩具市场特别发达。比如济南千佛山庙会每年农历三月三、九月九各有一次。九月九的庙会，适值附近山村柿子下树，会上遂有数不尽的柿子摊贩，各种各样的柿子任人挑选，因此有“柿子会”这一别名。庙会上的玩具最为花俏，卖风筝的、卖竹木刀枪的、卖泥玩具的，不胜枚举。第三类是各类民间艺人的表演活动。常见的有要刀枪、要戏法、要猴戏、说快书、民间歌舞剧等，都在会场演出，赶会的人争相围观，每演一个或几个节目，艺人即绕场募钱，也有的需要买票入场。

第二节　民间商业禁忌习俗

俗话说：“商场如战场。”商界处处弥漫着风险，潜藏着危机，所以旧时各地民间商界就形成了一些旨在趋吉避凶的商业禁忌习俗。

一、商人的辟邪禁忌

商业以营利为目的，生意人的一切行为旨在一个“财”字。只要一开市，就希望在钱上有个好兆头。因此凡是与经商主旨相违背的言语、行为都是禁忌。三百六十行各有各的禁忌，但有其共同的特点：商人都敬财神，将财神尊称为“财神爷”，故首先忌讳亵渎神灵。不得直呼财神名讳，如管利市财神叫关羽，管增福财神叫比干等均为犯忌。商人必须尊敬本行业的祖师爷，也不得直呼其名讳。

武财神关羽

在商业经营活动中以行商和坐商两种方式为主。这两种方式均有很多禁忌，尤以坐商的禁忌为最多。

先说行商。行商种类不一，禁忌有差异。一般来说，挑担出门经商的人，出门忌见乌鸦，更忌遇见尼姑、和尚。行商的扁担禁忌别人从上面跨过，尤忌女人用脚踢。有的地方赶马外出做生意的人，忌说涉及豺、狼、虎、豹等的字句，否则外出不吉。商人赶街忌讳说不吉利的话，不能踩别人的脚后跟，否则，总落人后，晦气赚不到钱。四川西部的农村集市贸易中，在商议买卖猪或牛的价格时，人们通常忌说整数，认为整数有尽头的意思，这样不吉利，买回去的牲畜难以喂养。

旧时走街串巷的小商贩（行商）

坐商的禁忌更多。店铺招幌、标记就是“招财进宝”的象征，在商人心目中最为神圣。每天挂幌子，必须说“请幌子”，忌讳说“挂”；尤为忌讳挂不牢而坠地，如有伙计不慎将幌子失落于地，便视为得罪了财神，立即解雇。

旧时香蜡铺卖财神像，包括其他神像，忌讳说卖，必须说“送”，否则便视为对神不敬，生意必赔无疑。

拨动算盘珠

店主早晨开门营业前，往往先要晃几下或拨几下算盘，算盘珠子噼啪作响，取意“算盘一响，黄金万两”；也表示有生意可做。忌讳早上第一个客人不成交而去，恐带来一天的倒霉运。尤为忌讳早上一开门，顾客就前来倒换商品或退货，认为不吉利，所以店主一般都会委婉请求顾客下午再来倒换或退货。

在店堂，忌伸懒腰、打呵欠、靠门框、坐门槛、敲击账桌、玩弄算盘和反着放算盘等，民间认为这些举动皆是对财神菩萨不恭的表现，会冲撞财神，堵住财路，从而对经商不利。打扫店堂，忌往外扫，必须往里扫，意即扫进金银财宝。尤其是春节期间，不准扫地，不准往外倒脏水、垃圾，说这等于“倒财”。商店忌讳伙计躺睡于账桌、钱柜上，说是会压了柜上的财，赚不到钱，甚至忌讳伙计睡在待客的条凳上，说这也会压了顾客，明天登门的顾客必定会减少。

卖猪头要说卖“利市”；顾客买结婚用品，若失手敲碎，要说“先开花，后结子”；卖乌贼，要吆喝卖墨鱼；卖棺材忌问谁死了，不能讨价还价；买药忌嗅，民间以为嗅过的药失效，递给买主时应说“送补药”；如前文所说，买神像不能说“买”，要说“请”，也不能说“卖”，而要说“送”，以示尊敬；药店、棺材店的经营者，送客时忌讳说“再来坐”“欢迎再来”之类的话，否则，会被顾客以为是在诅咒自己“再得病”“再死人”。

还有，中药材店年初进货，须进“胖大海”和“大连子”，取大发大利之义。香港酒家饮食业的伙计最忌首名顾客选“炒饭”，因“炒”在广东话中是解雇的意思，开炉闻“炒”音，被认为不吉。店员不准在店内看书，即使在做工闲暇期间也不可以。因为“书”与“输”谐音，老板但图一本万利，岂有“输”掉老本之理？所以忌讳员工看书。

另外，过去汉族人居住的一些地方，有卖猪不卖绳的禁忌。卖猪必用绳捆缚牵出，但出卖时，必须要回绳索，认为连绳索一起出卖，如同连运气一同带走，以后养猪不吉利。

各种店铺中以药铺的禁忌最多。学徒进店，先拣“万金枝”“金银花”和“金斗”，取黄金银子之意，或拣“柏子仁”，因“柏子仁”似米粒，以此培养徒弟细心办事之风。扎药包，要扎得形如金印，正月还须用红线扎结。

伙计送药忌转手，否则，认为是触其霉头。外出行医的“游方”郎中也有行为规矩，如民间过年时医药行忌讳出诊，怕“触霉头”，除非给双份诊费破灾。平时出诊，也忌讳敲患者的门，俗有“医不叩门，有请才行”的说法。为了保守职业技能的秘密，民间又有医生郎中“施药不施方”的说法。

为了保守职业技能的秘密，一些行业还有“传子不传女”的禁忌，意思是“传给儿子，不传给女儿”，因为女儿长大后要嫁去别人家，很难保守行业秘密。不仅如此，有的行业，师傅教徒弟也往往在关键技术上留一手，以免“教会徒弟，饿死师傅”。

重大节日，如春节、祖师圣诞、祭财神之日，忌说不吉利的话，尤忌话语中带着与“赔”谐音的字眼。过去有一则笑话，说有一家店铺在大年夜，掌柜的与伙计们一起吃五更饺子，让一位姓裴（Péi）的伙计掌灶。这位伙计见锅内有煮破的饺子，就向掌柜的说：“您看，这回可砸锅了，破了不少。”掌柜的听了很不高兴，说：“学了这么多年买卖，连行规都不懂?！大过年的，怎能说‘破’呢，得说‘挣’了。”这位伙计为了挽回面子，刚煮上第二锅，就连忙下保证，说：“老掌柜的，您放心吧，这回有我老裴（Péi）在这里，保险一个也挣不了。”伙计说“挣不了”是说一个也“挣破不了”的意思，但是“挣不了”又可理解为“一个钱也挣不了”。正因为如此，老掌柜气恼之下，就将这位伙计解雇了。

店铺新开张、重开张第一天，正月初六开市，甚至每天早上开市，忌讳第一位顾客是妇女，说是女人会冲了财运，往往以这种现象占卜一天生意的好坏。封建时代，店铺如果刚一开门就来个进京赶考的举子，便认为是大吉大利，宁肯不收钱白送，以取吉利。如果第一位是妇女，尤其是孕妇、小女孩则认为晦气。另外，商店刚开门最忌顾客赊账，有商家曾贴过拒赊诗：“出门无伞望云遮，生意如同水上车；石地种松根本少，诸君光顾莫言赊。”

二、商贸活动中的约束规范

商业贸易的成败往往难以预料，因为偶然因素很多，所以谙熟商业禁忌并适当运用它们，有时也是赢利的关键。例如中国新疆的塔吉克族，每逢星期三和星期日不出售牲畜，不偿还欠别人的债务，别人也不来买牲畜和催债，所以做生意也要“入乡随俗”。

据说前几年香港某房地产商盖了一栋“伊丽莎白”大厦，当时差点无法出售。这是因为当地另有一家有名的伊丽莎白医院，住进大厦有如在医院养病，人们自然不愿触此霉头了。当然如果是西方人，则可能根本不存在这种心理，但是中国人将之视为严重的禁忌。

国内外这类禁忌风俗差异还很多，诸如动物、植物、色彩等，每一个国家和民族都有自己的爱憎观念，因此，在商品的商标和图案设计、着色方面，都应注意这方面的民俗知识。否则，违反这些俗规，会使商业活动受阻。

1. 动物的图案禁忌

在对外交往中，当我们赠送礼物或纪念品，或涉及商标图案时，动物的造型或图案也要讲究，要充分注意到各个国家对此的偏爱和忌讳。如中国民间崇拜凤凰——现实中的孔雀，认为它是一种非常美丽的鸟类，也是喜庆吉祥的象征。中国古代有“孔雀东南飞”的爱情故事，中国人欣赏孔雀开屏，认为那是孔雀在展示自己的美丽。但在印度，孔雀却被认为是“淫荡”的象征。同样，在英国，孔雀也是“淫鸟、祸鸟”，连孔雀开屏这种本能动作也被赋予反面含义，说它是在自我炫耀和吹嘘。因此英语中有“像孔雀一样骄傲（as proud as a peacock）”这一民谚。

孔雀

一只正开屏的孔雀

又如，关于“龟”文化的诠释问题，中国和日本的理解迥然不同。中国古代对龟非常崇拜，认为它是“四灵”（麟、凤、龟、龙）之一，是长寿吉祥富贵的象征。古人还用龟甲占卜，卜算吉凶。可以说在周秦以前，龟处于神灵世界。然而从元代开始，龟被拉下了神坛。凡是坏事都用龟来作比，中国人把龟与绿头巾、绿帽子画上了等号，妻子有外遇或纵妻行娼的人叫“当龟”，妓院老鸨叫“龟头”，最恶毒的是骂人“龟儿子”“龟孙子”“乌龟王八蛋”“缩头龟”等。而日本人则沿袭了中国唐代的看法，把龟和鹤当作长寿和繁荣的象征，从而出现了“千年鹤，万年龟”的俗语。

乌龟

大象

再如，大象在印度和东南亚国家被视为吉祥的动物。它代表智慧、力量和忠诚。在中国也很受人们欢迎。中国古代皇宫门前常用大象镇守。但在英国，人们忌讳用大象图案，认为它是愚笨、愚蠢的象征。狗，对于中国人来说是骂人的代名词；然而西方国家却把狗视为神圣的动物，当成忠诚的伙伴，甚至还经常把它作为家庭成员向客人介绍。

2. 数字忌讳

对数字的喜好和忌讳各国也都不一样。比如，中国人喜好“8、6、9、3”等，如中国道教玉清、太清、上清谓之“三清”，所以道观又称“三清观”；佛教佛、法、僧称为“三宝”，所以佛殿又称为“三宝殿”；天、地、人称为“三才”；日、月、星称为“三光”；前生、今生、来生为“三生”；君臣、父子、夫妇为“三纲”。在西方国家中，数字“三”也受到尊重，如古埃及人认为三代表“父、母、子”。基督教有三位一体之说，即“圣父、圣子、圣灵”。与欧美人普遍忌讳“13”不同的是，中国人较忌讳“4、7”等数字。因为“4”和“死”谐音，“7”和“凄、戚”谐音。

三、商贸活动中的社交礼仪禁忌

1. 社交举止禁忌

在国际交往中，尤其是涉及商贸活动的交往中，人们为了尊重对方，除了得体的言谈之外，还常常伴有恰当的礼仪举止。有些行为是世界各国公用的，比如握手。但有些行为仅仅局限于某一个国家或某一种文化。比如“拥抱”和“吻面礼”多见于欧美国家，而在阿拉伯国家和亚洲国家，除在特定场合下，否则极少使用。

2. 社交言语禁忌

一些咒骂语是语言中的禁忌语。如英语中的四字母词：shit、hell、damn、fuck 等，汉语中的“他妈的、王八蛋、龟孙子”等，人们对这类词非常敏感，绝对不能滥用这些词汇。

民间通常认为涉及性行为和性器官的词语是一种亵渎语，一般“有教养的”或者“老实本分的”人都羞于启齿。在不得不说到性器官时，要用“那个、下部”等来代替。说到性行为时，也要用办事、房事、同床、夫妻生活、男女关系、偷鸡摸狗、寻花问柳等较为委婉的词语来代替。甚至连容易引起生殖部位联想的拉屎、撒尿、上厕所、去茅房、月经等也都在忌讳之列，一般要改为上洗手间、解手、大解、小解、去方便一下、出去一下、方便方便、如厕、上一号、例假、大姨妈等用语。

骂人时，常以生殖器或性行为来羞辱对方，说明人们相信这一类词语具有诅咒力，能够毁伤仇人的灵魂或者肉体。从另一方面来看，如果你不想诅咒什么人，这类词语就应当避忌。

《清稗类钞》云：“北人骂人之辞，辄有蛋字，曰浑蛋，曰吵蛋，曰倒蛋，曰黄巴（王八）蛋，故于肴馔之蛋字，辄避之。鸡蛋曰鸡子儿，皮蛋曰松花，炒蛋曰摊黄菜，溜蛋曰溜黄菜，煮整蛋曰卧果儿，蛋花汤曰木樨汤。木樨，桂花也，蛋花也色黄如桂花也。”这里讳言“蛋”字就是因为它是骂人之词，而之所以用“蛋”来骂人，是因为“蛋”指“睾丸”，是男性生殖器的一部分，因而它有亵渎人、诅咒人的作用。

3. 社交中的委婉语

在汉语中，委婉语称为“曲语”，指说话时迂回曲折，含蓄隐晦，不直接说某人、某事或某物，却达到较好的语言交际效果。说话时要讲究艺术和技巧，也就是说，不光要考虑说什么，还要想想怎样说。比如中国民间有“说凶即凶，说祸即祸”的畏惧心理，因而禁忌提到“凶祸、死亡”一类的字眼，唯恐因此而招致凶祸的真正来临。比如对于死亡，汉语中经常用委婉的方式来表达，如说“病逝、永逝、长逝、仙逝、逝世、去世、辞世、谢世、归天、上天、故去、老了、去了、走了、没了、过去了、见马克思了、向马克思报到、百年之后、光荣了”等。如果无意间说出“死、丧”等字，要连吐几口唾液，以破解之。

在封建社会里，委婉语可能有更广阔的市场，因为在那样的年代，不允许人们直接自由地发表不同意见。这种现象在君臣之间往往表现得更为明显。俗话说：“伴君如伴虎。”一言不慎，可能祸及满门。所以当一些意见到了非说不可的时候，大臣通过婉转地陈述，往往会收到满意的效果。比如春秋时期曾发生过这么一件事：

烛邹替齐景公饲养的爱鸟不小心飞走了，景公发怒要杀烛邹。在这千钧一发的时候，宰相晏婴站出来说："烛邹这书呆子有三大罪状，请大王让我列举完以后，再按罪论处。"

得到景公的允许后，晏婴把烛邹叫到景公的面前说："你为大王管理着爱鸟，却让它飞走了，这是第一条罪状；你使得我们大王因为鸟的事杀人，这是第二条罪状；更严重的是各国诸侯听了这件事后，以为大王重视鸟而轻视人才，这是第三条罪状。"

数完这些所谓的罪状后，晏婴便请景公把烛邹杀掉。景公尽管残忍，但从晏婴的话里听出了利害，就对晏婴说："不要杀了，我听从你的意见就是了。"

这是委婉语运用于政治生活中的一个著名例子。

由此可见，文化习俗的内涵及其影响远比人们所想象的要深刻得多，人们在各个方面都能感受到文化习俗的差异。它影响了生意的成败和得失，因此，在和不同国家的人做生意时一定要树立良好的文化习俗差异意识，了解别国习俗，尊重别国风俗，尽量避免交际中可能产生的误解、冲突甚至更严重的后果，确保生意的成功。

第三节 民间商业习俗与语言

商人作为社会的一个阶层，通南北之经济，顺东西之物流，给社会经济发展带来了活力，但是以前商人在社会中的地位并不高。这主要是因为人们认为商人重"利"，白居易诗云"商人重利轻离别"。而一些不规矩的商人为求得最大限度的利润，坑蒙拐骗，无所不用，所以民间俗语云"无商不奸"。

再如各地都有"挂羊头，卖狗肉"这一俗语：挂羊头，把羊头挂在门口，作为出售羊肉的标志。旧时羊肉比狗肉贵得多，店门口挂的是羊头，店里卖的却是狗肉，形容用好东西作幌子，推销劣等货。后来也多比喻用好的名义作幌子，实际上干的却是坏事。

人们在经商活动中积累了丰富的经验，一些俗语就反映了人们的这些生活智慧，其中一些更是作为经商技巧一代代传下来。例如：

【褒贬是买主】褒贬：评论好坏。买主：购买者。意思是说，评论货物好坏的人，才是想要买货物的人。说明货物被褒贬不是坏事。

【亲兄弟明算账】亲兄弟之间有金钱问题，也要算得清清楚楚，不能因为兄弟情感而破坏了规矩。

【三百六十行，行行出状元】所谓“三百六十行”，泛指各行各业，也就是社会的各个工种。状元，指的是在古代科举考试中，殿试考取一甲（第一等）第一名的人，比喻某一领域或某一行业中成绩或能力最好的人。故该条俗语比喻不论干哪一行，只要热爱本职工作，都能做出优异的成绩。

【死马当活马医】比喻明知事情已经无法挽回，仍然抱一丝希望，积极挽救，也泛指做最后的尝试。比如：“电脑都摔成这个样子了，硬盘数据能不能恢复，我也没把握，咱们死马当活马医吧。”

【货中主人意，便是好东西】中：适合；合乎。意：心意。意思是说，只要货物合乎主人的心意，那就是好的东西。说明不论什么东西，只要使人满意，就会受人欢迎。

【过了这个村，没有这个店】意思是说，走过这个村子，就找不到这样的店了。比喻机会难得，劝人不要错过。

【把式要个架儿，商品要个样儿】把式：武术。架儿：样子，姿势。意思是说，武术要讲究架势，商品要讲究样子。常用来说明表面形式也很重要。

【老王卖瓜，自卖自夸】比喻谁都说自己的货物好。多用来指不能听信某人的自我宣扬。

【买卖不成仁义在】买卖：生意。仁义：这里指友谊、友情。意思是说，生意虽然没有做成，但是彼此的交情、友情还是存在的。指交易的双方要讲情谊。

【一分钱一分货】意思是说，价钱低的货物，肯定不是好的货物，什么样的价钱买到什么质量的货物。也说“好货不便宜，便宜无好货”。

【破人生意，如杀人父母】意思是说，破坏别人的生意，使别人的买卖不能成交，就像杀害人家的父母一样，会遭到别人极大的怨恨，多用来告诫要成人之美。

【同行不过铺，过铺莫揭簿】过铺：串门。揭簿：翻账本。这是以前商家内部约定俗成的一种规矩：同行之间即使关系密切得如老朋友，有事相商皆另选他所，决不轻易到对方店铺；非到不可时，对方正在做账也如视而不见，更不宜加以翻揭，以免有“刺探对方商业行情”之嫌，这是生意场中的大忌。

【吃无情鸡】广州一带，在新年开市前的一两天（多为大年初二），老板们要照例设宴慰劳店员，这时也是老板解雇伙计的时刻。因此，店员们在老板请宴之前，不但没有丝毫的高兴，反而个个愁容满脸，不知等会儿谁会吃上“无情鸡”。开宴了，桌上摆着一碟切好的白切鸡，老板招呼大家入座后，首先向大家说一通过年的好话，然后，话锋一转哀叹当今生意如何难做，亏了多少本之类，接着便用筷子夹起一块鸡肉送到要被解雇的伙计碗里，道声：“兄弟对不住了，请另找大财主发财吧！”解雇一个伙计，就夹一块鸡肉，解雇几个伙计，就分别送几块鸡肉，这是无情可讲的，因此被称为“吃无情鸡”。

粤菜中有名的“白切鸡”

【老板的鸡腿难下咽】：广西梧州一带，在农历正月初二，店主也会照例设宴慰劳一下店员。菜式特别丰盛，但宴席上，如果店主“殷勤”地往某位伙计的饭碗里夹送一块鸡腿，则意味着这位伙计按惯例被“体面”地辞退了，故俗语云：“老板的鸡腿难下咽。”

【剃头挑子一头热】剃头挑子：旧时街头理发挑子，挑子一头挑着板凳和剃头的工具，另一头挑着用来烧洗头水的火盆，因此剃头匠人的挑子是“一头热一头凉”的，“剃头挑子一头热”即以此得名。比喻做一件事情或在感情交往中，一个人非常热情，而另一方却无动于衷，摆出一副冷面孔。

剃头挑子塑像

【上门的买卖好做】意谓别人主动求上门的事情比较容易解决。

【先小人，后君子】指先像小人那样斤斤计较，把有关利益得失的话说在前头，然后再讲情谊。意谓先按规矩讲清条件，然后再友好地办事。

另外，一些行业出于保密的目的，在交往中特别是在商贸交易活动中还流行使用数字隐语。数字隐语是行业秘密语的一个组成部分，一般是用汉字代替数字。如过去古董业用“由、申、人、工、大、王、主、井、羊、非”来隐指数字“一、二、三、四、五、六、七、八、九、十”。这是用字的出头笔画数来隐指数字，如“由”字有一个出头笔画，隐指“一”；“申”字有两个出头笔画，隐指“二”，依次类推。

最为有趣的是过去理发业从一到十的数字隐语就像一首谜语诗：“百万军中无白旗，夫子无人问仲尼，霸主失了擎天柱，骂到将军无马骑，吾今不用多开口，滚滚江河脱水衣，皂子时常挂了白，分瓜不用把刀持，丸中失去宁丹药，千里送君终一别。”“百万军中无白旗”，“百”字无“白”不就是“一”吗？“夫子无人问仲尼”，“夫”字无“人”不就是“二”吗？依次类推。直至现在，部分行业习俗如某些禁忌和隐语仍在沿用。

思考与练习

1. 各个国家在商贸活动中均有一些社交礼仪禁忌，请举例加以阐释。

2. 幌子有各种各样的形式，不仅能向人们展示店铺的种类，还可以区分店铺的等级和所属民族。请考察一下，在你们国家店铺或行业的幌子有哪些？并举例阐释一下幌子的作用。

3. 人们在经商活动中积累了丰富经验，汉语中的一些俗语就反映了人们的这些生活智慧。请从课本上的例证之外，再列举一些汉语俗语加以说明，并解释所列举的汉语俗语。

第九章

中国民间信仰习俗

民间信仰是指民众自发地对具有超自然力的精神体的信奉与尊重。它包括原始宗教在民间的传承、人为宗教在民间的渗透、民间普遍的俗信。它是一种非官方的文化习俗，与民间的生产劳动、生活习俗密不可分。从内容上来看，中国民间信仰是一种俗神信仰，是对流行在中国民众间的神鬼、祖先的信仰，是一种非宗教信仰。这种信仰在中国具有悠久的历史，而且比佛教和道教信仰更具有民间特色。

从体系上来看，中国民间俗神信仰的一个典型特征，就是对传统信仰的神灵和各种宗教的神灵进行反复筛选、淘汰、组合，建构成一个杂乱的神灵信仰体系。不问各路神灵的出身来历，只要有神奇灵异，有求必应，香火就旺，这鲜明地反映出中国世俗信仰的多元性和功利性。所以说，中国民间信仰具有多教合一、多神崇拜的特点。

同时由于中国民族众多，各民族的文明进程并不同步，生活环境、生产条件、社会文化都存在着较大的差异，因此，各个民族的民间信仰习俗也大不相同，这使得中国民间信仰习俗又呈现出地域性和多元性的特点。

第一节　部分少数民族的民间信仰习俗

一、壮族的民间信仰习俗

土地庙

壮族信仰多神教，全民族没有统一的宗教信仰，是典型的泛神崇拜民族。壮族崇拜巨石、老树、高山、土地、祖先等。其中祖先崇拜占有重要地位，每家正屋都供奉着“天地君亲师”的神位。总的来看，壮族的民间信仰习俗体现在以下三个方面：

1. 万物有灵

壮族先民相信万物有灵，周围的一山一石、一草一木都是有灵的。从天上讲，壮族先民认为太阳是太阳神，打雷是雷神擂鼓，刮风是风伯作祟，下雨是雨师作法。天上的星星不仅是神灵，而且还分雌雄。在神话《三星的故事》中，太阳、月亮和星星是一家神灵，太阳是父亲，月亮是母亲，星星是众多的儿女。因为父亲过于严厉，所以他一露面，妻子、儿女们便匆匆地隐去了，直到太阳落山了，他们才又出现在天空，儿女们快乐地在妈妈周围眨着眼睛。人们按照人的性格、家庭和社会的特点，赋予天上的自然现象以人的特征，创造了神，这也体现出壮族先民人神合一的意识。

从地上来看，鬼神就更多了。山中的花草树木无不有灵。特别是奇花异草，怪藤怪树，只要长得异乎寻常，人们莫不以为神。有的树被奉为神树，不让砍伐，逢年过节人们还要祭祀它。因此，壮族民间信仰体现出一种认为万物有灵的自然神崇拜。

2. 图腾崇拜

壮族的图腾崇拜是从万物有灵演化而来的。因为人们觉得周围的一切都有神灵，且在诸物之中总有一种与本氏族生产生活关系特别密切，可以佑护氏族繁荣，便尊之为“图腾”，对其特别敬畏，不准破坏、不准杀害，还要有祭祀仪式。氏族成员还把其形象刻画在额头、手腕或胸脯上，甚至衣饰也仿照图腾的色彩和式样，于是图腾又逐渐演变成某一氏族的标记。壮族的很多姓氏原来就是氏族的标记，如莫姓为黄牛氏族；梁姓为禾稻氏族；潘姓为游猎氏族等。

壮族人曾崇敬过的图腾天象有太阳、月亮、星星、云彩、雷电、暴雨等；动物最多，有鳄鱼、蛇、犬、蛙、牛、熊、虎、鹿、猴等；植物有榕树、竹、木棉以及其他怪树；其他还有怪山、怪石、山泉、河流等，而这些图腾又以“青蛙”图腾最为著名。

到1949年之前，壮族人对蛙依然敬若神明，认为它是雷王公子，作为天使被派到人间来，所以壮族祖先铸的铜鼓上有“蛙”的立体雕像，东兰、凤山等地区至今还保留着祭祀“蛙”的“蛙婆节”，而且至今仍有不少地方严禁宰杀青蛙。

3. 祖先崇拜

随着父系氏族的确立，壮族又从图腾崇拜中产生了祖先崇拜，而且两者最初是合而为一的，比如壮族的“蛙神”。壮族人认为人死后，灵魂依然会在奈河桥（壮族人观念中的阴阳分界）那边生活下去，而且在阴间的祖先能给阳世的子孙以幸福平安，保佑子孙平安发财，帮助子孙消灾除难。所以壮族每家每户厅堂正中板壁的前面都供奉着祖先的牌位，上面写着“×门历代宗亲考妣之神位座”。

一年的很多节日，祖先都可以优先享受香火，其中春节和中元节是两次大祭。清明节还要给祖先扫墓。祖先崇拜曾是维系家庭、氏族的强大力量，它常常与追念祖先艰苦创业、弘扬传统道德融合在一起，成为教育激励后人的一种力量，具有一定的积极意义。

二、满族的民间信仰习俗

1. 满族人信仰萨满教的习俗

满族人信仰萨满教，而且传承的时间很长。萨满教形成于原始氏族社会，这种宗教曾流行于我国北方的许多游牧民族之中。萨满教是一种原始的多神教，远古时代的人们把各种自然物和变化莫测的自然现象与人类生活本身联系起来，赋予它们主观意识，从而敬仰和祈求它们，形成最初的宗教观念，即“万物有灵”。人们认为宇宙由“天神”主宰，山有“山神”，火有“火神”，风有“风神”，雨有“雨神”，地上又有各种动物神、植物神和祖先神……从而形成普遍的自然崇拜（如风、雨、雷、电神等）、图腾崇拜（如虎、鹰、鹿神等）和祖先崇拜（如佛朵妈妈等）。

萨满教的宗教活动主要是与自然崇拜、图腾崇拜和祖先崇拜有关的各种祭祀活动。那么什么是“萨满”呢？“萨满”是神与人之间的中介者，他们的身份和地位十分特殊：他们被认为是本民族最有学问的人，可以将人的祈求、愿望转达给神，也可以将神的意志传达给人；但是萨满平时与族内普通人一样，可以结婚生子，而且，他们的服务不收取报酬，他们也没有超越他人的权限，即所谓“戴上面具是神，摘下面具是人”。萨满死后，新萨满要经过严格的挑选、培训，最后才能确定。

满族在祭天、祭神、祭祖先时，一般以整猪或猪头为祭品。宰杀前要往猪耳朵内注酒，如猪的耳朵抖动，则认为神已经接受，就可以宰杀了，俗称“领牲”。在家祭时，第一天是祭神，分为“朝祭”和“夕祭”。神位设在正西墙上的神龛里，所祭之神有释迦牟尼、观世音、关帝圣君。在屋内西炕设供桌，摆放各种食品。萨满头戴神具，摇铃持鼓，口念吉词，众人也击鼓相和。夕祭的神位在西北角，所祭之神都是部落之神和祖先；需要被灯祭的是佛朵妈妈，人们希望她保佑家族人丁兴旺。

2. 满族人的主要禁忌

（1）满族人以西为贵，一般满族家庭都在西屋西炕墙高处置一木架，叫祖宗板，上供一个木匣，装有家谱和神书，每逢家祭，此处便是挂神位的地方。因此，西炕上不准堆放杂物，也不许坐人。

（2）满族人敬狗，不杀狗，不吃狗肉，到满族家中做客，不能把狗皮帽子放在西坑上。此外满族人也敬乌鸦，禁止打骂乌鸦。这些禁忌都与满族的宗教信仰有着直接的关系，是图腾崇拜和祖先崇拜在日常习俗中的表现。

三、羌族的民间信仰习俗

羌族的白石崇拜

1. 羌族的白石崇拜

白石崇拜是羌族人的信仰习俗，流行于茂县、汶川等地。传说羌族先民在一次大迁徙中来到岷江上游，与当地异族发生战斗而屡次受挫，后来有神人于梦中告诉羌族人以白石为武器即可战胜对方，后来此梦果然灵验。羌族先民想报答这个神人，但不知其形象，故以“白石”为代表而世代祭祀白石，从而逐渐形成“白石”崇拜习俗。

羌族信仰的神灵很多，但均无塑像，均以“白石”为象征，供奉于屋顶的塔子上或屋里的神龛上、火塘边、田地里、树林里等地方。其中，屋顶的白石代表天神，火塘边的白石代表火神，田地里的白石代表土地神。

有的人家屋顶上立有多块白石，除代表天神外，还代表别的神灵。羌族的祖先神也以白石为象征，并有男神和女神之别。羌族人常常向白石虔诚祈祷，燃香祭拜。

另外，搜山祈求下雨也是羌族人的一种习俗。若遇到天旱，人们便举行搜山仪式，祈求降雨。此时，禁止上山打猎、砍柴、挖药等活动，违者将受到惩罚。若仍不下雨，再到高山顶上举行祈雨仪式，或由巫师带领众人搜山驱鬼。

2. 羌族的民间禁忌

我们常说“入乡要随俗”“入国而问禁”，到羌族家做客，或者到羌族人聚居区旅游，要遵守以下禁忌：①不得去火塘上方入座，不得跷脚。②看到羌族人屋外放有簸箕，说明其家中有牲畜产仔，外人不得闯入。③忌扛着锄头进屋以及进屋打伞。④忌夜间吹口哨。⑤忌孕妇进新婚夫妇新房。⑥忌坐门槛和楼梯等。

四、傣族的民间信仰习俗

1. 傣族的大象和孔雀崇拜

傣族的先民百越族群在远古时代就与象结下了不解之缘。亚热带丛林中的象与生活在亚热带河谷平原的傣族人长期以来友好相处，傣族的土地是象的乐园，丛林中有象群，村寨和寺庙中有象的塑像，壁画和布画中有象的图案，家里摆设中有象的工艺品……总之，大象崇拜渗透到傣族社会生活的各个领域。

在傣族人的心目中，白神象是最值得崇拜的。它是风调雨顺、五谷丰登、和平安宁的象征。白神象出现在哪里，哪里就灾消难除、风调雨顺、谷物丰收。不仅如此，白神象还是傣族人心目中和平安宁生活的守护神。

傣族还有关于孔雀的崇拜。孔雀舞、孔雀毛、有孔雀图案的饰品以及关于孔雀的一切文化艺术作品呈现出西双版纳傣族群众的鲜明个性。西双版纳是孔雀的故乡，在傣族人的心目中，孔雀不仅象征美丽，而且象征美好、吉祥和神圣。无论是泼水节、夏收秋收，还是“赶墟”，傣族人都要聚集在一起，敲起芒锣，打起象脚鼓，跳起优美的孔雀舞。从云南走向世界的著名艺术家杨丽萍就是凭借孔雀舞《雀之灵》走向更大的舞台的。

2. 小乘佛教：傣族全民信仰的宗教

在宗教信仰上，傣族全民信仰小乘佛教。这一宗教信仰成为傣族文化的一部分已有1 000多年，由于种种原因形成了不同的教派。

在西双版纳一带，男孩子到了七八岁时，都要入佛寺当和尚，三五年便可还俗。还俗后，可谈情说爱，娶妻生子，务农、经商、参军、上学、从政，并且备受社会的爱戴和尊重。若男子没有入寺当过和尚，就很难得到姑娘的喜欢。男孩入寺后由佛爷举行入寺仪式，剃去头发，身披黄袈裟，在佛寺生活，一切都要自食其力，不能依赖父母，三五年内不能回家。小和尚们出寺上街，必须三五成群，不能与其他孩子同行，更不能与女孩子交谈打闹，言行举止要平和，不能高声喧哗，也不能打架斗殴和损坏社会公物。

3. 傣族节日习俗中的祈福活动

傣族的节日主要有开门节、关门节、泼水节等，其中最隆重的是泼水节。泼水节是傣族人民送旧迎新的传统节日，人们认为互洒清水可以消灾弥难、互相祝福。男女青年则除了互相祝福外，还互相泼水为戏。节日高潮是泼水，所谓“湿透全身，幸福终身”。

傣族人“尊水、喜水、依水、恋水、护水、爱水”，被称为“水的民族”。所以傣族谚语说：“泡沫跟着波浪漂，傣家跟着流水走。”水是傣族人心目中生命的泉源，是孕育万事万物的乳汁。

五、彝族的民间信仰习俗

1. 彝族的民间信仰习俗

在长期的社会生活和生产实践中，彝族形成了自己独特的信仰体系，在万物有灵观念下形成了对万事万物的自然崇拜，由于与动植物的密切关系而形成图腾崇拜，由灵魂信仰而形成祖先崇拜。

彝族的民间信仰介于原始信仰和人为宗教中间，在彝族社会中普遍存在着本民族的祭司——“毕摩”。该词由彝语音译而来，“毕”为“念经”之意，“摩”为“有知识的长者”。毕摩在人们的日常生活、经济生产和婚丧嫁娶等方面起着重要的作用，专门替人礼赞、祈祷、祭祀，其职责是“沟通神、鬼和人之间的关系”，是彝族精神信仰的代表。

彝族社会中毕摩的地位至高无上，任何人不能侵犯毕摩的财物和人身。彝族毕摩在作法时，口念经文，舞扇摇铃，表演绝技时出神入化，有“油锅捞物、沸水烫身、吃火炭、含油喷火”等绝技，表演精彩绝伦、惊险无比，极具艺术性和观赏性。有趣的是，在中国京剧表演艺术中，也有同样的“含油喷火”绝技，熊熊火光，配合变换的脸谱，让人惊叹不已。因此，彝族毕摩的这些精彩表演，也被称为“中华彝族魔术奇观”。

中国京剧中含油喷火

云南巍山、南涧一带的彝族人与虎有着非常密切的关系，他们自称“虎族”，显然是以“虎”作为自己部落的图腾。他们称虎为“罗”或“罗之”，称公虎为“罗颇”，称母虎为“罗摩”。因为与虎有着密切的关系，所以彝族男人自称“罗颇”（颇，雄性），女人自称“罗摩”（摩，雌性），不分性别则自称“罗之”“罗罗”。

他们的族称与对虎的称法相同，即以虎自命。彝族纪日“十二兽”历法一定要把“虎”即“寅”排在最前，因为他们自称“虎族”。有的彝族地区还以虎作地名，并给自己的子女取与虎有关的名字。他们重视虎，甚至视之为祖。在他们以虎命名的地名中，没有一个以雄性的虎来命名。除中性的“罗”之外，全用母虎的名称“罗摩”。显而易见，这一彝族分支对虎的图腾崇拜，是彝族母系社会的产物。

2. 彝族的民间禁忌习俗

彝族的民间禁忌较多，主要表现在行为禁忌、语言禁忌、饮食禁忌等方面：

（1）行为禁忌。忌骑马遇人不下马；忌孕妇参加别人的婚礼；忌从火塘上方跨过；忌在手中抛玩粮食。灵牌是祖灵的化身，禁外人挨近或将不洁之物摆放在其周围。

火把节时，忌在田地中间随意走动，他们认为如此走动会招来虫灾。忌白天点着火把到处走动；家中有人出门远行，忌随后扫垃圾出门；禁砍神树或在神树旁高声喧哗打闹；忌与人有冤仇时当着对方的面折断树枝、吐口水和拍打头帕；不能随意抚摸男子的头顶；不许妇女抚摸男人的头，更不准从男人帽子上跨过。

（2）语言禁忌。忌对婴儿用“胖”“重”“漂亮”之类的词；忌在众人面前直言小便、大便、生育之类的话；忌口头禅中带有涉及两性生殖器内容的语言；忌随便与毕摩嬉笑打闹；忌在家人外出时说不吉利的话；忌在人有病时说死伤之类的话。

（3）饮食禁忌。禁食马、狗、猫、猴、蛇、蛙等肉；忌食搅拌时筷子折断的食物；拉羊到堂屋备杀时，羊突然叫则忌食；忌用镰刀割肉而食，禁止孕妇吃兔肉。

六、藏族的民间信仰习俗

古老的藏族有着内容十分丰富的民间信仰崇拜。民间信仰崇拜的对象可谓包罗万象，既有各民族共同信奉的灵魂等崇拜对象，也有自身特殊的崇拜物，如牦牛、神箭等。就大的范围而言，藏族民间信仰崇拜可分为动物崇拜、自然崇拜和箭神崇拜三大类。

1. 动物崇拜

藏族人崇拜的动物主要有猕猴、牦牛、羊，另外还有犬、狮子等。

（1）猕猴崇拜。在藏族民间广泛流传着猕猴演变为人的传说，这也见诸许多史籍，而且在西藏山南地区的贡保山上至今留有猕猴洞。

藏民与牦牛

（2）牦牛崇拜。在如今的藏族聚居区，牦牛崇拜仍十分普遍的。如位于长江流域的四川甘孜、阿坝藏族聚居区，西藏的昌都等地都把牦牛头骨、牛角作为灵物供奉，把牦牛尸体等当作镇魔驱邪的法物。

另外，四川西南部的冕宁藏族聚居区每隔十三年要在藏历的正月举行为期三天的“祭牛王会”。由此可见这一古老信仰的生命力。

2. 自然崇拜

生活在青藏高原的藏族先民比其他民族更能感受到自然与他们生活休戚与共的关系，因此对自然的崇拜就更为虔诚，崇拜的对象也更广泛。

（1）山神崇拜。藏族可以说是一个与山为伍的民族，只要举目四望，眼里肯定都是大大小小的山和山的影子，所以有人说山神崇拜是藏族原始信仰体系的基础。在藏族人看来，山神数都数不清，大山有大山神，小山有小山神，而且各自有自己的势力范围。

藏族聚居区中最著名的山神有四个：①雅拉香布，位于东方；②库拉卡日，位于南方；③诺吉康拉，位于西方；④念青唐拉，位于北方。

其中念青唐拉居住在空旷的藏北高原，是藏族聚居区家喻户晓的大年神，它被看作是“财宝之神”，是三百六十个山神之主。有趣的是藏族人还赋予这些山神以人性，他们有配偶、子女，甚至还有情人。当然，藏族聚居区那么大，各地还有自己崇拜的山神，如安多地区有阿尼玛卿山神、四川嘉绒藏族聚居区有墨尔多山神等。

（2）水、神湖崇拜和龙神。青藏高原不仅高山湖泊星罗棋布，还是我国著名的江河发源地，雅鲁藏布江、金沙江、怒江、黄河、澜沧江等东亚著名大河等，都纵横或发源于青藏高原。因此，水对世居在青藏高原上的藏族先民来说，是与他们的日常生活关系十分密切的自然资源，对水产生崇拜也就不难解释了。

在一些藏族地区，至今仍存在着水崇拜的现象。如四川白马藏族乡的藏民认为河里、湖里、水塘里都有“水神”，因此每年的藏历年初一要举行“祈水”或“供水”仪式：藏历年的大年初一凌晨鸡叫时，在各家各户的门前，都要点燃一堆柴火来敬水神，以祈求来年农猎丰收。然后再到河里或水塘、水井中取水，把取来的水洒在屋子之中，谓之“洒新水”，有的在洒新水时，还要唱《洒水歌》。

在广阔的藏族聚居区，最为典型的水崇拜是神湖崇拜。在众多民间传说中，藏族人把湖泊和女性紧紧地联系在一起，或是神女、仙女，或是姑娘、妇人，总之湖泊都和女性有关。比如青海湖，它位于青海省东北部，湖面海拔 3 196 米，面积 4 625. 6 平方公里，是中国最大的内陆湖和咸水湖。民间传说青海湖里居住着赤雪女王九姐妹神，也有藏文文献记载湖中住着湖曼秋姆五姐妹。

青海湖不仅被藏民族尊奉为保护神，而且也被历代中央王朝所重视，唐玄宗、宋仁宗、清雍正帝均加封于它。

青海湖

3. 箭神崇拜

箭神崇拜同样是藏族延续至今的一个古老习俗，表现在藏族社会生活中的许多方面。如藏族许多村落都有一年一度的“插箭节”。在许多地方，举行结婚仪式时，新郎家堂屋右上方的神位上会增添一支新箭；修建新房，当兄弟、子孙辈另立门户时，新屋神位的标志也是一支箭；谁家得了“贵子”，举行命名仪式时也要在其家庭神位上增添一支箭。在藏族人的心目中，这可不是一般的箭，而是能给人们带来幸福的“神箭”。

藏族对箭的崇拜源于远古时期。藏族作为游牧民族，世世代代都在广阔的草原上生活。不论是狩猎还是御敌，都离不开骑射，因而对骑射所使用的箭，有着深厚的感情。当藏族巫师以箭作为占卜的法器时，箭很自然地就被世居青藏高原牧区、过着游牧生活的藏族先民所接受，并虔诚地供奉。直到近现代，箭神崇拜，甚至以箭占卜的习俗仍在藏北以及川西北的草原一带流行。

第二节　汉族各地民间信仰习俗

汉族民间同样信仰鬼神、祭奠先人、相信巫术，也崇尚凡事求神拜佛，特别是在有需求的时候。俗语云：“家里有病人，不得不信神。”据粗略统计，汉族崇拜的自然神、灵魂神、庶物神等神明多达两百多种。从天庭神界到人间阳界，再到阴曹地府的各路神明，构成一个与民间日常生活息息相关的信仰体系。

比如，居家要供奉门神（如钟馗、尉迟恭等），生病就拜医神（保生大帝、广济大师），经商必敬财神（赵公明、关公），赴考书生拜祭文神（孔子、魁星爷），练武者拜祭武神（关帝）等。可以说，从衣食住行到生老病死，从博取功名到消灾解难，都蒙上了一层浓厚的神明保护的色彩。为了祈求康宁福寿，不论城镇乡村还是宫庙寺观，都随处可见供奉的神明。大都佛、道合流，同一庙宇有佛有道，还有众多俗神，是典型的多神崇拜。

中华人民共和国成立后，破除迷信，求神、拜佛、祭祖等封建迷信活动一度基本销迹。但由于传统习俗和封建思想的影响，这些民间信仰习俗长期以来仍然存在，在20世纪70年代末又逐渐兴盛起来。

一、自然神

1. 天神

人们把皇帝看成是天神之子，称为“天子”，替天神统治天下万民。皇帝昏庸之时，天神就会用自然灾害和异常天象给以暗示。改朝换代时人们就说是天意。而祭天神也就成了皇帝的专利。天子祭天叫“封”，祭地叫“禅”，祭天之礼应在郊外举行。据说泰山之顶离天最近，于是历代不少帝王祭天都选择泰山。

汉代开始把天神人格化，在魏晋南北朝时期，由于道教徒对于玉皇大帝的崇拜，“玉”被广泛用于形容天上或仙界之物，神界被称为“玉京、玉清”，神宫是“琼楼玉宇”，并开始有“玉皇”或“玉帝”这类普通名词。从文献来看，大概在唐代，“玉皇”或“玉帝”就已经是天上群仙之帝。

民间流传比较广泛的玉皇大帝习俗是农历正月初九的“玉皇大帝圣诞”。各地民间往往举行家庭祭祀、地区庙会等庆祝活动，祈求玉皇大帝赐福于新的一年。这一天，民间禁屠宰，忌讳把不洁之物（如大小便、妇女下衣等）拿到室外，以免亵渎玉帝。在台湾、福建等地，玉帝又被称为“天公”，在正月初九凌晨，家家户户在正厅设供桌祭祀。

玉皇大帝

对玉皇大帝的信仰在山东也极为流行。全省各地有许多玉皇庙，庙中供奉着人间帝王模样的玉皇大帝神像。民间相信玉皇大帝主管人间的福禄寿夭，因此玉皇庙香火甚旺。在东岳泰山极顶的玉皇庙，至今仍有众多善男信女前往烧香许愿。在日常生活中遇到求雨、建房、婚丧嫁娶之类的大事，人们常常烧香许愿，祈求玉帝的保佑。民间也流传着很多关于玉皇大帝和王母娘娘的民间传说，表达了人们的喜怒哀乐。

2. 土地神

土地神民间俗称土地公、土地爷，其配偶则称土地婆、土地奶奶。其级别较低，故与人们最亲近。村村可见土地庙。土地爷是我国民间最普遍供奉的神之一。

土地爷（王衍军摄）

土地神是地位极低的小神，只管理某一地面、某一地段，也是村社的守护神。土地神源于远古人民对土地的崇拜，最初取名为“社神”。“社”的本意为“祭祀土地”。古人曰：“社者，土地之神，能生五谷。”祭社之举，古人认为是为了“神地”“亲地”和

“美报”。

古人“神地”主要有两个原因：一是人们看到土地广大无边，地力无穷，负载着万物，有了土地就有了农业，有了农业就有了衣食，所以人们要感谢它；但有时大地又像在发怒，地震发生，房毁人亡，使人畏惧。二是大地生财为人所用，人们赖以生存，因而要“亲地”——崇敬地神，要“美报”——酬劳其功，进行献祭。早在周朝，人们就尊称其为社神、地母、后土等，把土地神与代表五谷的稷神合称为社稷神。近世普遍以二月初二作为春社，祭祀土地神，祈求本年有好收成，此谓“春祈”；秋收以后再以丰盛的酒肉报答神的庇佑，谓之“秋报”。

土地神在民间还被当作守护村镇、部落的阴阳两界的保护神，因而备受人们的崇拜。民间认为它能保佑平安、土地丰收，治病，除灾，管理土地，也被视为本地阴间的地保，即城隍手下的乡村长官，负责阴差，暂时收容新丧的鬼魂，所以各地乡间多见土地庙。据说，新丧的鬼魂先到土地神处报到，暂住三天再启程西行。因此，人们在家属咽气后先去“报庙”，并且一天三次去送“浆水”，烧香烧纸，请求土地和鬼卒关照死者。一条俗语对此作了形象的描述：“土地土地，住在石头屋里。不看笑的，光看哭的。”

比如潮汕地区有一种称为“报地头”的习俗。若是家中有人去世，必须到土地庙报丧。由村中长者持白灯笼，带领死者男性子孙穿孝服到地头神庙报丧。到庙，长者上香后取出年庚帖，对着神像报告：“生从地头来，死从地头去，时辰念给老爷知。”通过这种方式让死者到土地神那里报到，并由土地神引领其踏上轮回的道路。

民间乡村的土地庙一般都很小，庙内供奉的神五花八门，江南为女神，北方多为男神或男女两神，分别尊称为土地爷、土地奶奶。土地崇拜之盛是由明代开始的，明代的土地庙特别多，据说这与朱元璋生在土地庙有关系。

3. 日月星神

中国人崇拜日月星神。自古以来只有统治者祭日、月神，唐代以后民间才有祭日神活动。相传二月初一是太阳星君生日。在清代，这一天日出时，北京城家家户户在院内设香案，遥向日出的东方焚香膜拜。对星神的信仰范围极广，上至统治者下至民间百姓无一例外。

月神是中国民间流传最广的神仙之一，又叫月光娘娘、太阴星主、月姑、月光菩萨等。崇拜月神在中国由来已久，在世界各国也是普遍现象，这源于

民间传说——嫦娥奔月

原始信仰中的天体崇拜。在黑夜中，月亮给人带来了光亮；月色朦胧，又会使人产生许多遐想，许多美丽动人的故事因此产生。“嫦娥奔月”就是其中著名的一个。

除汉族以外，中国还有许多少数民族也盛行拜月的风俗。如苗族就有“跳月”的活动，青年男女在“跳月”中寻找心上人，倾吐爱慕之情，永结同心。信仰星神大概与信仰玉皇大帝有关，星神都是玉帝的臣子，受玉帝委派管理人间事务，如战乱、风雨、疾病、水旱等。

4. 气象神

气象神有风神、雨神、雷神、闪电神。古代人们认为每种现象都有神在主持，风有风伯，雨有雨师，雷有雷公，电有电母。人们为了能风调雨顺，减少灾害，也要祭祀这些神。

5. 山川神与水火神

在中国民间信仰中，几乎所有的山和河都有神，只是他们的地位有高低之分罢了。地位最高的山神是五岳神——东岳泰山神、南岳衡山神、西岳华山神、北岳恒山神、中岳嵩山神。除五岳神外，其他大小山也都有山神，分别受到当地百姓的祭祀。像长白山神，当地各族人民大都信仰。

水神包括河神、江神和海神。水神信仰很早就存在了，人们对其信仰的程度也远远超过山神。因为中国历史上水灾频繁，水患成了上至朝廷下至百姓最为忧虑的大事。水神中地位最高的是龙王。道教创造出四海龙王：东海龙王为显仁，南海龙王为昭明，西海龙王为正恒，北海龙王为崇庆。

民间对火神的信仰也很普遍，火神庙各地都有。各庙供奉的火神不完全相同，有的是神话传说中的祝融，据说他能保存火，能利用火并改革了取火的方法。

6. 动植物神

动植物与人类生产、生活息息相关，于是人们把所依赖的某些动植物当作神来信奉，如马神、牛神、蚕神、蛇神、青蛙神、谷神、花神等，其中马神、牛神信仰最普遍。

蚕吃桑叶

蚕茧和白色的丝绸

最初人们信仰牛神是为了保佑家畜不得瘟疫，就是说牛王是驱除瘟疫的神，后来牛被大量用于耕田，于民有功，信仰牛神，既有感谢之意，又有祈求牛神保佑来年丰收之意。周代时对马神的信仰超过对牛神的信仰，这与古时候马的用处比牛多有关。相对于动物而言，植物中被崇信为神的远比动物要少。

二、城池守护神

守护城池之神叫“城隍神”，起源于周代除夕祭祀的八神之一——水庸。唐代以前只有少数城池有城隍神信仰；唐代以后，尤其是宋代，城隍神信仰广为流传，全国大小城镇无一没有城隍神。城隍神多为人死后被奉为神灵。被奉为城隍神的大体有以下几类人：历史名人，如民族英雄文天祥；生前为该地做出相当大贡献的人；或者是有所作为的地方官等。

城隍是地方保护神，为了祈求城隍保护全境平安，本年风调雨顺，不受自然灾害和妖魔鬼怪的侵害，全国各地普遍在清明、七月半、十月初一举行规模盛大的城隍出巡活动。

木匠祖师神——鲁班

三、行业神

在生产能力低下的时代，许多行业的工作都很艰难、危险，人们希望得到具有超人力量的神的帮助和保佑，由此产生了行业神。

民间信仰的行业神数量多，不胜枚举。几乎行行都有本行业的守护神或祖师神，如土木建筑业——鲁班、造纸业——蔡伦、造酒业——杜康、冶铁业——尉迟恭、理发业——吕洞宾、茶业——陆羽、教育界——孔子等，就连扒手（小偷）也有行业神——时迁。

有的神还被几个行业共同信仰，如信仰地区最广、行业最多的是春秋时期的著名工匠鲁班，被木匠、瓦匠、石匠、油漆匠，甚至铁匠等多种行业的从业者奉为“先师”。人们亲切地称他“鲁班爷”，并自称“鲁班弟子”。

四、战神

关公是旷世大将，其勇武世所稀有，在民众的心目中是一位备受崇敬与信赖的英雄，习武者奉之为武圣，历代均尊之为武圣进行祭祀。在各地民间，关公也被尊称为“战神”，尚武之人视之为保护神。民间役男前往军中服役时，也多前往关帝庙求香火或灵符以护身。直到现在，香港的警署几乎都奉祀关公。奉祀关帝的庙宇也称关帝庙、武庙或文武庙。传说清军同明军交战时，常受关帝保护，因此清代特别敬重关帝。一般民众也信仰关帝，因此在大小村镇里的庙宇大都供奉关帝。

关圣帝君（关公）

五、家庭保护神

家庭保护神中最重要的是祖先神，其次是门神、财神、灶神、厕神、守墓神、水井神等。

1. 祖先神

祖先神在民间信仰的诸神中最受重视，特别是自家祖先。因为人们认为祖先会尽最大力量保护自己，于是把血亲祖先看作是最该供奉的对象。历代皇室都有祭祀自己祖先神灵的宗庙。民间每个家族或宗族都有供奉本家族祖先的宗祠（多称祠堂），如广州有著名的陈家祠。

广州陈家祠

民间的祭祖活动，有庙祭、墓祭、岁祭、生辰忌日祭。岁祭有清明祭、端午祭、中元祭、冬至祭、除夕祭。每逢亡故亲属的生卒日要“祭祀”，俗称“做忌”。此外，凡遇族中人升学、升官、生儿子、合婚，也要到祖祠向祖宗行告祖礼。

比如广州的陈家祠，又称“陈氏书院”，于清光绪十六年（1890）动工兴建，历经四年竣工落成，是当时广东七十二县陈姓合族宗祠。始建时用作广东各县陈氏子弟来省城参加科举时学习及住宿的场所，也是祭祀祖宗的宗祠。

汉民族的始祖神——黄帝和炎帝，是中华文化的创始者，被后世尊奉为华夏始祖。上至皇帝，下至百姓，无不认为自己是炎黄子孙。远在海外的华人至今还把祭拜黄帝陵看作是认祖归宗的一件大事。

2. 财神

财神爷

财神是家庭经济保护神，人们无论家贫家富无不虔诚地供奉财神。很多地方在除夕之夜有一项重要的民俗活动——迎财神。除夕之夜，全家人要围坐在一起吃饺子（饺子象征财神爷给的元宝），吃罢饺子彻夜不眠，等待着接财神。

“财神”，实为采用中国传统木板年画印刷工艺印制的财神画像，系用红纸印刷而成，两旁写着“添丁进财”“祈求平安”的吉利词语。“送财神”的是一些贫寒子弟，或街头小贩，他们低价买来财神像，穿街走巷，挨门挨户叫卖：“送财神来喽！”户主绝不能说“不要”，而要笑脸相迎，客气地说：“劳您驾，快接进来。”几个铜子就可买一张，绝不能把财神拒之门外。一个除夕夜，有时能接到十几张“财神”，这是为了讨个“财神到家，越过越发”的吉利。这种习俗仍在中国民间一些地区延续。

除了除夕夜笑迎财神之外，正月初五也是新年里一个重要日子，相传这一天是财神的生日，民间有许多同财神有关的民俗活动。旧时在正月初四晚上，即财神生日的前一夜，各家各户特别是各家商店，就要置办酒席，供上财神神像，供品通常有猪、羊、鸡、鹅、鱼五盘。人们点上大红蜡烛，期待财神光临，俗称“请财神”。同时，也会在这一天决定旧时店员伙计在新一年里的去留，被店主叫去拜财神的，就意味着继续留用；没被喊去拜财神的，就意味着被辞退回家。

初五一大早，各家店铺敲锣打鼓，燃放鞭炮，争先开市。商店备好五样菜点，恭迎顾客登门。第一位登门的顾客被称为“财神”。不管他买多少东西，都会受到热情接待，并给予优惠。如果顾客衣着华丽，东西买得多，则象征全年生意兴隆。

由于各个时代、各个地区对财神的解说不完全一致，所以各地供奉的财神也因时因地而有所不同。在民间供奉的各路财神中，赵公明被称为“正财神”，最受人们崇敬。他是道教中的神灵，相传他是张天师的徒弟，张天师把自己炼的丹药分给赵公明吃，于是赵公明就有了很大的本领，主管买卖求财，使人宜利，成为专司人间财富之神。

商界守护神（武财神）关公

除了赵公明被尊为“正财神”外，民间还有“武财神”关圣帝君的说法。“武财神”关圣帝君即关羽。传说关羽管过兵马站，长于算数，精于理财之道，发明日清簿，而且讲信用、重义气，故各地商业领域普遍视关公为商界守护神。

关羽所用的青龙偃月刀，十分锋“利”，与生意上求“利”同音，求之获“利”。一般合伙做生意，最重义气和信用，关羽信义俱全，因此后世商人尊其为商业守护神，并视他为保佑人们发财的武财神。

3. 灶神

灶神传说是天神玉皇大帝派到各家的，接受一家香火，保一家康泰。全国上至天子，下至百姓，家家户户无不供奉。民间传说灶神为一家之“主”，乡间建灶、改灶均须看黄道吉日，恐冲撞了“神明”。灶口只能向南或向西，否则“不吉”。平时不得将刀、斧置于灶上，不得在灶上切菜，不得击灶等。古代民居中，大部分人家在炉灶旁开一个小龛，用红纸写上“灶君神位”几个字，有的还贴上灶神的画像，两旁贴一副对联，上联写“上天言好事”，下联写“下界保平安”或是“回宫降吉祥”。

民间供奉的灶神

相传到了农历腊月廿三这一天，灶神就要上天向玉帝报告每家的善恶情况，所以这一天家家户户都要祭灶。祭灶时要将所贴灶神神像揭下烧掉，到了除夕时，再贴上新的灶神神像供奉。祭灶时最重要的祭品是糖果，祭拜之后将糖果放在火上烤化后，抹在灶王的嘴上，用糖封住灶王的嘴，使他上天报告时多说些甜甜蜜蜜的好话。有些人家则用糯米汤圆祭灶，希望灶王吃了汤圆之后“好话传上天，坏话丢一边”。

4. 门神

门神是阻止妖魔鬼怪进入家宅的守护神，是道教和民间共同信仰的守卫门户的神灵。旧时人们都将其神像贴于门上，用以驱邪辟鬼、卫家宅、保平安，它是民间最受人们欢迎的保护神之一。

一对门神

传说最早的门神是两个桃人，叫神荼和郁垒，他们是黄帝手下的两员大将，百鬼畏之，人们就把他俩刻成桃人悬挂于门上，如果发现有厉鬼，他们就立刻把那鬼捆绑起来，以保护宅院里的人平安。

到了唐代以后，门神就变成了秦琼和尉迟恭。秦琼和尉迟恭是唐太宗李世民手下的两员大将，曾帮助李世民打天下。传说李世民做了皇帝后，每天夜里都不得安宁。原来李世民打天下时杀人太多，每到夜里总有死去的鬼魂在宫门前叫屈喊冤，扰得他夜不成寐。

秦琼和尉迟恭知道这件事以后，就每天夜里来到宫门前站岗。这两员大将威风凛凛地一站，那些鬼魂就不敢再来了，李世民也得以夜夜安眠。可他不忍心让这两员大将夜夜辛苦地站岗，于是就命画工把两人的像画在宫门上，以威吓鬼魂。后来画像的办法传到民间，成为民间年画的来源。

明代还有《贴门神》：“当年恶梦惊唐王，秦琼敬德守门旁。传到草民小茅舍，也请将军佑吉祥。”至今民间的年画神，一个个也都是持剑舞鞭、怒目圆睁的样子。老百姓认为过年贴上一对门神可保佑一年的平安，所以过去不管家里多穷，过年的时候也要请上一对门神，贴在大门上让大鬼小鬼进不来，以护佑一家平安。在过去，每到春节，中国北方人家的大门上清一色地都贴上红红绿绿、威风凛凛的门神，那阵势很是威严肃穆。

5. 水井神

水井神在远古时就同门、户、灶、土神一起被列为五种祭神之一，但后世既无庙宇，也极少有塑像。各地一般除夕封井，初一不许挑水，说挑水会破财，初二挑水时有的地方须先祭水井神，有的地方说谁挑水早，谁抢的财多，故称之为“抢财”。

六、人生保护神

人生旅途坎坷不平，困难与挫折不断，为了借助神的力量使自己一生平安幸福，人们崇拜各种人生保护神。

1. 救苦救难观世音

在中国民间信仰中，“观音”是一个最有人缘的神灵，无论是画像还是塑像，她都是一副慈眉善目、端庄美貌的女性形象。有的年画上，观音坐在莲花台上，怀抱婴儿，慈祥端庄，人们把它贴在家里，祈求子孙满堂。

民间把观音当作救苦救难、普度众生的救护神。当人们遇到灾难时，只要念其名号，观音便前往救度，所以称观世音。她为人抢险排难，治病救溺，保一方风调雨顺，为妇女送子保胎等，可谓法力无边，全知全能。

观音原称“观世音”，尊号为“大慈大悲救苦救难观世音菩萨”，后来为避唐太宗李世民的讳，略去“世”字，简称“观音”，也俗称“南海大士”“白衣大士”“观音娘娘”等。观音是佛教中的大乘菩萨，是佛祖如来的侍卫。原来是男性，比如敦煌莫高窟第276窟隋代壁画上的观音方脸阔鼻，下有胡须；《华严经》也说观音是个“勇猛丈夫”。大约在隋唐时代，为满足广大女信徒的需要，观音改为女像，所以现在寺院中的观音塑像多为女像。

观音像（王衍军摄）

相传观音有三十三种形象，其中民间最熟悉的形象有杨柳观音、滴水观音、千手观音等。杨柳观音手持净瓶和柳枝，象征着她柳枝蘸水，普洒佛法；滴水观音手持净瓶，瓶口向下，象征着普洒甘霖，救度众生；千手观音多见于寺庙和石窟，观音的千只手如扇形排列几层，犹如孔雀开屏。按佛教的说法，观音的千手可以遍护众生，千眼能遍观世间，充分休现了观音的大慈大悲、法力无边。

观音的慈母之爱，女性之美，使她非常具有人情味，更容易让人亲近，因此，观音在中国民间知名度极高，各地的观音庙不计其数，而且终年香火鼎盛。

2. 福、禄、寿神

福禄寿三星雕像（陶瓷）

寿神

“福神”信仰在民间很广泛，神像为吏部官员模样，穿红色朝服，龙绣玉带，手拿如意，脚穿朝靴，慈眉善目，给人以和颜悦色之感。“禄”是指官职禄位。“禄神”是掌管文运官运、功名利禄的神灵，不但受到官场人士的敬奉，也受到崇尚文化的老百姓的喜爱，成为民间的吉祥神，也被称为“文神”。因为“鹿”与“禄”谐音，在中国的年画、风俗画和吉祥画中一般用“鹿”来象征“禄”。

近代“寿神”多为一手持杖、一手捧桃、银发长须、慈眉善目、头高额隆、耳大身短、面目和蔼的老者，他的最大特征是凸出的大脑门。“福、禄、寿”三神常被画家作为风俗画、年画的题材和日用品如盘、碗等的装饰图，有的画着三神像，有的则用鹿（谐音“禄”）、蝙蝠（谐音“福”）、松（或鹤、龟、仙桃，寓意“寿”）等表示。

3. 送子神与佑子神

“多子多福，子孙满堂”是过去中国人传统的心态和追求，为了礼佛拜神、祈求子嗣，众多的送子神仙也应运而生。送子神仙名目繁多，香火都很旺。佛教中让普度众生、救苦救难的观世音菩萨兼任送子之职。

在广东地区，普遍信仰的送子女神则是金花夫人。旧时，广东很多地方都有“金花庙”，奉祀金花夫人。农历四月十七是金花夫人的生日，这一天到金花庙烧香祭拜的人络绎不绝。

金花夫人

据《番禺县志》载：金花本为民间一女子，十余岁就做了女巫，人们称她为“小仙姑”。端午节时，金花于湖边看龙舟比赛，一不小心掉入湖中淹死了。死后尸体浮上湖面，尸体旁有个香木偶像，非常像金花夫人生前的模样。人们便立祠供香木偶像，把它当作金花夫人的神像。金花夫人祠庙建在月泉侧，人们把这个地方叫做惠福湖，淹死金花的湖则称作仙湖，因为金花是于湖中成仙的。

据说，当地人前往祈求子嗣，十分灵验。后来，由于年久失修，金花夫人庙塌毁了。到了明代成化年间，巡抚陈濂重建金花夫人祠，称金花神为“金花普主惠福夫人”，简称“金花夫人”。

4. 功名利禄神

旧时府县、书院皆立文昌宫或文昌祠，供奉着“文昌神”。文昌神在民间信仰中极为普遍，被视为主宰文运和功名、禄位之神，受到学子、士人的礼拜，为历代读书人所信奉。夏商时代，祭祀文昌君成为国家大典，家家户户必拜文昌之神。

后来，因为文昌星主管人间功名利禄，所以受到众多学子和文人士大夫的拜谒，被尊奉为文昌帝君。文昌帝君主管科名禄籍，这意味着会给人们带来功名利禄和随之而来的荣华富贵。历朝历代，士子们都希望通过自己的努力而金榜题名，然而企图通过考试作弊以图前程的人也屡禁不止。所以为了考试的公正、公平，后人为文昌帝君选了两位聋哑人做侍童，就是俗称的“天聋”“地哑”。主管五经考题（五经：《诗》《书》《礼》《易》《春秋》）的侍童天生没嘴巴，称为“地哑”，因不能言，当然就不会泄题了；怀抱录取名册的侍童天生无耳朵，称“天聋”，因为他听不见别人在说什么，也就不会出现偷换名字的事情了，这实实在在体现出人们的良苦用心。

除文昌星之外，旧时读书人跪拜的还有“魁星”。各地多有魁星阁、魁星楼，学宫之中也多奉祀魁星。世人谓魁星与文昌帝君一样，掌握着文人们的科甲仕取。魁星信仰曾盛行于宋代，此后经久不衰。文士考生也多在家中供奉魁星，向他焚香顶礼，乞求魁星保佑自己金榜题名。

5. 万众敬仰的海神妈祖

妈祖，也称“天后”“天妃”，是中国沿海地区，特别是东南沿海诸岛最受崇拜的海神。据统计，全世界妈祖的信徒有两亿多人。在福建沿海、台湾地区以及东南亚等华侨聚集地都建有妈祖庙（也称“天后宫”）。

万众敬仰的海神妈祖
（王衍军摄）

“妈祖”是源于福建的称呼，在闽南方言中，“妈”是对女性年长者或德高望重女性的尊称。妈祖在山东、辽东等地则称“海神娘娘”，台湾又称“天上圣母”。传说妈祖在北宋初年（960）农历三月二十三生于福建莆田湄洲一户姓林的人家，相传她从出生到满月都不哭，所以家里给她取名“默”。林默秉性聪颖，善观天象，救人济世，治病救人，拯救海难。公元 987 年农历九月初九，林默在湄洲岛羽化升天，时年二十八岁。人们尊她为“灵女”“龙女”“神女”，但习惯上统称“妈祖”。传说妈祖升天，经常显灵拯救海难，护佑船只，因此，被人们尊为“海神”。妈祖是整个沿海地区的信仰，且渔民的信仰尤为虔诚。因为渔民们整日航行在波涛汹涌的大海上，风险很大，他们盼望出海平安，并且每次都能满载而归，于是祈求海神保佑自己。渔民造船，要先造一船模供在妈祖庙内，以求神灵保佑航行平安。凡是出海的海船，必在船上供奉妈祖，作为航行的保护神。每到传说中的妈祖生日，渔民们都不出海，虔诚地去妈祖庙祭拜，这天被称为“妈祖节”。“在台湾地区，信仰妈祖和崇拜妈祖的活动更是到了无以复加的程度。台湾 2 100 万人口中，有近三分之一的人信仰和崇拜妈祖，全台湾的妈祖庙有近千座之多”。① 由于妈祖崇拜，又形成了丰富多彩的妈祖文化，如妈祖舞、妈祖灯笼、偷妈祖鞋等。

---

① 参见佘志超．细说中国民俗．北京：光明日报出版社，2006：139.

而其中偷妈祖鞋习俗最为有趣。民间习俗认为，凡是已婚未育的妇女，若想生育，到妈祖庙偷妈祖脚上的一只鞋，就能怀孕。偷时要先掷筊杯，所谓“筊杯”（jiào bēi），是一种占卜用的器具，用两块木片或竹片制成，两个为一对，每一个称为一“支”，各有阴面、阳面。人们把筊杯抛到地上，假如有一面阴和一面阳朝天，就称为“胜杯”了，即是得到神明庇佑。这种占卜方式流行于黎族各地。

偷鞋时掷筊杯占卜，若为一阴一阳，表明妈祖同意偷，否则不能偷。偷后三个月如有怀孕，要到庙中拜谢。孩子生下满月后，要去还愿，并做一双新鞋为妈祖换上。据说，偷妈祖鞋求子的方式十分灵验，所以在广大妇女的心中，妈祖的地位更是神圣无比。因此，妈祖不再仅仅是渔民和其他人的保护神，还担当起生育神的职责，可见，妈祖的法力之强，民间大众对她的期望之高。

第三节　中国民间信仰习俗的特点

从上面所介绍的中国部分少数民族和汉族的民间信仰，我们可以看出，中国民间信仰习俗体现出以下四个方面的特点：

1. 多元性

中国民间信仰对象繁杂纷乱，涉及万事万物，不仅有自然物、动植物，还有灵魂以及完全是人们想象出来的种种事物，五花八门，不计其数。这就是信仰对象的多元性。

2. 务实性

中华民族自己创造的神都是对人的现实生产或生活某方面有帮助的神，如行业保护神及人生保护神等。

3. 调和性

首先表现在不排斥宗教信仰，而且把宗教信仰对象吸收到民间信仰中来，如佛教的观音菩萨、弥勒佛和道教的财神、福神、禄神、寿神和火神等。

弥勒佛（王衍军摄）

4. 随意性

造神在中国随意性极强，可以毫不夸张地说，谁都可以造神；而且随时随地可以造神，也可以随意给神增加功能。

以上四个特点是相互依存的，但最根本的是务实性，也就是说，多元性、调和性、随意性都是由务实性衍化而来的。民间俗语云："家里有病人，不得不信神。"这一俗语鲜明地体现了中国民间信仰的功利性和务实性。

第四节　汉族各地民间的凶吉信仰与禁忌习俗

中国民间除对上述各种神明信仰外，还有许许多多的凶吉信仰，并由主凶之信仰产生了种种禁忌。这些禁忌有的是非常合理的，如保护树木、动物等。但由于禁忌是在自然压力之下产生的，必然会带有强烈的迷信色彩，对社会生活也产生了一定的消极作用。

1. 饮食

凶吉信仰与禁忌在饮食习俗中表现最多。如吃鸡，广州人待客一定要杀鸡，做熟后按照活鸡的样子摆在盘内，端上桌时鸡头一般要对准坐在上座的长辈；山东人在红烧鸡块上也要摆个鸡头对着客人，当客人夹起鸡头时，在座的其他人才能开始吃菜等。广州人过年要做一盆发菜汤，"发菜"谐音"发财"，祝愿在新的一年里"就手发财、财运亨通"。

各地民间在使用碗筷上也有种种禁忌，比如忌用筷子敲空碗，俗以为"穷气"，因为这像讨饭者；忌讳把筷子竖直插在盛满饭的碗中央，那是祭奠死者的"倒头饭"；还有的地方忌把饭碗扣在桌面上，因为病人服药的碗才那样放，表示今后不再吃药。

2. 建筑

建筑中的凶吉信仰主要表现在房屋和坟墓的选址上，应选风水宝地，避开凶地。其次是建造过程中的信仰，比如选吉日动工、吉时上梁等。（参看第六章"中国民间建筑与居住习俗"）

3. 生育

孕妇禁忌很多。首先是忌口。如有的地方不许吃兔子肉，说吃了兔肉婴儿会长兔唇；不能吃鲜姜，不然孩子会长"六指"；禁吃狗肉，认为狗肉不干净，食后会难产。（参看第五章“中国民间饮食习俗”）

4. 婚丧

在古代，男女两人的属相和生辰八字相合才可以结婚。婚礼中的哭嫁、跨火盆等活动都反映了人们的信仰。无论哪个国家或民族，丧葬活动都是在灵魂信仰的支配下进行的。中国民间认为人的寿数由阎王爷掌管，丧葬活动也有许多禁忌。（参看第三章“中国民间人生礼仪习俗”）

5. 生产

在古代，生产活动主要是农、牧、渔、打猎、养蚕、采矿及各种手工业。为了保证生产顺利进行，除祭神外还有许多禁忌。如贵州茅台酒房每次酿出初酒时，老板都要亲自供奉、祭拜杜康先师。为了保证酒味醇正，特别禁忌妇女往酒房送饭。又如，蚕农在养蚕过程中有一系列的语言禁忌：忌说谐音“死”的“四、屎”等，蚕的第四次休眠称为“大眠”，“蚕屎”称为“蚕沙”；忌说“亮”，“天亮了”说成“天开眼了”，因为“亮蚕”是“病蚕”；忌用谐音“僵”的词，“酱油”称为“颜色”，“姜”称为“辣烘”。清代陈梓《养蚕词》写道：“掘笋勿叫笋，叫钻天，叫笋蚕要损；吃姜勿叫姜，唤姜蚕要僵。”

6. 动植物

人们常常把一些动植物作为吉祥或不吉祥的象征。古代中国人称“麟、凤、龟、龙”为四灵，其中龙、凤、麟都是汉民族想象出来的。“麟”即麒麟，象征祥瑞；“凤”传说是神鸟、瑞鸟，是百鸟之王；龟是长寿和财宝的象征（以龟壳为货币）；“龙”是中国古代传说中的神异动物，也是中华民族的象征，中国人往往都以自己是“龙”的传人而骄傲。

“狮子”被认为可以驱邪恶，故古桥上、门前多有石狮。“喜鹊”是吉祥鸟，“乌鸦”为不吉之鸟……植物中以“莲花”为“花中君子”，象征高洁，出淤泥而不染；以“牡丹”为富贵之花，象征繁荣昌盛；“松树、桃树”都是长寿的象征；“桔”与“吉”谐音，是吉祥的象征；“石榴”多籽，象征多子，故民间多在庭院内栽种石榴树。

7. 天体

在古代，人们常把太岁星和彗星的出现看成是不祥之兆。传说“太岁”所在方位为凶位，而且它所在的方位变化不定，如果在太岁方位建造房屋、墓地等土木建筑，必招来灾祸，或致家人生病，或致家人打架不和等。民间也有一条俗语“太岁头上动土”，比喻触犯或招惹了强横的、不能对抗的人或势力。

8. 时间

中国古代的人认为正月是一年之始，是万物生长之时，不宜杀生，连祭祀也不许杀母牲畜，不能用兵打仗，更不能杀人。

9. 数字

数字信仰有几种。第一是以“9”为吉祥数字，古代认为“9”既是天数，象征极限，又与“久”谐音。皇帝用“9”表示地位至高无上，与皇帝有关的建筑、器物等无一不与“9”或“9”的倍数相关。大殿柱子上所雕刻的龙为“9”条，故宫的房间是9 999间。更有甚者，为庆贺乾隆皇帝七十大寿选的佛像也是9的倍数，为20 691尊（2 299个“9”），为之表演的节目为81种，故称为“九九庆会”。在现代，一般人也以9为吉祥数。1999年9月9日上午9时结婚的人特别多，“9”谐音“久”，人们希望婚姻、爱情长久。

北京故宫里众多的房间

第二是以“8”为吉祥数字，认为“8”谐音“发”，暗寓发财之意，所以带数字“8”的车牌号、电话号码等都很贵。若尾数为“18”（谐音“要发”）、“168”（谐音“一路发”）、“518”（谐音“我要发”）、“888”（谐音“发发发”）则更受青睐。就连2008年北京奥运会也选择在2008年8月8日晚上8时开幕，这似乎也体现了国人热衷数字“8”的心态。

第三是以“6”为吉祥数字，俗语“六六大顺”，若车牌或电话号码尾数为“66”或“666”则更为抢手。

第四是以“2”为吉祥数字，中国人喜欢双数，不喜欢单数，尤其喜欢好事成双，所以有“双喜临门、智勇双全”等词语。“2”还谐音“儿”，所以有的广告牌巧妙地利用了这一谐音。比如广州某医院不孕不育专科的联系电话为“020－22222222”颇为有趣，电话号码为8个2，非常好记，同时“2”谐音“儿”，又体现了国人渴望生子的强烈愿望。

除了特别喜欢的数字以外，中国人还有两个不喜欢的数字，第一个是“4”，因为“4”谐音“死”，所以车牌号码、电话号码尾数有“4”的不受欢迎，尤其是“14”（谐音“要死”）、“54”（谐音“我死”）、“514”（谐音“我要死”）、“44”（谐音“死死”）等更不受欢迎。第二个是“7”，因为“7”是单数，同时“7”又谐音“凄、戚”，所以“7”也不受欢迎。

人的岁数也有禁忌。民间大多把“73岁”和“84岁”称为“年龄槛儿”，认为是生命的关口，很难活过去，所以也有地方把这两个年龄称为“殉头年”。到了这两个年龄的人，或者多说一岁，或者说“明年多少岁、去年多少岁”。

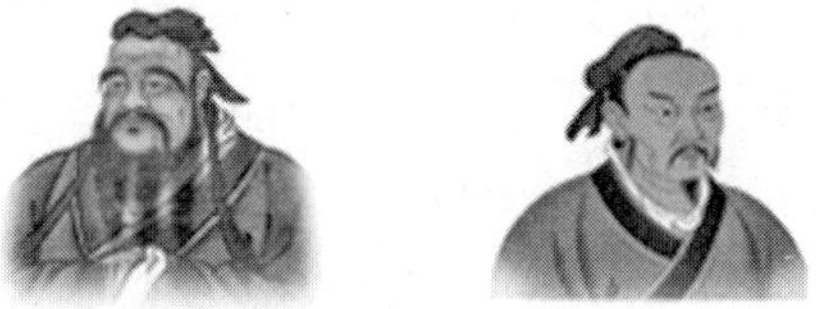
孔子　孟子

各地大都有“七十三，八十四，阎王不叫自己去”的说法。至圣先师孔子在七十三岁时去世，亚圣孟子在八十四岁时去世，而一般人的寿命是不应该超过圣人的，所以即使阎王不叫自己也要去。此外，还有的地方认为一百岁是人的寿命极限，到了这个岁数就会死，因此忌讳说一百岁，而说九十九岁。

10. 节日及其他

节日是喜庆日，故禁忌也最多。比如，春节期间忌说不吉利的话，如“死”“杀”等；忌打破器物，如果打破时，须立即说“岁（与“碎”谐音）岁平安”。正月初一忌扫地倒垃圾，认为扫地倒垃圾会把财气扫出去倒掉。

第五节　汉族各地民间的祈子习俗

自古以来，华夏民族历经磨难而始终昂首屹立于世界东方，多次绝处逢生，原因固然很多，但国人多子多福的观念在挽救民族危亡的过程中起到了重要作用，这一点在学术界也有共识。孔子云：“不孝有三，无后为大。”

“后”即指“子”。“子”代表着这个家族血脉的延续、种姓的繁衍，没有“子”，则是不孝之人。因而，为了生下能延续家族的血脉的“子”，各地都有一些“祈子”的习俗，而且这些祈子习俗已经渗透到社会生活的各个层面，在人生礼仪、节日习俗、饮食习俗等方面都有所体现，某些活动甚至带有一种宗教信仰崇拜的性质和特点。下面我们就从节日习俗、人生礼仪习俗、饮食习俗等层面来了解一下中国各地的祈子习俗。

一、节日习俗中的祈子内容

1. 正月初十

正月初十因“十”谐音“石”，故讹为“石头生日”，又称“石不动”，谁也不能搬动石头以及石碾、石磨、石臼等石制品。在河北邯郸黄粱梦村，初十这天设有迎元宵卖烟火集会，因为当地人称正月初十为“十子儿”，所以，此会又叫作“十子儿会”（谐音“拾子儿”）。农民在这天有“捞子儿”的习惯，新婚夫妇赶会，买到什么也是“捞子儿”：“正月初十出大门，小两口一块赶十子儿，赶十子儿，捞个子儿，明年一定得宝贝儿。”

石磨

2. 元宵节

正月十五民间称为“元宵节”，元宵节是仅次于新年的隆重节日，又被称为“上元节”。其主要民俗事象是赏灯、闹花灯，故民间称元宵节为“灯节”。因“灯”与“丁”谐音，民间便出现了许多祈求生子的习俗。

北京地区则有通过“摸钉”来求子的习俗。元宵夜妇女竞相前往城门处以摸钉为戏。所谓“钉”指城门上的大门钉，每扇城门按九行九列排列，共81枚，钉子的形状凸出，为男性生殖器崇拜物，又因“钉”与“丁”谐音，故成为“祈子”习俗。

为了盼望来年添丁，湖南人除夕和元宵节乘人不注意时，在摇篮里放许多竹筷子，“筷子”谐音“快子”，祈求明年家中多生儿子。

温州有些地方的庙宇从正月十三至正月十八在神龛前正中悬挂“福灯”，灯旁挂彩球，供人采摘以求子。

广州元宵节也有到庙里请灯的风俗。求子之人告诉庙祝喜欢哪一盏灯，便用红纸写上“某宅敬请”字样，谓之“请灯”。元宵后三日，庙祝便派人把所请之灯挨家挨户送去，谓之“送灯”，此俗取“请丁”“送丁”之义。

安徽一带正月十八灯节结束后，有将“花灯”送入新婚不久的人家的习俗，谓之“添灯”，“添灯”谐音“添丁”。因之怀孕生子的人家，第二年就要制作许多花灯酬谢神灵。

在山东，无儿无女之家元宵之夜专门偷灯。传说，如把灯偷到手，并使蜡烛不灭地带回家，就能生儿育女。四川东部也有偷“檐灯”之俗，偷灯者多为不孕妇女或无子人家的人，趁夜深人静时，偷偷溜到事先相中的一家（这家通常子孙满堂），将这家的檐灯偷至自家，以期来年得子。

3. 中秋节

中秋佳节，安徽一带的妇女有“摸秋”之俗。中秋之夜，妇女结伴去瓜棚豆架之下摸索，谓得南瓜者宜男，得扁豆者宜女；得白扁豆者，便可夫妻白头到老。此日，各地还有“偷南瓜”相赠的习俗。南瓜谐音“男娃”，这叫“偷瓜送子”。由儿童捧着南瓜，上插泥人，送至新妇之家，以南瓜祈子。贵州有的地方的风俗是从瓜园里偷得一瓜，然后给它穿衣，画面，打扮成婴儿，再敲锣打鼓，送至祈子的人家，祈子妇女伴它入睡；第二天，将瓜煮熟，让她吃下。“瓜”谐音“娃”，据说这样就能生下男娃。

二、婚礼习俗中的祈子内容

具体内容看第三章第三节“中国各地婚俗中的祈子意蕴”。

三、神前祈子

神前祈子的方式源自远古，后代因为各地区信仰不同，产生了各自的保佑生育之神，如子孙娘娘、送子观音等，属典型的多神崇拜。例如华北各省信奉碧霞元君，华中各省多信奉送子观音，华南各省信奉临水夫人或金花娘娘，甚至还有人祈求全知全能的妈祖。

四、饮食中的祈子习俗

婚后不育的妇女可以吃某些东西，人们认为这样可以很快怀孕。比如女子出嫁的嫁妆里一定有一个朱漆“子孙桶”，桶里要放上五个煮熟染红的喜蛋和许多染红的喜果。嫁妆送到男家后，男家亲友如有久不生育的女人就会向主人讨要子孙桶里的喜蛋来吃，据说很快就会有喜。除了吃喜蛋，有些地方有吃瓜求子的习俗。中国还有很多与生育有关的成语，如“瓜熟蒂落”“种瓜得瓜”等。

五、其他各种特殊的祈子习俗

各地民间还有许多特殊的祈子信仰习俗，比如偷瓜、送瓜、偷灯、偷送子观音绣鞋以及拴娃娃等习俗。“偷瓜、送瓜”显然是因“绵绵瓜瓞”这句诗而产生的习俗。瓞（dié），指小瓜。《诗经》云：“绵绵瓜瓞，民之初生。”后以“绵绵瓜瓞”喻子孙绵延不绝。“偷灯”是因为“灯”“丁”谐音，为祈求“添丁进口”才去偷灯；有的地方是由亲友送灯给不育或缺乏子嗣的夫妇，不过据迷信的说法“偷灯”比亲友送灯有效。

《中华全国风俗志》载：“贵州中秋节有一种特别之风俗，为各省所无者，即偷瓜送子是也。偷瓜于晚上行之，偷之时故意使被偷之人知道，以惹其怒骂，而且骂得愈厉害愈妙。将瓜偷来之后，穿上衣服绘上眉目，装成小儿形状，用竹舆抬送，有锣鼓随之，送至无子人家，受瓜之人须请送瓜之人食一顿月饼，然后将瓜放在床上，伴睡一夜，次日清晨将瓜煮而食之，以谓自此可怀孕也。”

元宵节放水灯

安徽一带还有“拴娃娃”的习俗，据《寿春岁时纪》云：“三月十五日烧四顶山香，山上有庙宇数十间，塑女神曰碧霞元君，俗呼为泰山奶奶，奶奶殿侧有一殿，亦塑一女神，俗称送子娘娘。庙祝多买泥孩置佛座上，供人抱取，使香火道人守之，凡见抱取泥孩者必向其索钱，谓之喜钱。抱泥孩者，谓之偷子。若偷子之人果以神助者得子，则须买泥孩者为之披红挂彩，鼓乐送之原处，谓之还子。”

广东海丰一带还有元宵节“放水灯竞拾之”以祈子的习俗。《广东新语·卷九》“事语”载：“海丰之俗，元夕于江干放水灯，竞拾之。得白者喜为男兆，得红者谓为女兆。或有诗云：‘元夕浮灯海水南，红灯女子白灯男。白灯多甚红灯少，拾取繁星满竹篮。’广州灯夕，士女多向东行祈子，以百宝灯供神。夜则祈灯取采头。凡三筹皆胜者为神许。许则持灯而返，踰岁酬灯。生子者盛为酒馔庆社庙，谓之灯头，群称其祖父曰灯公。”

第六节　汉族各地民间信仰习俗与语言

中国民间信仰习俗源远流长，凝结着中华民族数千年的文化心理积淀，是中国传统文化的重要组成部分，并随着时间的推移、社会的进步及中外文化的交流而不断发展变化。这种文化心理积淀也反映在语言中，语言中的数字、俗语、歇后语等体现出各民族的民俗文化心理，甚至语言、文字本身也成了民俗文化的载体。

如民间对福神、禄神、寿神、喜神和财神等神灵由来已久的崇拜，对“福星高照”“天官赐福”“五福临门”（五只蝙蝠图形贴于门上）及“吉庆有余”（鱼）、“年年高升”（年糕）、“早生贵子”（红枣、花生、桂圆等）等的祈求，充分表达了底层民众对于美好生活的向往。这种种美好的联想和积极的心理暗示，对底层民众调适苦乐无常的世俗生活而言有着积极意义。

五福临门（剪纸）

天官赐福（年画）

又如，由汉语谐音联想而衍生的谐音民俗在当代的表现也很突出。首先是近年来对于数字“8”的崇拜和对于数字“4”的禁忌。由于数字“8”在粤语中与“发”同音，广东、香港地区的经济强势使得民间对于数字“8”的崇拜风行至今，带有数字“8”的车牌号码、电话号码、手机号码等受到很多人的追捧。吉祥车牌、电话号码甚至成为较高社会地位、身份的象征和标志。

2008 年北京奥运会开幕时间定为 2008 年 8 月 8 日晚 8 时，似乎也是顺从民俗的产物。由于数字“4”与“死”谐音，“4”的命运与“8”截然相反，人们对“4”避之唯恐不及，某地甚至宣布将数字“4”从机动车牌号码中彻底清除，并称此举乃“顺从民意，以人为本”！

另外，让人无语的是，人的姓氏与求职结果本来无关，但裴姓、梅姓求职者却屡屡碰壁，个中原因竟是由于“裴”与“赔”、“梅”与“霉”谐音！

民间种种信仰习俗也体现在俗语、歇后语等中，它们反映了各民族对鬼神崇拜的文化心理。例如：

【烧头香】也叫“烧头炉香”，这是一种民间的风俗，拜佛、敬神等都有。谓信徒赶早到寺庙、道观，争上第一炉香，以示虔诚。此俗由来已久，在宋代已盛行。如宋代孟元老的《东京梦华录》：“州西灌口二郎生日，最为繁盛……夜五更争烧头炉香，有在庙止宿，夜半起以争先者。”此俗至今仍存。

【八仙过海，各显神通】八仙：民间传说中八个得道成仙的仙人，他们是汉钟离、张果老、韩湘子、铁拐李、吕洞宾、曹国舅、蓝采和、何仙姑。民间传说这八位神仙过海时，各有一套法术、本领。这条俗语的意思是说，每个人都要像八仙过海那样，拿出自己的本领来。

八仙过海，各显神通（素描）

【拿着猪头找不着庙门】旧时民间拜神或还愿时，要拿着猪头去庙里上供。本条俗语的意思是说，拿着猪头去庙里上供，却找不到庙门在哪里。比喻拿着礼物送人却找不到门路。

【龙生九子，九子各别】龙：民间传说中的神异动物。本条俗语的意思是说，龙生九个儿子，九个儿子各不相同。比喻同一父母所生的孩子各不相同，有好有坏。

【救人一命，胜造七级浮屠】浮屠：宝塔。意思是说，救人一条性命，比建造一座七层宝塔的功德还要大。比喻救人性命功德无量。

浮屠（佛教舍利塔）

【瞒得过人，瞒不过神】瞒：隐瞒。意思是说，事情能瞒过人，却不能瞒过神。说明事情早晚必然会被人知道。

【轮到我烧香，佛爷也掉腚】掉腚：转过屁股。这条俗语的意思是说，轮到我烧香拜佛的时候，佛爷却把身子转过去，不理我了。比喻自己的运气不好。

【越怕越有鬼】鬼：迷信的人所说的人死后的灵魂。这里指不可告人的秘密。本条俗语的意思是说，越害怕越觉得鬼来了。比喻自己吓唬自己；也用来比喻干了坏事，心里害怕。

【僧来看佛面】指来了和尚，看在佛爷的面子上也得招待他。比喻接待某人，应看在他的上级或其他人的情面上给予礼遇。

【阎王催命不催食】指即使是阎王派鬼来索命，也得让人把饭吃饱。后比喻不论干事情多么紧迫，也要让人先吃饱饭。

【佛要金装，人要衣装】指佛像靠金粉来装饰，人靠衣服来装扮。后比喻人的衣饰打扮对人的仪态之美作用很大。

【无事不登三宝殿】三宝，指佛、法、僧；三宝殿，泛指佛殿。指有事时登上佛殿祈求佛爷，无事时不登佛殿。这一俗语多比喻没事不上门相求，既然上门了，一定有事相求。

【打入十八层地狱】按佛教说法，地狱有十八层，罪过一层比一层深重。比喻给予坏人最严厉的惩罚，使其永世不得翻身。

【僧多粥少】比喻人多东西少，不够分配。

【一旦无常万事休】有朝一日死去，谓之“一旦无常”。如《醒世姻缘传》第三十九回："人人也知道他死期不远，巴了南墙望他，倘得他'一旦无常'，可得合村安静。""无常"指死亡。如有些寺院在日落方位设"无常院"，让病重的僧人住在里面，等待圆寂。一旦死去，什么都完了，谓之"一旦无常万事休"。

【丈二和尚，摸不着头脑】"丈二和尚"指寺庙中比较高大的罗汉等塑像。显然，人们无法用手触摸到高大的塑像，因而用"丈二和尚，摸不着头脑"比喻弄不清情况，摸不清底细。如明代·周楫《西湖二集》卷二八："丈二长的和尚，摸不着头脑。"

【做一天和尚撞一天钟】寺院中一般有大钟、堂钟和殿钟，按寺庙的制度，凡是遇到法会、集众、饭时、睡前及僧人圆寂等，都要撞钟。世人一般把和尚看作消极隐世的人，又把和尚同寺院的钟声联系在一起。该条俗语比喻消极应付工作，得过且过地混日子。如茅盾《子夜》十五："我早就辞过职了，吴老板还没答应，我只好做一天和尚撞一天钟。"

【放下屠刀，立地成佛】谓停止作恶，立成正果。后成为一句劝人弃恶从善的俗语。佛门八戒中的第一戒为"不杀生"。佛教认为杀生属于应受地狱报应的最大恶业之一。放下屠刀就是不杀生，也泛指不造一切恶业。不造恶业，就能得到福报，进而摆脱轮回，直至成佛。"立地"是唐宋时的口语，意思是"立刻、当下"。

【送佛送到西天】比喻做好事要做到底，绝不半途而废。西天，指印度，在中国的西面，古称"西天"。印度是佛祖释迦牟尼的故乡，故俗语云："送佛送到西天。"如《儿女英雄传》第九回："姐姐原是为救安公子而来，如今自然'送佛送到西天'。"

【前世烧了断头香】佛教信徒为了表示虔诚、恭敬，在礼佛等场合，一般不烧折断或污染过的香。如《儿女英雄传》第二十二回："我是怎么了呢？没修积个儿子来罢了，难道连个女儿的命也没有？真个的我前世烧了断头香了。"

【跑了和尚，跑不了庙】和尚住在寺庙里，以寺庙为家。该条俗语比喻无论如何都躲不过，逃不了。如周立波《暴风骤雨》第一部："他一家子在这儿，他的房子、地在这儿，他跑？跑了和尚跑不了庙。"

【阎王好见，小鬼难当】小鬼，鬼卒，是阎罗王的手下。比喻当官为首的还可以，而手下的人却难以对付。如《官场现形记》第二十八回："但是'阎王好见，小鬼难当'。志世侄虽然不要钱，还有禁卒人等，未必可以通融的。”

【冤有头，债有主】谓报仇、讨债要找准冤家、债主，不要累及他人。也说成“冤各有头，债各有主”。如丁玲《太阳照在桑干河上》二五：“是呀，你们冤各有头，债各有主，各算各的，不就结了?”该俗语反映出佛教“因果报应”的说教。佛家认为，前世造恶“欠债”，今生就会碰上冤家对头来“讨债”。

【善有善报，恶有恶报】佛家认为，众生的贫富寿夭及其处境都是由自己造成的。其中，善果由善因生，恶果由恶因生。《楞严经》卷八：“非从天降，亦非地出，亦非人与，自妄所招，还自来受。”也就是说，行善得善报，作恶得恶报。如元曲《来生债》第一折：“善有善报，恶有恶报；不是不报，时辰未到。”

【跳不出如来佛的掌心】如来佛，即“佛祖”，“如来”是佛的十种尊号之一。神话小说《西游记》中孙悟空神通广大，一个筋斗能翻十万八千里，但无论如何也跳不出如来佛的手掌。该条俗语比喻不管有多大本事，多大能耐，也摆脱不了某种力量的控制。

中国古代的先人们对四种神灵动物崇拜。《礼记·礼运》说：“麟凤龟龙，谓之四灵。”其中，人们对“龙、凤”二灵尤为崇拜、敬仰，并形成了龙凤文化。中国古代先人把“龙”作为自己部落的图腾，全世界的炎黄子孙又被称为“龙的传人”。

龙图腾

在古人的心目中，“龙”是神，能兴云布雨。“龙”象征着神圣吉祥，在封建社会中，龙又是封建帝王的象征。古代帝王称为真龙天子，是龙的化身，所以凡是与皇帝有关的事物都加一“龙”字。如“龙体”指“皇帝的身体”；“龙颜”指“皇帝的容颜”；“龙椅”指“皇帝坐的椅子”；“龙袍”指“皇帝穿的绣有龙的长袍”；“龙被”指“皇帝休息时所盖的绣有龙的被子”……此外，还有龙灯、龙柱、龙旗、龙宫、龙帐、龙杖、龙床、龙钟、九龙壁等。

在民间，逢年过节或是喜庆日子，往往要舞龙灯庆贺。南方一带每到端午节时人们还要在江河上举行龙舟竞赛。相传农历“二月初二”是“龙抬头”的日子，各地都要隆重庆贺。含有“龙”字的词语也很多，例如：

【龙行虎步】比喻威仪庄重，气度不凡。常用以形容帝王之相。

【龙多乃旱】比喻人多互相依赖，反而办不成事。

【龙马精神】比喻老而弥坚的精神。

【龙蛇混杂】比喻好人坏人混杂在一起。

【龙潭虎穴】龙虎所居之处。比喻凶险之处。

【乘龙佳婿】比喻好女婿。

【活龙活现】形容说话、作文描绘得生动、逼真，使人感到像真的一样。

【攀龙附凤】比喻依附帝王以成就功业或扬威。亦比喻依附有声望的人以立名。

【生龙活虎】形容生气勃勃，充满活力。多用以比喻人活泼有朝气或文章生动有力。

【蛟龙失水】比喻英雄失去凭借。

【鱼龙混杂】鱼和龙混在一起。比喻好的和坏的混杂在一起。

【虎啸龙吟】形容歌声雄壮而嘹亮。

【笔走龙蛇】比喻文笔纵放，挥洒自如。

【望子成龙】盼望儿子成为出类拔萃的人物。

【叶公好龙】比喻表面上爱好某事物，实际上并不是真的爱好。

【车水马龙】形容车马往来不绝，繁华热闹的景象。

【龙威虎震】形容气势奔放雄壮。常形容书法笔势的遒劲有力，灵活舒展。

【龙眉凤目】形容贵人相貌不同寻常。

【老态龙钟】形容老年人身体衰老，行动不灵便的样子。

【鲤鱼跳龙门】古代传说黄河鲤鱼跳过龙门，就会变化成龙。后以“鲤鱼跳龙门”比喻中举、升官等飞黄腾达之事。

凤凰（剪纸）

“凤”是传说中的神鸟，它有着美丽的羽毛，被称为“鸟中之王”，历来是祥瑞的象征。在封建社会中，“凤”又是帝后的象征，因此皇后穿“凤衣”，戴“凤冠”，出宫时所乘坐之车则称为“凤辇”。

在语言中，也有很多带有“凤”字的词语，体现出汉民族对“凤”这一祥瑞之鸟的崇拜。例如：

【凤毛麟角】凤凰的毛，麒麟的角。比喻珍贵而稀少的人才或事物。

【凤冠霞帔】指古代贵族女子和受朝廷诰封的命妇的装束。

【凤凰于飞】亦做“凤皇于飞”。凤和凰相偕而飞，比喻夫妻相亲相爱。亦常用做祝人婚姻美满之词。

【中原麟凤】比喻中原的杰出人物。

【乘龙配凤】比喻得佳偶，结良缘。

【娇鸾雏凤】幼小的鸾凤。比喻青春年少的情侣。

【雕龙画凤】刻绘龙凤；刻绘的龙凤。

【凤凰来仪】亦作“凤皇来仪”。凤凰来舞，仪表非凡。指吉祥之兆。

【鸾翔凤集】比喻人才会聚。

【龙飞凤舞】形容气势奔放雄壮或姿态生动活泼。

【凤子龙孙】帝王或贵族的后代。

【凤友鸾交】比喻有情男女结成的夫妇。

【彩凤随鸦】比喻淑女嫁丑男。

【落地凤凰不如鸡】比喻人在逆境中被人看不起。

【鸡窝里飞出了金凤凰】比喻普通人家出了英雄、明星等。

【凤凰落在鸡群里】比喻才能超群，与众不同。

【凤凰不落无宝地】形容对人有好处他才会来。

思考与练习

1. 举例分析中国少数民族和汉族民间信仰的特点。

2. 如何正确对待广大民众日常生活中的信仰活动？

3. 孩子代表的是家族血脉的延续，祈求生育在每个民族中都是非常重要的内容，除本书介绍的祈子习俗之外，你还知道其他的习俗吗？在你们国家或民族中，有没有类似的祈求生育的习俗？请简单介绍一下。

4. 每个民族都有凶吉信仰，并由主凶之信仰在日常生活中产生了种种禁忌习俗。这也是我们“入乡随俗，入国问禁”的原因所在。请了解一下你所在国家或民族有哪些禁忌习俗，并与中国各民族的禁忌习俗加以比较，谈谈两者的异同。

5. 中国民间信仰习俗源远流长，凝结着中华民族数千年的文化心理积淀，这种文化心理积淀也反映在语言中，学习、理解本章所列举的文化词语，并在本书之外，另外举出一些反映信仰习俗的文化词语，加以解释，并深入探讨一下文化和语言的关系。

第十章
中国岁时节日习俗

第一节　岁时节日习俗的由来和特点

岁时节日是中国民众为适应生产和生活的需要而共同创造的一种民俗文化，是一个民族生活文化的集中展示，是中国民俗文化的重要组成部分。大体说来，节日的起源主要有以下六个方面：

1. 历法节气

中国自古以农为本，以农立国，而农业生产有很强的季节性特点：春播、夏耘、秋收、冬藏，周而复始，年复一年。从远古时代起，中国先民就已掌握了反映农业生产特点的历法知识。根据气候变化的特点，把一年划分为12个月、24个节气，约365天，从而构成了岁时节日的计算基础。有些节日（如立春、冬至等）就是由节气直接发展而来的。

2. 原始崇拜

中国先民常常把某些动物奉为神明加以崇拜，最典型的要数龙图腾崇拜。龙图腾崇拜对中华民族的影响极为深远，古代吴越人每年在端午节这天都要举行祭祀龙图腾的“龙舟竞渡”活动，这种龙图腾崇拜是端午节风俗形成的渊源之一。

3. 禁忌与迷信

在生产不发达的上古时代，当人们无法解释大自然的奥秘，不能掌握自己命运的时候，便会产生许多禁忌和迷信思想。春节是中国最热闹的传统节

春节放鞭炮

日，放爆竹习俗原意是避恶鬼，后来增加了祭祖、供神、团圆、娱乐等内容。据说桃木能驱鬼辟邪，所以，每到旧时除夕这天，家家户户削桃木，制成神荼、郁垒二神悬挂在大门上，以防恶鬼进门。春节还有许多禁忌，如禁忌水土出门，不能扫地泼水，以免财气出门。这类禁忌迷信是一种消极防范手段，反映了人们趋吉避祸的心理。

4. 祭祀先人

主要在清明节、中元节和寒衣节。这三个节日原是以祭祖为源，以祭祖事鬼为主要节俗活动，所以又称为“鬼节”。

5. 宗教信仰

中国民俗节日深受宗教影响，许多节日都来源于宗教。属于佛教的节日有：四月初八浴佛节（佛祖释迦牟尼诞辰），七月十五盂兰盆节，七月三十地藏节（地藏菩萨诞辰），八月初八转法轮日（释迦牟尼说法日），腊月初八腊八节（佛祖成道日）。属于道教的节日有：正月十五上元节，三月初三蟠桃节（王母娘娘寿诞），七月十五中元节，九月初九重阳节（斗姆星君诞辰），十月十五下元节等。上述宗教节日流传到民间，逐渐形成了庙会等一系列节日习俗活动。

6. 多神信仰

中国是个多神信仰的国家，有些历史人物和神话传说中的人物也被奉为神灵加以崇拜和祭祀，由此而产生了一系列大大小小的民俗节日。如二月初二龙抬头日，又为土地神诞辰；五月十三关帝诞辰，又称关公单刀赴会日，这天各地一般都有关帝庙会；七月初七“七夕节”，又称“乞巧节、鹊桥会”；腊月二十三祭灶节，别称灶君升天日。

总的来看，岁时节日的形成和发展，在中国有三条重要的线索：一是农事祭祀节日习俗；二是宗教节日习俗；三是民族传统节日习俗。这三条线索往往相互渗透、彼此影响，逐渐融合成某一民俗节日。比如清明节，古代清明节是农事重要节日，北方农谚：“清明忙种麦，谷雨种大田。”清明节在发展中，很早便与其前一两天的寒食节结合。

寒食节原是古代禁火忌日，据说与晋文公悼念介子推有关。春秋时，晋国君主晋献公的妃子骊姬为让自己的儿子奚齐继承皇位，设计害死了太子申生。申生的弟弟重耳为了躲避骊姬的迫害逃离了晋国。介子推与狐偃等一批老臣，与重耳患难与共，在外颠沛流离了19年。后来，重耳回国当了君王，成为著名的春秋五霸之一——晋文公。他重赏了有功之臣，却独独忘了介子推。而介子推却不争功，背着老娘隐居绵山，过着清贫的生活。这之后，愧悔的晋文公派人去寻找介子推母子。介子推避而不见，晋文公便下令放火烧山，想以此法逼介子推出来。面对大火，介子推仍不下山，最后与母亲紧抱一棵柳树被活活烧死。

事后晋文公十分懊悔，他下令厚葬介子推，把母子二人葬在那棵烧焦的柳树下，改绵山为介山，并把放火烧山的这一天定为“寒食节”，告知全国百姓，每年的这一天都要禁烟火，只吃寒食。第二年，晋文公和大臣们来到介山祭奠介子推，发现那棵被烧焦的老柳树竟然复活了。晋文公感慨万千，便为复活的老柳树赐名“清明柳”，把这一天定为清明节。从此，清明节就成为我国人民追念故人、寄托哀思的风俗节日。后来清明节又与祭奠祖先亡灵的郊游扫墓结合，成为一个综合节日。

岁时节日具有民俗文化传承性与变异性的一般特点，节日一旦形成，便有一种相对独立性和稳定性，并世世代代传承下去。民间流传下来的许多节日都有 2 000 年以上的历史，其中很多习俗更是从远古时代就传承下来了，至今还为人们所接受，表现出了顽强的生命力。

当然，这并不意味着节日风俗是一成不变的。相反，随着社会经济、文化条件的变化，节日风俗也会不断发展变化，有的遭淘汰，有的被更新。简言之，中国节日文化传承中有变异，变异中有发展，传承与变异相统一是中国节日的显著特点。

传统民俗项目：踩高跷

中国岁时节日习俗还体现出鲜明的民族性和地域性特点。中国是以汉族为主体的多民族国家，汉族的传统节日如春节、清明、端午、中秋等，在其他民族地区也普遍流行。与此同时，汉族节日中也融入了其他民族的风俗，如春节在院内立灯笼杆，就是受了满族祭神杆的影响。还有，节日中的许多游艺活动，如“秋千、高跷、骑射、杂技”等，原来都是少数民族的习俗，后来慢慢融入汉族的节日习俗中。但由于各少数民族历史和文化的差异，节日文化也表现出鲜明的民族性和地区性特点。

除汉族节日外，其他少数民族都有自己的传统节日，如蒙古族的“那达慕大会”，朝鲜族的“老人节”，傣族的“泼水节”，彝族、白族、纳西族、布朗族的“火把节”，土家族的“七月会”，高山族的“丰收节”等。这些节日与汉族传统节日共同构成了中华民族大家庭的传统节日，中国岁时节日的这种跨民族、跨地区的特征，是历史上民族节日风俗互相交流、融合的结果。在这种广泛交流、融合的过程中，中国传统文化具有广泛的包容性，这使中华民族产生了强大的向心力，这也是侨居海外的炎黄子孙“每逢佳节倍思亲”的一个重要原因。

第二节 部分少数民族的节日习俗

一、藏族的节日习俗

藏族普遍信奉藏传佛教，即喇嘛教，佛教对藏族的深刻影响，导致藏族节日文化具有浓厚的宗教色彩。藏族节日的内容和形式丰富多彩，包括祭祀、农事、纪念、庆贺、社交游乐等诸多项目。若将藏族数量众多的节日分类，大致可划分为传统节日和宗教节日两种。

藏族民间最大的传统节日为每年藏历正月初一的藏历年。藏族人一般从藏历十二月就开始准备、置办年货，家家都要用酥油炸果子。炸果子种类很多，有耳朵状的、长形的、圆形的等，还要用彩色酥油捏制一个羊头，制作一个长方形的五谷斗，斗内装上酥油拌糌粑、炒青稞麦粒等食品，上面插青稞穗、鸡冠花和酥油做的彩花。除夕时打扫卫生，在大门上用石灰粉画出象征永恒的符号，表示吉祥如意。

云南的藏族除夕晚餐家家吃面团（类似于饺子），在面团里分别包有“石子、辣椒、木炭、羊毛”，每一种东西都有一种不同的说法，比如吃到包石子的面团，预示在新的一年里此人心肠硬；而吃到包羊毛的面团，预示此人心肠软；吃到木炭则预示心黑；吃到辣椒则表示嘴如刀。吃到这些东西的人，都要即席吐出，以助除夕之兴。

初一早上，将青稞幼苗、油馃子、酥油捏成的羊头、做好的五谷斗，摆在佛龛前的茶几上，预示在新的一年里五谷丰登、丰衣足食。初一这一天，家人团聚欢度新年，一般互不访问。从初二开始，亲朋好友相互拜年。城乡演唱藏戏，牧区牧民通宵达旦、尽情歌舞。节日期间，民间还有角力、投掷、拔河、跑马射箭等一系列娱乐活动。

除过藏历年外，每年藏历七月初一，藏族人民要过“雪顿节”，雪顿节原意为“酸奶宴”。届时家家都要制作大量的酸奶食用，后来又增加了演藏戏的内容。雪顿节很多人都要提酥油筒、茶壶、保温瓶，带上食品到风景优美的地方饮茶喝酒。

在每年秋收以前要过“望果节”，过望果节时要互相宴请并进行各种野餐活动，以迎接秋收。这是藏族人民庆祝丰收的节日。“望”藏语意为“田地”，“果”是“转圈”，“望果”就是“转地头”。这个节日流行于拉萨、日喀则等农区，没有固定的日子，一般是在农作物成熟之际举行，迄今已有一千五六百年的历史。现在过望果节，男女老少身着新装，抬着用青稞、麦穗搭成的“丰收塔”，敲锣打鼓，唱着歌曲绕田边地头转圈。这天，人们不仅赛马、射箭、唱戏、歌舞，还会进行丰盛的郊宴。

西藏望果节（转地头）（图片来源于西藏旅游攻略网）

二、苗族的节日习俗

苗族的节日很多，各地苗族过的节日也不完全相同。总的来看，苗族节日主要有传统年节、祭祀节日，以及与吃有关的节日，如吃斋节、吃牛节、吃新节等。苗族的年节非常隆重，从腊月初十起，家家户户舂大米和糯米，并购买过年用的各种物品。在除夕前几天，出嫁的女子也带着丈夫回娘家共度新岁，直至正月初七才回夫家。

除夕那天，各家都杀鸡并用糯米粉掺糖和猪肉包粽子，深夜全家团聚饮酒吃肉，至五更雄鸡报晓时，以糖粽祭过家神后才停止进食。正月初一，全家老幼在家中团聚吃素或整天不进食，直到当天太阳下山时，以粽子祭过家神后才恢复荤食。正月初二，各家开始互相拜年，青年们聚众上山打猎。如猎获野物，则让射中者领三份肉，猎物由放狗队的队长取回，由各家凑米煮粥，全村男女老少共食，正月初三仍照样上山打猎。

吃新节是苗族古老的传统节日，也叫“新禾节”，是苗族为纪念获得新的谷物，祈望粮食丰收的传统节日，没有统一的固定日期。按照习惯，在收获的季节里，找一块稻谷长势最好的田，大家就在这里欢庆“吃新节”。节日这天，杀鸡，买肉，买元宝、香烛等，并在地里采摘三五片稻叶放在饭内蒸。天刚破晓，人们便带上新米饭、酒、鸡、鸭、鱼、肉来到田间，祭过先人之后，宴席开始，大家围成一个圆圈，每人将手中的酒杯举到下一位的唇边，老人一声令下，大家接连欢呼三声，便互相敬酒，一饮而尽。田间笑声回荡，对歌、踩塘、跳芦笙等传统的文体活动开始，直到黄昏。

三、回族的节日习俗

1. 开斋节

开斋节是回族一年一度最为盛大的传统佳节，时间是回历（即希古拉历）的九月二十九或十月初一，在我国新疆地区又称“肉孜节”。按伊斯兰教规定，回历九月为斋月，穆斯林要斋戒一个月，到斋月结束时要寻看新月，见到后次日开斋，如未见到，则开斋顺延，但一般不会超过三日。节日上午，穆斯林要淋浴、刷牙，穿最好的衣服，去清真寺举行“合礼”仪式等庆祝活动，而后互祝节日幸福快乐，节日一般为期三天。

2. 古尔邦节

伊斯兰教历十二月初十为古尔邦节。“古尔邦”是阿拉伯文的音译，意为“献牲”。又称“忠孝节”“宰牲节”，伊斯兰教主要节日之一，来源于古阿拉伯。逢此节，穆斯林沐浴盛装，举行会礼，朝觐者与有经济能力的穆斯林宰羊、驼、牛待客或馈赠，以为纪念。回族民众俗称“古尔邦节”为小开斋。传说伊斯兰教先知易卜拉欣梦见安拉（指“真主”），要他亲手杀自己的爱子作祭品，以考验他对安拉的忠诚。忠诚的易卜拉欣果然准备于次日遵命动手，此举感动了安拉，安拉便派天仙送来一只羊代替其子作祭品。穆罕默德为了纪念易卜拉欣，便规定将朝觐的最后一天作为“宰牲节”。

节日这天穆斯林们衣冠整洁、喜气洋洋地上寺会礼。典礼活动别开生面，有条件的地方，每人要宰一只羊，七人合宰一头牛或一峰骆驼。然后将肉分成三份：一份济贫施舍，一份馈赠待客，一份留给自己。

3. 圣纪节

“圣纪节”是纪念伊斯兰教先知穆罕默德诞生和逝世的纪念日。由于穆罕默德诞生与逝世恰巧都在伊斯兰教历三月十二，因此，回民一般将它们合称“圣纪”。节日这天穆斯林首先到清真寺诵经、赞圣，讲述穆罕默德的生平事迹，之后，他们自愿捐赠粮、油、肉和钱物，并邀约若干人具体负责磨面、采购东西、煮肉、做菜等，勤杂活都是回族群众自愿来干的。回民把圣纪节这一天的义务劳动视为行善做好事，因此，大家争先恐后，不亦乐乎。

仪式结束后，开始会餐。有的地方经济条件较好，地方也宽敞，摆上十几桌乃至几十桌饭菜，大家欢欢喜喜，一起进餐；有的地方只是吃份饭，有的地方称为“份碗子”，即每人一份。对于节前捐了东西而没来进餐的，要托亲友、邻居带一份饭回去让他品尝。

四、蒙古族的节日习俗

1. 大年和小年

“大年”和“小年”是蒙古族比较重要的节日，“大年”就是春节，小年在腊月二十三。蒙古族过年时要在家中举行传统的祭拜天地的仪式，祝福新年兴旺安康。

2. 祭敖包

祭敖包是蒙古族的传统祭祀活动。“敖包”在蒙古语中是“石堆”的意思。在游牧地域分界之处垒石为记，谓之“敖包”。在漫长的历史发展中，其逐步演变成了祭祀神灵和祖先的地方。人们在此祭祀以祈求平安无事、旅途顺利、人畜充足。条件优裕的人家，有时甚至赶上车，装满石头送到附近的敖包去，以致有些大的敖包石头达几十立方米。

敖包（王衍军摄）

敖包通常设在风景优美的草原高丘上，堆积石头为台。有单个的，也有敖包群，敖包上面插杆子挂经旗。每年春夏之交或是秋季，牧民们便举行祭敖包活动，将经文写在纸条或布条上，挂在敖包上。有条件的地方会请上活佛和喇嘛，由喇嘛吹奏法号、焚香、诵经，祭祀人群自左向右顺时针绕敖包走三圈，祈求神灵赐福，保佑人畜两旺，并将带来的牛奶、酒、奶油、点心、糖块等祭品撒向敖包。

祭祀活动结束后，一般要举行传统的赛马、射箭、摔跤、唱歌、跳舞等娱乐活动。有的青年男女借此机会避开人群，溜到草丛中谈情说爱，相约再见的日子，这便是所谓的“敖包相会”。

3. 那达慕大会

那达慕蒙古族语意为“娱乐游艺”，是蒙古族传统的群众性集会。那达慕始于13世纪初，当时那达慕只举行射箭、赛马和博克中的某一种比赛。如今的那达慕除了传统的男子“三艺”博克、赛马、射箭比赛之外，还增添了文艺演出、电影放映、篝火晚会等新内容，同时开展经贸活动，进行物资交易，还要表彰劳动模范，其内容和形式都有了很大的丰富和发展。

蒙古族素有“马背民族”之称，赛马是蒙古族的传统娱乐项目。草原上的赛马活动场面十分壮观，数百名少年骑手身着华丽的服装，头缠鲜艳夺目的头巾，扬鞭跃马，欢呼声和马蹄声响成一片，激荡着蓝天、白云下的绿色草原。赛手不穿靴袜，只穿华丽的彩衣，头上束着红、绿、黄绸飘带，显得既轻便又英武。当骏马疾驰的时候，赛马人骑在马上如腾空一般，表现出娴熟的骑艺。

射箭是蒙古族最古老的体育项目之一，蒙古族向来以高超的射箭技艺而闻名。射箭比赛分骑射和静射。骑射是射手在奔驰的马上抽弓射靶。静射一般是规定距离，射手立于固定地点射箭。二者都是在三箭射完后，以中靶箭数评定优胜。博克是蒙古族最喜好的体育娱乐活动。

“博克”就是“摔跤”，蒙古族的博克起初具有军事体育性质，主要用以锻炼力量、体魄和技巧。而现在的博克主要成了蒙古族男子比力量、技巧的体育娱乐活动。

蒙古族博克（摔跤）比赛

五、壮族的节日习俗

1. 春节

壮族信仰原始宗教，祭祀祖先，称春节为“新年节”，春节是壮族最隆重的节日。这一天，人们出门无论遇到谁都要相互祝贺，认为这样新的一年才能吉祥。民间习惯包粽子过春节，除夕晚上，在丰盛的菜肴中最富特色的是煮的整只大公鸡，家家必有；吃过丰盛的晚餐，家家的火塘上要燃起大火，终夜不熄，叫做“迎新火”，人们便围着火塘守岁。

子时一到，人们立即焚香点烛，在神台上供满了猪肉、整鸡、粽子、汤圆、米酒等祭品。孩子们则燃放鞭炮。有不少地方的壮族妇女此时会提着水桶或竹筒到泉眼、河边打“新水”，讨个吉利。男人则提着灯笼奔向庙社烧香化纸。有的地方把大门敞开，一家人聚集在院子里朝东方拜揖，祝福道：“东方大利，一年万利，今年更比去年好！”

正月初一这天，多数地方的壮族人是不串门的。初一的禁忌很多，这一天一律禁说不吉利的话。禁动剪刀，怕新的一年里家人巧嘴利舌，吵嘴骂人。不得扫地，怕破财。也不得把东西拿到干栏外，更不借东西给别人，怕家财外流。有些地方禁止敲锣打鼓，怕惊动鬼神。

不少地方从正月初一到初五灶里要燃一段硬木，不能熄灭，表示子孙绵长，烟火不断。这几天也不得杀生，猪、鸡、鸭都必须在年前几天收拾干净，以备祭祀和食用。

初二以后方能走亲访友，相互拜年，一直延续到正月十五元宵节，有些地方甚至到正月三十，整个春节才算结束。节日期间还要组织丰富多彩的民族文体活动庆祝，如唱采茶歌、舞狮龙、打陀螺、演地方戏等。

在壮族民间还有过晚年的习惯，壮族称作“吃立节”。“吃立节”是在正月三十，相传在100多年前，壮族的一支农民武装在抗击外来侵略者后胜利归来，这时春节已过，壮族人民为了欢迎他们，就在正月三十这天为他们重过春节。

2. 花朝节

农历二月初二是壮族人的花朝节。花朝节俗称“花神节”“百花生日”“花神生日”，是女孩们拜花、爱花、赏花、比美的日子。节日选在有高大木棉树的地方过。男女青年从四面八方涌来。他们穿着民族盛装，怀揣五色糯米饭、糍粑或粽子等食品，带上为情人准备的头巾、新鞋等礼品，尤其不能少了精心绣制的绣球。

人们三五成群，对唱山歌，赞情侣，夸对方，同时歌颂百花仙子的圣洁、美丽。唱到情深意浓时，便将绣球抛向自己的心上人。夕阳时分，人们按照传统习俗，从四周把绣球向木棉高枝抛去，抛掷过后，木棉树上彩球累累，宛如仙子霓裙。人们用这样的方式祈求百花仙子降福。

3. 三月三

农历三月初三，也称“上巳节”，同时也是壮族的歌节。壮族人对祭祀扫墓十分看重，届时全家出动，带上五色饭、肉、香烛、纸幡到祖先坟上去上供，行拜礼，清扫墓地，并由长者宣讲祖传家史、族规，共同野餐。壮族的风俗是供品必须在野外吃掉，也有的地方扔掉不吃，因为迷信认为，带回家会招鬼进门。

不少地方在祭祀扫墓的同时，还要举行盛大的歌会，称为三月三歌节。广西壮族自治区人民政府把这一天定为壮族的歌节，1984 年在南宁举行了首届歌节。这期间，还伴有杂技、武术表演和舞龙等丰富的文艺活动，青年男女也通过唱歌寻觅中意的伴侣。歌声是条红线，牵引着两颗爱心。

三月三歌节上还有一种男女青年的交际习俗：碰彩蛋。彩蛋是把熟鸡蛋染成彩色用以传情之物。小伙子在歌节上手握彩蛋去碰姑娘手中的彩蛋；姑娘如果不愿意就把蛋握住不让碰，如果有意就让小伙子碰。蛋碰裂后两人共吃彩蛋，这就播下了爱情的种子。

壮族歌节，是壮族传统文化的结晶，它是在长期历史过程中形成的。关于它的来历，有许多动人的传说。其中以“赛歌择婿”的故事流传最广。传说在很久以前，一位壮族歌师的女儿，品貌端庄，歌声婉转。歌师一心想为女儿选一个歌才、人品都出众的青年做女婿。消息传开，男青年一批接一批前来赛歌，负者自然离去，歌才最好的一个小伙子留下来与歌师的女儿成了亲，他们的结合被传为佳话。从此，男女青年借歌传情择偶，就诞生了歌节。如今三月三歌节的活动内容更加丰富，更具新时代的气息，已成为一种综合性的文化活动。

4. 中元节

七月十四至十六是“中元节”，俗称“鬼节”。这是壮族节日中仅次于春节的盛大节日。七月初七过后，人们便为中元节办货，忙着赶墟（也写作“赶圩”，义为“赶集”）采购香烛和鬼衣纸。七月十四开始大祭，供桌上摆满了猪肉、整鸡、整鸭、米粉、发糕、

祭祖

糯米饭，一直摆到七月十六。

每次用膳之前，得先把供品热一下，祭过祖，才能进餐。供桌下放着一个很大的纸包袱，里面塞满了蓝、白、紫色纸剪成的鬼衣和纸钱。每次祭祀都烧一些，烧过之后，用芭蕉叶或荷叶包好灰烬，等到七月十六最后一次烧完，一起包成两大包，由一位老人头戴竹帽，用竹棍挑往河边，放在水面任其沉浮。有的人家还烧纸船、纸马和纸屋，让祖先满载而归。

六、满族的节日习俗

满族许多节日均与汉族相同。逢年过节，都要杀猪，农历腊月初八过“腊八节”，要用黏高粱、小豆等八样粮食煮粥，称为“腊八粥”。除夕吃饺子，在其中一个饺子中放一根白线，谁吃着白线就意味着谁能长寿；也有的在其中一个饺子中放入一枚铜钱，吃到铜钱者便意味着在新的一年里有钱花。此外，还要吃酱鹿肉和特有的点心“萨其玛”。“萨其玛”是满语（sacima）的音译，是满族特色糕点。其做法是：将面条炸熟后，用糖混合成小块。萨琪玛色泽米黄，口感酥松绵软，香甜可口。

满族酱鹿肉

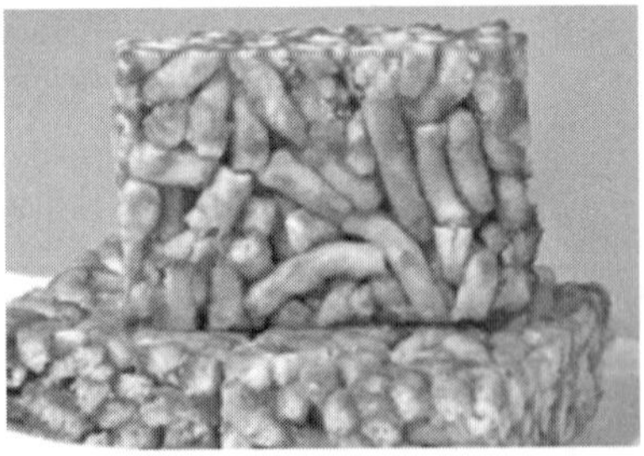

满族点心——萨其玛

此外，满族还有“挂旗”过年的习俗。满族分“红、黄、蓝、白”四旗人。春节时，红旗人在门上贴红挂旗，黄旗人在门上贴黄挂旗，蓝旗人在门上贴蓝挂旗，白旗人在门上贴白挂旗。这些挂旗图案优美，色彩鲜艳，象征着一年的吉祥。

七、彝族的节日习俗

彝族的节日活动较多，除与汉、壮族相同的节日之外，还有三月三护林节、六月六爱鸟节、八月二十三修路节、十月的丰收节等节日活动，以及“抹黑脸”“跳房”等活动。流行的舞蹈有铜鼓舞、芦笙舞，民歌有酒歌、情歌、起源歌、送葬歌等。

1. 火把节

每年农历六月廿四是彝族的火把节。火把节据说与彝族英雄阿提拉巴有关。据说很久以前，天帝派了两名大力神到人间去搜刮财物和粮食，这两名大力神仗着天帝的权威和自己的力气，把不愿奉献者的房屋推倒，把牛羊举起来摔死。彝族的百姓苦不堪言，因此推举了一个智勇双全的英雄阿提拉巴当统帅，率领大家与这两个大力神斗争。

阿提拉巴知道大力神力大无穷，不可硬拼，只可智取。一天，他把其中一名大力神引到山上，跑了九天九夜，直到把大力神累得站不住时，才率众把他推倒，让他摔死在山下。另一名大力神气急败坏地跑回天庭报信，天帝大怒，立即取出一个小盒向人间抛去。原来这个盒里装的是蝗虫，盒子一打开，蝗虫便铺天盖地而来，聪明的阿提拉巴立即用松枝扎成火把，百姓争相仿效，顷刻间，熊熊的火把在高山、深谷、平坝到处燃起，把蝗虫通通烧死了。

彝族火把节

人们战胜了天帝，保住了庄稼，获得了丰收。据说这一天正是农历六月廿四，从此，彝族群众在每年的这一天，或从这天开始用三天的时间，点燃火把以示纪念。火把节这天，彝族各村寨都凑钱买牛宰杀分肉，并用花椒拌肉煮熟后祭供祖宗。下午，人们拿着牛肉和紫红色糯米饭，送到村寨边最高的山上去喂布谷鸟。夜晚，人们又手持火把，绕着住宅和田地转，然后把火把插在田坎上，驱除害虫。游巡之后，人们都围在篝火旁，通宵达旦地饮酒、载歌载舞。

2. 抹黑脸

黑色在彝族人的心目中是吉祥的象征。像苗族的跳坡节一样，每当逢年过节或月朗星稀之夜，青年男女欲相互嬉戏、交友，便采用“抹黑脸”这种特有的形式来表达。村寨里来了客人，好客的彝族人民也会以这种特有的形式欢迎宾客的到来。

彝族抹黑脸（图片来源于百色新闻网）

活动时，他们都将自己的双手涂上锅底灰，然后相互追逐嬉戏，当追上自己的心上人或客人后，趁其不备把锅底灰抹在对方的脸上。被抹的人呢，也不计较，还认为这是赐福的象征。为表达自己的谢意，也在自己的掌心上涂上锅底灰，千方百计要把对方的脸抹黑……整个活动热烈奔放，高潮迭起，充分体现了彝族人民的豪爽、粗犷、好客、热情。

八、部分少数民族的春节习俗

景颇族少女

春节是汉族最为隆重的节日，受汉族的影响，很多少数民族也过这一节日，但有着和汉族不同的一些有趣的习俗活动。比如布依族过春节有“姑娘抢挑第一担水”的习俗。居住在中国西南边疆的布依族，每年除夕晚上，都通宵达旦地守岁。天一亮，姑娘们争着到屋外去挑水，谁先挑回第一担水，谁就是最勤劳的姑娘。

而那里的景颇族人则喜欢在春节前举行打靶活动，姑娘们是这项活动的组织者和裁判员。她们把绣好的荷包用线吊在竹竿上，让竹竿左右摇摆，请小伙子射击。谁先射落荷包，姑娘们就把酒作为奖品送给谁。荷包里一般装有一枚硬币、几粒谷子和几颗装饰用的珠子，这些是幸福的象征。

居住在台湾省的高山族，他们在过春节时则有另一番情趣。除夕晚上，一家老少围坐在放有火锅的圆桌上聚餐，叫做“围炉”。平常滴酒不沾的妇女，也要象征性地喝一口酒，以表吉利。“围炉”时吃的蔬菜不用刀切，洗净后带根煮熟，表示祝愿父母长寿。如果家里有人外出，也要空出一个席位，把这个人的衣服放在空位上，表示全家人对他的思念。

云南一带的傣族过春节则喜欢掷糠包。傣族青年男女都喜爱这种掷糠包的游戏。春节期间，小伙子和姑娘们互相投掷糠包，看谁投得准，看谁接得着。玩到一定的时候，姑娘们就悄悄抢走小伙子身上佩带的腰刀、包头布或拴着的马，跑回家去。假如小伙子有情就追随而来。父母见到女儿拿着包头布、牵着骏马回来，便设宴款待。

另外，每年公历（阳历）4 月 13—15 日是傣历新年，也是傣最隆重的节日——泼水节，傣族人民把泼水看成是驱邪除污、吉祥如意的象征，也把这一天视为最美好、最吉祥的日子。节日里，人们相互泼水，表示洗净身上的污尘，祝福新的一年幸福平安。

傣族泼水节又名“浴佛节”，阿昌、德昂、布朗、佤等族都过这一节日。柬埔寨、泰国、缅甸、老挝等国也过泼水节。泼水节源于印度，随着佛教在傣族地区影响的加深，泼水节也成为一种民族习俗流传下来，至今已有数百年。节日当天，傣族男女老少穿上节日盛装，妇女各挑一担清水为佛像洗尘，求佛灵保佑。“浴佛”完毕，人们就开始相互泼水，表示祝福，希望用圣洁的水冲走疾病和灾难，换来美好幸福的生活。

傣族泼水节

第三节　各地汉族的岁时节日习俗及其特点

一、中国各地汉族的节日习俗

1. 春节习俗

每年农历正月初一，是中国民间传统节日中最重要的节日——春节。辛苦了一年的人们喜欢用各种方式来庆贺这辞旧迎新的日子，因此春节期间是各地民俗活动最集中、最热闹的时候。春节的各种习俗活动有着悠久的历史，早在殷商时期，每到年头岁尾的时候，人们都要举行祈年活动，祭祀神灵，拜祭祖先，感谢神灵给自己带来五谷丰年，也祈望来年有个好收成。因此，“过春节”又称“过年”，它和中国传统的农耕社会有着密切的联系。

“年”字（转引自李乐毅《汉字演变五百例》）

从文字造形来看，“年”是个会意字，下面是一个人，上面是一个谷穗，谷穗已经成熟了，沉甸甸地往下耷拉着，所以“年”的字形描绘的是一个人背着成熟的庄稼回家的情景。其本义就是“收成”。《说文》中道：“年，谷孰（熟）也。”《春秋》也有“大有年”句。《谷梁传》还进一步解释说：“五谷皆熟为有年。”“有年”就是“收成好”。直到现代，还有“大有年”“年景”“大年”“小年”“丰年”“荒年”“年成”这样的词语。大约在汉代，过年已经成为一种普遍的社会风俗。

按照中国的习俗，从广义上来说，春节是指从腊月初八的腊八节一直延续到正月十五的元宵节这段时间。民谚有：“喝了腊八粥，就把年来数。”从狭义上来说，春节是指正月初一这一天。这期间年俗活动很多，许多习俗富于浓郁的民族色彩，可见春节是各地民间最重大的传统节日。

腊月初八过后，人们就开始为过年做准备，家家户户粉饰墙壁、扫屋清尘、整理庭院、除旧布新、做新衣、办年货。春节将临之际，到处呈现出一派辞旧迎新的景象。过年、过年，所以过年有一个过程，有一套约定俗成的步骤。有一首民谣说得好：“二十三祭灶官，二十四扫房子，二十五磨豆腐，二十六去割肉，二十七杀雄鸡，二十八杀肥鸭，二十九灌美酒，年三十贴花门，大初一出门见喜，满堂吉。”

除夕日下午（即腊月三十，小月为二十九），家家张贴对联（有丧事不满三年的家庭不张贴），贴“福”字，还要把福字倒过来贴，因为“福倒了”谐音“福到了”。

倒福字

门神（王衍军摄）

大门上张贴门神，以保佑家人平安、吉祥。还要用肉、鱼、水果等敬奉祖先，燃放鞭炮送旧迎新。夜幕降临，家家户户灯火通明，举家守岁，放爆竹庆祝新春。那爆竹是怎么来的呢？

据《荆楚岁时记》记载：人们为了驱除“山魈”（魈，音 xiāo，传说中山里的独脚鬼怪），就燃放枯干的竹子。竹子有节，燃烧时竹节里面的气体膨胀，就会爆炸，因而发出巨大的响声，古人就用它驱除“山魈”。火药发明之后，人们虽然不再燃烧竹子，但“爆竹”之名一直沿用至今。

放爆竹之后，全家衣着整齐，小辈按顺序给长辈拜年，均道“恭喜发财”，长辈一般以红包分赠，称为“压岁钱”。《燕京岁时记》载：“长者贻小儿，以朱绳缀百钱，谓之压岁钱；置橘荔诸果于枕畔，谓之压岁果子。元旦睡觉时食之，取谶于吉利，为新年休征。”“压岁钱”谐音“压祟钱”，汉族民间认为赠压岁钱“贻小儿免受祟之害也”。

大年初一至初三，大人一般不训斥小孩，不许骂人，不许讲不吉利的话，不许打扫卫生，不下地干农活。在此期间，同辈相见，互道“恭喜发财”；小辈拜见族里近亲长辈时，长辈会给小辈一个红包，以表示回谢。女儿、女婿、外孙回娘家拜年，则烧红烛，放鞭炮。

俗话说：十里不同风，百里不同俗。汉族各地的过年习俗略有不同，下面以山东一带的过年习俗为例来谈谈春节习俗。山东一带过年一般要做豆腐、蒸馒头、做团圆饼、蒸年糕，等等。“豆腐”谐音“都福”。蒸馒头，寓意

"发"。做团圆饼，寓意"合家团圆"。准备鸡鱼，寓意"年年大吉，岁岁有余"。蒸年糕，年糕因为谐音"年高"，再加上有着变化多端的口味，几乎成了家家必备的应景食品。年糕的式样有方块状的黄、白年糕，象征着黄金、白银，寄寓"新年发财"。购置器具必添碗筷，寓意"增添人口，家丁兴旺"。

过年的前一天（也称除夕），家家户户在喜庆的气氛之中贴春联（服孝期内只贴白对联或不贴）、贴窗花、糊灯笼，有的人家还着意倒贴一个"福"字，寓意"福到"。大门外贴"出门见喜"，院内贴"满院春光"，室内正面贴"人口平安"，床头贴"身卧福地"或"身体健康"。牲畜圈内贴"六畜兴旺"等。打满一缸水，抱足三日柴，备足半月饭。柴多是芝麻秸、豆秸、棉花柴，有"芝麻秸做大官，豆秸棒年年旺"和"豆秸棒、棉花柴、金银财宝一起来"之说。

除夕下午，男子衣冠整齐地到祖坟去上坟，或请祖先亡灵回家过年，谓之"请家堂"，随后便吃隔年饭。傍晚，接灶神后，门口横放拦门棍，以防邪魔鬼祟进入院内。除夕之夜，也称团圆夜，离家在外的游子不远千里都要赶回家来，全家人要围坐在一起包饺子过年，所以春节之前的车票非常难买。饺子因为形似元宝，过年时吃饺子，带有"招财进宝"的吉祥含义。一家大小聚在一起包饺子、话新春，其乐融融。

除夕之夜，秉烛焚香，灯火通明，彻夜不眠，称为"守岁"。午夜子时过后，长辈带领子孙"发纸马"、放鞭炮、祭天地、拜祖宗，保佑老少平安。女主人在灶王爷神像前撒纸钱祭奠，口诵："清晨起来把门开，明灯蜡烛点起来；灶神爷爷上边坐，金银财宝两边排；一撒金，二撒银，三撒骡马一大群，四撒老人寿限大，五撒子孙不是举人是翰林。"

发过"纸马"之后，全家老少围坐桌前吃年夜饭，一般是素馅水饺。其中一个饺子里要包上钱（旧时多是"制钱"，现多为一角硬币），一个饺子里包上"麦麸"。谁吃着带钱的饺子，就意味着谁的运气好，新的一年会发财；谁吃着带麦麸的饺子，就意味着谁在新的一年里幸福甜蜜、福气满满。

过年要说吉利话，如水饺煮破了不说"破"或"毁"，而说"挣了"；馍馍裂了头不说"裂纹"，而说"开花"或"笑了"；东西打碎了，要说"碎碎（岁岁）平安"。过年尽拣好听的话说，有"大年五更死了驴，不好也说好"之谚语。

年夜饭过后，即意味着新的一年已经到来，于是大家开始拜年。先是本家晚辈给长辈磕头，长辈给晚辈"压岁钱"。然后街坊邻居互拜，互问"过年好""恭喜发财"等。拜年有尽早之俗，多在早饭前结束。鲁南一带俗语说："有心拜年初一、二，无心拜年初三、四。"说的是拜年越早越见诚意。故此，有的人起床后就立刻向亲戚朋友拜年去了，回来后才吃饭。

初一早饭（也有的在晚饭）后，要将请回家过年的祖宗之灵送走，谓之"送家堂"。旧时的初一清晨讨饭吃的为"送财神"，每到一家门口高喊："财神进门来，又添人口又添财；财神落了座，金银财宝一大垛。"

正月初二或初三，嫁出去的女儿们纷纷带着丈夫、儿女回娘家拜年，娘家要盛情接待。结婚后新女婿第一次上门，一般是在正月初二，称为"新客上门"，娘家更要隆重接待，还要请和女婿同辈的兄弟来陪客，岳父、岳母一般不同桌吃饭。不过仅仅是吃中午饭，女儿、女婿必须在晚饭前赶回自己家，这天一般不能住在岳母家。春节期间，各地都有舞龙、舞狮表演，划旱船，踩高跷等各种庆祝活动，到处喜气洋洋，充满了欢声笑语。

2. 正月十五习俗

元宵节是我国传统节日中的大节，颇为重要。元宵节，因其节俗活动在一年的第一个月（元月）的十五日夜（宵）举行而得名。元宵节也叫"灯节""灯夕"，因为这个节日的主要活动是夜晚放灯，故名此。此外，元宵节也叫"上元""上元节"，这是从道教借来的说法。

正月十五各式各样的花灯（王衍军摄）

节日前后数天，很多地方晚上有放天灯（用红纸糊成）的活动。有单个天灯，也有一对天灯，甚至有三至五个为一组的天灯。制作天灯技巧较高者，还会缚上烟花鞭炮。天灯上天后，伴随着五光十色的烟花，甚为壮美。此外，还有灯会、花灯比赛、装灯、关灯、放烟花等活动，可谓"火树银花不夜天"。

除了放灯、观灯之外，城乡居民还要吃元宵。元宵多数用黍子面、糯米面或粘高粱面作皮，用红糖或白糖作馅制成，俗称"汤圆""水圆""糖丸子”。宋代人因见其煮熟后浮于水中，曾称之为“浮团子”。元宵象征举家团圆、吉祥如意。

正月十五吃元宵

很多地方还有“散灯”习俗。晚间，先到祖坟送灯，回家后将白面做成的象征十二个月或十二属相的灯点燃，照射各处，灯光所及预兆洁净、不生虫蝎。小孩三五成群手提彩灯，并在大人的指导下用面灯照射身上各个部位，寓意心明眼亮、不生疾病。比如，山东一带往往将胡萝卜切成小段，中间挖空，倒入灯油，用棉线作灯芯，制成萝卜灯，照射院内各处，并摆放在大门及内门两侧，称为“散灯”。

此外，南北各地往往举办划旱船、踩高跷、耍龙灯、扭秧歌等民间文艺活动，叫做“闹元宵”。而元宵节期间男女老幼四处游走，观灯会，看百戏，游走本身也被赋予民俗意义，这就是民间俗称的“走百病”，又称“除百病”，主要是通过走桥、走城墙以保一年的健康。另外，“灯”谐音“丁”，因成年男子被称为“男丁”，所以，北京一带的妇女们还要到城门洞摸门钉，希望这种做法能使自己生子。

3. 二月二习俗

农历“二月二”，又称“青龙节”，故有“二月二，龙抬头”之说，意在此时“百虫惊蛰、万物复苏”，开始刮风下雨，适宜耕作。此时传说中的龙也从沉睡中醒来，故称“龙抬头”。龙一抬头就要云兴雨作，预示着新的一年风调雨顺，五谷丰登。

“二月二”农村还有“打囤”的习俗。这天一大早，农户家家在庭院、场院用簸箕端着草木灰，用木棒敲打着簸箕，用草木灰画成大圆圈“打囤”。再在囤的圆心画上一个“十”字，在圆圈里放上五谷杂粮，囤外画梯子，叫“上梁梯”，以示粮囤很高很大，要踩着梯子才能登上粮囤，以此祈求龙王赐福、风调雨顺、五谷丰登、仓满囤流。

这天，北方各地还有吃炒豆的习俗，山东南部一带称之为“二月二，炒料豆”，有的地方炒豆时还拌上红糖或白糖，又俗称“糖豆”，寓“炒死蝎子毒虫，日子过得甜蜜”之意。山东很多地方每到这一天，家家户户都要炒制豆子，炒熟的豆子俗称“料豆”。“料豆”的炒制方法是：一般先将豆子煮熟，晒干，然后在二月二清晨炒熟。除炒制豆子之外，也有的地方会炒制面片。

旧时，各地男性青壮年还要携带烧纸和糖豆，到土地庙去祭祀作为“一庄之主”的土地神，故又有“土地爷还熬个二月二”之说。这一天，人人都要理发，民间有“理发去旧”的风俗，同时意味着“龙抬头”走好运，所以这天理发店的生意十分火爆。这天妇女不许动针线，恐伤“龙睛”；人们也不能从水井里挑水，要在头一天就将自家的水瓮挑得满满当当，否则就触动了“龙头”。

“理发去旧”风俗

不同地域有不同的吃食，但大都与龙有关，普遍在食品名称前加上“龙”字，如吃春饼叫吃“龙鳞”；吃面条叫吃“龙须”；吃米饭叫吃“龙子”；吃馄饨叫吃“龙眼”。把“春饼”比作“龙鳞”是很形象的，一个比手掌大的春饼就像一片龙鳞。吃春饼时，全家围坐在一起，把烙好的春饼放在蒸锅里，随吃随拿，热热乎乎，快快乐乐。

4. 清明节习俗

公历4月5日（有的年份为4月4日）的清明节，是我国民间重要的传统节日之一，自夏代便有。每逢这一天，家家户户都备“纸钱”、鸡、猪肉、饭菜、鞭炮，到祖先坟前进行奠祭，表示悼念。扫墓的习俗早在先秦时期就已经出现了，到了唐代更为盛行。凡家中有人逝世不满三年的，均在清明节前进行奠祭，其余则在清明日及清明后祭祖。中华人民共和国成立后，此日前后一两天，学校及机关、工厂组织学生、职工祭扫烈士墓，进行爱国主义教育，缅怀革命先烈，请革命先辈进行传统教育。

反映清明祭祀的诗歌也为数不少，如唐人《祭扫》诗云：“寒食祭扫冢一堆，风吹旷野纸钱飞。黄泉不知生人泪，暮雨萧萧惆怅归。”

除祭祖、扫墓之外，插柳、戴柳是清明的又一趣俗，所以过去清明节又称“插柳节”。插柳、戴柳有多种形式，最常见的是将柳条插在门上，妇女多以戴柳作时令的点缀，孩子则用柳条编成帽子戴在头上，以求平安和吉利。

此外，农历三月清明时节，春回大地，自然界到处呈现出一派生机勃勃的景象，正是郊游的大好时光，所以我国民间还长期保持着清明时节踏青郊游的习俗。现在过清明节，人们将扫墓和踏青结合起来，往往先去扫墓、祭拜先人，再去踏青赏景，将清明节发展成一个更具人文色彩的民俗节日。

5. 端午节习俗

农历五月初五是端午节，又称“五月端午”或“端阳节”。节前一天，家家户户都包粽子，节日上午以粽子敬奉祖先。家家户户门窗和屋檐上插艾蒿。小孩手足系五色线，并将艾枝夹在耳朵上，有的将艾叶等驱虫物缝成“香荷包”戴在胸前，所以各地一般有“五月端午戴艾”之说，意在驱蛇、蝎、蜈蚣、壁虎、蟾蜍之五毒。

香荷包

端午节那天，早饭吃粽子，一说是为了纪念战国时期的爱国诗人屈原，一说是盛夏到来吃粽子凉快。故有“吃了端午粽，才把棉袄扔”之谚语，也有“吃了端午粽，一年不生病”之说。

湖南和广东一带，普遍都有端午节赛龙舟的传统。相传古时楚国人因舍不得贤臣屈原投江死去，许多人划船追赶拯救他。他们争先恐后，追至洞庭湖时已不见屈原的踪迹。在这之后，人们把每年五月初五划龙舟作为纪念屈原的一项重大活动，用意是借划龙舟驱散江中之鱼，以免鱼吃掉屈原的身体。

龙舟比赛

现在赛龙舟已被列入国家体育比赛项目，并且每年都会举行“屈原杯”龙舟赛。湖南每年也会在端午节前后定期举办国际龙舟节，让赛龙舟盛传于世。

另外，山东泗水一带端午节清早，要在大门上插香艾草，并用香艾叶煮鸡蛋。小朋友们会带着煮鸡蛋上学并进行“撞蛋大赛”，颇为有趣。据老人们讲，吃了艾叶水煮的鸡蛋，能一年少生病或不生病。

6. 七月初七——乞巧节习俗

农历七月初七是中国民间传统的七夕节，又称“乞巧节”“情人节”，七夕节源于牛郎织女的故事。民间传说：织女是玉皇大帝的孙女，爱上了人间的牛郎，两人结为夫妻，十分恩爱，并生有一儿一女。玉帝察觉此事，便派王母娘娘下凡押织女回天庭受审，一对恩爱夫妻被活活拆散。牛郎悲痛万分，在老牛的帮助下追上天去。快追上时，王母娘娘拔下头上的金簪一划，便出现了天河。牛郎、织女被天河阻隔，只能对河而泣。此事感动了玉帝，玉帝允许他们每年七月初七，由喜鹊架桥，在天河相会。此后，每年的七月初七就变成了民间的一个节日，称为“七巧节”或“乞巧节”。姑娘、媳妇们在这一天要穿针引线乞巧——向织女乞求智慧、灵巧。

牛郎织女鹊桥相会

唐人祖咏《七夕》诗云：“向月穿针易，临风整线难。不知谁得巧，明旦试相看。”围绕着“乞巧”，又派生出乞聪明、乞富贵、乞美貌、乞长寿等，而更多的则是乞良缘。

牛郎织女的传说历来是我国古代文学中的一个主题，不少美丽的诗歌文章由此而生。如宋代秦观的《鹊桥仙》：“纤云弄巧，飞星传恨，银汉迢迢暗度。金风玉露一相逢，便胜却人间无数。柔情似水，佳期如梦，忍顾鹊桥归路。两情若是久长时，又岂在朝朝暮暮!”旧时各地都有织女庙，把牛郎织女作为自由爱神来祭祀，其中以江苏太仓的织女庙最为有名。

7. 中元节习俗

七月十五是汉族民间重要的节日，也是道教、佛教、儒教这三大信仰体系集中展示的节日，鲜明地体现出中国民间信仰多元化的特性。

其中，道教的中元节是一个祈求免除亡魂罪过的节日，佛教则有盂兰盆会。“盂兰盆”是梵语译音，意为“解救倒悬”，其宗旨非常明确，也是为亡人解脱苦难。且一般人家在这天祭祖。可见，这一节俗的核心内容是祭祀祖先、赦免亡魂罪孽，因此，这一节日在各地往往又被称为“鬼节”。中国广西一带过鬼节大多为农历七月十四，其他地方一般为农历七月十五。

“鬼节”的起源有两种不同的说法，分别源自佛教和道教。一种起源与佛教故事“目连救母”的传说有关。相传佛祖释迦牟尼在世时，收了十位徒儿，其中一位名叫目连。目连在得道之前父母已死，很挂念死去的母亲，就用天眼通察看母亲在地府的生活情况，发现母亲已变成饿鬼，境况非常可怜。目连很心痛，于是就运用法力，将一些饭菜拿给母亲吃，可惜饭菜一送到母亲口边，就立即化为火炭。目连将这个情况告诉了释迦牟尼，佛祖教训他说，他的母亲在世时种下了罪孽，万劫不复，这孽障不是他一人能够化解的，必须集合众人的力量。于是目连联合许多高僧，举行大型的祭拜仪式，以超度母亲的亡魂。目连如法设供，母亲才脱离饿鬼之道。从南朝梁武帝时起，佛教徒据此兴起盂兰盆会，诵经施食，俗谓“放焰口”，成为佛教徒追荐祖先的常例。

这个传说一直流传后世，逐渐形成一种民间习俗。每年到了农历七月中旬，人们都会宰鸡杀鸭，焚香烧衣，拜祭由地府出来的饿鬼，化解其怨气，使其不致贻害人间，久而久之，就形成了过鬼节的风俗。

另一种起源则与道教的传说有关。道家全年的盛会分三次举行：在正月十五举行的称为“上元”，七月十五举行的称为“中元”，十月十五举行的称为“下元”。三者合称为“三元”。在上元当日，主要举行赐福的仪式，而中元是用以赦免亡魂的罪，下元是为有过失的人解除厄运。虽然中元法事是为亡魂赦罪，但是这还不能完全解除其罪孽，只是减轻一些，希望他们早日安息。

现在广西一带的“鬼节”仍然十分隆重。这天，家家包水饺，备香、纸，带上瓜果、水饺、鸭子等供品，上坟祭祖，祭奠先人。这天黄昏以后，要烧“金银财宝”、各色纸张（称为“布”）寄给先人，希望先人在阴间有吃有穿、生活富裕。各家除烧衣服、纸钱，祭奠自家祖先外，民众也为无后代的孤魂野鬼烧纸钱、送寒衣、泼水饭，谓之“赏孤”。

这一节日中还有一项重要习俗是放河灯，普度一切鬼魂。近代的河灯也叫“荷花灯”，因为这种灯的底座是用纸、木做成莲花瓣形，也有直接以荷叶为底座的，上面点燃蜡烛，让它们顺水飘流而去。田汝成的《西湖游览志余》卷二十记杭州此俗曰：“七月十五日为中元节，俗传地官赦罪之辰，人家多持斋诵经，荐奠祖考……屠门罢市。僧家建盂兰盆会，放灯西湖及塔上、河中，谓之‘照冥’。”① 放河灯这种习俗一直流传至今，现在不少人用这种形式追忆先人，祈福祝愿。数千盏荷花灯被放到水面，成为一道独特的风景。

放河灯（王衍军摄）

8. 八月十五习俗

农历八月十五是我国传统的节日，被称为“中秋节”，是中国汉族仅次于春节的第二大传统节日。八月十五恰在秋季的中间，故谓之中秋节。中国古代历法把处在秋季中间的八月称为“仲秋”，所以中秋节又叫“仲秋节”。这时，农业年景收歉定局，俗有“七月十五定雨水，八月十五定收成”之谚语。欢度“中秋节”也有庆祝农业丰收之意。节前亲友相互赠送月饼，互祝阖家团圆。是日晚饭菜肴丰盛，全家聚餐。“玉兔”升起，一家人围坐在院内，摆上月饼。边吃月饼边赏月，称为“圆月”。

中秋之夜，月色皎洁，古人把圆月视为团圆的象征，因此，又称八月十五为“团圆节”。古往今来，人们常用“月圆、月缺”来形容“悲欢离合”，客居他乡的游子，更是以一轮圆月来寄托深情。例如，唐代诗人李白的“举头望明月，低头思故乡”，杜甫的“露从今夜白，月是故乡明”，宋代王安石的“春风又绿江南岸，明月何时照我还”等诗句，都是千古绝唱。

中秋节是个古老的节日，“祭月赏月”是该节日的重要习俗。古代帝王

① 转引自高丙中．中国民俗概论．北京：北京大学出版社，2009：225.

月饼

有春天祭日、秋天祭月的社制，民家也有中秋祭月之风，到了后来赏月重于祭月，严肃的祭祀变成了轻松的娱乐。中秋赏月的风俗在唐代极盛，许多诗人的名篇中都有咏月的诗句，宋代、明代、清代宫廷和民间的拜月赏月活动更具规模。中国各地至今遗存着许多“拜月坛”“拜月亭”“望月楼”的古迹。

八月十五吃月饼，关于“月饼”有很多传说。《洛中记闻》说，唐僖宗在中秋节吃月饼，觉得味道极美，他听到新科进士曲江摆设喜宴，便命御厨房用红绫包裹月饼赏赐给新科进士们。这是我们能够看到的最早的关于月饼的记载。

到了宋代，月饼有“荷叶”“金花”“芙蓉”等雅称，其制作更加精致。诗人苏东坡有诗称赞说：“小饼如嚼月，中有酥与饴。”酥是“油酥”，饴就是“糖”，其味道之甜脆香美可想而知。宋代以后，制作月饼不仅讲究味道，而且在饼面上设计了各种各样与月宫传说有关的图案。这种饼面上的图案，起初大概是先画在纸上，然后黏贴在饼面上，后来干脆用面模压制在月饼之上。满月形的月饼也跟十五的圆月一样象征着大团圆，人们把它当作节日食品，用它祭月、赠送亲友。

9. 重阳节习俗

农历九月初九，二九相重，称为“重九”。古人认为“九”是阳数，所以又称“重阳”。九月初九故称为重阳节。重阳节的起源，最早可以上溯到汉朝初年。

茱萸

据说在皇宫中，每年九月初九，都要佩戴茱萸、饮菊花酒，以求长寿。旧时，重阳节多是富户人家和游手好闲的人游逛登高的日子。有些文人墨客身带茱萸登高饮酒、观花赋诗，故有唐代诗人王维的《九月九日忆山东兄弟》诗云：“独在异乡为异客，每逢佳节倍思亲。遥知兄弟登高处，遍插茱萸少一人。”（异乡：外乡。逢：遇到。遥知：在遥远的外乡想到。茱萸：一种芳香的植物，古人认为在重阳节时，插戴在身上可以辟邪。）

各地现在仍有重阳节登高之俗。登高之处，没有统一的规定，一般是登高山、登高塔。还有吃“重阳糕”。讲究的重阳糕要做成九层，像座宝塔，上面还做两只小羊，以符合重阳（羊）之义。有的还在重阳糕上插一小红旗，并点蜡烛灯。这大概是用“点灯”“吃糕”代替“登高”，用小红旗代替茱萸。

重阳糕和菊花酒

重阳节赏菊、饮菊花酒，据说起源于陶渊明，后人纷纷仿效，于是有了重阳赏菊之习俗。从1988年起，中国政府将农历九月初九定为“老人节”。此节庆祝活动不是很隆重，多为城镇及乡村中的读书人集中赏菊，喝菊花酒，登高赋诗，共度重阳佳节。

10. 冬至习俗

冬至是一个内容丰富的节日，时间为每年的农历十一月中旬，约在公历12月22日（或前后一天）这天，又称冬节。冬至为二十四节气之一，特别为人们所重视，全国不少地方都有“冬至大过年”的说法。过冬至像过年一样隆重，这是因为我国古代的历法曾以冬至为一年的第一天，所以要隆重庆祝。据传周代时冬至日是新年元旦，那天是个很热闹的日子。因为冬至日影最长，便于测定，所以中国古代计算节气习惯以冬至为起点推算。而且，冬至是白天变长的转折点，古人认为阳气开始强盛，因而是一个值得庆祝的日子。在今天江南一带，仍有“吃了冬至夜饭，长一岁”的说法。中国改行夏历后，冬至才退居次位。汉代时，冬至成了“冬节”，魏晋南北朝时又改称“亚岁”。今泉州一带有“冬节不回家无祖”之说，所以出门在外者都会尽可能回家过节祭祖。

古时一直流传冬至节向尊长敬献鞋袜之类的冬令物品的习俗，后来加入了尊师的内容。清代的例子如：山西《榆次县志》（光绪七年修）记曰：“冬至日，缙绅拜阙，士人拜师长，子孙拜祖父，曰贺冬。”此处“缙绅”指的是“官宦”，“拜阙”的意思是“向皇帝居住的宫阙叩拜，表示尊敬皇上”。因此，冬至节又是一个尊师重教的民间节日。

冬至应节食品各地不一，北方吃馄饨，西北一带多吃水饺，江浙一带则吃汤圆。苏州人过冬至节所吃的汤圆，又称“冬至团”，分为粉团和粉圆两种，《清嘉录》曰：“有馅而大者为粉团，冬至夜祭先品也；无馅而小者为粉圆，冬至朝供神品也。”

泉州一带冬至早晨要煮甜丸汤敬奉祖先，然后合家以甜丸汤为早餐。有的人家还在餐后留下几粒米丸，粘于门上，称“敬门神”。泉州人吃丸，称元宵丸为“头丸（圆）”，冬节为“尾丸（圆）”，这样头尾都圆，意味着全家人整年从头到尾一切圆满。

甜丸（汤圆）

馄饨

以前，北京一带有“冬至馄饨夏至面”的说法。相传汉代时，北方匈奴经常骚扰边疆，百姓不得安宁。当时匈奴部落中有浑氏和屯氏两个首领，十分凶残，百姓恨之入骨，于是用肉馅包成角儿，取“浑”与“屯”之音，称为“馄饨”，希望把他们吃掉，过上太平日子。据说最初制成馄饨是在冬至这一天，所以冬至这天家家户户吃馄饨，这个习俗一直流传至今。

吃汤圆也是冬至的传统习俗，在江南尤为盛行。“汤圆”是冬至必备的食品，是一种用糯米粉制成的圆形甜品。“圆”意味着“团圆”“圆满”，冬至所吃汤圆又叫“冬至团”。民间有“吃了汤圆大一岁”之说。冬至团可以用来祭祖，也可用于亲朋互赠。旧时上海人最讲究吃汤圆。古人有诗云：“家家捣米做汤圆，知是明朝冬至天。”

宗族祠堂（王衍军摄）

北方还有不少地方，在冬至这一天有吃狗肉和羊肉的习俗，因为冬至过后天气进入最冷的时期，中医认为羊肉和狗肉都有壮阳补体的功效，民间至今有“冬至进补”的习俗。在我国台湾还保存着冬至用九层糕祭祖的传统，即用糯米粉捏成鸡、鸭、猪、牛、羊等象征吉祥的动物，然后用蒸笼分层蒸成，用以祭祖，以示不忘老祖宗。

同姓同宗者于冬至或前后约定之日早晨聚在祠堂中，依照长幼之序，一一祭拜祖先，俗称“祭祖”。祭祖之后，还会大摆宴席，招待前来祭祖的宗亲们。大家开怀畅饮，相互联络久别生疏的感情，称为“食祖”。冬至节祭祀祖先，在台湾一直世代相传，以示不忘自己的“根”。

11. 腊八习俗

上古时期的“腊祭”是指丰收后的冬季祭神祭祖的活动，因为这种冬季祭祀活动多在十二月举行，所以称十二月为“腊月”。最初的腊祭并无确定的日期。腊月初八被定为节日，最早见于南朝。梁宗懔《荆楚岁时记》说：“十二月八日为腊日。谚语：‘腊鼓鸣，春草生。’村人并击细腰鼓、戴胡头（面具）及作金刚力士以逐疫。”而直到宋代才最后把腊月初八定为腊日，民间通常称这天为“腊八”。

腊八的主要节俗是食用“腊八粥”，腊八粥也叫“七宝五味粥”。中国喝腊八粥的历史已有1 000多年。从记载来看，这一习俗最早始于宋代。宋代孟元老的《东京梦华录·十二月》记曰：“初八日……诸大寺作浴佛会，并送七宝五味粥与门徒，谓之腊八粥。都人是日各家亦以果子杂料煮粥而食也。”

腊八粥

可见，宋代腊八粥已经成为普遍的节日食俗。这一习俗与佛教有关。据传，佛教的创始者释迦牟尼本是古印度净饭王的儿子，他见众生受老、病、死等痛苦折磨，又不满当时婆罗门的神权统治，便舍弃王位，出家修道。最初无收获，后经六年苦行，于腊月初八在菩提树下悟道成佛。在这六年苦行中，释迦牟尼每日仅食一点米，以淡泊的物质来磨砺自身的求道意志。后人不忘他所受的苦难，于每年腊月初八吃粥以作纪念。于是，“腊八”成了“佛祖成道纪念日”，是佛教的盛大节日。各地佛寺作浴佛会，举行诵经活动，用香谷、果实等煮粥供佛，称“腊八粥”，并将腊八粥赠送给门徒及善男信女们。传说吃了以后可以得到佛祖的保佑，所以人们也把它叫做“佛粥”，有的地方还称为“福寿粥”“福德粥”，意思是说吃了以后可以增福增寿。

每逢腊八这一天，不论是朝廷、官府、寺院还是黎民百姓家都要做腊八粥，祭祀祖先；同时，合家团聚在一起食用腊八粥并馈赠亲朋好友。中国各地的腊八粥争奇竞巧，品种繁多。其中以北京的最为讲究，掺在白米中的物品较多，如红枣、莲子、核桃、栗子、杏仁、桂圆、葡萄干、花生等，总计不下二十种。

人们在腊月初七的晚上就开始忙碌起来，要把各种原料洗好，放在一起，在半夜时分开始用小火熬，一直熬到第二天的清晨，腊八粥才算熬好。腊八粥熬好之后，要先敬神祭祖；之后要赠送亲友，一定要在中午之前送出去；最后才是全家人食用。若腊八粥吃了几天还有剩下来的，是好兆头，取其“年年有余”的寓意。如果把粥送给穷苦的人吃，那更是为自己积德。腊八粥在民间还有巫术的作用，假如院子里种着花卉和果树，也要在枝干上涂抹一些腊八粥，祈求来年多结果实。

12. “辞灶”习俗

辞灶、祭灶也叫“过小年”。旧俗这一天是灶王爷启程回天禀报一年来全家情况的日子，故称“辞灶”。灶王爷要上天向玉皇大帝禀报这家人的善恶，让上天赏罚。送灶时，为了让灶王爷“上天言好事，下界保平安”，中国很多地方都有将牛皮糖融化后涂抹在灶王爷嘴上的习俗，这一习俗有着多重用意。首先，用糖来祭祀灶王爷，灶王爷吃了口甜，希冀其上天言好事；其次，用牛皮糖涂抹在灶王爷的嘴上，俗以为可以黏住灶王爷的嘴，从而使其上天后不能说恶事。这实际上是一种民间伦理道德的自律、民间百姓对自身行为的一种反省。

辞火（祭灶）

在除夕夜，还要把“灶神”再接回来。因为年三十晚上，灶王爷还要与诸神来人间过年，那天还有“接灶”“接神”的仪式。旧时因贫富不等，辞灶的日期也不同，有所谓“官三民四船家五”的说法，也就是官府在腊月二十三，一般民家在腊月二十四，水上人家则在腊月二十五举行祭灶。故宋代《祭灶》：“时届腊月二十四，灶君朝天欲言事。酒糟涂灶醉司命，男儿酌献女儿避。”

民间认为灶君上天向玉皇大帝打报告的事，在晋代早已有之。晋代葛洪的《抱朴子·微旨》：“月晦之夜，灶神亦上天白人罪状。”《东京梦华录》：“都人至除夜，备酒果送神，以酒糟涂灶门上，谓之醉司命。”后来祭灶移至腊月二十三或二十四，又称“小年”。

鲁迅先生在《送灶日漫笔》一文中说：

灶君升天的那日，街上还卖着一种糖，有柑子那么大小，在我们那里也有这东西，然而扁的，像一个厚厚的小烙饼。那就是所谓“胶牙糖”了。本意是在请灶君吃了，粘住他的牙，使他不能调嘴学舌，对玉帝说坏话。

鲁迅先生是浙江绍兴人，文中写的是绍兴一带辞灶时的风俗趣闻。辞灶习俗流传很广，各地习俗大同小异。辞灶时买些瓜果、糖块，于晚间供奉灶王爷，然后将旧像焚之，谓之送灶。送灶时家中主妇往往嘴里念念有词："灶王爷上西天，少说闲话，多加美言。吃足喝饱，早去早回好过年，日子一年强一年。"故灶王爷神像前的对联是"上天言好事，回宫降吉祥（下界保平安）"，横批是"一家之主"。在除夕之夜又将新灶王画像供上，谓之"迎灶"。此外，民间还有"男不拜月，女不祭灶"之风俗，故祭灶仅限男子。1949 年以后，此俗曾一度消逝。但近几年又复兴超前，不仅酒席丰盛，而且放鞭炮的数量大增。

在山东南部一带，每到腊月二十三下午，家家户户都要把厨房打扫得干干净净，并做上一大盆发面饼（寓意"越来越发，蒸蒸日上"），家里每人一块，若家里有人外出也要留上一块，以示祭灶的隆重。除了发面饼，一盘灶饼、一包芝麻糖、一把草料、一只杀好的去毛公鸡也是必备的：灶饼是让灶王爷在来回天宫的路上充饥的；芝麻糖是用来黏灶王爷的嘴的，让他没法说坏话；公鸡是送给灶王爷的"天马"；至于那把草料，自然是喂"天马"的了。

芝麻糖

祭灶多在黄昏时举行：先把灶饼、芝麻糖、公鸡等物品供奉在灶王爷神像前，然后在神像前点起三炷香，一家老小轮流给灶王爷磕头。边磕头，边烧金银纸帛，再把芝麻糖放到火上烧成粘稠状，糊住灶王爷的嘴。礼毕，把草料扔到厨房顶上喂"天马"。

然后，把灶王爷像揭下来，拿到院子里焚烧。一边烧，一边祈祷："二十三日去，初一五更回。灶王爷呀，您是一家之主，请您骑上骏马，带上干粮，上天宫去，好话多说，坏话不讲，下界时多带吉祥如意，万事亨通。请吧——"

最后，燃放一挂鞭炮为灶王爷开路，就算把灶王爷送上天了。

二、中国各地汉族节日习俗的特点

1. 中国多数民间传统节日跟农业生产有密切关系

各种节日习俗都显示出鲜明的农耕社会的烙印，而且一些节日本身就反映出农业社会的生活规律。中国与农业生产有关的天文历法对节日的产生以及节俗内容的传播有直接的影响。比如二十四节气之一的清明节，就是一个农事重要节日。

2. 节日习俗反映出民众对吉祥幸福的追求和向往

传统节日中祭祀祖先和众神灵的种种仪式，反映出中华民族对吉祥、幸福和安康生活的追求和向往。节日大多表现了中国传统的“家”文化中的合家团圆的核心思想，深刻透露出中国人重视家族伦理观念和注重人情味、强调人际关系平衡、协调的心态。这种观念和心态可以归结为两个字——“家”与“和”。“家”是中国人情感的归依，“和”则是中国传统文化的精髓，而民间俗语“家和万事兴”则道出了两者之间的深刻关系。“家”“和”在中国民间最大的传统节日——春节中表现得最为充分。可以说，对于含蓄温厚的中国人来说，每一次过年都是对生活情感、乡土情意和人间温情的一次总的爆发和加深，过年也已经成为一种自发的维系家族情感与增强民族凝聚力的传统方式。

3. 各地节日习俗是汉民族生活文化的集中展现

中国的传统节日，特别是汉民族的传统节日，多数与宗教关系不大，像春节、端午节、元宵节、冬至节等，与西方国家的传统节日大不相同。西方的节日重视“神”，体现的是“人与神”的关系；中国的节日重“人和事”，体现的多是“人与人”和“人与事”（比如“人”与农事）之间的关系，像春节、中秋节均十分注重家族的团圆，强调人与人之间和谐的人际关系，与宗教的关系不大。

因此，汉族各地的节日习俗可谓汉民族生活文化的集中展示，而且，为更好地展示汉民族的文化面貌、增强民族凝聚力，中国于2008年在制度上承认春节、清明节、端午节和中秋节这“四大节”，重新调整法定节假日，并赋予这些节日体系以法定假日的地位，可见传统节俗对于中国文化的重要性得到了官民一致的认可。

第四节　中国节日禁忌习俗与反映节俗的词语

一、节日禁忌习俗

“节”是植物的关键部位，节外才会生枝。时间也有节，也是一年四季的关键部分。人们把时间分为两部分，即平常时间和非常时间。节属于非常时间，是最难度过的时间，也是最容易出事的时间，所以俗语云“节外生枝”。为了避免出事，人们需要遵守种种禁忌。

1. 春节的禁忌

春节（正月初一）是中国农历一年的开始，各地都有很多禁忌习俗。春节禁忌，源于人们对“开始”的重视。人们认为春节这一天预兆着全年的吉凶祸福，因而禁忌极多。这些禁忌集中体现了人们趋吉避凶、祈求丰收、幸福的心理需求。民间春节期间的禁忌主要有以下三个方面。

（1）正月初一出门时忌遇和尚、尼姑、寡妇。

俗语云：“初一遇和尚，穷得叮当光。”“碰到尼姑，逢赌必输。”比如鲁迅先生的《阿Q正传》中曾写道：

但对面走来了静修庵里的小尼姑。阿Q便在平时，看见伊也一定要唾骂，而况在屈辱之后呢？他于是发生了回忆，又发生了敌忾了。

“我不知道我今天为什么这样晦气，原来就因为见了你！”他想。他迎上去，大声的吐一口唾沫：“咳，呸！”小尼姑全不睬，低了头只是走。阿Q走近伊身旁，突然伸出手去摩着伊新剃的头皮，呆笑着，说：“秃儿！快回去，和尚等着你……”

“你怎么动手动脚……”尼姑满脸通红的说，一面赶快走。

（2）大年初一忌杀生、见血。

大年初一不动刀、不动剪子，以免给新的一年带来血光之灾。大年初一尤为忌讳见到血迹，因为这预示着不吉利，主人必定会遭到不测。而杀生必定见血，因此，各地汉族在春节期间都禁忌杀生，所以初一至初三的肉菜都是春节前备好的。

中国人崇信“种瓜得瓜，种豆得豆”的为人准则，要想自己财源广进、寿比南山，在新年就绝对不能杀生。不但不能杀生，还要放生。春节放生还有这样一个故事：

在荥阳有一枯井，项羽当年追刘邦时，刘邦避于井中，两只斑鸠落在井口上，项羽追来时，有人告诉项羽井中有人，项羽却说：“井中有人，鸠不集。”刘邦幸免于难，所以在汉代春节时，要将斑鸠等鸟雀放生。

（3）其他禁忌。

《清嘉录》云：“元旦，俗忌扫地、乞火、汲水并针剪，又禁倾秽倒粪。”禁忌扫地、倒垃圾是防止走了财气，因为在此时，垃圾代表千金，即使家里实在很脏，也只能扫在一边（而且是从外往里扫），绝不能扫进簸箕倒出去；禁忌乞火，是怕居家遭火；禁忌针剪动刀，是怕遭灾祸，断绝子孙后代；禁忌打水，则是有一个“井妈照镜”的传说。

在中国南方的一些地方，至今流传着这个传说。据说正月初一这天，是井妈梳妆打扮的日子，人们以一天为一日，而井妈却以一年为一日，初一这天就是她的清晨了，所以每逢正月初一，井水是禁止汲用的。因为水面即井妈的镜子，如果搅动了水面，井妈当然无镜可照，必然生气，在这一年里就不会赐福给这一家人了。

另外，除夕筵席一般要有鱼，寓意“年年有余”，同时在大多数地区，吃鱼时，鱼不能翻过身来，因为“翻”不吉利。如果一定要把鱼翻过来，也不能说“翻”，而要说“转”，因为“转”谐音“赚”。正因为这种对语言魔力的崇拜心理，人们禁忌说不吉利的话，比如忌讳说“没、死、破、丧、终、病、穷”等词语，否则新年不顺。

中国大多数地区在吃年夜饭前，要先祭祀祖先。请祖灵之前，家庭成员和物品必须齐全，否则就是人不团圆、财不完整；祖先灵魂请来之后，任何人不得占用供桌两旁的座位，否则就是与祖先争座位；此时家中不得吵闹，更不准骂人，否则就是对祖先不敬；不得把喝剩的茶水泼在地上，否则就是混淆了浇奠与泼水；大祭祖灵时不得高呼小孩的名字，以免让大门外的无主鬼魂听到，造成小孩夭折。

吃年夜饭时，特别忌讳来人打扰，这称为“踩年饭”，据说这会使全家一年不得安宁。中国大多数地区还有除夕“守岁”的习俗。大年三十晚上，全家欢聚一堂，围炉而坐，通宵不眠守岁。但守岁时，忌讳大声喧哗，以免惊醒恶魔；忌讳照镜子，以免见恶魔；忌讳将灯油泼地，否则油味冲淡了酒味，恶魔就会醒来，灾害就接踵而至。

2. “二月二”的禁忌

粮仓

农历二月初二民间又称为“龙抬头”。民间认为，每年农历二月初二是龙王抬头的日子，这一天要下雨，而且从此以后，雨水会逐渐增多。龙出则百虫伏藏，人们借助龙的声威来制服百虫百害，使它们不能危害庄稼。因此，在这一天要倍加小心，不能动刀、动剪、动针线，否则会伤害“龙目”，戳着“龙眼”；早晨挑水时，忌水桶碰着井帮，否则会碰伤龙头，甚至有很多地方这一天禁忌挑水；忌讳推磨，怕压了龙头；忌讳喝糊涂汤和疙瘩汤，怕糊住龙眼。这天有的地方还忌讳出嫁妇女回娘家，据说这样会踩了娘家的粮仓，导致娘家粮食减产。这些说法多为迷信思想，没有科学依据。

3. 端午节的禁忌

民间认为端午节这一天不吉利，有“躲午”的习俗。周岁以内的婴儿要送到外婆家去躲藏，家家都在门旁插艾蒿以驱邪辟秽，小孩身上要佩戴棉布缝制的小狗、小人等，这些东西要小心保护，忌讳丢失，否则年内将有灾难。

躲过端午之后，要将所佩戴的东西扔到水里，以驱除灾祸。这主要是因为农历五月之时，正值炎热酷暑之际，此时是多种流行病、疫病的高发期，古人因此将五月视为恶月。既然是恶月，自然就有许多禁忌，而这种“躲午”的习俗大概也与人们的此种看法有关。

4. 中元节的禁忌

农历七月十五，民间称为“中元节”，据说这天鬼魂都要出来，人们不能到处乱走，更忌出远门。若遇到鬼，则一年不吉利。更不能杀生，以免被鬼视为恶徒而遭受惩罚，因此，这天屠户一律罢市。各地民众也大多吃斋、祭祀祖先。这天，人们尽量少走夜路，尤其是尽量不要到海滩等阳气不足之地，因为传说中鬼魂最爱躲在阴暗处。人们也应避免对鬼魂不敬的行为，特别是讲粗话、随街小便或吐痰等。

综上，节日中的禁忌事项较之平时要多得多，禁忌是节日文化的一种重要表征，它使节日变得神圣，强化和维系着节日与平时的时间界限，时刻警戒人们不能随便模糊和逾越这种界限，并使人们的节日心态真正得到宣泄。

二、与节日习俗有关的文化词汇

节日是社会文化所设置的时间单位，是被赋予了特殊的社会文化意义并穿插于日常生活之间的日子，节日民俗深刻体现了这些特殊日子的文化内涵，种种世代沿袭的民俗活动积淀在汉民族民众的深层意识之中，是汉民族文化认同、凝聚的内在磁力。同时，各种民俗活动也定格、体现在汉语之中，汉语中众多民谚、歇后语、俗语等文化词语深刻体现了岁时节日习俗的内涵，并成为人们约定俗成的行为规范。比如：

【年节】谓农历正月初一，今称“春节”。宋代孟元老的《东京梦华录·正月》道：“正月一日年节，开封府放关扑三日。”老舍的《骆驼祥子》写：“年节越来越近了，一晃儿已是腊八。”

芝麻开花——节节高

【节节高】旧时汉族各地的习俗，大年初一把芝麻梗插在屋檐头，取“芝麻开花节节高”之义，以求日日进步，称为“节节高”。芝麻：一年生草本植物，是一种重要的油料作物，种子可以吃，也可以榨油。芝麻开花，是从下往上一节节地开。故民谚：“芝麻开花，节节高。”明代田汝成的《西湖游览志余·熙朝乐事》：“（正月朔日）插芝麻梗于檐头，谓之节节高。”北方有些地区于正月初一在庭院中撒芝麻秆，也是图吉利，取“芝麻开花节节高”之意，寓意生活年年登高。

【八节】古代以立春、立夏、立秋、立冬、春分、夏至、秋分、冬至为八节。《周髀算经》卷下：“凡为八节二十四气。”赵爽注：“二至者，寒暑之极；二分者，阴阳之和；四立者，生长收藏之始；是为八节。”唐杜甫《狂歌行赠四兄》：“四时八节还拘礼，女拜弟妻男拜弟。”《镜花缘》第一回：“四时有不谢之花，八节有长青之草。”

【开财门】这是一条表现新年习俗的俗语。在很多地方，一年的第一次开门被赋予了丰厚的涵义（主要是预兆、祈求一年的吉利、好运），人们对之非常慎重。比如在湖北一些地方，人们对大门作揖磕头（拜门神）后才开门。在武汉还有一种风俗，事先用写有“开门大吉”字样的条幅把门缝贴上，正月初一清早，家中主人用刀从正中划开，称为“开财门”。开门前后必定放鞭炮，并且非常讲究。

而山东南部一带，正月初一开门前必定放一挂鞭炮，说是直接开门怕冲撞了神灵。陕西有些地方在年三十晚上预先将一捆柴靠在大门上，初一早上开门迎喜时，柴就往门内倒过来。“柴”谐音“财”，寓意“财或财运进门来”。这些习俗都寄托了人们对新年的美好祝愿。

【正月初二、三，路上尽是小生和小旦】这是一条民谚。小生：年轻男子，小旦：年轻女子。该条民谚说的是春节给母系至亲拜年，或者是姑娘偕姑爷回娘家拜年，抑或是未婚子女给外公外婆拜年，尽管各地的时间不尽相同，但大多是在初二、初三，因此有“正月初二、三，路上尽是小生和小旦”的谚语。

【送五穷】【赶五穷】【送穷土】【送穷灰】这些俗语说的是民间各地正月初五“送穷”的习俗。“送穷”的基本活动是把家里五天积存的灰土、渣滓、垃圾倒出去，同时，许多地方还有祈富、祭拜财神等活动，希望把穷神送走，把财神迎进家中。

在这天，很多地方还有一些非常严格的禁忌：如这一天忌出门，一出门会将被送走的穷神重新附上又带回家中；忌讳在这天借别人家东西用，非借不可的要拿东西去换，而且最不能借的是水、火，一借灾难必至。也有的地方要剪个纸人，这个纸人就是“穷神”。然后把纸人送到门外，丢到荒野之中，象征“穷神”被赶走。胡朴安的《中华全国风俗志·陕西·临潼之送穷节》：“临潼县之人民，以正月五日为送穷节。家家剪纸人，送之门外而掷之。”

【二月二，龙抬头；大仓满，小仓流】仓：粮仓。传说农历二月初二是天上主管云雨的龙王抬头的日子，从这天开始，雨水逐渐增多，浇灌农田、滋养万物，因此，二月二也叫“春龙节”。这天要祈求龙王及时行云布雨，保佑人间风调雨顺，从而“大仓满，小仓流”。

【泼水节】中国傣族和中南半岛某些民族的新年节日，为一年中最盛大的节日。时间是傣历六七月（在清明节后十日左右）。节日期间，人们相互泼水祝福，并进行拜佛、赛龙舟等活动。泰国、缅甸、老挝等国都在每年公历四月中旬过这个节日。

【浴佛节】即佛诞节，是佛教节日。中国汉族地区相传农历四月初八为佛祖释迦牟尼生日。佛寺于此日诵经，并用名香浸水，洗浴佛像。取法传说中龙王以香水洗浴悉达多太子的故事，以纪念佛的诞生，故称为浴佛节。

【火把节】中国西南地区彝族、白族、纳西族等民族的传统节日。一般在农历六月二十四前后。人们盛装庆贺，举行各种游乐活动。人们往往在大门口竖起火把，傍晚点燃，火光照天。入夜，民众燃点火把，奔驰田间，驱除虫害，并饮酒、载歌载舞。

【六月六，日头红，晒了衣物不生虫】这是中国北方民间的俗谚。北方各地，在农历六月初六这天，家家翻箱倒柜，把毛料、皮货、棉衣等拿出来翻晒。在农村，还要把过冬的种子拿出来翻晒，据说种子经过这天曝晒后，虫子不咬，也不发霉。而湖北人把六月初六称为“龙王节”，传说龙王在这天晒龙袍，晒后不回潮，不生虫。于是，民间百姓都效法龙王，纷纷在这天翻晒衣物。

【七月半，鬼乱窜】据说，农历七月初七至十五，是鬼“放假”的日子，祖先会回到儿孙家中探亲，孤魂野鬼也会出来四处游荡。而到了七月十五这天，鬼在阳间的游荡达到高峰，所以民间有“七月半，鬼乱窜”之说。

【十月一，送寒衣】中国很多地方有“十月一，送寒衣”的习俗，就是在农历十月初一，要用一些黄纸糊成袄、裤、袍等衣饰的形状，然后于傍晚时分在十字路口烧掉，烧时嘴里还要念叨着亡灵的名字，表示给死去的亲人送去了御寒的服装。民间送寒衣时，还讲究在十字路口焚烧一些五色纸，象征布帛类。用意是救济那些无人祭祀的绝户孤魂，以免给亲人送去的过冬衣物被他们抢去。

思考和练习

1. 春节是民间最古老最隆重的节日，中国人欢度春节主要有哪些习俗？春节对于全球华人具有什么意义？

2. 中国传统节日有什么特点？

3. 在你们国家有哪些比较大的节日？节日习俗与中国各族的节日习俗有何不同？试举例加以阐述。

4. 为什么说中国历史和文化是汉族和少数民族共同创造的？试举节日文化的例子加以阐释。

5. 汉语中有很多词语体现了丰富的节俗内容，对此试举一些例子加以阐释。

第十一章
中国民间姓氏习俗

人们初次见面时总要先问一下："您贵姓？""您怎么称呼？"在表示自己敢作敢当、无所畏惧时，经常拍着胸脯说："男子汉大丈夫，行不更名，坐不改姓。"这表明在人们的社会交际中，姓名作为某个人的标记是非常重要的，它是人们在社会交际中的重要符号。

从姓名的组成来看，中国人的姓名排列顺序不同于欧美国家，一般是姓在前面，名在后面。如"王一"，"王"是姓，在前；"一"是名，在后。不仅如此，中国人起名字的习俗也大大异于西方国家，姓氏习俗体现出中国传统文化的独特魅力。那么，中国人的姓名是怎样产生的呢？中国人又是如何取名字的呢？下面我们先从中国人姓名的来源及其变化谈起。

第一节　姓氏的形成

1. 姓氏的形成年代

早在5 000多年前，中国就已经形成姓氏，并逐渐发展扩大，世世代代延续下来。"姓氏"包括"姓"和"氏"，在秦朝以前，姓和氏是含义不同、各有所指的两个单音词。"姓"字的古字形是由"人"和"生"组成的，意为人所生，因生而为姓。秦国刻石《诅楚文》中，始见姓字为"女"字和"生"字的组合字，这一字形最终被汉代许慎定型，成为会意字。汉代许慎的《说文解字》对"姓"的解释是这样的："姓，女所生也。古之神圣母，感天而生子，故称天子。从女，从生，生亦声。”

“姓”产生于原始氏族社会，因“女”“生”而为“姓”。若干氏族组成一个原始部落，部落内各氏族又独立存在，同时，各氏族之间又有着密切的婚姻联系，“姓”就作为识别和区分氏族的特定标记符号应运而生。

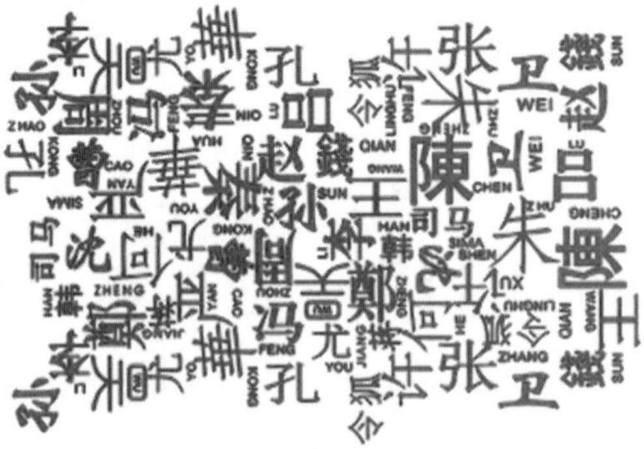

百家姓——中国人的遗传密码

中国最早的姓都带有“女”字，如“姬”“姜”等（据说炎帝姓“姜”，“黄帝”姓“姬”），从这可以推断早在母系氏族时期，姓已经形成。这是由母权制社会中妇女的地位所决定的，其作用就是便于通婚和鉴别子孙后代的归属。同姓内部禁止婚配，异姓氏族之间可以通婚，子女归母亲一方，以母姓为姓。

“氏”字早在甲骨文中就出现了。清代文字学家朱骏声在其名著《说文通训定声》中，释“氏”字本意为草木之本，植物之根，为象形字。从发展的情况来看，植物的根总是要生成枝茎的，所以“氏”有“分支、支脉”之义。该字后来被转注为姓氏的“氏”，取木之根本、木之支脉之义。“氏”最早在原始社会晚期形成。黄帝时已有“胙（zuò）土命氏”的习惯。也就是说，随着氏族制度的解体和阶级社会、国家制度的形成，出现了赏赐封赠土地以命氏的习惯。夏、商、周三代，“姓”的社会职能是代表有共同血缘关系的种族的称号，而“氏”则是从姓中派生出来的分支。“姓”起于母系，“氏”起于父系。“姓”起源较早，形成后也较为稳定；“氏”起源较晚，并不断发生变化。

2. “姓”“氏”的区别

《国语·周语》载：“姓者，生也，以此为祖，令之相生，虽不及百世，而此姓不改。族者，属也，享其子孙共相连属，其旁支别属，则各自为氏。”

一个族群，随着自身内部力量的发展，人口逐渐繁衍增多，伴随着活动领域的扩展迁徙。这样，有着共同的族徽标志（即姓）的同一族群，逐渐分成了若干分支，而每一分支都会有一个特定的符号标记，这就是“氏”。比如，“姬”是周人的姓，下面又分出“季、孙、游、孟”等氏；“姜”为齐人的姓，下面又分出“吕、马、纪、崔”等氏。

总之，姓为氏之本，氏由姓所出。商周以前，姓用以区别婚姻，故有同姓、异姓的说法。氏用以区别贵贱，贵者有氏，而贫贱者有名无氏。氏同而姓不同，婚姻可通；同姓不可通婚。到了西汉时期，姓和氏的区别已经微乎其微。司马迁作《史记》时，干脆把姓、氏混为一谈。所以清初学者顾炎武在《日知录》中说：“姓氏之称，自太史公始混而为一，《本纪》于秦始皇则曰姓赵氏，于汉高祖则曰‘姓刘氏’，是也。”

“氏”作为“姓”的支脉、支派，源自“姓”，这也说明在族姓渊源不变的情况下，氏是可变的。比如春秋时期的伍子胥是个颇为有名的人物，本以“伍”为氏。伍子胥对吴国的发展、强大立下了汗马功劳，后来由于伍子胥与国君不和而被杀，他的儿子逃往齐国，为躲避灾难，于是便改作“王孙氏”（参见《左传·哀公十一年》）。还有，《史记·田敬仲完世家》载：春秋时期陈厉公的儿子陈完，本以陈为氏，由于陈国发生内乱，他出奔到齐国，就改为田氏。为何改为“田”，而不是别的？依据应是“田”与“陈”字音相近。唐代司马贞在《史记·田敬仲完世家》索隐中说：“敬仲奔齐，以陈田二字声相近，遂以为田氏。”

由此可见，“姓”一般是不变的，而“氏”则是可变的，“氏”还可自立。立氏有不同的情况，再加上原有的族姓来源也很复杂，所以我们现代所说的“姓氏”的形成缘由非常复杂。

3. 姓氏的形成缘由

从古籍记载的情况来看，姓氏的形成缘由，主要有以下几类：

（1）以祖先的居住地、方位为氏，如赵、陈、鲁、西门、郑、苏、南郭、东郭等。《中山狼传》中记载了东郭先生和狼的故事：赵简子在中山打猎，一狼中箭逃命，东郭先生救了它。事后，狼想吃掉救其性命的东郭先生，幸好遇到一位老者，东郭先生才算大难不死。这里的“郭”即“外城”，是古代在城的外围加筑的城墙。北朝民歌《木兰诗》中有“出郭相扶将”之诗句。以“东郭”为氏，就是以人所居住的地域方位为依据的。

（2）以祖先的封地为姓氏。如西周时有个叫造父的人，被周穆王封到赵城，造父的后代就姓赵。

（3）以母亲的名字为姓。如传说中炎帝的母亲名叫“女登”，她的后代就姓“女”。

（4）以祖先的爵位为氏，如王、侯、公等。

（5）以先人的名或字为氏，如郑国的公子偃，字子游，其子孙便姓“游”。再如，中国历史文化名人，儒家学派的创始者——孔子，姓孔，名丘，字仲尼，其“孔”姓，即源于其祖先的“字”。宋国有个公孙嘉，他的字是“孔父”（“父”是字的构成成分，也可写作“甫”），以此为依据，他的后人自立为氏，便产生了“孔”氏。

（6）以兄弟行次顺序为氏，如伯、仲、叔、季等。“伯仲叔季”指兄弟行辈中长幼排行的次序，伯是老大，仲是第二，叔是第三，季最小。古时常用于表字或对人的敬称。

（7）以官职名称为氏，如史、仓、库、司徒、司寇、太史等。

（8）以职业技艺为氏，如巫、屠、优、卜等。

（9）以祖上的谥号为氏，如周朝的文王、武王，他们的后代除了姓姬之外，还有姓“文”、姓“武”的。

（10）因赐姓、避讳改姓氏，如李唐王朝赐给立有大功的大臣们以李姓，朱明王朝赐以朱姓。汉文帝名刘恒，凡“恒”姓因避讳均改为“常”氏。晋朝帝王祖上有司马师，天下师姓皆缺笔改为“帅”氏。

（11）因逃避仇杀改氏，如端木子贡后代避仇改“沐”姓，“牛”姓避仇改“牢”姓等。在清朝灭明朝后，明代皇族的后代为免杀身之祸，改“朱”姓为“李”姓。

（12）以祖先崇拜的图腾为姓氏。如“姜”这个字是由“羊”和“女”组成，“羊”可能是姜姓母系氏族的图腾。另外，“龙、熊、马、鹿、牛、羊、骆”等姓氏，也都是不同氏族的图腾崇拜物。

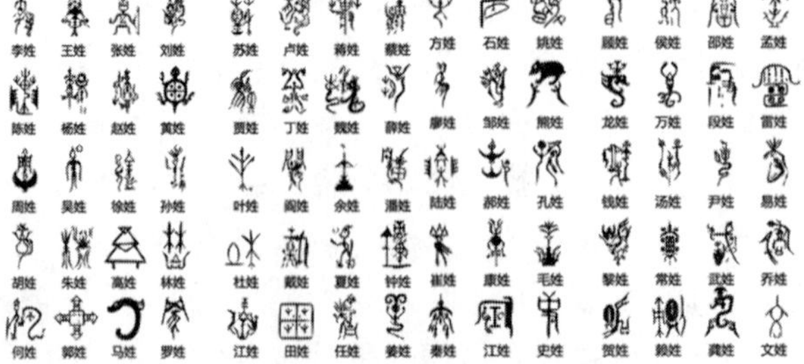

中华百家姓之姓氏图腾

（13）以少数民族姓氏译音为姓氏，如单于（Chányú）、尉迟（Yùchí）、呼延、慕容、宇文等。

姓氏起源的形式很多，并且在不断发展，同姓异源或异姓同源等，情况十分复杂。随着岁月的流逝，不断出现新的姓氏。如给孩子取名时，为防止重名重姓，取男女双方两个单音姓合成复姓，这又为姓氏“家族”增添了新的成员，如父亲姓“郑”，母亲姓“张”，合成一个复姓“郑张”。

4. 姓氏的文化属性和标记作用

姓氏不只是私人的事，亦不只是家庭的事；姓氏是一种文化，它关系到我们的历史与血脉。通过姓氏，我们能知道自己肉体、心灵、心理之血脉传承，从而使我们有一种心灵的归属。“参天之木，必有其根；怀山之水，必有其源”，是谓“寻根”。“寻根”不在祈福于祖先，而在明白我们自身，知晓我们祖先曾经的苦难与辉煌，把祖先的文化之根、血脉之源留在我们的血液之中。

通过姓氏，我们能知道古代社会的姓氏也曾有高低贵贱之别。“氏”曾经为贵族所独有，丢“氏”即丢贵族之地位，故“氏所以别贵贱，贵者有氏，贱者有名无氏”。据说三代以前，有贵族身份的男子只称“氏”与“名”，而不称“姓”，只有妇人称“姓”。至于“庶人”，当然无“氏”，故只称“名”。通过姓氏，我们能知道何人之间不能通婚。同姓是一道门槛，我们的祖先 3 000 年前就已规定，所有的男女均不能跨越这道门槛而走进婚姻的殿堂。但“同姓不婚”不是“同氏不婚”，若谓“氏”重在“别贵贱”，“姓”则重在“明婚姻”。“氏”可改变，而“姓”则是不可变的。至秦汉，“姓”“氏”合而为一，“皆所以别婚姻，而以地望明贵贱”。

“姓”“氏”是中国先人的伟大发明，有着 5 000 多年的悠久历史。“姓者，生也”，“因生而赐姓”，这是血缘传承的标志；“氏”者，旁支别属也，“胙土以命氏”，这是地位身份的象征。“姓”重血统，而“氏”重地域；一为纵坐标，一为横坐标。两者纵横交叉，便把个人固定在了唯一的交叉点上，从而给后人回溯历史提供了极大的方便。

“姓”“氏”合流以后，“氏”升为“姓”，“姓”“氏”都站到了表示血统的那一边。于是中国人又发明了“地望”，又称“郡望”，将“姓”与所在“郡县”联系起来，再次建立起地域、身份之坐标。“郡”是古代地区一级行政区划，“望”是“名门望族”，“郡望”意谓“某一地区的名门望族”，隐含了某一姓氏的兴旺之地，与某一族群的起源、繁衍、迁徙密切相关，是研究族群渊源的重要依据。

郡望

例如，汉朝飞将军李广是陇西成纪人，于是“李”姓人往往自称“陇西李氏”；东汉马融是有名的经师，他是扶风人，所以“马”姓人也往往自称“扶风马氏”。还有“太原王氏”“琅玡王氏”“颍川陈氏”“彭城刘氏”“清河张氏”……这些郡望都是两汉魏晋以来的名门世族，若是追寻起来，在正史里都能找到他们老祖宗名垂千古的光辉事迹。

这种纵横坐标是一项伟大的发明，真可以赞誉为中国之“第五大发明”。中国可能是世界上最早使用“姓氏”制度的国家。“最近有人把中国古今姓氏收集到一起，姓氏已超过 8 000 个，目前汉族还在使用的姓氏大概有 3 000 个。”①

按照传统习惯，中国人一般随父亲的姓，只有少数人随母亲的姓。另外，中国古代姓名文化中还有一个非常普遍的现象：已婚妇女都有两个姓氏，也就是人们所熟悉的“妻从夫姓”。

对已婚女子以夫家姓氏相称的习俗，大致在汉魏之际形成雏形，到南朝末期蔚然成风。这种情况同世家望族家族组织的逐渐形成有直接的因果关系。特别是到了东晋南朝时期，以庄园为范围的同宗聚居已经是战乱年代中求得家族生存和发展的主要形式。作为增进家族共同体凝聚力的办法之一，把妻冠夫氏作为一种称谓原则确定下来，显然是必要的，而其副作用必然是妻子对夫家人身依附的关系进一步加强。

所谓“妻冠夫氏”，即丈夫的姓氏加在妻子的姓氏前面。例如“刘王氏”“赵邢氏”“张毛氏”“乔李氏”“孔王氏”等，就是过去已婚妇女留在官私簿籍或家谱上的“称谓”。这种方式既标明妇女已婚，又彰显了她丈夫家和母家的姓氏，可谓一石三鸟。

这种姓氏习俗的产生和发展，主要和中国家族制度的演变相关，形成传统后，又对妻冠夫姓的法律制定造成习惯性影响。现代社会中，随着家族制度的彻底解体，这种形式目前仅存在于台湾、香港、澳门地区和一部分海外侨胞中，中国大陆已消失。现在，女子结婚后，仍沿用原来的姓，不用再改姓了。

---

① 参见韩鉴堂．中国文化．北京：北京语言大学出版社，1999：39.

第二节 部分少数民族的姓氏习俗

一、回族的姓氏习俗

回族的姓氏比较复杂，与汉族共有的姓有“李、周、金、刘、陈”等；有的姓如“马、洪、丁、沙”等，回族多汉族较少。还有“十个回回九个马，剩下还有撒拉哈”的说法也准确地说明了回族姓氏的特点。

但是，也有些“姓”是回族所独有的，如“撒、忽、闪、纳、萨、海”等。清代以来，尽管汉姓汉名已成为回族人名的基本形式，如清代回族诗人马云龙、科学家丁拱辰等，但回族经名（即回族名）并未从回族人中消失，至今仍流行为婴儿起经名的习俗，这也表明姓名作为一个民族的传统文化，有着强大的生命力。

二、苗族的姓氏习俗

苗族人的苗名，不论男女，都是单音名字，女名有“榜、欧、妮”等；男名有“宝、金、翁”等。当长辈称呼晚辈时，可以直呼其单音名；如果引称其苗名时，就必须使用与其父名相连成为子（女）父连名的苗名。

例如，子的单音苗名为“宝”，父的单音苗名为“翁”，那么“宝”的引称苗名应当为“宝翁”；如果是一般对称，则要在其单音名前加上尊称词“喋”（dié），称为“喋宝”。贵州东南地区，除子（女）父连名制之外，还有个别地区采用子、父、祖父三代连名制。譬如，子名为“宝”，父名为“翁”，祖父名为“里”，那么子名“宝”的引称苗名则为“宝翁里”。这种子、父、祖父三代连名的连名制使用的地区并不广泛。如果以二十五年为一代，由子（女）父连名制的家族谱系追溯上去，就可知道某个家族的历史年代。

湘西、黔东北等地区的苗族，一般不使用子（女）父连名制，而是使用以父系家庭为中心的血缘近亲集团的专用名称。人们都认为这种专用名称是苗族支系的苗姓。例如，湘西地区的苗族内部分有“代卡”“代瓜”“代华”“代来”等支系，如果“代卡”这个支系中有一个名叫“玉树”的人，那他的苗名就叫“玉树卡”，即在这个支系人的名字后面连上支系专称“卡”来表示苗名。

三、蒙古族的姓氏习俗

蒙古族人的名字反映了蒙古民族文化、历史传统以及生活方式、宗教等方面的特点：

（1）喜以动物名称命名。

如“巴尔思（虎）、阿思兰（狮）、阿尔布古（一种有花纹的鹿）、脱里（鹰）”等。男性多以勇猛为荣，所以常常用凶猛的动物来命名，并且以“虎”为名者较多，一般在“虎”前加形容词，如“哈喇巴儿思（黑虎）、乌兰巴尔思（红虎）、普喇巴尔思（黄虎）、额白巴尔思（雄虎）、茂巴思（恶虎）”等。

“牛”在畜牧中占有重要的地位。牛力气大，身强，无所畏惧，所以也有很多人用它来命名，如起名叫“不花”（牛），为了区别，在“不花”之前加形容词，如“帖木儿不花（铁犍牛）、安难不花（金犍牛）、察罕不花（白色的犍牛）”等，这种取名习俗也深刻反映了蒙古族以狩猎和畜牧为主的经济文化心理。

（2）喜欢用“巴图”（意为“结实”）来命名。

一般在巴图之后加附加词，如“巴图噶尔（结实的手）、巴图和坦（结实的城）”等。

（3）以祝福、吉祥、幸福的词来命名。

如“那苏图（长寿）、好必图（有福）、吉日嘎朗（幸福）、满达尔夫（兴旺）”等。

（4）喜欢以星辰、花草树木、珠宝等为女性命名。如“娜仁（太阳）、萨仁（月亮）、敖登（星星）”等；又如“其其格（花儿）、其木格（花蕊）”等；再如“塔娜（珍珠）、哈森（玉石）、乌云（蓝色宝石）”等。

四、土族的姓氏习俗

父子连名制：氏族男成员的名字是和父亲的名字连在一起的，父名又和祖父的名字连在一起。每个人的名字都由两部分组成，首字为父名，尾字为子名，以此严格区分，一代一代连下来，构成一个完整的家族谱系表。

这种命名制度可以清楚地看出在氏族内部彼此之间的血缘远近及亲疏关系。土族实行氏族外婚，女儿要嫁出本氏族，所以在谱系中不占主要地位，以男子连名为主，家庭的承袭也完全以父系延续下去，构成土族社会的基本细胞。

父子连名制是维系氏族制度的重要手段。凭借这一方式，在同一氏族内，人们就可以按各人的名字确定彼此间的血缘远近亲疏，从而明确各自的权利和义务。因此，熟记氏族的谱系是对氏族成员的一项基本要求。

五、纳西族的姓氏习俗

纳西族在古代无姓氏，只有家名，最早的家名是以氏族名或氏族图腾命名的。如“拉木（母老虎）、然（豹子）、依米（母牛）、牙米（母鸡）”等家名，就是沿袭了古代母系氏族的名称或氏族图腾的名称。后来，由于氏族作用衰微，家族的作用增强，一些家族便以某个女性始祖或男性始祖的名字作为家族名。随着纳西族阶级社会的形成，氏族组织消亡，家族组织也逐渐松散，但是单个家庭的作用逐渐增强。于是，有些家庭渐渐抛弃氏族或家族的名称，随意为自己取一个家名。如有的以居住地为名，有的以职务为名，有的以家庭成员的性格特征为名等，这样，各种各样的“家名”便相继出现了。

纳西族的“家名”，类似汉族的姓氏，但又不同于汉姓。汉姓世代沿袭不变，而纳西族的“家名”是可以改变的。由“家名”改为姓氏，据史籍记载，首先是从封建土司开始的。在明代，丽江纳西族土司接受了中央王朝封赐的官衔和姓氏，于是改为“木”姓。受汉族文化的影响，纳西族人也按照家谱排字辈，由老人为子孙取名字，由父母给孩子取乳名，上学时取个学名，成为正式的名字。但男子在娶妻的早晨或前一天，需请男伴或长辈另取字号名，作为男子成家立业的标志。此后，同辈间即用字号相称。从他们所取的字号名来看，受汉族的影响很大。

六、傣族的姓氏习俗

靠近汉族地区的傣族，由于受汉族文化的影响，大多有与汉族相似的姓和名字。而边疆地区的傣族，主要是贵族有姓，姓主要有“刀、召、思、放”等。傣族的姓都是单字，名字多为两个字，姓在名字的前边。西双版纳地区的傣族平民没有姓，只有名字，而且随着一个人的年龄、生活、身份的变更而变更。男人有乳名、法名、还俗名、做父亲的名字和官名；妇女不当和尚、不当官，只有乳名和做母亲的名字。

七、东乡族的姓氏习俗

东乡族的姓名，有浓郁的民族特点和伊斯兰教色彩，这与东乡族的族源、形成和发展有着直接关系。东乡族先民最初是没有姓的，自 13 世纪后，因受汉族文化的影响，才有用姓之习俗，并多采用以本民族人名的首音或尾音为姓的方法，因而产生了诸如“马、买、巴、白、丁、米”等姓，并以“马”姓最为普遍。这是因为伊斯兰教创始人穆罕默德之首音“穆”，所以大多取谐音“马”为姓。

此外，东乡族还因村寨不同，而有不同的支系，称谓时要在“马”姓之前冠以村寨名，如“拾拉泉马、东达恒马”等，别的姓亦有类似情况。

现代的东乡族人，除有姓之外，还有一个经名和汉名，有的仅有经名，没有汉名。所谓经名，即伊斯兰教名，由阿訇从《古兰经》中选取，或以伊斯兰教圣贤名为名，如“穆罕默德、欧麦尔、达吾德、法图麦”等；或以伊斯兰教历的贵重月份或日子为名，如斋月出生的孩子，取名为“尔德”；主麻日（星期五）生的孩子，取名为“主麻”；或以向阿訇学习经文的满拉为名，取名“满拉”。

现代东乡族人大多既有经名，也有汉名。经名在本民族内部、家庭或宗教活动中使用；而汉名在本民族外部，或在与别的民族交往中使用。此外，东乡族还有“讳名”的习俗，儿女禁称父母的名，妻子禁叫丈夫的名，年幼者不得直呼年长者的名，否则会被认为失礼而受到斥责，这一点和汉族避讳称呼尊长的姓名是相同的。

第三节　汉族民间取名的习俗与反映姓氏习俗的词语

一、姓名关系个人的祸福安危

姓氏是家族的标志，是大的类属名称。一姓之下的个体成员，为了彼此区别，也应该有一种标记。这种个人的代号标记便是“名”。“名”用来区别同“姓”、同“氏”中不同的个体，所以“名”是私人的标记。

《说文解字》说：“名，自命也。从口，从夕。夕者，冥也。冥不相见，故从口自名。”“夕”的意思是“冥”，即“夜晚”的意思。这段话是说，上古时期，夜间出行，遇到人询问，回答时报自己的名字。在某种程度上，此种情形就像我们所熟悉的“口令”，能够明示敌我，所以“名”关系着个人命运的祸福安危。

特别是在古代，由于统治阶级比较迷信、讲究忌讳等，因此一个人的名字可能会带来意想不到的吉凶祸福。我们先来看一下因名得福的故事：清代乾隆五十四年（1789）状元胡长龄，就是沾了姓名的光。好大喜功的乾隆皇帝此时已年近80，一心希望上天让自己长寿。他在翻阅殿试卷子时，一眼看到“胡长龄”这个名字，不禁龙颜大悦，随口道：“胡人果真能够长龄耶?”在古代，汉族称少数民族是胡人。乾隆皇帝是满族人，所以在这里乾隆皇帝以胡人自居。正是因为名字叫“胡长龄”，这三个字很切合乾隆皇帝的心意，所以胡长龄本人也就稀里糊涂地成了名满天下的状元。

清朝光绪年间，最后一届科举的状元叫刘春霖。那一年正好北方大旱，朝廷上下都为旱情而发愁，结果殿试点状元时，慈禧太后一见“刘春霖”这个名字就很高兴。俗语说：“春雨贵如油。”“春霖”正是“春天之甘霖”，是春天里的小雨的意思。于是慈禧太后就点了刘春霖为状元，其实当时考得最好的并不是他。

有因名得福的，自然也就有因为名字而惹祸招灾的。1903年，也就是光绪二十九年，清王朝迫于社会各界的压力，特地开经济特科取士。参加考试的广东三水人梁士诒考取了第一名，眼看状元就要到手了。可是，这时有人说，他的名字是“梁头康尾”，和维新派的康有为、梁启超有关系。因为康有为又名祖诒，和梁士诒的“诒”字正好相同。慈禧太后最恨的就是康有为、梁启超这些维新党人，一查籍贯，梁士诒居然和他们同籍，都是广东人。这下子慈禧太后火冒三丈，不但不予录取，还要追查。梁士诒听到这一消息，吓得一溜烟逃出了京城。

清朝大兴“文字狱”，对语言文字过分敏感。有人作了“清风不识字，何故乱翻书”的诗句，清朝统治者认为这是嘲笑满族人不识汉字，结果将其抄家。

二、汉族取名与宗族制度相关

正是因为名字可以给人带来难以预料的吉凶祸福，所以民间给孩子取名，往往非常慎重。取名要依照家族辈分，姓名中间的字往往是家谱中早就规定好的。这种辈分用字反映出单个个体在家族世代谱系中的地位，体现出家族宗法制度对社会生活的强烈影响。

如山东南部泗水县《王氏族谱》序说：“木必有本也，而后枝叶生；水必有源也，而后流派见。人于祖宗犹之木本水源也，不惟文人学士在所宜知，即农夫工商亦宜知本源之所在，至支分派别虽由亲渐疏，然分之则为众派，溯之实属一本。”这段话道出了家谱、族谱对个体求根溯源的重大意义。

名字作为个人的记号，也为家谱、族谱所规定，以明伦理、示辈分、别婚姻。如《王氏族谱》说："吾族自一代至三代皆以单字为名，四代以建字、中字为行辈，五代以应字、士字为行辈。以后则以有明钦赐'国光咸宜继，家亨业自新'十字为行辈。亦有不就辈之名。嗣后族中又公议十字为行辈，曰：'徽嗣常衍庆，宏绩底懋纯。'今又议十字曰：'永传惟守素，隆起在怀仁'。"

从上面家谱取名规则可以看出，旧时民间取名，往往以三字为常，如"王"，其中第一字为"姓"不能变，第二字为行辈，亦不能随便乱取，必须遵照家谱中的规定，依行辈用字，第三字才是单个个体的"标记"。但这一标记一般也不能随便取用，如不能与长辈的名字相同，字不同、语音相同也不可，如父辈、祖辈名字为"义"，子辈、孙辈不能以"益、易、意、亿、艺、屹、忆、谊、毅"等字为名。直至现在，子女仍然禁忌直呼长辈的名字，更不能叫长辈的乳名，与长辈名字相同或者同音的字也有所避讳。尤其忌讳的是，晚辈的名字绝对不能与长辈的名字相同，或者有谐音字、同音字。否则，就被认为是不尊敬长辈，是"欺祖"的行为。

这种辈分用字与彼此之间的称谓也密切相关，如自己为"王衍×"，对方为"王嗣×"，即使对方比自己小，甚至刚出生，对方都是自己的爷爷辈。俗语说得好，"萝卜虽小，长到辈上了"。民间还有一条不成文的规矩：同一家族不同辈分的男女，不能缔结婚姻，即使双方的血缘关系很远也不可以，所以辈分用字还有"别婚姻"的作用。

三、民间取名的理据及其价值取向和心理期望

民间父母给孩子取名字也反映出人们的价值取向和心理期望，而且各地的取名习俗往往有所不同。小小的名字体现出不同时代人们的价值观，体现出各地的民风民俗。

比如现代人们所起的名字中一般不带"龟"字，这是因为人们普遍认为，名字若与龟一沾上边就会带来无穷无尽的晦气，但是在古代，乌龟与"龙、凤、麒麟"曾被誉为"四灵"，属于吉祥动物，常常被用作人名。比如唐玄宗时期有位歌唱家叫李龟年，诗圣杜甫还为他写过一首名为《江南逢李龟年》的诗。

白居易有个侄儿小名"阿龟"，很得白居易疼爱，他在《弄龟罗》中写道："有侄始六岁，字之为阿龟。"从唐代以"龟"命名，到现在避之唯恐不及，反映出民间取名的心理价值取向的转变。这种心理转变，深刻反映出取

名用字与民风民俗之间的关系。

民间取名用字除了有时代价值观的差异之外，各地的取名习俗也往往不尽相同。各地取名的习俗一般有以下几种：

（1）节令法：根据孩子出生时的节令与花卉取名。如春花、夏雨、艳秋、晓冬、兰贞、菊香、月桂、雪梅等，这些名字常见于女性。

（2）地名法：有港生（香港出生）、云生（云南出生）等。如老舍，原名舒庆春，他的大女儿生在济南，就取名“舒济”①。

（3）盼子法：父母若连连产下女婴，盼子心切，则会在为女儿取名时用上“跟弟、玲（领）弟、招弟、盼弟、望弟、引弟”等名字。

（4）抱子法：夫妇膝下无子，从外地或外姓人家抱养一个孩子。此类孩子的名字中，常有一个“来”字，如“来宝、来娇、来根、来发、来子、来凤”等。

（5）动物法：据老年人说，猪狗牛羊等牲畜是下贱动物，因其下贱，故不会引起魔鬼、邪祟的注意，取作人名，孩子容易养大，如“阿羊、阿牛、阿猪、小兔、小狗”等。另外有一类名字与此相关，是以孩子出生年份的生肖取名，如“小龙、家骏（马）、玉兔、牛刚”等。此类名字在农村较常见。

（6）体重法：鲁迅的小说《风波》中描绘：“这村庄的习惯有点特别，女人生下孩子，多喜欢用秤称了轻重，便用斤数当作小名。”如“九斤老太”，这是浙东民间的一种特殊取名习俗。

（7）性变法：夫妇若接连生儿，就将其中某个男孩取女孩名，当作女儿养育；若接连生女，就将某个女儿取个男孩名，当作男孩看待。这在民间常常见到，前者取名如“新妹、秋月”，后者取名如“亚男、家骏、家雄”等。

（8）排行法：按照兄弟出生的先后顺序，即排行来取名。

（9）五行法：根据五行缺行取名。旧时民间取名，要请算命卜卦者推算“八字”“五行”，假如某人命中五行缺少某一行或两行，那就得用缺行之字，或用缺行作偏旁的字取名补救，否则孩子就命运不顺。如鲁迅的小说《故乡》中闰土的取名：因为他是“闰月生的，五行缺土，所以他的父亲叫他闰土”。

中华人民共和国成立初期，人们取名用字多寓“建设国家、振兴中华”之意，所以20世纪50年代出生的人多用“建、国、中、华、富、强、振、兴、昌、盛、耀、光、立”等字来取名。如“建国、建中、建华、建邦、兴

---

① 老舍给子女起名字．甘州在线·新闻中心，2008－03－15．

华、兴中、兴国、兴社、振华、振中、振国、国富、国强、国茂、国荣、国昌、国盛、国旺、国发”等。而“文革”时期则突出“革命的红色”，越红越革命，主张“革旧立新”，提倡“根正苗红”。这时期出生的人取名多用“红、东、卫、新、军、志、正”等字，例如“永红、卫红、志红、向红、卫东、继东、学红、学军、卫新、卫正、文革、永革、革新、更新、革命、利新、立新”等，这些名字都带有强烈的政治色彩，体现了中国“文化大革命”时期的时代特色。

中国人取名字除了有时代价值观的差异之外，还非常注意男女性别的差异。男子多取意为“雄壮、威武”的字，用来表现男子的阳刚之气，如“虎、雷、海、山、峰、武、江、高、涛、刚、强”等；女子多用意为“美丽、贤淑”的字，用来表现女子的阴柔之美，如“花、丽、凤、英、淑、芳、红、菊、莲、娟”等。

另外，民间很多地方除了给孩子取一个大名（也叫学名）之外，往往还要给孩子取一个小名，俗称“乳名、奶名”。而且，所起的小名越卑贱越好，比如“狗儿、狗娃、石头、狗剩、小小、黑子、牛牛”等。人们认为给孩子所起的名字越卑贱、越普通，自己的孩子就越不会引起鬼祟的注意，因而就越不容易被鬼祟邪神带走，从而易于养大成人。同样，为了保佑孩子健康成长，所起的小名也往往有着美好的寓意，比如“成成、程程、笑笑、壮壮、康康、健健、香香、翔翔、祥祥”等，寓意孩子长大成人，生活得健康快乐、吉祥幸福。

古代有地位和名望的人除了有名，还有“字”和“号”。如唐代的大诗人李白，字太白，号青莲居士；宋代的大文学家苏轼，字子瞻，号东坡。现在有字和号的人已经不多了，一般有一个名字就够了。不过有些作家和艺术家还有笔名和艺名。如鲁迅先生，本名周树人，“鲁迅”是他写文章时的笔名。

综上，中国人的命名是国人文化素养、心理状态的综合反映，中国人的名字往往都具有某种含义，从中可以看到社会的、历史的、伦理的、宗教的种种现象和痕迹。其中，以美德贤淑、以美好事物、以对未来的美好向往、以对孩子健康成长的美好祝福来命名，是中国人给孩子起名字的主流思想。

四、汉语中与姓氏习俗相关的文化词汇

从语言的角度来看，姓氏和名字是识别个体的重要标志，是个体在社会群体中的符号，是人们交往的必要工具，因此，很多俗语、歇后语等文化词

语和大量的文学作品都反映了民间的姓氏习俗。比如俗语：

【指名道姓】指出其人的姓名。多指对人公开批评或攻击。张天民的《创业》十八写道："华程（人名）继续指名道姓地批评，毫不容情。"《花城》1981年第1期写道："大字报铺天盖地，指名道姓。"

【顶名冒姓】谓冒充他人。《儒林外史》第四五回写："恐系外乡光棍，顶名冒姓。"亦省作"顶冒"。清代黄六鸿的《福惠全书·编审·立局亲审》写："如系棍状，恐是顶冒应点，查出，定同户长重责。"

【隐姓埋名】隐瞒自己的真实姓名以求不使人知。元代张寿卿的《红梨花》第四折写："他不是别人，则他便是谢金莲。着他隐姓埋名，假说做王同知的女儿。"《西游记》第七三回写："我隐姓埋名，更无一人得知，你却怎么知道？"

【行不更名，坐不改姓】表示自己不怕公开自己的姓名，对别人毫无隐瞒。如《水浒传》第十七回写："洒家行不更名，坐不改姓，青面兽杨志的便是！"《儿女英雄传》第五回写："老爷是行不更名，坐不改姓，有名的赤面虎黑风大王的便是！"

又如歇后语：何家的姑娘嫁给郑家——郑何氏（正合适），这是用谐音的方式构拟的歇后语，用"郑何氏"谐音"正合适"。但要理解这条歇后语，必须要了解中国古代女子结婚后"妻冠夫氏"的习俗，即我们前文所介绍的，丈夫的姓氏要加在妻子的姓氏前面。

此外，汉语中还有不少反映姓氏习俗的俗语。比如"同姓人五百年前是一家"，在社会交往中，同姓人相遇常常亲热地说："我们是一家子。"又如民间俗谚"张王李赵遍地流（刘）"，意思是说，"张、王、李、赵、刘"这五个姓是中国最多的姓氏，其中姓"张"的最多。不过，最新的统计结果显示，现在中国人姓"李"的最多，其次是"王"姓，新的排列顺序是"李、王、张、刘、陈"。

姓氏习俗深深影响了中国人的思维和行为、交际习惯，因此，在反映社会生活的文学作品中也深刻反映出姓氏习俗对人们心理的影响和渗透，要正确理解文学作品的内容也必须了解中国民间的姓氏习俗。如：

> 敌机过后，村子变成了一片废墟，人都炸死了，只剩下狗儿和狗儿的妈。

外国留学生看到这句话，很容易理解为村子里只剩下"一只小狗和小狗的妈妈"，其实，在这里"狗儿"是一个孩子的小名。如前所述，民间往往给孩子起一个卑贱的小名，俗以为人们认为给孩子所起的名字越卑贱、越普通，就越容易养大成人。

《百家姓》是宋代人写的关于姓氏的书，里面共有 494 个姓。作为儿童的启蒙读物，《百家姓》在民间广泛流传，甚至在印度尼西亚、泰国等海外国家也广为传播。

印度尼西亚廖省的印华百家姓协会

《百家姓》首列四姓“赵钱孙李”，既泛指《百家姓》一类启蒙读物，如明代无名氏《广成子》第三折：“幼年习文，中年讲武。论文呵，颠倒念赵钱孙李；论武呵，一箭射破冬瓜。”又泛指任何人，一切人。如凌力的《星星草》第十三章写：“咱不糟害穷苦人。可谁要有钱，那就不管他赵钱孙李，一概不客气。”

《百家姓》次列之四姓“周吴郑王”在北方口语中也不仅仅指四个姓氏，还演变为一条俗语，意为“假装正经”。比如：“别看他周吴郑王地坐在那里，一上午一道题都没做完。”再如：“你今天穿得周吴郑王的，干么去啊?”根据语境不同，使用“周吴郑王”一语时多含有“戏谑、调侃、讥讽”的味道。因此，“周吴郑王”实际要表达的意思是“假正经”或“穿着过于规矩”。

甚至一些藏头缩脚语也用百家姓来构成，体现出一种诙谐幽默的语言风格。如《醒世姻缘传》第八十八回：“这吕祥先在京师，凡是替狄希陈买办东西，狠命克落，喜得狄希陈不大会得算账，两三年里边，他也‘钟徐丘’了好几两银。”“钟徐丘”一词颇为费解，黄肃秋先生校注：“歇后语。《百家姓》中有‘钟徐丘骆’，这里节去骆字。骆，‘落’字的借音，即经手银钱，暗中侵吞。”

思考与练习

1. 中国人的名字有什么特点？请举例说明。

2. 中国人起名字的习俗和你的国家有什么不同？请举例说明。

3. 中国人的姓氏和名字是一种非常复杂的文化现象，有着丰富深刻的文化内涵。请举例加以论述。

第十二章

中国民间艺术

世界上每一个国家和民族都有自己的传统文化和民族风情，任何一个国家和民族的发展壮大都必须深深地根植于本土的文化土壤之中。中国有着5 000多年的悠久文明史，在历史长河中，中国各个民族为了丰富自己的精神生活，在从事繁重的生产劳动之余，都积累了丰富的民间艺术，创设了各种娱乐竞技活动，有的和节日喜庆活动融为一体，如舞狮子、玩龙灯、赛龙舟；有的在茶余饭后陶情怡性，如象棋、围棋；有的成为一种谋生的手段，如说唱、杂耍艺术等；有的可以美化家居、装点生活，如剪纸、刺绣、雕刻等。

因此，从概念上来看，民间艺术是指由劳动人民直接创造的，反映底层民众对生活的认识感受、表达民众的审美观点并在他们之中广泛流传、世代沿袭的艺术。从狭义的角度来看，民间艺术是指民间文学、民间说唱、民间美术；广义的民间艺术是指民间文学、民间说唱、民间美术、民间竞技游戏、民间节日、民间民俗习惯、民间饮食文化。其中民间节日习俗、民间民俗习惯、民间饮食文化习俗前文已经介绍过，下面笔者主要介绍一下民间文学、民间说唱、民间竞技游戏习俗、民间美术。

第一节　中国民间文学

民间文学是广大劳动人民的语言艺术，是底层民众的口头创作。这种文学，包括神话传说、民间故事、民间歌谣、长篇叙事诗、谚语、谜语等民间作品。

一、神话传说

神话传说是人类最早的幻想性口头散文作品，主要指产生于原始社会时期有关神明的故事，是人类童年时期的产物，是文学的先河。它以主观幻想的形式和艺术创作手法反映远古时期人类对自然界的认识、与自然界的关系和人类的生产生活。神话故事中充满神奇的幻想，给原始劳动者的愿望和世界万物的生长变化都蒙上了一层奇异的色彩。

1. 神话传说——夸父逐日

神话中“神”的形象大多具有超人的力量，是原始人类的认识和愿望的理想化。例如《夸父逐日》的神话传说：

相传远古时代，在一座雄伟的山上住着一个巨人氏族叫夸父族。夸父族的首领叫做夸父，他无比高大，力大无穷，意志坚强，气概非凡。那时候，世界上荒凉落后，毒蛇猛兽横行，人们生活凄苦。夸父为了本部落的人能够活下去，每天都率领众人跟洪水猛兽搏斗。

有一年，天大旱。火一样的太阳烤焦了地上的庄稼，晒干了河里的流水。人们热得难受，实在无法生活。夸父见到这种情景，就立下誓言，发誓要把太阳捉住，让它听从人们的吩咐，更好地为大家服务。

夸父逐日

一天，太阳刚刚从海上升起，夸父就从东海边上迈开大步开始了他的逐日征程。太阳在空中飞快地转，夸父在地上疾风一样地追。夸父不停地追呀追，饿了，摘个野果充饥；渴了，捧口河水解渴；累了，也仅仅打个盹。他心里一直在鼓励自己：“快了，就要追上太阳了，人们的生活就会幸福了。”他追了九天九夜，离太阳越来越近，红彤彤、热辣辣的太阳就在他的头上了。

夸父又跨过了一座座高山，穿过了一条条大河，终于就要追上太阳了。

这时，夸父心里兴奋极了。可就在他伸手要捉太阳的时候，由于过度激动，心力交瘁，突然，夸父感到头昏眼花，竟晕了过去。他醒来时，太阳早已不见了。

夸父依然不气馁，他鼓足全身的力气，又准备出发了。可是离太阳越近，太阳光就越强烈。渐渐地，夸父感到越来越焦躁难耐，他觉得浑身的水分都被蒸干了，当务之急，他需要喝大量的水。于是，夸父站起来走到东南方的黄河边，伏下身子，猛喝黄河里的水。黄河水被他喝干了，他又去喝渭河里的水。谁知道，他喝干了渭河的水，还是不解渴。于是，他打算向北走，去喝一个大湖的水。可是，夸父实在太累太渴了，当他走到中途时，身体就再也支持不住了，慢慢地倒下去，死了。

夸父死后，他的身体变成了一座大山，这就是"夸父山"。夸父死时扔下的手杖，也变成了一片五彩云霞般的桃林。桃林的地势险要，后人把这里叫做"桃林寨"。夸父死了，他并没有捉住太阳。可是天帝被他不怕牺牲、勇敢无畏的英雄精神所感动，于是惩罚了太阳。从此，他的部族年年风调雨顺，万物兴盛。夸父的后代子孙居住在夸父山下，生儿育女，繁衍后代，生活得非常幸福。

从内容来看，神话的种类大致有创世神话、自然神话、射日神话等。创世神话也就是关于宇宙起源、开天辟地、人类起源的神话。这类神话很多，比如布依族的《翁杰造天地》、壮族的《姆六甲》，传说先由混沌物产生神蛋，再由神蛋产生天、地、人三界。满族的《天宫大战》、纳西族的《创世纪》，传说由一个或几个神创造了天地和世界万物。苗族古民歌分《开天辟地》《造天地万物》《打柱撑天》和《铸日造月》等几部分，传说天地是由一群巨人和巨鸟共同创造的。

自然神话是解释自然界现象及原始人类征服自然、改造自然的神话。如《山海经》记载的《精卫填海》："炎帝之少女，名曰女娃。女娃游于东海，溺而不返，故为精卫，常衔西山之木石，以堙于东海。"炎帝的女儿在东海淹死后变为精卫鸟，每天衔木石填海。一只小鸟所能搬运的木石相比浩瀚的海洋可谓太渺小了，但精卫却不畏艰难、努力奋斗，这种不屈不挠的奋斗精神正是人们历代传颂、景仰和赞赏的。

2. 神话传说——后羿射日

蒙古族神话《日食月食》说"九头魔王一次次想吞食日月，但消化不了，只得一次次吐出来"。京族神话《海龙王的赏赐》解释水族动物防身本领的来历。射日神话还有《后羿射日》的故事：

传说很久很久以前，天上有一对神仙夫妻，男的叫后羿，女的叫嫦娥。后羿非常勇敢，善于射箭，是天上的神射手，而嫦娥贤惠美丽。有一年，天上有十个太阳同时来到人间，把土地烤焦了，庄稼都枯死了，老百姓热得喘不过气来，没有办法生活，有很多人都死了。

因为天气酷热，一些怪禽猛兽也都从干涸的江湖和火焰似的森林里跑出来，到处残害老百姓。人间的灾难惊动了天上的神，天帝命令善于射箭的后羿下到人间，帮助人民。

后羿射日

后羿带着天帝赐给他的一张红色的弓、一袋白色的箭和妻子嫦娥一起来到人间。到了人间，后羿立即开始了射日的工作。他从肩上取下那红色的弓，取出白色的箭，一支一支地向骄横的太阳射去。很快，十个太阳被射去了九个，只因为人间的皇帝尧认为留下一个太阳对人民有用，才阻止了后羿继续射击。

这就是有名的《后羿射日》故事。此外，满族的《三音贝子》、蒙古族的《乌思射太阳》同样都是射下多余太阳以战胜灾害，反映远古人类征服自然的远古神话。

从神话情节来看，中国古代神话中的“神”和英雄都是爱人类的，具有为人类献身的精神，比如夸父为造福民众不惜牺牲自我。另外，中国神话还体现出远古人类征服自然的坚强决心，充满了自强不息的宏大气魄，而自强不息正是中华民族的根本精神。

二、民间故事

民间故事是中国民间口头叙事文学，它源于神话，但不是由幻想的形象和故事来塑造人物和构拟故事情节，而是以历史事件、历史人物故事及与地方风物有关的故事为题材。民间故事既不是真实人物的传记，也不是历史事件的记录（当然其中可能包含着真实历史的某些因素），而是人民群众的艺术创作。

比如民间故事《孟姜女哭长城》，这个故事尽管有假想的成分和虚拟的情节，但在本质上有真实性，反映了人们的历史观和爱憎情感。

传说秦始皇时期，江南有一户姓孟的人家，老两口无儿无女，相依为命。孟家的隔壁邻居是姜家，说也凑巧，姜家也是老两口过日子，没有儿女。一年的春天，孟爷爷在墙根下种了一粒葫芦籽。很快，葫芦籽发芽长叶。又过了些日子，葫芦蔓顺着墙头长呀长，爬到隔壁姜家院子里去了。这时，葫芦蔓上开出一朵白白的花儿。葫芦花谢了，结出个毛茸茸的小葫芦。孟爷爷在这边施肥浇水，姜爷爷在那边捉虫搭架。到了秋天小葫芦长成了一个很大很大的大葫芦，沉甸甸地把葫芦蔓儿都坠弯了。孟爷爷对姜爷爷说："葫芦长这么大，多亏了你的辛勤劳动。咱们把它切开，一家一半吧。"当他们把葫芦打开后，奇怪的事发生了：葫芦里睡着个白白胖胖的小闺女！孟家和姜家别提多高兴了。两家一商量，就给这个葫芦里生的闺女取名叫"孟姜女"。

一年一年过去了，孟姜女很快长大成人。她聪明又伶俐，而且很爱劳动，不是纺纱织布，就是洗衣做饭。那时，秦始皇正到处抓人修筑万里长城。一天，一个叫万喜良的年轻小伙子，因为逃避官府抓人，路过孟姜女家。孟爷爷和姜爷爷见这小伙子忠厚朴实，就把孟姜女嫁给了他。然而刚刚结婚三天，万喜良就被官府抓住，押到北方去修万里长城了。

春去秋来，万喜良一去几年没有消息。孟姜女一心想着万喜良，眼看又一个冬天到了，天气冷极了。孟姜女想，丈夫在冰天雪地的地方，那里的风和雪比这里要大得多，丈夫带走的衣服早已穿破了吧，他受得了北方的寒冷吗？

孟姜女哭长城

于是，她就用自己亲手织的布，给丈夫

做了一身厚厚的棉衣。棉衣做好，孟姜女背起包袱，拿着雨伞，就动身上路去给丈夫送棉衣了。孟姜女走了不少的路，历尽千辛万苦，终于来到了长城脚下。只见成群结队的民工，有的背着又大又重的城砖，有的扛着石块，向高山坡上艰难地爬着。他们衣衫破旧，挥汗如雨，她跑过去，但是没有找到自己的丈夫万喜良。她大声呼喊："万喜良！万喜良！"

一个穿着破烂衣服的人走过来说："你找万喜良？你是……？"

孟姜女说："我是他妻子。"

那个人哭了，说："我是他的朋友，他早就死了，累死的……埋在那边修好的长城下面了……还有很多人都埋在那儿了……"

孟姜女听到这一不幸的消息，真如晴天霹雳。她悲痛万分，跑到那边修好的长城下面哭了起来。她哭呀哭呀，也不知哭了多长时间，直哭得天昏地暗，狂风怒吼，日月无光。忽然，只听"轰隆隆"一声响，城墙塌了下来，修好的长城被孟姜女哭倒了800里。在倒塌的城墙下面，孟姜女看见了丈夫，她哭着扑了上去，哭着给他穿上自己亲手做的棉衣，然后，一头撞死在丈夫旁边的山石上。

为了纪念这位千里寻夫的孟姜女，后人在长城脚下修建了孟姜女庙（在今河北省山海关），庙里有孟姜女的塑像。据说庙东南四公里处两块露出海面的礁石便是孟姜女的坟与碑，而庙后巨石上的小坑，为孟姜女望夫所踏足迹，所以石上刻有"望夫石"三个大字。

孟姜女庙内殿门两侧还有一副非常有名的对联："海水朝朝朝朝朝朝朝落，浮云长长长长长长长消。"相传这副对联是南宋状元王十朋所撰。他利用中国汉字一字多音、一字多义的特点，叠音叠义，描绘了海潮涨落、浮云长消的自然景象，显示了自然界变幻多姿的景色。

这副对联可以有十种不同的读法，如读成：海水潮，朝朝潮，朝潮朝落；浮云长（zhǎng），常常长，常长常消。或者读为：海水，朝朝潮，朝潮，朝朝落；浮云，常常长，常长，常常消。抑或读为：海水朝潮，朝朝潮，朝朝落；浮云常长，常常长，常常消。

三、民歌

民歌是各地民间世代广泛流传的歌曲，是最大众化的音乐形式，是大众口头创作的并在流传中不断凝聚丰富的集体智慧的结晶，具有很鲜明的民族特色和地方色彩。中国历史悠久，地域辽阔，人口和民族众多，所以民歌源远流长，流传下来的民歌也浩如烟海。

《诗经》中的《国风》，是我国古代最早的民歌选集，汇集了从西周到春秋约五百多年间流传于北方十五个地区的民歌。这些民歌大部分揭露了统治阶级的剥削实质，表达了被剥削阶级的反抗思想和斗争精神。如《伐檀》，以辛辣的语言讽刺和诅咒了剥削阶级的不劳而获；《硕鼠》更把剥削阶级比作贪得无厌的大老鼠，刻画出劳动人民对奴隶主的切齿痛恨和对于“乐土”“乐园”的向往。另外，《诗经》中还有很多描写爱情的诗歌，比如《采葛》：

彼采葛兮，一日不见，如三月兮。（那个采葛的姑娘啊，一天不见她，好像三月长又长啊。）

彼采萧兮，一日不见，如三秋兮。（那个采萧的姑娘啊，一天不见她，好像三秋长又长啊。）

彼采艾兮，一日不见，如三年兮。（那个采艾的姑娘啊，一天不见她，好像三年长又长啊。）

这首爱情诗写的是一个青年男子对一个少女的怀念，诗歌感情纯真，通过反复歌唱，使得怀念的情怀逐渐加深。《诗经》以朴素优美的语言、恰当的比喻、反复的歌唱，造成诗的意境和形象，这种艺术手法，对后世诗歌的影响很大。

现代中国各地也有风格各异的民歌，如山东的《沂蒙山小调》、四川的《康定情歌》、湖南的《浏阳河》、江西的《十送红军》等。每个民族都有自己的民歌，尤其是反映各族人们生活习俗和爱情生活的民歌，几千年来一直传唱不息。如反映生活内容的民歌：哈尼族的《哭婚调》、苗族的《跋山涉水》、布依族的《苦歌》、彝族的《女儿到了奴隶主家》、纳西族的《大龙王，下大雨》；反映爱情生活的民歌：赫哲族的《盼情郎》、朝鲜族的《阿里郎》、回族的《小妹十七我十八》、壮族的《妹妹恋哥不用钱》、哈萨克族的《不要惊动草里的羊》等，都是很典型的情歌。

四、打油诗

打油诗是旧体诗的一种。内容和词句通俗诙谐、风趣逗人，不拘于平仄韵律，相传为唐代张打油所创。据说张打油是个很普通的读书人，但他的《咏雪》“江上一笼统，井上黑窟窿。黄狗身上白，白狗身上肿”，一鸣惊人，开创了崭新的打油诗体，名垂千古。此诗描写雪景，由全貌而及特写，由颜色而及神态。通篇写雪，不用一“雪”字，却将雪景写得生动、传神。

这种打油诗并不是对传统诗歌的挑战，而是一种补充，虽然有些“俗”，却更贴近生活，更容易为下层百姓理解。实际上，诗歌的“雅”和“俗”也是相互补充的，许多著名的诗人在写正统诗歌之余，也会作一些打油诗以消闲解闷儿。

据说明代著名才子唐伯虎就曾作过一首非常著名的打油诗。相传有一次，一位财主为他母亲做寿，请唐伯虎绘画题诗以示庆贺。唐伯虎画了一幅《蟠桃献寿》图，然后大笔一挥，写道：“这个女人不是人”，财主大怒，刚要质问，唐伯虎已经写出了下句：“九天仙女下凡尘”，众人都非常高兴，这时唐伯虎又写道：“儿孙个个都是贼”，财主再次愤怒。但唐伯虎最后又写道：“偷得蟠桃献至亲。”这首诗语言风趣逗人，众人皆感叹不已。

打油诗到了现代，更成为许多人的拿手好戏和取乐讽刺的工具，而且在内容和题材上都发生了重大变化，开始反映现实生活，表现人民的思想、要求和愿望，具有鲜明的时代特点。

五、对联

对联，俗称“对子”，其历史非常悠久。它言简意深，对仗工整，平仄协调，是一字一音的汉语语言独特的艺术形式。可以说，对联艺术是中华民族的文化瑰宝。在语言上最主要的特点是“对仗”，具体要求是：

（1）字数相等，断句一致。上下联字数必须相同，不多不少。例如，“知足常乐，能忍自安”，上下句均为四字。

（2）平仄相合，音调和谐。传统习惯是“仄起平落”，即上联末句尾字用仄声，下联末句尾字用平声。例如，“生意兴隆通四海，财源茂盛达三江”，上联句末字“海”为仄声，仄声指的是声调为第三声、第四声或入声，下联句末的字为“江”，是平声字。

（3）词性相对，位置相同。一般称为“虚对虚，实对实”，就是名词对名词，动词对动词，形容词对形容词，数量词对数量词，副词对副词，而且相对的词必须在相同的位置上。我们用纪晓岚的对联故事来解释一下这一原则：

相传纪晓岚幼时聪敏过人，过目成诵，有“小神童”之美誉。他的老师石先生非常喜欢他。只因功课对他毫无压力，他便偷闲喂家雀。一天，他喂好家雀后，将之塞进墙洞里，再用砖头把洞堵上。石先生发现了这个秘密，责怪其不务正业，便偷偷将家雀摔死又放入洞中，然后在堵洞口的砖上戏题一上联：“细羽家禽砖后死。”纪晓岚下课又去喂家雀，见砖上对联言明家雀已死，知是石先生所为，便在旁边续对下联：“粗毛野兽石先生。”

石先生看到续联大为恼火，手持教鞭责问纪晓岚：“你为何辱骂先生？”纪晓岚不慌不忙回答道：“我是按先生的上联续对的下联。请看，粗对细，毛对羽，野对家，兽对禽，石对砖，先对后，生对死。请先生指教。”石先生无言对答，只好生气而去。

（4）内容相关，上下衔接。上下联的含义必须相互衔接，但又不能重复。此外，张挂的对联，传统做法还必须直写竖贴，自右而左，由上而下，不能颠倒。

对联的种类很多，主要有“节日联”“喜联”“寿联”“挽联”和“行业联”等几类。节日联现在一般指春节联，因为民间现在一般只在春节时才换上新联。王安石的《元日》诗中“千门万户曈曈日，总把新桃换旧符”所描绘的情景，就是中国民间过春节时贴春联的真实写照。春节联一般表达新年伊始，祝福安康吉祥等内容。例如：“春回大地，福满人间。”“一元复始，万象更新。”

再如：“喜居宝地千年旺，福照家门万事兴。”

据历史记载，后蜀之主孟昶（chǎng）在公元964年除夕题于卧室门上的对联“新年纳余庆，嘉节号长春”是我国最早的一副春联。

“喜联”，即“婚联”，一般表达夫妇永结同心，婚礼热闹喜庆等内容。例如：“金风过清夜，明月闹洞房”；“百年恩爱双心结，千里姻缘一线牵”。寿联，即做寿时贴的对联，例如：“福如东海，寿比南山”；“园林娱老儿孙好，夫妇同耕日月长”。

春节联：喜迎新春

“挽联”，是哀悼死者、治丧祭祀时专用的对联。它一般表达对死者的哀悼之情和对活人的慰勉之意。例如：“一生俭朴留典范，半世勤劳传嘉风”；“正气留千古，丹心照万年”；“五十载教书育人，桃李满天下；一辈子报效国家，富强系心中”。

“行业联”，即不同行业门口张贴的对联，例如：“酸甜苦辣咸浮香百户，油盐酱醋茶情牵万家”（杂货店）；“防暑降温何妨一饮，生津止渴欢迎重来”（冷饮店）；“雪花资润泽，香水溢芬芳”（化妆品店）；“以六书传四海，愿一刻值千金”（某刻字店）。

此外，在对联创作中，还有非常奇妙的“回文联”和“析字联”。先看回文联，用这种形式写成的对联，既可顺读，也可倒读，不仅它的意思不变，而且颇具趣味。如“上海自来水来自海上，中国出人才人出国中”；又如“雾锁山头山锁雾，天连水尾水连天”。

据说，清代北京城里有一家饭馆叫“天然居”，乾隆皇帝还曾就此作过一副有名的回文联：“客上天然居；居然天上客。”上联是说，客人上“天然居”饭馆去吃饭；下联是说，没想到居然像是天上的客人。

乾隆皇帝想出这副回文联后，心里挺得意，即把它当成一个上联，向大臣们征对下联。大臣们面面相觑，无人回应。

大学士纪晓岚文思聪敏，即席就北京城东的一座有名的大庙——大佛寺，想出了一副回文联：“人过大佛寺；寺佛大过人。”上联是说，人们路过大佛寺这座庙；下联是说，庙里的佛像大极了，大得超过了人。这副回文联和乾隆皇帝的那副一起组成一副新回文联：“客上天然居，居然天上客；人过大佛寺，寺佛大过人。”

而“析字联”，则是将对联中的汉字形体分拆或合并，巧妙地制作成上下联语。用拆拼法制作的联语，既要保持对联原有的对仗特点，又受所拆拼字的形体结构的严格约束，因而成为对联中技巧性和艺术性要求甚高的一种形式。它的兴起是随着拆字艺术在古诗中的应用而发展起来的，是析字与对联的巧妙结合。比如：

“鸿是江边鸟，蚕为天下虫。”“一明分日月，五岳各丘山。”
“冻雨洒窗，东二点西三点。分瓜切片，竖八刀横七刀。”

又如，“此木为柴山山出，因火成烟夕夕多。”

“日在东，月在西，天上生成明字；女居左，子居右，世间配成好人。”
“心口十思，思子思妻思父母；寸身言谢，谢天谢地谢君王。”

六、绕口令

绕口令是我国一种传统的语言游戏，是一种读起来绕口但又非常有趣的语言艺术，又称“急口令”“拗口令”。它是将若干双声、叠韵的词汇或发音相同、相近的语词有意集中在一起，要求快速念出，所以读起来使人感到节奏感强，妙趣横生。

值得一提的是，绕口令是语言训练的好素材，认真练习绕口令可以使头脑反应灵活、用气自如、吐字清晰、口齿伶俐，可以避免口吃，更可以作为休闲逗趣的语言游戏，所以在对外汉语教材中往往有很多绕口令。比如：

山前有个严圆眼，山后有个颜眼圆，两人山前来比眼；不知严圆眼比颜眼圆的眼圆，还是颜眼圆比严圆眼的眼圆。

地上一个棚，棚上一个盆，风吹棚，棚晃盆，盆碰棚。棚倒了，盆打了。不知是棚赔盆还是盆赔棚。

前段绕口令训练学生齐齿呼韵母“ian”和撮口呼韵母“üan”的发音，使学生掌握两者的区别；后段绕口令可以训练学生的前鼻韵母和后鼻韵母的发音。

又如下面这段绕口令，可以训练学生的舌尖前音和舌尖后音的发音：

四是四，十是十；十四是十四，四十是四十。谁能说准四十、十四、四十四，就请他来试一试。谁说十四是四四，就罚他说上十四次。谁说四十是细席，就罚他说上四十次。

著名语言学家赵元任先生也曾经写过一篇趣文《施氏食狮史》，可用来专门训练舌尖后音（翘舌音的发音）：

石室诗士施氏，嗜狮，誓食十狮。氏时时适（按：此处“适”义为“到”）市视狮。十时，适（按：此处“适”义为“适逢，恰巧”）十狮适市，是时，适施氏适市。氏视是十狮，恃矢势，使是十狮逝世。氏拾是十狮尸，适石室。石室湿，氏使侍拭石室。石室拭，氏始试食是十狮尸。食时，始识是十狮尸，实十石狮尸。试释是事。[1]

在相声表演中也经常运用绕口令这种形式，比如有这么一段著名的绕口令，听起来妙趣横生，生动形象：

打南边来个喇嘛，手里提拉着五斤鳎目。打北边来个哑巴，腰里别着个喇叭。南边提拉鳎目的喇嘛要拿鳎目换北边别喇叭的哑巴的喇叭，哑巴不愿意拿喇叭换喇嘛的鳎目，喇嘛非要换别喇叭的哑巴的喇叭。喇嘛抡起鳎目抽了别喇叭哑巴一鳎目，哑巴摘下喇叭打了提拉鳎目喇嘛一喇叭。也不知提拉鳎目的喇嘛抽了别喇叭哑巴一鳎目，也不知别喇叭哑巴打了提拉鳎目的喇嘛一喇叭。喇嘛回家炖鳎目，哑巴嘀嘀嗒嗒吹喇叭。

这段绕口令中，“打”是介词，义为“从”；“喇嘛”音 lǎ ma，藏传佛教术语，义为“高僧、长老”；“鳎目”音 tǎ mù，义为“生活在海中的一种鱼”。“喇嘛”“鳎目”“哑巴”“喇叭”交替出现，诙谐幽默，让人忍俊不禁。

七、谚语

谚语是在群众中间广泛流传的通俗易懂、含义深刻且能够独立成句的固定词句。它用简单通俗的话反映出深刻的道理，往往深入浅出，具有很高的语言技巧。在中国文化长廊里，谚语被誉为“语言之花”“智慧海洋的明珠”。

谚语除了具有文字精练、形象生动、和谐押韵、朗朗上口的特点外，还具有较强的知识性和实用性等特点。例如，“饭后百步走，活到九十九”，指饭后散步有益于身体健康。“庄稼一枝花，全靠肥当家”“种地不上粪，等于瞎胡混”，总结出农民在生产实践中的劳动经验。“金窝银窝，不如家乡狗窝”“树高不离土，叶落仍归根”，道出了人们对家乡的深情。“真人不露相，露相不真人”，是说真正的高人是不会轻易表现的。“一日之计在于晨，一年之计在于春”，告诫人们要抓住大好时光，努力做一番事业。

鲜活的语言，精细的描绘，深刻的哲理——这就是谚语，一种难得的语言智慧结晶。

---

① 赵元任．赵元任全集（第Ⅰ卷）．北京：商务印书馆，2002.

八、谜语

“谜语”这一名称，最早见于《文心雕龙·谐隐》中，由春秋战国时期的“隐语”发展而来。一般由谜面、谜目和谜底三部分组成。

“谜面”是谜语的喻体，又叫“表”，是巧妙地暗示着谜底的单字、多字、成语、古今诗词文句或者出谜者自拟的短句子等。“谜目”是指谜面要求猜的谜底的大致范围，一般用“打一某物”或“打一某某类的事物”表述。“谜底”即谜面所要求猜的事物，比如下面这条谜语：

谜面：如“麻屋子，红帐子，里头住着个白胖子”。谜目：打一食物。谜底是“花生”。

谜语的种类很多，分法也不太一样。但一般分为“字谜、字谜故事、词语谜、动物谜、植物谜、地名谜、物品谜”七类。下面我们逐一进行说明。

1. 字谜

（1）三人一日。（打一字）　　（2）一口吃掉牛尾巴。（打一字）

（3）李字去了木。（打一字）　　（4）一边是水，一边是山。（打一字）

（5）七十二小时。（打一字）　　（6）太阳挂在树顶上。（打一字）

（7）出一半有何不可。（打一字）（8）劳逸结合。（打一字）

（9）生日聚会。（打一字）　　（10）他也去，怎放心。（猜一字）

（11）土上有竹林，土下一寸金。（打一字）

（12）古来一人。（打一字）

（13）何需杀人灭口。（猜一字）　　（14）安危放脑后。（打一字）

（15）两个人顶三个人。（打一字）（16）俺家大人不在。（打一字）

2. 字谜故事

一些文人墨客往往喜欢玩这种字谜游戏，因此，历史上有很多关于文人猜谜斗智的故事。比如下面两篇字谜故事，颇为生动形象，诙谐幽默，读来妙趣横生。

（1）宋代文人字谜故事：苏东坡做媒。

相传有一年秋天，苏东坡相邀风华正茂的秦少游，到秋香亭饮酒赏菊。席间东坡问少游：“贤弟才貌双全，因何迟迟未得佳偶？”

少游一声喟叹，答道：“无论小家碧玉，还是大家闺秀，友人提了好多。但少游早已情有独钟，所以……”

东坡一怔，忙问：“那是何家小妹？”

少游难以启齿，便挥毫泼墨，写出一首诗来——“园中花，化为灰，夕阳一点已西坠。单相思，心已碎，空听马蹄归，秋日残红萤火飞。”

东坡仔细观诗，顿时心领神会，恍然大悟，开口笑道：“原来如此，我愿牵线。”

于是，东坡亲自作媒，使自己的胞妹与少游结为伉俪。

（2）明代文人字谜故事：祝枝山和唐伯虎猜谜。

相传，有一天，祝枝山去访唐伯虎，刚一进门，唐伯虎就迎上前来说：“祝兄来得正巧，我刚做了一则灯谜，你若猜对了，才能接待你。”祝枝山笑着说：“猜谜是我的拿手戏，你有什么好谜，倒要领教。”

唐伯虎说：“那你就听着：言说青山青又青，二人土上说原因，三人牵牛缺只角，草木之中有一人。每一句猜一字，四字是两句话。”

祝枝山听完，推开唐伯虎就走进堂中，在太师椅上一坐，然后说：“唐老弟，先送杯茶来如何？”

唐伯虎一听，知道他已猜中了，就恭恭敬敬地捧上一杯香茶，笑说：“祝兄猜谜高手，果然名不虚传！”

请问，你能猜出谜底是什么吗？

3. 词语谜

（1）二四六八十。（打一成语）

（2）五句话。（打一成语）

（3）九千九百九十九。（打一成语）

（4）桃花潭水深千尺。（打一成语）

（5）枕头。（打一成语）

（6）宝玉求婚。（打一美国历史人物）

（7）八十万禁军谁掌管？（打一成语）

（8）望穿。（打一昆曲剧目）

4. 动物谜

（1）有位小姑娘，身穿黄衣衫，你若欺负她，她就戳一枪。（打一动物）

（2）小小诸葛亮，独坐军中帐，摆成八卦阵，专抓飞来将。（打一昆虫）

（3）脸上长钩子，头角挂扇子，四根粗柱子，一条小辫子。（打一动物）

（4）有头无颈，有眼无眉，无脚能走，有翅难飞。（打一动物）

（5）腿细长，脚瘦小，戴红帽，穿白袍。（打一动物）

5. 植物谜

（1）千姊妹，万姊妹，同床睡，各盖被。（打一水果）
（2）泥里一条龙，头顶一个蓬，身体一节节，满肚小窟窿。（打一蔬菜）
（3）长生不老。（打一植物）
（4）有根不落地，有叶不开花，街上有得卖，园里不种它。（打一植物）
（5）红口袋，绿口袋，有人怕，有人爱。（打一植物）

6. 地名谜

（1）增加十两。（打一中国城市）
（2）大家都笑你。（打一中国城市）
（3）推土机。（打一外国城市）
（4）觉醒的大地。（打一中国城市）
（5）谜底在山东。（打一国家名）

7. 物品谜

（1）有面没有口，有脚没有手，虽有四只脚，自己不会走。（打一用品）
（2）白嫩小宝宝，洗澡吹泡泡，洗洗身体小，再洗不见了。（打一用品）
（3）绿衣汉，街上站，光吃纸，不吃饭。（打一物）
（4）稀奇稀奇真稀奇，拿人鼻子当马骑。（打一物）
（5）千根线，万根线，落到水里就不见。（打一自然物）
（以上这些谜语，谜底请在本书中寻找）

九、歇后语

歇后语是我国人民在生活实践中创造出来的一种特殊的语言形式。它一般由两个部分构成，前半截是形象的比喻，像谜面；后半截是解释、说明，像谜底，十分自然贴切。在一定的语言环境中，通常说出前半截，“歇”去后半截，就可以领会和猜想出它的本义，所以称它为歇后语。

歇后语是民间流传最广的传统语言文化之一，它集诙谐幽默和生活哲理于一体，集中反映了我国劳动人民的聪明才智，所以也有人称之为“俏皮话”。其最大的特点是采用谐音和会意两种手段，如“孔夫子搬家——尽是输（书）”，“书”谐音“输”。运用会意的手段有：“泥菩萨过江——自身难保”；“丈二和尚——摸不着头脑”；“黄鼠狼给鸡拜年——没安好心”。可以说歇后语这种语言形式在幽默风趣中揭示出了生活的真谛。

歇后语的魅力就在一个“歇”字，“歇”即“暂时停顿”的意思，这一停顿虽然短暂，但韵味无穷。比如有朋友刚托你办事，接着就问你事情的结果，你说“你真是上午栽树，下午取材”。朋友不懂则问：“什么意思啊?”你接着说：“心太急了。”这如同相声中的“抖包袱”一样，让人在恍然大悟中会意一笑，所以歇后语可以用来增强语言幽默生动的表达效果。

十、笑话

笑话是民间口头文学中最有趣的一种。俗话说“笑一笑，十年少”，没有人会拒绝笑话带来的轻松和幽默。笑话可以点缀生活，调节心情。作为一种口头文体，笑话篇幅短小，故事情节简单而巧妙，往往出人意料，取得搞笑的艺术效果。笑话大多揭示生活中乖谬的现象，具有讽刺性和娱乐性。

三国时代魏国的邯郸淳所编的《笑林》是今天可见到的最早的笑话著作。后世的一些笑话书，都受《笑林》一书的影响，所以邯郸淳也被后世尊称为“笑林”祖师。

明代的冯梦龙著《古今笑史》一书，多从历史典籍中取材，开创了笔记体笑话文学的新领域，后人也因此称他为“笑宗”。清代比较有名的是游戏主人的《笑林广记》，流传较广，影响也比较大。

可以说古人和我们现代人一样，同样有着生活的幽默。我们来看一下《笑林广记》中的两则笑话：

屠户叮嘱儿子道：“等会儿人家来买肉，你千万不要说这是母猪肉!”顾客来了，儿子就说：“我们卖的不是母猪肉。”顾客听了疑心，就不买了。父亲闻讯后着实揍了儿子一顿。一会，又来了个买主，说：“皮这么厚，是母猪肉吗?”儿子便对父亲道：“怎样?难道是我告诉他的?”

有个人设宴请客，少发了一双筷子。上菜后，客人们纷纷举筷夹菜吃，独有那无筷的客人只能袖手旁观。

后来，他慢慢转向主人道：“请给我一碗清水。”主人惊异地问：“你要它干啥?”答曰：“洗干净了手指头好拿菜吃。”

及至现代，笑话越来越成为人们生活中的一部分，成为人们点缀生活、调节心情的最佳“佐料”。下面是几则让人捧腹的笑话。

某球队队员添了一个小孩，所有队友都被邀请参加洗礼，来到教堂。突然孩子从母亲手中滑落，守门员果断地扑出，在离地几厘米的地方接住了孩子。大伙儿纷纷鼓掌欢呼。过了一会儿，只见守门员习惯性地拍了两下，接着熟练地大脚开出。

李三喝得醉眼朦胧，深更半夜才回到家门口。他掏出钥匙，却怎么也对不准门锁。这时走过来一个巡逻的警察对他说："先生，需要帮忙吗？"李三非常高兴，赶忙说："你帮我把这房子抓牢，别让它乱晃。"

一家房地产商为推销房屋，打出"买房子，送家具"的广告。某人买了一套新房，装修后去领家具。房产商问："你的家具在哪里？我们帮你送！"

某食品店收到顾客退回的一包糖，并附有一张纸条，上面写道："作为食用，含沙太多，盖房子吧，沙子不够。"

顾客："你们卖的酒怎么没有酒味啊？"服务员接过一闻："啊，真对不起，忘记给您掺酒了。"

第二节 中国民间说唱艺术

民间说唱是指广大劳动者为了自我消遣解闷而进行的一种文化娱乐活动，是以说说唱唱的形式来表演故事或塑造人物形象的口头文学作品，也有人称之为"民间曲艺"，它具有口头性，口头创作、口头流传是其最突出的特点。

曲艺表演的目的在过去是为他人带来欢乐，以换回糊口的饭钱，但是自从曲艺登上文艺舞台被称为艺术后，曲艺艺人被尊称为"演员、艺术家"，这一转变是从20世纪50年代才开始的。

民间说唱艺术按艺术风格一般分为"评书、快板、相声、鼓曲"四大类。前三类以"说"为主，最后一类以"唱"为主。

一、评书

评书是北方的称呼，江南称为"评话"。评书的前身是"说话"，唐宋时期很流行，那时艺人说书的底本称为"话本"，这些话本多被后世的小说家加工成小说，像中国古典名著《西游记》《水浒传》《三国演义》等就是在原话本的基础上加工创作而成的。

评书是以“说”为主、采用散文叙述形式的作品，如北方的“评书”，南方的“评话”“评词”。它们都是在继承古代说话艺术的基础上形成的，经过明末清初柳敬亭等一批名家的发展，至清初形成了两大系统，即南方的“评话”和北方的“评书”。南方“评话”以扬州评话、苏州评话为代表，此系统的评话受柳敬亭的影响较深。北方的“评书”以北京评书为主体，相传为乾隆年间的王鸿兴所创。

评书传统的表演程序一般是：先念一段“定场诗”，或说段小故事，然后进入正式表演，一般每天讲一回书。在故事的说演上，为了吸引听众，把制造悬念以及使用“关子”和“扣子”作为根本的结构手法，从而使其表演滔滔不绝、头头是道而又环环相扣，引人入胜。现代汉语中“卖关子”“卖个关子”“欲知后事如何，且听下回分解”等语句即由此而来，指说话人说到关键的时候故意打住不说，造成悬念，以引起听话人的兴趣。

那么什么是“关子”呢？所谓“关子”，也称“扣子”，指在故事情节发展到关键处时中止叙述，故意打住，将情节暂时悬挂起来，即俗称的“悬念”。说书人将引人入胜、扣人心弦的内容事先作个提示或暗示，却不马上说出，在听众心中留下疑团，产生急于知道结果的期待心理。

从情节的发展来看，“扣子”实际上是性格冲突、矛盾纠葛的焦点，常与人物的命运紧密相连。俗谓“听戏听轴，听书听扣”，说书人正是运用“扣子”使情节发展起伏跌宕，扣人心弦，再加上表演者利用丰富的语言和高超的表演艺术，将故事情节表演得惟妙惟肖，从而抓住观众，增强了说书艺术的魅力。

评书的节目以长篇大书为主，所说演的内容多为历史朝代更迭、英雄征战和侠义故事。到了20世纪中叶，也有篇幅较小的中篇书和适于晚会组台演出的短篇书，但长篇大书仍为其主流。评书的代表作品有《薛刚反唐》《封神演义》《水浒传》《三国演义》《杨家将》《十二寡妇出征》等。

二、快板

“快板”这一名称出现较晚，早年叫“数来宝”，也叫“顺口溜”，是从宋代贫民演唱的“莲花落”演变发展而成的。与“莲花落”一样，它起初是乞丐沿街乞讨时所演唱的。旧时的艺人总想找个历史名人，奉为开山鼻祖，以便增光添彩，“数来宝”的艺人当然也不例外，他们将早年曾当过乞丐的明太祖朱元璋奉为祖师爷。

竹快板

快板表演

过去艺人们沿街卖艺时，经常触景生情，口头即兴编词。他们看见什么就说什么，擅长随编随唱，并穿梭于下层百姓之中，表达自己的见解，抒发感情。表演者在一副竹板的伴奏下演唱，多为一人演唱，也有两人对唱的“对口快板”和多人演唱的“快板群”。快板的唱词主要采用韵文形式，基本上每句七字，也间杂一些长句和短句，语言朴素易懂，通俗而富有感染力。

例如，山东快书《武松打虎》基本上是七字句，间杂一些长句，整句和散句结合，句式灵活多变，非常接近生活中的语言。请看《武松打虎》（节选）：

闲言碎语不要讲，表一表好汉武二郎。那武松学拳到过少林寺，功夫练到八年上。回家时大闹了东岳庙，李家的恶霸五虎被他伤。打死了李家的恶霸五只虎，这位英雄懒打官司奔了外乡。

在外流浪一年整，他一心想回家去探望。辞别了结识的众好汉，把那包袱背在了肩膀上。手里拿着一条哨棒，顺着个大道走慌张。

无非是走了今日盼明日，这一天来到了阳谷县的地界上，正走之间抬头望，眼前倒有一村庄。庄头上有一个小酒馆，风刮酒幌乱晃荡。

门上倒有一副对联，能人提笔写得强——上联写：“李白问酒何处好？”下联配：“刘伶回答此地香！”“闻香下马”四个字，贴在了上边的门横上。那边看立着个大牌子，上写着：“三碗不过冈！”

“啊！”武松想：“什么叫‘三碗不过冈’？‘噢！’一定是自夸自好自称强。俺武松生来爱喝酒，我得到里边把好酒尝。”

好汉武松往里走，照着里边一打量：有张桌里边放，两把椅子列两旁。照着里边留神看，一拉溜的净酒缸。

这武松把那包袱就往桌上放，又把哨棒立靠墙：（白）“酒家，拿酒来。

酒家，拿酒来。酒家，拿酒来。”连喊三声没人来搭腔。这个时候的买卖少哇，掌柜的就在后边忙。有一个小伙计还不在，肚子疼拉稀上了茅房。

这武松连喊三声没人来搭话，把桌子一拍开了腔：（白）“酒家！拿酒来！”大喊一声不要紧，好家伙！直震得房子乱晃荡！哗哗啦啦直掉土，只震得那酒缸，嗡隆！嗡隆！嗡隆！嗡啦嗡啦地震耳旁。

酒家出来留神看：（旁白）什么动静？啊！这个大个咋长这么长！“好汉爷，吃什么酒？要什么菜？吩咐下来我办快当！”

武松说：“有什么酒？有什么菜？——从头说端详。”“要喝酒，有壮元红、葡萄露，还有一种是烧黄，还有一种出门倒，还有一种透瓶香；要吃菜，有牛肉，咱的牛肉味道强；要吃干的有大饼，要喝稀的有面汤……”

……

武松解开包袱，付了酒账，把包袱系好，往肩架上一背，哨棒一拿：“酒家！再会！”武松迈步刚要走，酒家后边拉衣裳：（白）“好汉爷！“哪里去?”

武松说：“我今天要过景阳冈！”“啊！好汉爷，景阳冈上走不得啦！”武松闻听急得慌：“为什么景阳冈上不能走?”

“好汉爷爷听其详：景阳冈上出猛虎，猛虎它是兽中王，行人路过它吃掉，剩下的骨头扔道旁。自从出了这只虎，只吃得三个五个不能走；只吃得十个八个带刀枪；只吃得寨外就往寨里跑；只吃得小庄无奈奔大庄；只吃得大人孩子都叫苦；只吃得那一些庄主村长泪汪汪。

阳谷县，县令派人去打虎，许多人都被老虎伤！现在四乡贴告示，巳、午、未三个时辰许过冈。十个人算一对，个个要带刀和枪；单人要把冈来过，到那里准被老虎伤。现在未时已经过啦！依我说，你就住到俺店房！”

“噢！”武松说：“你看我的个子大；你看我的饭量强；叫我住到你店里，好赚我的好银两；赚了银子你发富，又置地来又盖房……”

（白）“唉！你这是说的什么话？俺好言好语将你劝，你不该冷言恶语把俺伤！你要走，你就走！俺管你喂虎是喂狼！”

武松说：“酒家！我有本领！有哨棒！遇见猛虎我跟它干一场！我要是能把虎除掉，也好给这一方的百姓除害殃！”

三、相声

相声是一种对话形式，是一种以说、学、逗、唱为主要艺术手段，具有喜剧风格的艺术形式，其源头可以追溯到先秦的滑稽表演。一般为两人对话，称为“对口相声”，也有一人说的“单口相声”以及几个人合说的“群口相声”。相声最突出的特点是能不断地引人发笑，听者笑的次数越多，笑得越厉害越好，没有笑也就没有相声。因此，可以说相声是一种具有喜剧风格的表演艺术。听众的笑声是由相声的幽默、讽刺和强烈的喜剧性引起的。相声的幽默和笑料能够帮助人们打开紧锁的眉头，抚平额上的皱纹，忘却生活中的烦恼。

群口相声表演

相声的内容既有对社会上反动腐朽事物的揭露，又有对真善美的人和事的赞扬，让人们在笑声中受到教育。优秀的相声不仅能引起人们的开怀大笑，而且能让人们在笑过之后感到余味无穷、受益匪浅。

相声的正式形成大致在清末同治年间。艺人朱少文，艺名“穷不怕”，继承了民间笑话等滑稽艺术，在北京街头说笑话谋生，起初单独说，后来收了徒弟，改为两人对话，成为有捧有逗的对口相声。随之又增加了表演人数，创造了群话。从此相声流传开来，表演艺术水平日益提高，演出段子不断丰富。

现在相声所拥有的专业演员、业余爱好者及听众观众在几百个曲艺节目中首屈一指，相声成为当代人们文化娱乐生活中不可缺少的一部分。

四、鼓曲

鼓曲是民间的曲艺种类，以“唱”为主要的表现手段。清代鼓曲艺术盛极一时，涌现了大批技艺卓绝的鼓书艺人。鼓曲种类繁多，数以百计，如山东大鼓、京韵大鼓、弹词和东北大鼓、温州大鼓、湖北大鼓等；还有的“又说又唱又舞”，如东北的“二人转”、安徽的“凤阳花鼓”等。它的语言必须适合说或唱，一定要生动活泼，洗练精美且易于上口。

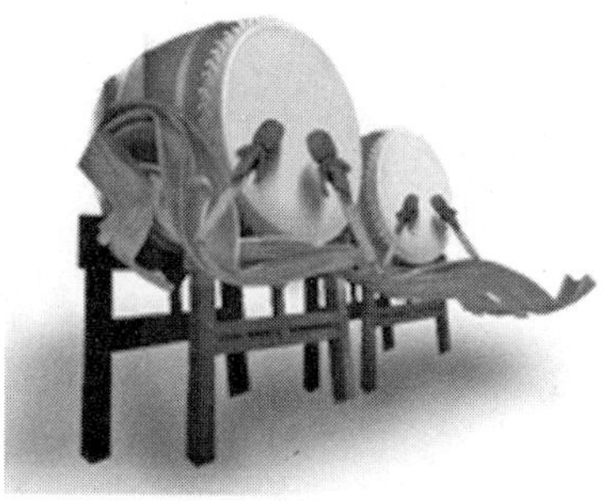

中国民族乐器——大鼓

在表演时，鼓曲不像戏剧那样由演员装扮成固定的角色进行表演，而是由不装扮成角色的演员，以“一人多角”（一个演员模仿多种人物）的方式，通过说、唱，把形形色色的人物和各种各样的故事表演出来，告诉给听众。

因而鼓曲表演比之戏剧，具有简便易行的特点。

大鼓产生于农村，是在民歌、民间故事的基础上形成的。像著名的山东大鼓，就起源于山东农村的田间地头。那时的人们在劳作之余，边敲瓦片石块等物边唱曲儿，以解除劳作的疲乏。后来它被盲人艺人用作谋生的手段，在乡镇集市或是乡村街头演唱卖艺。一般为一人站着唱，一手击鼓，一手打板，唱腔高亢雄浑。所唱的多是英雄故事或是地方上的名人逸事以及神话传说、民间故事等，很受底层民众的欢迎。

弹词是南方的民间曲艺，主要流行于苏州、扬州及其周围的吴语地区。最著名的是苏州弹词、扬州弹词。表演者一般为一到两人，用琵琶、三弦伴奏。演员自弹自唱，以唱为主。因为吴语经常被称为“吴侬软语”，语调柔和，弹词的曲调也同样温婉柔和、语言优美，富有音乐的感染力。

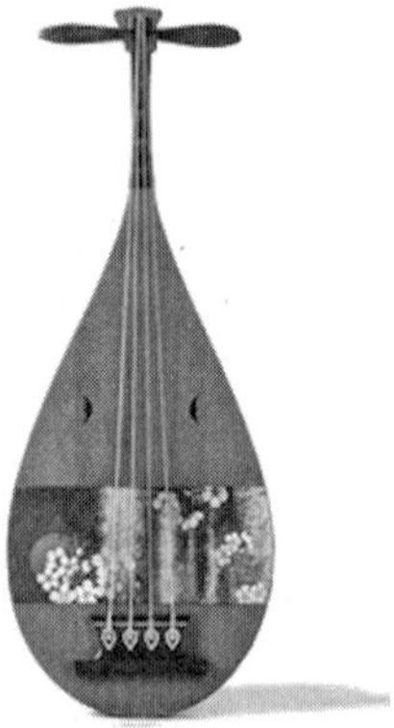

国民族乐器——琵琶

中国民族乐器——三弦

五、民间乐舞

音乐和舞蹈都起源于人们的生产劳动和社会实践，人们歌唱时自然地会手脚舞动，舞蹈时又会敲击某些东西来伴奏，因此音乐和舞蹈密不可分。音乐可以说是舞蹈的灵魂。民间乐舞演出队伍庞大，而且表演者大多是农民，他们农忙时做农活，农闲时为村民义务演出。

民间乐舞有许多种，如回族、朝鲜族的“农乐舞”，维吾尔族的“摘葡萄舞”，蒙古族的“挤牛奶舞”，黎族的“打柴舞”，壮族的“采茶舞”，锡伯族的“拾麦穗舞”，京族的“摇船舞”等。各族人们用歌舞来重温劳动中的欢快场面，表达五谷丰收、狩猎有获、战争胜利或欢度佳节的喜悦之情。

尽管生活环境、生产劳作和审美观念不同，各个民族的舞蹈风格也不尽相同，但总的来看，民间乐舞有三个鲜明的特点：群体性、民族性和传承性。

（1）群体性：民间乐舞产生于民间，是在生产劳动和社会生活中，各族群众出于表达喜怒哀乐的需要，即兴边歌边舞，有同感者相随之，而后进一步加工，统一音乐节拍，逐渐定型、流传下来的。民间乐舞大多是群体边唱边舞，很少有旁观者。例如土家族的“摆手舞”、藏族的“锅庄舞”、苗族的“跳芦笙”、蒙古族的“安代舞”，都经常出现数百人甚至上千人共舞的壮观场面。

（2）民族性：每个民族都有自己的民族服饰与民族音乐，音乐与舞蹈相伴相随，为舞蹈伴唱和伴奏的音乐都充满了本民族浓郁的乡土风情。例如，蒙古族在舞蹈时以抖肩、揉臂和各种马步为特色，在表现人的同时也展现出马的雄姿，显出一种“人离不开马，马也离不开人”的“马背民族”的特点。而同属于游牧民族的藏族，舞蹈时腿部和脚部的动作多，强调踢踏，铿锵有力，步伐粗犷而豪迈。

（3）传承性：各个民族的民间乐舞都具有悠久的传承历史，而且一些基本的舞蹈动作也具有稳定性的特点。许多民族的祭祀舞、傩（nuó）舞的舞蹈动作、表演风格都是代代传承下来的。例如，我国西南地区的藏、彝、羌、普米、纳西等族的锅庄舞和左脚舞，现在流行的跳法与五千年前河湟地区古羌人的跳法基本相同，连臂踏歌围圈而舞，以左脚为中心向顺时针方向驱动。

汉族的民间乐舞也有许多种，据 1964 年调查，汉族民间舞蹈大概有七百余种，大部分为乐舞，在全国各地流行最广泛的有秧歌舞、绸舞、腰鼓舞、花鼓舞、龙舞、狮舞、旱船、小车等十余种。据泰山区旅游外事侨务局网页介绍，山东泰安城乡的节日，是民间乐舞最为活跃的时候，踩高跷、舞龙灯、抬芯子、跑旱船、扭秧歌等，热闹非凡，俗称“故事队”。

舞龙灯

舞龙灯，又叫“跑龙灯”。“龙”用竹、木分节扎架，节数不等，但必须是单数，外面糊纸或糊布，每节内燃灯一支。舞时，由一人持彩珠戏龙，二龙盘旋交错起舞。

跑旱船，一般多用竹、木或高粱秸扎框，外饰绸布，套系在女舞者的腰间如坐船状，更有的做假腿于船面，与舞者身相配合，如盘坐船上，另有一人持船桨，做划桨状，两人合舞，一般多表现劳动和爱情情景。与此相似的

“跑毛驴”，框做驴状，“驴”分前后两部分，演员处中间，表演种种骑驴之状，生活气息极浓。

扭秧歌，一般是舞者扮成各种人物，手持扇子、手帕、彩绸等道具而舞，以集体扭者为多。秧歌舞早在清代就已经流行于中国各地，著名的有东北秧歌、山东秧歌、陕北秧歌等。从秧歌舞的名称就能看出，它起源于农民插秧、耕田等农事活动，最初为歌唱形式，后来增加了舞蹈和戏剧形式，从而使得歌、舞、乐三者合而为一，但以乐舞为主。秧歌舞是一种行进中的舞蹈，舞者一边前进一边随着锣鼓点起舞。起舞时，一般手里拿着彩绸、纸扇、手帕等，双臂用力左右摆动，脚步踩着锣鼓点走出梅花、连环等形状，人数可达几十人甚至数百人之多。现在逢年过节或者每逢有喜庆的事情，民间仍能见到大大小小的秧歌队伍。

民间踩高跷

其中脚踩高跷的秧歌叫“高跷秧歌”。舞者扮成各种人物，手持道具，双足踏跷而舞。“跷”，又称“跷子”“高跷”，用两根木棍，中间钉“耳”，“耳”上装板制成。有的还在“耳”中凿空，横置铁柱，串数枚制钱，使踏跷者步行有节。踏跷人将脚放在踏板上，用绳把跷杆缚紧在腿上，即可行走舞蹈。跷有高三四丈的，也有一尺左右的。这种高跷秧歌难度很大，全由男子表演。高跷的舞姿多种多样，技艺高的能带跷翻滚跌打。

没有高跷的秧歌叫“地秧歌”，这种比较容易，男女老少都可以表演。为增加喜庆气氛，有的舞者会扮成各种丑角，在人群中穿来插去，逗趣取乐；还有的舞者会装扮成各种民间喜闻乐见的人物，如《西游记》中的孙悟空、猪八戒、沙僧、唐僧等人，做出各种逗人发笑的动作、姿态，逗趣取乐，烘托喜庆气氛。

除汉族外，许多少数民族更是能歌善舞，依托本民族的文化背景和审美观点，创作出独具特色的民间乐舞。如朝鲜族的“长鼓舞”“扇舞”等。朝鲜族能歌善舞，无论年节喜庆，还是家庭聚会，男女老幼伴随着沉稳的鼓点与悦耳的琴声，翩跹起舞习以为常。如现在人们熟悉的有“长鼓舞”，舞蹈的形式有独舞、双人舞、群舞等多种。

朝鲜族长鼓舞

“长鼓”是乐器，同时也是备受人们喜爱的舞具。在悠扬的琴声伴奏下，舞者右手持长约三十厘米的细竹“鼓鞭”，在左手指掌的配合下，从左右鼓面敲击出清脆、和谐而又不同鸣响的鼓声。

乐曲声中，一队身穿白色短衣淡红色拖地长裙、胸前系着“长鼓”的舞者，踏着淙淙泉水般的轻柔舞步流转于舞台。她们那松肩提臂的婀娜舞姿，柔如蜡焰、动如垂柳的轻盈体态，令人陶醉与神往。一段慢板之后，舞者抽出另一只木质鼓槌，敲打出强烈而快速的节奏，舞蹈随鼓乐进入狂放的快节奏，矫健而奔放。每逢此时，沉醉于高潮中的表演者，便纷纷开始亮出显示个人“鼓舞”技巧的“绝活”，把表演气氛推向高潮。

第三节　中国民间竞技游戏习俗

民间竞技活动丰富多彩、花样繁多，有赛力的摔跤、拔河、举重、扳手腕等；有赛技巧的踢球、跳绳、荡秋千等；有赛技艺的围棋、象棋等；有以观赏为主的杂耍、禽戏、兽戏等杂艺；还有娱情解闷的各种游戏活动。这些民间传统竞技游戏活动的主要目的是娱乐解闷，为紧张的生活增添情趣，使人们得到适度的休息，如打纸牌、打麻将、摔跤、下象棋、下围棋等；但为了让游戏更有刺激性，人们往往把输赢变成一种赌博，故有些游戏又称“博戏”，如民间传统的“斗鸡、斗蟋蟀、斗羊”等。

中国各族人们热爱生活，美化生活，在生产劳动之余都有各种娱乐活动，以笑声装点生活，从而让生活充满欢乐。下面我们首先简单介绍一下各族人民有趣的民间游艺竞技活动。

一、新疆维吾尔族的游艺竞技习俗

新疆维吾尔族传统的民间娱乐活动丰富多彩，别具风格，有广泛的群众基础和社会影响力。

1. 鞭带舞

这是一种机灵人玩的游戏。鞭带是维吾尔族男人的长腰带编成的三尺左右的物件。一个人捧着鞭带来到另一个人面前，恭敬地弯腰，表示邀请、挑战。“交战”开始后，双方左旋右转，一个高举鞭带伺机朝对方背部打击，一个东躲西闪，尽量与对方面对面。原来，按规定双方面对面不能落鞭，如果反应迟钝、动作缓慢或时机掌握不好，就要挨打。这种游戏变化多端，颇有情趣，常逗得人群里爆发出一阵又一阵大笑。“交战”结果，或挨打，或夺鞭带，或使对手无法取胜，主动“投降”。

2. 对诗

这是一种插在鞭带舞中的活动。有些腼腆的小伙子在“交战”中难以取胜时，可以提出对诗。男的挥舞一下帽子，女的舞动几下手掌，就表示要对诗了，另一方不能拒绝。若对不上，就要罚表演节目，老老实实地交出鞭带。

3. 玩羊骨

这是流行在新疆喀什南部农村一带的游戏。游戏者先将一块羊骨赠送给朋友，接受者必须做到羊骨不离身。赠送者无论何时只要说一声“托普克”，接受者就必须马上出示原物，否则就算输了，就要请对方的客。饶有兴味的是，有时，赠送者往往多日不提，使对方丧失警惕，以为其忘记了。然而，赠送者突然在某月某日某时说一声“托普克”，令对方措手不及，难以出示羊骨，只好认罚。但旷日持久随身携带一块羊骨，毕竟不是件易事。一旦稍有疏忽，就会被对方“捉住”。故而这种游戏时间相隔越久，人们玩起来就越有兴趣。

4. 斗鸡

民间斗鸡

这是新疆维吾尔族古老的民间游戏。斗鸡之前，双方都不把鸡拿出来“亮相”，而是抱在怀里，等讲好条件、制定好“规则”之后，才把鸡拿出来斗。两只公鸡一相遇，双方对视片刻之后，认准对方，恶战随之而起。它们时而用翅膀猛打对方；时而腾空猛啄，进行“空战”；时而又冲过去狠叼对方的羽毛死死不放。斗鸡场上顿时尘土飞扬，羽毛纷飞。观众有的激动得高呼起来，有的屏息静观，被精彩的斗鸡所吸引。

据说，斗鸡很少有和局，它们只要一息尚存，哪怕血流如注、双眼皆瞎，也要奋战至死，绝不会认输。新疆地区除了斗鸡之外，还有斗羊、斗狗的游戏，那更是惊心动魄，饶有趣味。

5. 达瓦孜

“达瓦孜”意为走大绳，是一种民间杂技，或称传统体育。做此游戏，首先要在空旷的地上栽几根高杆，中间最高的达 25 米。一根大绳系在杆顶，另一头钉入地下。杆顶拴一个软吊环，杆绳和杆节处扎有各色彩旗。

在音乐声中，身着鲜艳民族服装，腰系绸带的男子，手中横端一根长 5 米左右的木杆，赤脚开始从绳底向高处走去。软乎乎悬空的绳子，脚踩在上面，很难稳住身子，加之坡度朝上倾斜为 40 ~ 60 度，每迈一步，都很艰难、很危险。越往上走，难度越大，离地面越高，危险越大。表演者晃晃荡荡，稍有一丝不慎，便会从高空中摔下。这种高空杂技，不能有保险措施，有了保险，就没人赏识。这样的游戏，一般胆子小的人不敢尝试，只有胆大心细并谙熟平衡木者才可一试。因此，玩这种游戏的人屈指可数。

二、满族的民间游戏习俗

满族是个渔猎民族，游艺项目特别多。对于满族人来说，游艺是一种生活方式，是一种文化。它既是娱乐，又是健身，还是一种带有竞技性质的活动。

1. 雪地走

满族女孩也有她们钟爱的游戏——雪地走，俗称“走百病”。北方冬天雪特别厚，满族女孩希望人们能看到她的绣花鞋，就在鞋下面加了一个花盆底，垫起来在雪上走，既不弄脏鞋又能使人们看到鞋上漂亮的绣花。

这个游戏一方面能表现姑娘的绣功，另一方面能表现她的体态，而且还能锻炼她的体力。同时，姑娘们还要竞赛，看谁先走到村子的神树旁边，或是比赛谁先摸到城门的门钉子。俗以为谁先摸到，谁就能一年都吉祥如意，能走掉百病。

2. 嘎拉哈

“嘎拉哈”是旧时北方（尤其是东北）小女孩的玩具，共有 4 个面，以四个为一副，能提高人们手指的敏捷程度。满族女孩特别爱玩这种叫“嘎拉哈”的游戏。这一游戏又被称为“抓拐”。“拐”，通常是猪、羊或是鹿等动物身上比较小的关节骨。满族女孩把它抓来抛去，可以锻炼手的灵巧性，做得一手好针线活。后来这一游戏在汉族女孩中也非常流行。因“嘎拉哈”并不容易弄到，汉族女孩就逐步将其发展为“拾石子”游戏。“石子”俯拾即是，到处都有，而这种“拾石子”游戏同样可以锻炼手指的灵巧性。

3. 跑马城

这种游戏，现代一般称为“老鹰抓小鸡”，据说这是满族人发明的一种游戏活动。游戏参与者手挽手分列两排，相向而立，人数相等。攻城的一方如果冲开了守方的队列，即可将守方的一个人俘获，带回自己一方使之成为攻方队员，然后再由守方进攻，最后以人数多少论胜负。这既可以锻炼儿童勇猛无畏的精神，增强其体质，又可以让其体验到古代战场上交战双方冲锋陷阵的场面。

三、壮族民间对歌习俗

三月三歌节

“三月三”是壮族人民的传统节日，对歌又是“三月三”的一项主要活动，因此又称“歌墟”或“歌节”。通常由男青年主动先唱“游览歌”，观察物色对手；遇有比较合适的对象，便唱“见面歌”和“邀请歌”；得到女方答应，就唱“询问歌”；彼此互相了解，便唱“爱慕歌”“交情歌”；分别时则唱“送别歌”。歌词随编随唱，比喻贴切，亲切感人。青年男女经过对歌后接触，建立一定感情，再相约下次歌墟再会。

抛绣球

南方各地普遍还有赛歌的传统风俗。赛歌时歌手即兴歌唱，两人一问一答，答不出者算输。相传唐中宗时的刘三姐与白鹤秀才登上桂林七星岩赛歌，七日七夜不分胜负，最后两人都变成了石头。这种赛歌之俗一直流传到今天。

在歌墟上，除对歌外，还举行各种游戏活动，如精彩的抛绣球、有趣的碰红蛋、热闹的放花炮，并会演出壮族群众喜闻乐见的壮戏。

四、汉族的民间游戏竞技习俗

从各种游戏玩乐的主体来看，汉族的民间游艺竞技活动大致可以分为成人游戏和儿童游戏两类（当然有些游戏活动很难分清，比如“拔河游戏”这种群众性的赛力游戏，参赛者既有成人，又有儿童）。其中某些成人游戏为了增强刺激性，往往带有博戏的性质，如打麻将、玩骨牌、斗蟋蟀等。例如斗蟋蟀，除了让蟋蟀相斗取乐，双方往往还以下注的方式赌输赢。下面我们简单介绍一些汉族的成人游戏和儿童游戏。

1. 汉族有趣的成人游戏

（1）斗蟋蟀。

蟋蟀又名蛐蛐，古人也称为“促织”。斗蟋蟀，顾名思义，即用蟋蟀相斗取乐的娱乐活动。此活动流行于全国多数地区，每年秋末举行。中国蟋蟀文化历史悠久，源远流长，斗蟋蟀是具有浓厚东方色彩的中国特有的文化生活，也是中国的艺术。它主要发源于中国的长江流域与黄河流域的中下游。

蟋蟀以善鸣好斗著称。在蟋蟀家族中，雌雄蟋蟀并不是通过“自由恋爱”而成就“百年之好”的。哪只雄蟋蟀勇猛善斗，打败了其他同性，它就获得了对雌蟋蟀的占有权，所以在蟋蟀家族中“一夫多妻”现象是屡见不鲜的。当然，从生物学进化论观点来分析，这也是自然选择，优胜劣汰，有利于蟋蟀家族子子孙孙健康昌盛。

蟋蟀因能鸣善斗，自古便被人饲养。据记载，中国家庭饲养蟋蟀始于唐代，当时无论朝中官员，还是平民百姓，在闲暇之余都喜欢带上自己的“宝贝”，聚到一起一争高下。古时娱乐性的斗蟋蟀，通常是在陶制的或瓷制的蛐蛐罐中进行。两雄相遇，一场激战就开始了。蛐蛐首先猛烈振翅鸣叫，一是给自己加油鼓劲，二是要灭灭对手的威风，然后才开始决斗。几个回合之后，弱者垂头丧气，败下阵来；胜者仰头挺胸，趾高气扬，向主人邀功请赏。

（2）打麻将。

麻将牌是由明末盛行的马吊牌、纸牌发展演变而来的。而马吊牌、纸牌等娱乐游戏，又都与我国历史上最古老的娱乐游戏——博戏有着千丝万缕的联系。现在流行的棋、牌等娱乐游戏，无不是在博戏的基础上发展、派生、演变而来的。麻将被胡适称为“国戏”，今天普及为中国南北各地的健康娱乐活动。

麻将牌又称“麻雀牌”“竹城之战”“方城之战”，现代麻将牌产生于明末清初，起初在我国江浙一代流行，19 世纪 20 年代初被作为“巨额商品”

向外输出，流入西方和日本。麻将牌最早的文字记载写为“马将牌”，可见“麻将牌”名称的来源与马吊牌的名称有联系。

在明末清初马吊牌盛行的同时，由马吊牌又派生出一种叫“纸牌”（也叫“默和牌”）的游戏用具。纸牌也是供四人打，由纸制成的牌长两寸许，宽不到一寸。纸牌开始共有60张，分为文钱、索子、万贯三种花色，其三色都是一至九各两张，另有幺头三色（即麻将牌中的中、发、白）各两张。斗纸牌时，四人各先取十张，以后再依次取牌、打牌。三张连在一起的牌叫一副，有三副另加一对牌者为胜。赢牌的称谓叫“和”（音 hú）。一家打出牌，两家乃至三家同时和牌，以得牌在先者为胜。这些牌目及玩法就很像今天的麻将。人们在玩这种牌戏的过程中始终默不作声，所以又叫默和牌。

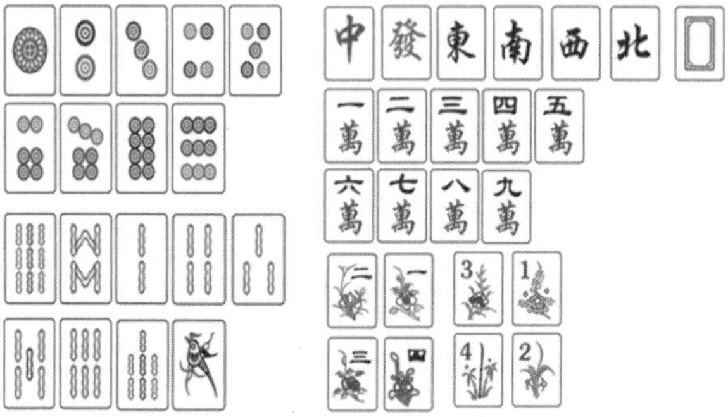

麻将牌

其后，人们感到纸牌的张数太少，玩起来不能尽兴，于是把两副牌放在一起合成一副来玩，从此纸牌就变成了120张。在玩法上，除了三张连在一起的牌可以成为一副以外，三张相同的牌也可以成为一副。也就是说，上手出的牌，下手需要还可以吃、碰。这时牌的组合就有了“坎”（同门三张数字相连）、“碰”（三张相同）、“开杠”（四张相同）。此时的纸牌又叫“碰和牌”。但由于纸牌的数量一多，在取、舍、组合牌时十分不便，人们从骨牌中受到启发，渐渐改成骨制，把牌立在桌上，打起来就方便了。正宗的麻将牌从此诞生了。今天，麻将文化已经走向世界，成为一种博戏或消遣娱乐的成人游戏。

2. 充满趣味性的儿童游戏

儿童的游戏种类很多，如老鹰抓小鸡、丢手帕、滑冰、打雪仗、游泳、捉迷藏，以及棋类活动和球类活动等。有的游戏一个人独自玩，有的几个人一起玩。有的是室内游戏，有的则是室外游戏。如“斗拐”“老鹰抓小鸡”

“丢手绢儿”“跳房儿”“猫捉老鼠”“砸元宝”“捏泥巴”等，都是室外游戏，这类游戏通过相互追逐奔跑，提高儿童的手脚协调能力，锻炼儿童机智、灵活和勇敢的心理素质。还有“玩皮筋儿”“抓石子儿”“剪子、包袱、锤”等，室内、室外皆可玩耍，还可以锻炼儿童的反应能力。

另外，少年儿童游戏中使用的玩具多是自制的，具有浓郁的民俗特色，如“打陀螺”游戏中的“陀螺”、“踢毽子”游戏中的“毽子”、“砸元宝”游戏中的“元宝”、“放风筝”游戏中的“风筝”、“玩沙包”游戏中的“沙包”、“打弹弓”游戏中的“弹弓”等。这些自制的玩具，既简便易制，还可在制作和玩耍中增长知识和技能。上述种种民间游艺活动构成了儿童娱乐活动的主体，下面我们分别简单介绍一下：

（1）老鹰抓小鸡。

这是一种儿童集体游戏。先在地上画一个大圆圈作为“鸡”的活动区，一人扮母鸡，其他人都排在母鸡后面扮小鸡，排成一串，站在活动区内。另一人扮老鹰，闯入活动区。窥测队列中的薄弱部位，直扑小鸡。“母鸡”可以双手展开阻挡“老鹰”，不能让“小鸡”被“老鹰”抓到。“小鸡”要动作灵活，紧拉不放，如果被抓到，就不能进入小鸡之列。等小鸡被抓完，按事先的约定，更换角色，游戏继续。

“老鹰抓小鸡”游戏

（2）砸元宝。

砸元宝，又叫“摔元宝”，是旧时男孩子们经常玩的一种游戏。用书纸、烟盒、报纸或纸箱纸等，折成一个四方形的纸片，称为“元宝”。玩的时候，一个人将一个“元宝”放在地上，另一个人拿自己的元宝向其砸去，若能将其掀翻，则地上的“元宝”就归自己所有了，若不能掀翻则轮到另一个人玩。

（3）拔河比赛。

拔河比赛是一项历史颇为悠久的娱乐活动，由人数相等的双方对拉一根粗绳以比较力量。拔河活动在民间各地都有流传，近代学堂出现之后，拔河比赛还被列入教学与课外活动内容。中华人民共和国成立后，拔河活动变得更为普遍。各地城乡之间都有这种简便易行又充满娱乐性和对抗性的活动，同时，它也是儿童们乐于组织的一项娱乐活动。

现代拔河比赛的一般规则是：在场地上画三条平行的短线，间隔一米左右，居中的为中线，两边的为河界。拔河绳中间系上一根红带子作为标志带，下面悬挂一重物垂直于中线。参赛的两队人数相等，同时上场。每队选一名指挥员，其余队员左右依次交错，分别站在河界后面、拔河绳的两侧。

拔河比赛

裁判员发出“预备”口令后，双方队员拿起拔河绳，拉直做好准备。此时标志带应垂直于中线。待裁判员鸣哨后，双方各自一齐用力拉绳，把标志带拉过本队河界的队为胜方。现在，拔河比赛已经成为一项简单的群众性体育活动。

（4）剪子、包袱、锤。

游戏规则：剪子、包袱、锤，是一种一般由两个孩子玩的游戏。游戏是用五根手指来完成的，即每个人各用一只手做出包袱（即手张开）、剪子（即伸出食指和中指，为剪刀状）、锤（即手攥成拳头状）的动作。玩的时候，每人一边说着“剪子、包袱、锤”，一边用各自的手做出“剪子、包袱、锤”的动作，口说一句，手就随之做一个动作。输赢的规则是：剪子赢包袱、包袱赢锤、锤赢剪子。

（5）摔哇唔。

道具材料：泥巴（土和水）。

游戏规则：该游戏一般在两个人之间进行。将泥巴平均分开——作为开始的“资本”，每人用自己分的部分泥巴加工成“平底碗”状。比赛时，轮流将自己的“平底碗”口朝下往下摔，利用“平底碗”内的大气压将朝上的“碗底”冲破；对方用自己的泥巴做成“薄饼”状，“薄饼”的大小要将“碗底”的冲破部分“补上”；对方“补”“碗底”的“薄饼”就是自己的“战利品”。比赛重复进行，两人协商结束，或其中一人泥巴全部损失完之后结束，以最后获得泥巴的多少定胜负。

游戏技巧：用泥巴做成的“平底碗”在摔下时要能被气压冲破较大的破洞，才能赢得较多的泥巴，因为对方要用足够多的泥巴做成“薄饼”去补洞。做碗用的泥巴的多少、软硬、通过揉搓产生的胶黏性、摔“平底碗”时的力度、方式等均是取胜的重要因素。

游戏评价：此游戏因“平底碗”摔下时会发出“哇”声而得名；取材容易，儿童在游戏时不断总结经验，智力可以得到开发。

（6）踢毽子。

踢毽子，该游戏古已有之。毽子原料易得，制作简单。常见的用三根鸡毛与铜钱拴在一起；也有的用细绳剪成穗儿，包上铜钱；还有用数十个皮圈拴在一起当毽子的。玩要时不需要太大的场地，甚为方便。此游戏的竞技方法有单脚踢、对脚踢、后脚踢、二人对踢和多人传递踢等，并可通过在同样时间内踢毽的次数以及各种花样技能决胜负。

毽子

旧时秋冬两季，儿童多玩踢毽子游戏，女孩子尤为喜爱。如今，市区平日里虽不多见，但作为体育竞技项目，踢毽子仍然是青少年及中老年热衷的健身或比赛项目。技能高超者，常被邀请表演，供人欣赏。

（7）丢沙包。

男孩女孩都可以玩。找几块布缝成一个立方体形，里面放些玉米粒或沙粒，再封上口，一个沙包就做好了。玩的时候人越多越好。游戏者分成两组，一组站中间，一组分成两队分别站两边，朝中间这组人身上扔沙包。中间的人若被沙包打中算“死”，直到同伴能用手抓住“打手”扔过来的沙包，一个沙包换一条“人命”，下场者才能够“起死回生”。若中间的人全部被“击中”，则两组倒换过来继续玩。

儿童游戏：丢沙包

玩耍者要眼疾手快，而且身体敏捷、能躲能跳，还要跑得快。“投手”要把沙包狠狠砸出，这样不仅可以锻炼上肢的力量，还可以提高投掷的“爆发力”。不仅如此，沙包取材容易、制作简单，被沙包打着也不疼；三人以上就可以玩，玩的人越多越好，男女不限；场地也不受限制，一般小区空地、操场、草地都可以。总之，丢沙包是一种易于操作、其乐无穷的游戏活动。

（8）斗拐。

斗拐，又称为“斗羊”，一般是男孩子玩的游戏。游戏时单足站立，将另一条腿盘在站立的那条腿上，并用一只手扳着脚腕子，单足一跳一跳的，两个人或多个人相互用盘起的腿膝部撞对方，就像是羊在斗角一样，所以也叫“斗羊”。有时候几个人顶在一起，颇为有趣。

（9）跳橡皮筋。

跳橡皮筋是女孩子十分喜爱的一项体育活动。由于它具有经济、简便、趣味性强等特点，故易于在广大学生中普及。跳橡皮筋是在两脚交替跑跳中完成各种动作的全身运动。它以跳跃为主，穿插着点、迈、勾、绊、搅、绕、踩、摆、顶、转等十几种基本动作，同时还可以组合跳出若干个花样来。

玩的时候，由两名女孩撑起皮筋，一名女孩站在皮筋外，边说歌谣边跳，结合歌谣节奏在里面以各种动作串花。当说到歌谣最后一句话时，女孩跳出皮筋外。撑皮筋的两名女孩把皮筋上升一个高度，跳皮筋者继续跳，直到跳不过去，再换另一名女孩继续跳。跳皮筋时所唱的歌谣各式各样，例如：

小皮球，圆又圆，阿姨送我到公园。到了公园我不闹，阿姨说我好宝宝。

马兰花，马兰花，风吹雨打都不怕，勤劳的人儿在说话，请你马上就开花。

小花猫，上学校，老师讲课它睡觉，左耳朵听，右耳朵闹，你说可笑不可笑。

谜语谜底：1. 字谜：（1）春（2）告（3）一（4）汕（5）晶（6）果（7）仙（8）边

（9）星（10）作（11）等（12）舍（13）丁（14）脆（15）奏（16）电

2. 字谜故事（1）蘇（“苏”的繁体字）（2）请坐，奉茶

3. 词语谜：（1）无独有偶（2）三言两语（3）万无一失（4）无与伦比

(5) 置之脑后 (6) 林肯 (7) 首当其冲 (8) 十五贯
4. 动物谜：(1) 蜜蜂 (2) 蜘蛛 (3) 大象 (4) 鱼 (5) 丹顶鹤
5. 植物谜：(2) 石榴 (2) 藕 (3) 万年青 (4) 豆芽 (5) 辣椒
6. 地名谜：(1) 天津 (2) 齐齐哈尔 (3) 平壤 (4) 苏州 (5) 秘鲁
7. 物品谜：(2) 桌子 (2) 肥皂 (3) 邮筒 (4) 眼镜 (5) 雨

第四节 中国民间美术

从历史上看，民间美术是相对于宫廷美术、文人士大夫美术而言的；以现代人的眼光来看，民间美术则是相对于专业美术而言的。它的创造者基本上是从事物质生产的劳动人民，在创作上以美化环境、丰富民间风俗活动为目的，是一种在日常生活中应用、流行的美术。

民间美术存在于劳动群众生活的衣、食、住、行、用等各个方面，与民俗活动关系极为密切，如民间的节日庆典、婚丧嫁娶、生子祝寿等活动中的“陶瓷、年画、剪纸、春联、花灯、扎纸、服装饰件、龙舟彩船、月饼花模、泥塑”等。

民间瓦罐

民间美术分布于各地，因地域、风俗、气质的差异又形成丰富的品类和风格，但它们都具有实用价值与审美价值统一的特点。另外，它们的制作材料大都是普通的木、布、纸、竹、泥土，但制作技巧高超、构思巧妙，且常用人们熟悉的谐音手法表达积极乐观、清新刚健、淳朴活泼的寓意，表达了人们对美好生活的憧憬，富有浪漫主义色彩。比如民间使用的瓦罐兼具实用价值和审美价值。

民间美术是表意的艺术之一，我们不能用科学的解剖透视法去衡量它，也不能用专业美术的标准去评判它的好坏、美丑，而应从民间美术特有的“吉祥美好”等情趣及稚拙的表现手法去感受、体会、鉴赏。

民间美术品种极多，且目的、用途各不相同，如有供赏玩的造型艺术，亦有以实用为主的工艺品。总的来说，大致可以分为绘画、玩具、雕塑、刺绣染织、家具器皿、剪纸、纸扎、手工编织、食品等几类。可以说，民间美术贯穿于人民生活和精神世界的各个领域，直接反映劳动人民的思想感情和审美趣味，显示出他们的聪明智慧和艺术才能。下面我们从几个小类简单介绍一下：

一、民间绘画

江南水乡

绘画是用一定的物质材料来塑造反映客观世界具体事物的视觉艺术或空间艺术，所以又称造型艺术。绘画用的材料有颜料、纸、绢、布、木、石、骨等。绘画的载体是非常广泛的，建筑物的墙壁、板壁，生产工具，生活用具，乐器都是施展绘画才能的地方。例如闻名世界的敦煌石窟，共有洞窟五百七十多个，有壁画六万多平方米。

民间绘画产生于乡村，具有一切美术所具有的特征。它是在乡村特定的物质、文化生活条件下创造出来的，在形式和内容上，与乡村环境、乡民生活及其文化心理和审美情趣息息相关。绘画大多出自农民之手，取材于现实生活，散发出浓郁的乡土气息；它继承和运用民间传统手法，形式丰富多彩，格调优美动人。

民间绘画是一种深受底层民众喜爱，并能充分反映底层民众文化气质的绘画形式。其种类非常丰富，而每一种类又有许多分支，如彝族的漆器装饰画、布依族的民间簸箕画、云南纳西族白沙等村镇的壁画、汉族各地的年画等。它们都是民间绘画中的艺术花朵。下面我们以汉族的“年画”为例，简述一下民间绘画的内容和特点。

首先，“年画”是民间绘画中一个独具特色的类别。它又称“木版年画”，是一种运用木板彩色套印在纸上的画种。它是汉族民间过年时张贴的一种民间画类，用以除旧岁、迎新春、美化环境、营造节日的喜庆欢乐气氛。

年画（八仙过海）

据史书记载，早在汉代，民间就有在门上画勇士、贴门画的风俗，以后历代不衰。清代中期更为盛行，全国各地均有年画，而且形成了各自的地方特色。享有盛誉的木版年画，主要有天津的杨柳青、山东潍县的杨家埠、苏州的桃花坞、广东的佛山、湖南的隆回县滩头等地的年画。

贴年画的习俗首先体现了各地百姓祈祷生活富足、财运亨通、年年有余的美好愿望。这种祈福类年画包括财神、门神、姜太公、福禄寿图、大吉大利、福寿双全、天官赐福、竹报平安、五福临门、麒麟送子、年年有余、四季平安等。这些内容丰富的年画，其构图思想和画面主题的设计方法往往使用谐音象征物或者语义双关、隐喻等手段。

例如，用“有鱼”谐音“有余”，“大鸡”谐音“大吉”，“鲇”谐音“年”，“橘”谐音“吉”等。甚至蜘蛛和蝙蝠也颇受人们青睐，因“蜘蛛”民间又称为“蟢子”，“蟢”谐音“喜”；而“蝙蝠”的“蝠”谐音“福”，它们可以构成一些吉祥图案，如“喜从天降”“五福临门”等。

在画面主题的设计上，年画全然不在乎事物之间的逻辑关系，只追求一种清晰的联想和意象空间。例如，画两条大鲤鱼跃出水面，托起一朵莲花，隐喻“连年有余”；画一只喜鹊站在梅树枝头，隐喻“喜上眉梢”；画一个橘子放在一篮子边上，篮子内放两条鲇鱼，隐喻“年年大吉”；画一张蜘蛛网，下吊一只蜘蛛，暗寓“喜从天降”之义；而画一只蜘蛛从天而降，正好落在有眼的钱上，又暗寓“喜在眼前”；画五只蝙蝠围绕一个“寿”字，则隐喻“五福捧寿”。

民间以“牡丹花”隐喻富贵，画一“猴”手持牡丹花，骑在一匹飞奔的马上，牡丹盛开，花香浓郁，引来蜜蜂，周围再配上喜鹊（“鹊”谐音“爵”）和鹿（“鹿”谐音“禄”），隐喻“马上富贵，爵禄封侯”。“鼠”一月产一窝小鼠，产仔多，故民间奉“鼠”为“子”神，为十二生肖之首。画面上画“五鼠”（隐喻“五子”）和“灯”（隐喻“灯火、香火”，象征“子孙后代、绵延兴旺”），“灯”又谐音“登”，所以画“五鼠上灯台”，暗含“五子登科，子孙兴旺”之义。

其次，年画作为一种乡间的艺术文化，还体现了底层民众的宗教信仰习俗。这类年画也通常称为祭祀类年画。例如，供送神祭祖时焚化用的印有各种神像的版画，称为“纸马”，送神敬祖时将这些纸马烧化，谓之“发纸马”。

现在民间各地仍流行这一习俗：腊月二十三（或二十四）从灶壁上取下原来的灶神像烧化，送其“上天”；正月初四换上新的神像，表示接其回家。现在鲁南一带正月初一零点刚过的时候，仍要举行“发纸马”敬天祭祖的仪式，不过“纸马”多被用火纸折成的“元宝”代替了。

最后，民间年画反映了乡村生活及乡村文化传统，反映了中国传统的以农耕为主的社会主体——底层民众的心理诉求。年画的内容既体现了浓郁的民俗风情，同时在旧时农村社会大多数人不识字的背景下，又以版画的形式将民间故事、英雄传奇等口头传承的艺术流传开来，使民众在观赏中获得知识，受到行善为仁的道德教化。

二、民间玩具

民间玩具是民间美术中的一个种类。劳动人民以自己灵巧的双手，就地取材、因材施艺，为下一代的成长制作出精美的艺术品。这些玩具体现了劳动人民的审美情趣，包含着劳动人民的意念、理想、祝愿与爱心，也是对儿童进行审美和民风民俗教化的教具。

玩具的材料多种多样，有泥、布、木头、竹篾、铁片等。民间传统的形形色色的玩具，在造型上充分考虑形式、制作技巧等因素，并与物品的实际用途有机结合。既要使孩子们在玩耍时不易损坏，不会对孩子产生危害，同时又要在造型上具有憨态可掬、稚拙可爱的审美趣味。

1. 布玩具

布玩具是民间传统艺术之一。很早以前，广大乡村妇女就常缝制一些活泼的禽兽花卉、生活用品来美化生活和表达自己的美好愿望。现代这种民间工艺逐渐被商品化，畅销国内外。

布老虎（虎头虎脑）

布老虎（虎虎生威）

布玩具种类繁多，工艺精巧。它将形、色、情、意融为一体，构思新奇，夸张合理，具有对比鲜明、造型生动逼真等特点。它用彩色丝绸、绒布、皮毛、彩线、金银线等材料，经过复杂细致的手工劳动，精心缝制而成。在众多的布玩具中，以“虎”为造型的玩具很多，有“独尾虎、双头虎、丰收虎、平安虎”等。这是因为在民间传说中，老虎为兽中之王，虎镇百兽，可借虎威驱赶一切恶兽。另外，“虎头虎脑”“虎虎有生气”等又是人们对孩子健康的比喻。出于这种愿望和企盼，民间玩具中以虎为题材的作品很多。在造型上，往往突出虎的双目和利齿，以表现其威武、辟邪的一面；同时，虎身上又饰以吉祥花草，表现出吉祥的一面。

2. 泥玩具

泥玩具是历史悠久的工艺品，在民间颇具盛名。据说泥塑源于隋朝末年，距今已有 1 000 多年的历史。民间泥玩具种类多，传统制品有人物、动物两大类。人物造型多取材于历史人物或戏剧人物，如瓦岗英雄程咬金、秦琼；《白蛇传》中的白素贞、小青、许仙；《西游记》中的唐僧、孙悟空、猪八戒、沙僧；民间传说中的吕洞宾、张果老、韩湘子等八仙。

动物有“虎、猪、牛、马、鸡、燕子”等，还有一种双头汪汪狗，中间用厚牛皮纸相连，下面有一个小哨子，玩起来还能汪汪作响，是小孩子们非常爱玩的一种玩具。总体来看，泥玩具做工细腻精致，构思精巧，形象逼真，栩栩如生，富有浓厚的乡土气息和时代特色。

泥老虎

中国玩具文化源远流长，远在新石器时代就出现了人类原始的玩具，如石球、陶哨等。随着经济、科学技术、文化艺术的不断发展和提高，中华民族创造出了许多绚丽多彩、精巧迷人的玩具。

民间玩具是中华传统文化的重要组成部分，在中华文化发展史上占有独特的地位。造型别致、独具匠心的玩具能促进人们的身心健康发展，丰富人们的生活内容，让人们增长知识，陶冶情操。民间玩具已成为人们文化娱乐生活中不可或缺的重要内容之一。

三、民间雕塑

民间雕塑种类繁多，有石雕、玉雕、砖雕、竹雕、木雕、骨雕、陶塑、泥塑、金属塑等。最早的雕刻艺术品，是以刻划方式制作的岩画，其次是旧石器时代晚期的骨刻和新石器时代早期的陶刻。然而，艺术成就空前而又影响久远的雕塑，当数中国各民族共同创造的石窟艺术品。我国最早的大型千佛洞是新疆拜城克孜克千佛洞。中国久负盛名的四大石窟为：甘肃敦煌的莫高窟、山西大同的云冈石窟、河南洛阳的龙门石窟和甘肃天水的麦积山石窟，其中“敦煌莫高窟”堪称现存规模最庞大的“世界艺术宝库”。

甘肃敦煌莫高窟

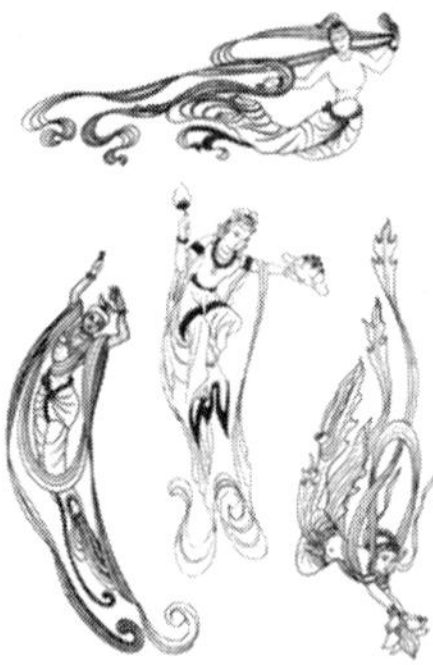

飞天仙女敦煌莫高窟黑白画像

中国各民族大多都有自己独特的雕塑艺术，如新疆维吾尔族的建筑雕饰，甘肃临夏回族、东乡族、保安族的砖雕，纳西族的木雕，台湾高山族的石刻，鄂伦春族的桦树皮雕刻名，云南一些少数民族的图腾柱雕刻及寨门装饰雕刻等，都属于民族雕塑艺术中的瑰宝。

雕塑艺术用在很多地方，建筑物、木器工艺、日常用品都离不开雕塑，民间艺人广泛运用象征和夸张的艺术手法，烘托某种情调、意向，倾注着爱与憎及其对美的追求，从而给人以情绪上的感染，促使人们去品味、鉴赏。

首先，雕塑艺术画面主题的构思要求有美感，寓意有喜气，出口要吉利。如“喜、禄、封、侯”用“喜鹊、奔鹿、蜜蜂、猴子”四种动物的形象构成画面，并以动物名称的谐音拼成吉祥语言，其寓意即祝福满门喜庆、高官厚禄。诸如“喜（喜鹊）事（柿子）连（莲花）年”“吉（鸡）庆有余（鱼）”“三阳（羊）开泰”“松鹤延年”“五福（蝙蝠）捧寿”“麒麟送子”“喜鹊闹梅”“龙凤呈祥”“喜（犀）牛望月”“丹（牡丹）凤（凤凰）朝阳（太阳）”“岁寒三友（松、竹、梅）”“春兰秋菊”“封侯拜将”“麒麟朝日”等，都是通过生动美丽又可借以隐喻的动物、花草，确定寓意吉祥的题材，分别反映出人们对五谷丰登、生活富裕、四季平安、婚姻美满、幸福长寿以及美好事物的殷切希望。

其次，雕塑艺术还以神话传说、民间故事作为表现主题，体现出人们积极征服自然、改造自然的意念和愿望。我国古代神话传说中，有铁拐李、汉钟离、张果老、何仙姑、蓝采和、吕洞宾、韩湘子、曹国舅等八位仙人，传说他们得了神道，超出人世、不食五谷、餐风饮露、长生不老；还说他们神通广大、变化莫测、法力无边，能左右人间祸福，主宰世界万物。所以，民间雕刻艺术中，像“八仙庆寿”“和合二仙”“天官赐福”“福禄寿三仙”等天仙之类的题材比比皆是。这些带有神话内容的作品，反映了人们对生活安康、延年益寿和征服自然、祛灾免难的美好祈求。

再者，民间雕塑艺术反映了底层民众的生活面貌。这类雕塑渗透在人们的物质生活、精神生活的各个层面，雕塑作品既具有实用性，又具有相当的艺术性。例如，建筑艺术中的砖雕、木雕都反映着人们的社会生活面貌以及各阶层人民朴素的生活愿望。又如，丰富多彩的月饼印模，则说明了民间中秋月饼的样式丰富多彩。再如，建筑物上的饰物——瓦当，俗称“猫头”“滴水”，纹样和造型都活灵活现，惟妙惟肖。在建筑物上既具有装饰效果，还起着保护屋檐的作用。

中国古代建筑屋檐上的“瓦当”雕塑

四、民间刺绣染织

刺绣，俗称“绣花”，是以绣针引彩线（丝、绒、线），按设计的花样，在织物（丝绸、布帛）上刺缀运针，以绣迹构成纹样或文字的工艺品，是我国优秀的民族传统工艺之一。因刺绣多为妇女所作，故又名“女红”。

据《尚书》载，远在4 000多年前的章服制度，就规定“衣画而裳绣”。明清时封建王朝的宫廷绣工规模很大，民间刺绣也得到进一步发展，先后诞生了苏绣、粤绣、湘绣、蜀绣，号称“四大名绣”。

绣品的用途很多，包括生活服装、歌舞或戏曲服饰，台布、枕套、靠垫等生活日用品及屏风、壁挂等陈设品。

民间美术的寓意象征的特点，也大量表现在广大劳动妇女的刺绣品之中。这些刺绣品多绣于鞋、枕头、肚兜、袜底、鞋垫、荷包、香包等小件物品上。刺绣纹样大都隐喻对生活的热爱，对爱情的追求，祈求子孙万世、幸福长寿。如前所述，民间美术的纹样大都是约定俗成的寓意符号，如鱼、蝶、鸟、鼠等多喻男子，花、莲等植物多喻女子。 “鱼戏莲”“蝶恋花”即隐喻男女的爱情。

刺绣作品（古代女子刺绣图）

传统的民间刺绣主要是作为穿戴的装饰。这

些装饰又多用在妇女儿童身上，如妇女上衣的袖口多绣有祥云、如意、吉祥的图案，在裙子、绣鞋上也往往绣有花花草草。

刺绣
（儿童肚兜：富贵长春、五福捧寿）

又如，农村儿童的“肚兜”多是红色镶边的绣花，一般饰有“莲生贵子、富贵长春”等寓意吉祥、子孙繁衍的图案，也有绣五毒虫的，取“毒不近身”的意思。男孩子身上的“围嘴”，常绣有“双虎对头、双狮对头、五福捧寿”的图案；女孩身上的“围嘴”，则绣以“五蝶捧花、五莲坐子、五鱼戏莲”等图案。再如，男孩的鞋子多为老虎鞋，前为虎头，侧有虎足，后有虎尾。而在前面绣有一只绿色蟾蜍的则名为“蟾鞋”，含有“蟾宫折桂，金钱落地”的意思。女孩子的鞋子造型与男孩子相同，只是鞋前绣花图案取“吉祥、欢快”之义，并饰以含有“漂亮、美丽”寓意的花鸟图案。

五、剪纸

在中国民间美术中，还有一种用于春节装饰、烘托气氛且人们十分熟悉的民间剪纸。中国各地民间都有不同风格的剪纸品种。早在汉代以前，就有用金银箔剪成花鸟，贴在鬓角作装饰的风尚。

南北朝时期的《木兰诗》中有“当窗理云鬓，对镜贴花黄”的诗句；唐代杜甫的《彭衙行》也有“暖汤灌我足，剪纸招吾魂”的诗句。后来，剪纸进一步发展为用彩纸剪成各种花草、动物或人物故事，贴在窗户、门楣上作为装饰之用。

剪纸因其材料易得、成本低廉、效果立见、适应面广而广受欢迎；更因它适合农村妇女闲暇制作，既可作实用物，又可美化生活而大受追捧。因此，全国各地都能见到剪纸，甚至形成了不同地方的风格流派。

民间剪纸是表意性的，讲究构图的整体性、造型手法的适形特点。剪纸的形象概括简练，虚实对比鲜明，线条规整流畅，色彩对比强烈。

年年有余

鸳鸯双喜（结婚剪纸）

由于各地的风俗习惯不同，剪纸风格也异彩纷呈，构图上北方简洁古朴，南方繁茂华丽；造型上北方粗犷豪放，南方细密纤巧；线条上北方浑厚苍劲，南方细腻流畅；整体风格上北方热情雄浑，南方精巧秀美。

对于南北方剪纸艺术的风格，郭沫若先生曾作过非常精妙的比较，他说："曾见北国之窗花，其味天然而浑厚；今见南方之剪纸，玲珑剔透得未有。一剪之趣夺神功，美在民间用不朽。"

剪纸艺术的主题内容十分丰富，多表达吉祥、美好的寓意。在表意上以谐音、象征为主要表现手段。除了用于窗花、门楣上烘托节日气氛之外，剪纸图样还可以用作刺绣的"花样"。在现代社会中，剪纸更是用在婚纱设计、时装设计中，成为现代服饰中的重要元素，这更反映出剪纸已经融入现代生活，体现出剪纸艺术的实用性和艺术魅力。

六、纸扎

中国的纸扎艺术最初起源于丧俗，它是将扎制、贴糊、剪纸、泥塑、彩绘等技艺融为一体的民间艺术。纸扎在民间又称"糊纸、扎纸、扎纸马"等，它是为满足民众某种信仰心理及精神需要而产生的一种艺术形式。

纸扎神像

纸扎的种类不外乎以下四类：一是神像，如入葬时焚于陵墓前的大件扎制品；二是人像，包括童男童女、戏曲人物、侍者等；三是建筑，如灵房、门楼、牌坊等；四是器具，包括饮食器皿、供品和吉祥用品以及车轿、瑞兽等。图中的纸扎人物，一个是武将装束，顶盔贯甲，长胡须，英俊威武；另一个为少年形象，红裤长衣，脖颈上围荷花形状的围嘴，上衣绘有荷叶，神气十足，形象颇似哪吒。

纸扎工艺的主要材料是竹块、篾条、木棍等，扎成各种人物、动物、花草、虫鱼、用具等形象，糊以皮纸，施加彩绘，形象逼真，惟妙惟肖。

纸扎起源于古代民间宗教祀祭活动，后来逐渐成为庆祝节日的一种装饰艺术。明清时遍及城乡，每逢节日或喜庆之际，民间艺人便充分施展其技艺，扎制成寓意诙谐的“老鼠攀葡萄灯”，喜得贵子的“麒麟灯”，祝贺新婚的“鸳鸯灯”，祈求丰收的“金鱼灯”以及名种花草、鸟兽等。

这些色泽艳丽、造型拙朴、寓意明快的各类纸扎品，均取竹、木、线、纸为主要材料。以竹、木为骨架，以线团缚部位，糊彩纸以装饰。为喜庆欢快的活动增添了几分色彩，同时也为哀丧、祭祀场面蒙上了一层神秘的面纱。

“风筝”是大家熟知并喜欢玩的一种民间纸扎品，在我国起源较早，最早记载于南北朝时期。它最初用于传递书信，唐代以后逐渐演变成玩具，又在上面加竹笛和丝弦，风吹后发出的声音如筝一般，故名风筝。

现代风筝又是集科技与艺术于一身、融运动和娱乐为一体的艺术品，在中国大江南北广为流传。其中，北京、天津、山东潍坊和江苏南通等地都是扎制风筝的著名产地。

风筝

七、民间手工编织

手工编织在我国有着悠久的历史，远在新石器时代就有各种编织工艺。陕西西安半坡遗址出土的各类编织品就有100多种。

织法种类多样，造型美观、大方，实用结实，粗中有细，是中国传统编织品的特色。编织品可以分为6大类：竹编、草编、藤编、柳编、棕编、葵编。产品可以分为篮、盘、篓、提包、帽、鞋、玩具等。

竹篓

竹篮

竹筐

八、面塑

面塑，俗称“捏面人”。它以糯米面为主料，调成不同色彩，用手和简单工具塑造出各种栩栩如生的形象。汉族许多地方都有面塑艺术，并形成了各具特色的风格流派。山东菏泽、山西霍州、忻州、绛州等地都是著名的“面塑之乡”。现代面塑作为一种生命力极强的民间造型艺术，生长和扎根于底层民众生活，成为中国民俗风情的一种独特的表现方式，无时不在，无时不有。

山东面塑艺术特点鲜明。它起源于菏泽，至今已有300多年的历史。旧社会的面塑艺人“只为谋生故，含泪走四方”，挑担提盒，走乡串镇，深受群众喜爱，但他们的作品却被视为一种小玩意儿，是不能登上大雅之堂的。如今，面塑艺术作为珍贵的非物质文化遗产受到重视，“小玩意儿”也走入了艺术殿堂。

捏面艺人根据所需随手取材，在手中几经捏、搓、揉，用小竹刀灵巧地点、切、刻、划，塑成身、手、头、面，披上发饰和衣裳，顷刻之间，栩栩如生的艺术形象便脱手而成。

面塑体积小，便于携带，又经久不霉、不裂、不变形、不褪色，因此深受旅游者喜爱。可以说，面塑艺术作品是馈赠亲友、装饰家居的很好的礼品和饰品。很多国外的旅游者在参观面人制作时，都为面塑艺人娴熟的技艺以及面塑作品千姿百态、栩栩如生的人物形象所倾倒，交口赞誉，称其为“中国的雕塑”。

中国民俗——捏面人

关公（面塑）

综上所述，中国民间艺术反映了普通民众的生活，寄托了他们对未来美好生活的无限向往，体现出卓越的民间智慧，是普通民众世世代代世俗生活的经验积累。中国民间艺术以民间文学、民间说唱艺术、民间游艺竞技活动、民间美术等多种艺术形式，共同构成了普通人的观念与思想的精神世界。

民间艺术来源于普通民众的生活，又高于生活，像民间广泛流传的神话传说、民间故事，通过民众神奇的幻想，把世俗生活向天上、地下无限延伸，平民百姓与神魔、拟人的动物和神奇的宝物之间的故事把普通民众平淡的生活打扮得五彩缤纷、无比生动。在无数奇幻的故事情节中，中国传统的伦理道德、交往的礼仪和禁忌习俗、人定胜天的坚强信念、天人合一的哲学理念、“善有善报，恶有恶报”的因果报应观念等均是其要表达的永恒主题。

普通民众用自己的智慧所创造的民间艺术是对自身平凡生活的扩展，从而赋予生活以秩序和意义，同时传递着民众的价值观念和生存技巧，拓展了民众的精神空间，表达了他们在平凡普通的日常生活中渴望趋吉避凶的美好愿望。因此，也可以说，民间艺术再现了普通民众平凡的生活，又最终改造了平凡的生活，让平凡的生活富有生气和活力，包含和孕育着对美好未来的期望和祝福。

思考与练习

1. 举例说明中国民间乐舞的特点。

2. 各个国家或民族一般都有本国或本民族的世代流传的神话故事，你能讲一讲你们国家的神话故事吗？并且思考一下，它与中国的神话故事在内容、主题上有何不同？

3. 中国民间有着丰富的少年儿童游戏方式，为少年儿童所喜爱，并成为他们生命中最美好阶段的宝贵回忆。少儿游戏有着很强的地方独创性，你还记得你儿时玩过的游戏吗？你认为少儿游戏对少年儿童的成长有何作用？如何在现代社会生活中传承和发展传统的少儿游戏？

4. 在汉语中，有大量的成语、俗语、谚语、歇后语等文化词语，它浓缩了中国民间文艺的精华，反映出底层民众世代传承的游艺竞技习俗，体现出民间智慧和民众的生活经验，传递着他们的价值观念和生存技巧，请举出一些例证加以说明，并对其适当解释。

参考文献

1. 爱德华·泰勒．原始文化：神话、哲学、宗教、语言、艺术和习俗发展之研究（重印本）．连树声，译．桂林：广西师范大学出版社，2005.

2. 白庚胜．纳西族风俗志．北京：中央民族大学出版社，2001.

3. 常敬宇．汉语词汇与文化．北京：北京大学出版社，1995.

4. 《大中国上下五千年》编委会．中国民俗文化大观．北京：外文出版社，2010.

5. 丁世良，赵放．中国地方志民俗资料汇编·西北卷．北京：北京图书馆出版社，1989.

6. 方烈文．潮汕民俗大观．汕头：汕头大学出版社，2000.

7. 高丙中．中国民俗概论．北京：北京大学出版社，2009.

8. 高俊成．民俗文化．呼和浩特：内蒙古人民出版社，2006.

9. 郭立诚．中国民俗史话．天津：百花文艺出版社，2005.

10. 国务院侨务办公室．中国文化常识．北京：高等教育出版社，2007.

11. 黄涛．语言民俗与中国文化．北京：人民出版社，2002.

12. 韩鉴堂．中国文化．北京：北京语言大学出版社，1999.

13. 胡朴安．中华全国风俗志．石家庄：河北人民出版社，1986.

14. 姜锋，田禾，鲁汉．青岛城市民俗．济南：济南出版社，2009.

15. 蒯大申，祁红．中国人的民俗世界．合肥：安徽文艺出版社，2006.

16. 李安民．论民俗的融合．民俗研究，1994（4）.

17. 李丹．茶文化．呼和浩特：内蒙古人民出版社，2005.

18. 李乐毅．汉字演变五百例．北京：北京语言学院出版社，1992.

19. 李群育．新编丽江风物志．昆明：云南人民出版社，1999.

20. 李香平．汉字教学中的文字学．北京：语文出版社，2006.

21. 鲁海，鲁勇．青岛掌故．青岛：青岛出版社，2016.

22. 罗常培．语言与文化．北京：语文出版社，1989.

23. 麻美英．现代实用礼仪．杭州：浙江大学出版社，2006.

24. 穆艳霞．饮食文化．呼和浩特：内蒙古人民出版社，2006.
25. 任寅虎．中国古代的婚姻．北京：商务印书馆国际有限公司，1996.
26. 阮荣华．市井习俗．武汉：湖北教育出版社，2000.
27. 佘志超．细说中国民俗．北京：光明日报出版社，2006.
28. 苏新春．文化语言学教程．北京：外语教学与研究出版社，2006.
29. 万建中．中国民间禁忌风俗．北京：中国电影出版社，2005.
30. 王景琳．中国民间信仰风俗辞典．北京：中国文联出版公司，1992.
31. 王军云．中国民居与民俗．北京：中国华侨出版社，2007.
32. 王丽华．服饰文化．呼和浩特：内蒙古人民出版社，2005.
33. 王衍军．从“小偷”不小说起．广州华苑，2009（2）.
34. 王衍军．汉语文化词汇概论．北京：清华大学出版社，2014.
35. 王作新．语言民俗．武汉：湖北教育出版社，2001.
36. 西周生．醒世姻缘传．翟冰校点．济南：齐鲁书社，1993.
37. 邢向东．西北方言与民俗研究论丛．北京：中国社会科学出版社，2004.
38. 徐宗才，应俊玲．常用俗语手册．北京：北京语言学院出版社，1985.
39. 薛麦喜．黄河文化丛书·民俗卷．西安：陕西人民出版社，2001.
40. 杨存田．中国风俗概观．北京：北京大学出版社，1994.
41. 杨琳．汉语词汇与华夏文化．北京：语文出版社，1996.
42. 叶涛，吴存浩．民俗学导论．济南：山东教育出版社，2002.
43. 鄞镇凯．潮汕谜艺．广州：花城出版社，1999.
44. 张岱年，方克立．中国文化概论．北京：北京师范大学出版社，1994.
45. 张廷兴．谐音民俗．北京：中央民族大学出版社，2000.
46. 张燕春．俗语教程．上海：复旦大学出版社，2008.
47. 张英，金舒年．中国传统文化与现代生活．北京：北京大学出版社，2001.
48. 赵瑞民．中国人名研究．北京：国际文化出版公司，1987.
49. 赵元任．赵元任全集（第Ⅰ卷）．北京：商务印书馆，2002.
50. 赵心愚．纳西族的成人礼．http：//www. 56 – china. com. cn/.

版权声明

本书作为一部外招生教材，为向外国留学生讲解一些民俗事象，作者从熊猫办公、全游网、西藏旅游攻略网、中国新闻网、广西百色新闻网、泰山区旅游外事侨务局网页等图片素材库、网站和共享平台上收录、采用了一些图片，这些图片反映了作者对历史的思索，对现实的剖析，对民俗文化的理解和感悟。作者已经通过各种途径向本书中所使用的图片权利人支付稿酬，但仍有部分作者无法取得联系。作者真诚地感谢每一位图片权利人，从尊重其权益出发，对尚未取得联系的权利人表示深深的歉意，并真诚地希望得知本书出版的权利人与作者及时沟通联系，以便能及时奉上稿酬和样书。

电子邮箱：wyj200288@163.com